윈도우11
인터넷엣지

한글2022

발 행 일 : 2025년 11월 03일(1판 1쇄)
I S B N : 978-89-5960-512-5(13000)
정   가 : 16,000원

집   필 : 렉스기획팀
진   행 : 안영선
본문디자인 : 렉스미디어 편집팀

발 행 처 : (주)렉스미디어
발 행 인 : 안광준
주   소 : 경기도 파주시 정문로 588번길 24
홈페이지 : www.rexmedia.net

※ 이 책은 저작권법에 따라 보호를 받는 저작물이므로 무단 전재와 무단 복제를 금지하며,
   이 책 내용의 전부 또는 일부를 이용하려면 반드시 (주)렉스미디어의 서면동의를 받아야 합니다.

스마트정보화 ㉒ 윈도우 11 & 인터넷(엣지) & 한글 2022 자료 다운로드 방법   다음 페이지

스마트정보화 자료 다운로드

Windows 11 & Microsoft Edge & Hangul 2022

1 렉스미디어 홈페이지(www.rexmedia.net)에 접속한 후 왼쪽 상단의 [일반 교재]를 클릭합니다.

2 일반 교재 안내 페이지가 나타나면 [스마트정보화]-[(스마트정보화22) 윈도우11&인터넷엣지&한글2022]를 클릭합니다.

3 교재 상세 페이지가 나타나면 [학습자료]를 클릭합니다.

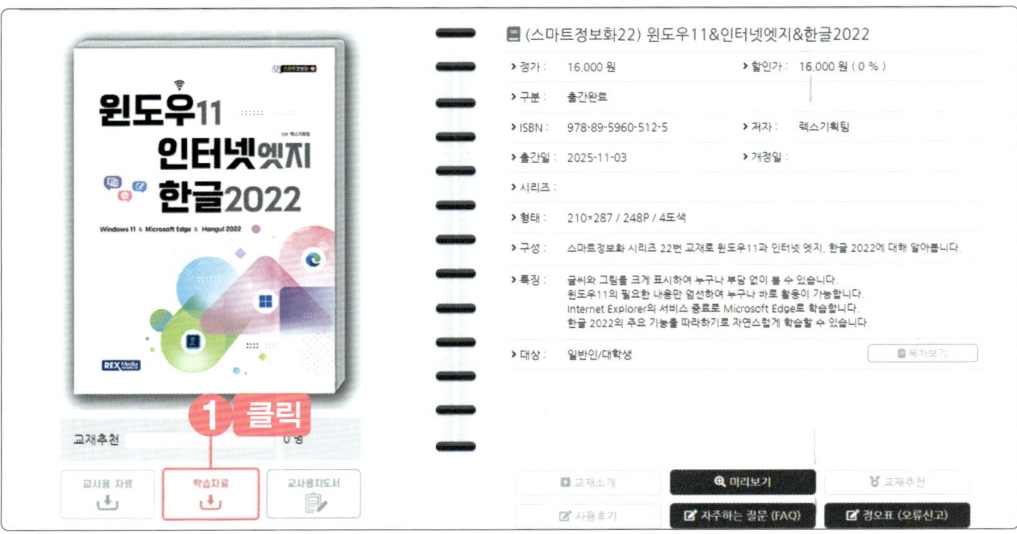

4 자료실 페이지가 나타나면 [스마트정보화22 윈도우11&인터넷엣지&한글2022_학습자료(예제 및 완성)]을 클릭합니다.

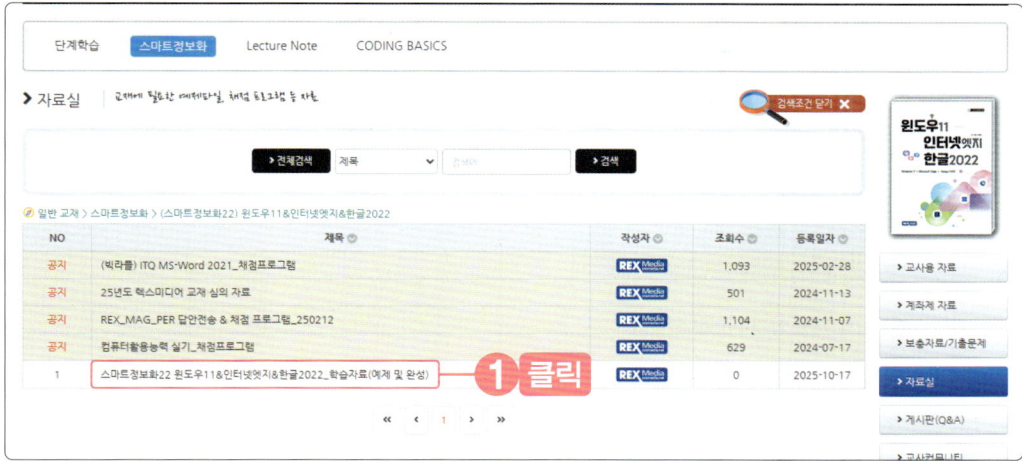

5 [다운로드] 단추를 클릭하여 자료를 다운로드 받습니다.

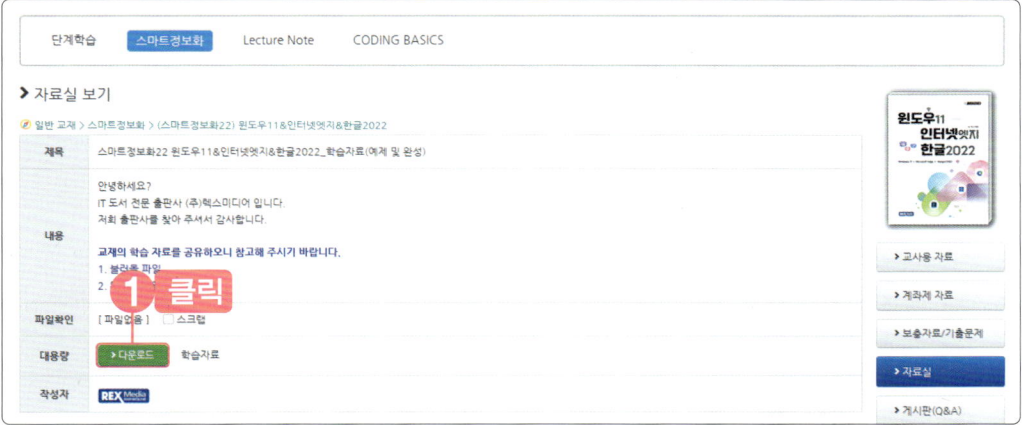

6 파일 탐색기를 실행한 후 다운로드 받은 파일을 압축을 해제하면 다음과 같이 스마트정보화 자료가 다운로드된 것을 확인할 수 있습니다.

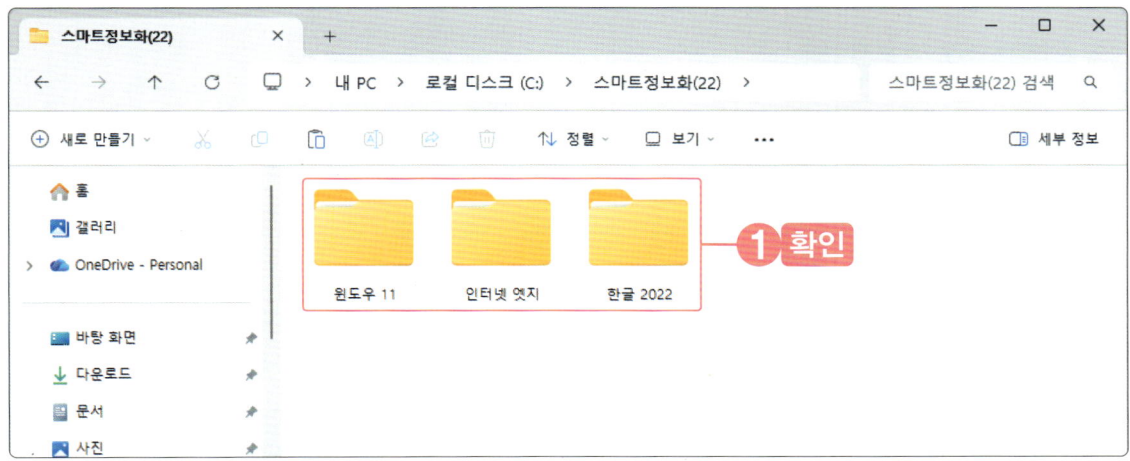

이 책의 구성

Windows 11 & Hangul 2022 & Microsoft Edge

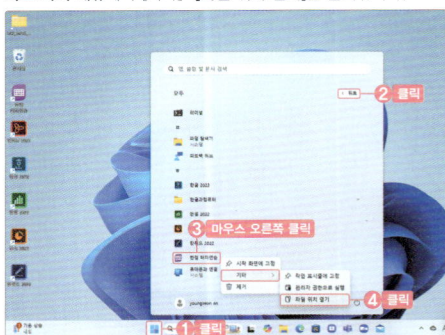

장(Chapter)
장의 제목과 장에서 다루는 학습 내용에 대한 설명입니다. 학습 내용이 무엇인지 알 수 있습니다.

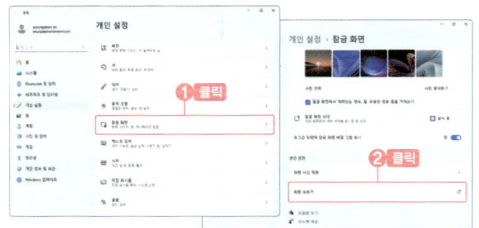

따라하기(Step)
학습 내용을 배우고 익히는 과정입니다. 누구나 쉽고 빠르게 학습 내용을 배우고 익힐 수 있습니다.

- Tip : 따라하는 과정에서 필요한 내용이나 참고할 내용입니다.

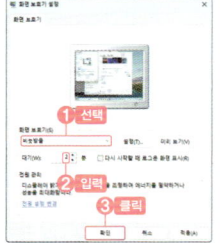

Windows 11 & Hangul 2022 & Microsoft Edge

이 책의 구성

잠깐만요!

학습 내용과 관련은 있지만 따라하는 과정에서 다루지 못한 내용입니다.

실전 연습 문제

장별로 학습 내용을 얼마나 배우고 익혔는지 확인할 수 있는 문제입니다.

- Hint : 문제를 해결하는데 도움이 되는 내용입니다.

이 책의 차례

Windows 11 & Hangul 2022 & Microsoft Edge

● **Chapter 01 • 컴퓨터 시작하고 종료하기**
STEP 01. 컴퓨터 시작하기 …………………………………… 12
STEP 02. 컴퓨터 종료하기 …………………………………… 14

● **Chapter 02 • 마우스와 키보드 사용하기**
STEP 01. 마우스 사용하기 …………………………………… 16
STEP 02. 키보드 사용하기 …………………………………… 19

● **Chapter 03 • 시작 메뉴와 창 다루기**
STEP 01. 시작 메뉴 다루기 …………………………………… 26
STEP 02. 창 다루기 …………………………………………… 29

● **Chapter 04 • 프로그램 바로 실행하기**
STEP 01. 바탕 화면에 프로그램 바로 가기 아이콘 만들기……… 36
STEP 02. 작업 표시줄에 프로그램 고정하기………………… 39

● **Chapter 05 • 개인 설정하기**
STEP 01. 바탕 화면 배경 설정하기………………………… 42
STEP 02. 잠금 화면 배경 설정하기………………………… 44
STEP 03. 화면 보호기 설정하기 …………………………… 46
STEP 04. 작업 표시줄 다루기 ……………………………… 48

● **Chapter 06 • 파일과 폴더 다루기**
STEP 01. 새 폴더 만들기 …………………………………… 52
STEP 02. 파일 복사하고 이동하기 ………………………… 55
STEP 03. 파일과 폴더 삭제하기 …………………………… 57

● **Chapter 07 • 윈도우 프로그램 사용하기**
STEP 01. 메모장 사용하기 ………………………………… 60
STEP 02. 그림판 사용하기 ………………………………… 63
STEP 03. 스티커 메모 사용하기 …………………………… 67

● **Chapter 08 • 윈도우 화면 캡처하기**
STEP 01. 단축키를 이용하여 전체 화면 캡처하기 ………… 70
STEP 02. 단축키를 이용하여 활성화 창 캡처하기 ………… 72
STEP 03. 캡처 도구를 이용하여 캡처하기………………… 74
STEP 04. 윈도우 키를 이용한 화면 캡처하기 ……………… 76

● **Chapter 09 • 컴퓨터 관리하기**
STEP 01. 디스크 정리하기 ………………………………… 82
STEP 02. 디스크 최적화 및 조각 모음하기 ………………… 84
STEP 03. 프로그램 제거하기 ……………………………… 86

Windows 11 & Microsoft Edge & Hangul 2022

이 책의 차례

● Chapter 01 • 인터넷 시작하고 종료하기
- STEP 01. 인터넷 시작하기 ·· 4
- STEP 02. 인터넷 종료하기 ·· 6

● Chapter 02 • 마이크로소프트 엣지 사용하기
- STEP 01. 마이크로소프트 엣지의 화면 확대하기 ························· 8
- STEP 02. 마이크로소프트 엣지의 화면 축소하기 ······················· 10
- STEP 03. 페이지 이동하기 ··· 11
- STEP 04. 탭 사용하기 ·· 14

● Chapter 03 • 시작 페이지 지정하고 앱에 홈페이지 추가하기
- STEP 01. 시작 페이지 지정하기 ··· 18
- STEP 02. 시작 메뉴에 홈페이지 추가하기 ···································· 22

● Chapter 04 • 즐겨찾기 사용하기
- STEP 01. 즐겨찾기 도구 모음 표시하기 ·· 26
- STEP 02. 즐겨찾기 모음에 홈페이지 추가하기 ···························· 28
- STEP 03. 새 폴더 생성 후 즐겨찾기에 홈페이지 추가하기 ········ 29
- STEP 04. 즐겨찾기 관리하기 ·· 32

● Chapter 05 • 검색엔진 사용하기
- STEP 01. 키워드로 검색하기 ·· 36
- STEP 02. 자연어로 검색하기 ·· 39

● Chapter 06 • 내 컴퓨터로 정보 가져오기
- STEP 01. 내 컴퓨터로 사진 가져오기 ·· 42
- STEP 02. 내 컴퓨터로 내용 가져오기 ·· 46

● Chapter 07 • 이메일 사용하기
- STEP 01. 회원가입하여 이메일 주소 만들기 ································ 50
- STEP 02. 파일 첨부하여 메일 쓰기 ·· 52
- STEP 03. 메일 읽고 첨부파일 저장하기 ·· 54
- STEP 04. 메일 삭제하고 휴지통 비우기 ·· 57

● Chapter 08 • 최신 뉴스 보고 실시간으로 방송 보기
- STEP 01. 최신 뉴스 보기 ··· 60
- STEP 02. 실시간으로 TV 방송 보기 ·· 63
- STEP 03. 실시간으로 라디오 방송 듣기 ·· 64

● Chapter 09 • 부동산 정보 알아보고 길 찾아가기
- STEP 01. 부동산 정보 알아보기 ··· 66
- STEP 02. 길 찾아가기 ·· 69

● Chapter 10 • AI 코파일럿 사용하기
- STEP 01. 코파일럿 사용하기 ·· 74
- STEP 02. 코파일럿으로 글쓰기 ··· 77
- STEP 03. 코파일럿으로 그림 그리기 ·· 78

이 책의 차례

● Chapter 01 • 한글 2022 시작하기
STEP 01. 한글 2022 실행하고 화면 구성 변경하기 ·················· 4
STEP 02. 화면 확대/축소하고 한글 2022 종료하기 ················· 8

● Chapter 02 • 편집 용지 설정하고 문서 작성하기
STEP 01. 편집 용지 설정하기 ·· 12
STEP 02. 문서 작성하고 저장하기 ··· 14

● Chapter 03 • 문서 열고 내용 수정하기
STEP 01. 문서 열고 내용 복사하기 ·· 20
STEP 02. 내용 이동하고 문서를 다른 이름으로 저장하기 ········ 23

● Chapter 04 • 한자와 특수문자 입력하기
STEP 01. 한자 입력하기 ·· 28
STEP 02. 특수문자 입력하기 ··· 31

● Chapter 05 • 글자 모양과 문단 모양 지정하기
STEP 01. 글자 모양 지정하기 ·· 34
STEP 02. 문단 모양 지정하기 ·· 37
STEP 03. 모양 복사하기 ·· 39

● Chapter 06 • 표 작성하기
STEP 01. 표 만들고 표 내용 입력하기 ····································· 42
STEP 02. 표의 크기 조정하기 ·· 45
STEP 03. 표 내용에 글자 모양과 문단 모양 지정하기 ············· 47

● Chapter 07 • 표 편집하기
STEP 01. 셀 나누고 합치기 ·· 50
STEP 02. 셀 테두리와 셀 배경 지정하기 ·································· 53
STEP 03. 계산식 사용하고 1,000 단위 구분 쉼표 넣기 ············ 57

● Chapter 08 • 문단 첫 글자 장식하고 그림 활용하기
STEP 01. 문단 첫 글자 장식하기 ·· 60
STEP 02. 그림 활용하기 ·· 63

● Chapter 09 • 글맵시 활용하고 쪽 테두리/배경 지정하기
STEP 01. 글맵시 활용하기 ··· 70
STEP 02. 쪽 테두리/배경 지정하고 문서 인쇄하기 ·················· 75

Windows 11-기본

윈도우 11
Windows
기본

- **01장** · 컴퓨터 시작하고 종료하기
- **02장** · 마우스와 키보드 사용하기
- **03장** · 시작 메뉴와 창 다루기
- **04장** · 프로그램 바로 실행하기
- **05장** · 개인 설정하기
- **06장** · 파일과 폴더 다루기
- **07장** · 윈도우 프로그램 사용하기
- **08장** · 윈도우 화면 캡처하기
- **09장** · 컴퓨터 관리하기

윈도우 11

Windows 11

화면 구성

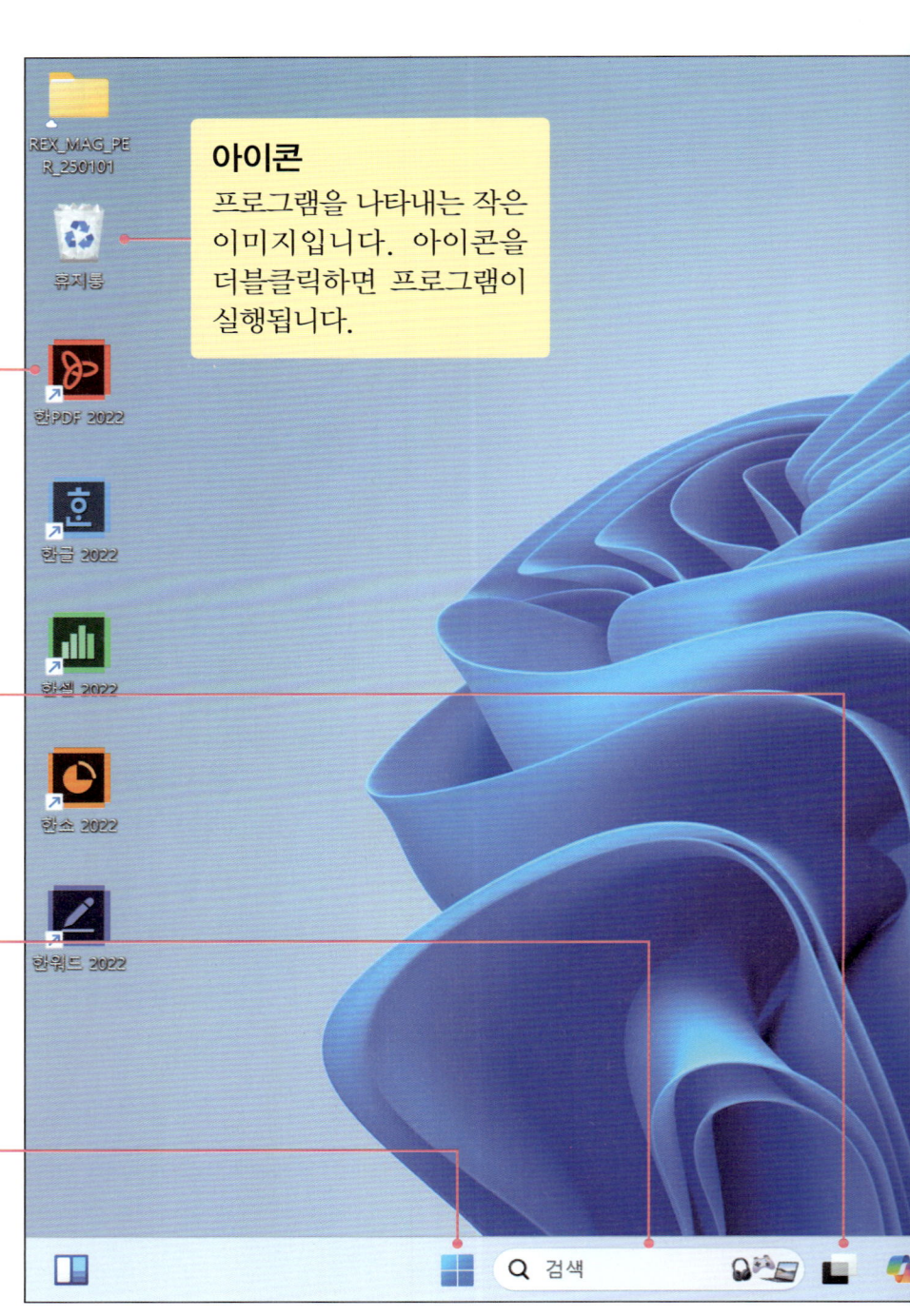

아이콘
프로그램을 나타내는 작은 이미지입니다. 아이콘을 더블클릭하면 프로그램이 실행됩니다.

바로 가기 아이콘
파일이나 폴더에 연결된 아이콘으로 아이콘 왼쪽 아래에 ↗ 표시가 있습니다. 바로 가기 아이콘을 더블클릭하면 연결된 파일이나 폴더가 열립니다.

작업 보기
실행된 모든 프로그램이 축소된 이미지로 표시되어 실행된 모든 프로그램을 한눈에 확인할 수 있습니다.

Windows 검색
프로그램이나 파일 등을 검색할 수 있습니다.

시작 단추
프로그램을 실행하거나 컴퓨터를 종료하는 등의 작업을 할 수 있습니다.

윈도우 11의 화면은 바탕 화면, 시작 단추, 작업 표시줄 등으로 구성되어 있습니다.

바탕 화면
윈도우 11에서 작업이 이루어지는 곳입니다.

중간 섹션
실행된 프로그램이 단추로 표시되는 곳입니다. 기본적으로 [파일 탐색기], [Microsoft Edge], [Microsoft Store] 등이 고정되어 있습니다.

작업 표시줄
윈도우 11에서 이루어지는 작업이 표시되는 곳으로 [시작] 단추, Windows 검색, 작업 보기, 중간 섹션, 알림 영역으로 구성되어 있습니다. 일반적으로 '작업 표시줄'이라고 하면 '중간 섹션'을 말합니다.

알림 영역
프로그램의 상태를 알려주거나 네트워크, 볼륨, 시계 등을 설정할 수 있는 곳으로 아이콘 그룹, 시계, 알림 센터로 구성되어 있습니다.

Windows 11 기본

Chapter 01 컴퓨터 시작하고 종료하기

컴퓨터는 입력받은 자료를 명령대로 처리한 후 처리한 결과를 출력해 주는 장치입니다. 컴퓨터로 할 수 있는 일은 문서를 작성하거나 이미지를 편집하는 등 헤아릴 수 없을 정도로 많습니다. 그럼 컴퓨터를 시작하고 종료하는 방법에 대해 알아보겠습니다.

Step 01 컴퓨터 시작하기

1 **모니터에 있는 전원 단추**를 누른 후 **본체에 있는 전원 단추**를 누릅니다.

2 모니터에 부팅 과정이 표시된 후 바탕 화면이 나타납니다.

> **Tip**
> 컴퓨터를 시작하면 컴퓨터는 메모리나 하드 디스크 등을 테스트하여 컴퓨터를 사용할 수 있도록 준비합니다. 이런 준비 과정을 '부팅 과정'이라고 합니다.

컴퓨터

컴퓨터는 다음과 같이 하드웨어와 소프트웨어로 구성되어 있습니다.

- **하드웨어**

  본체나 모니터와 같이 눈에 보이고 손으로 만질 수 있는 것들을 말하며 '컴퓨터 장치'라고도 합니다.

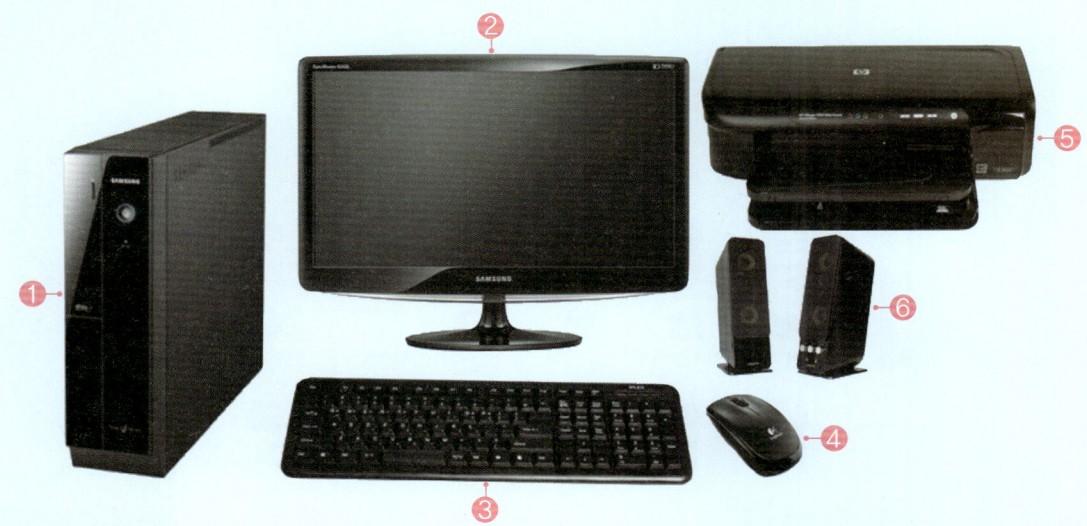

① **본체** : 컴퓨터의 모든 동작을 관리하고 입력받은 자료를 명령대로 처리하는 장치입니다.
② **모니터** : 컴퓨터가 작업하고 있는 내용을 화면에 표시해 주는 장치입니다.
③ **키보드** : 글자를 입력하거나 명령을 내릴 때 사용하는 장치로 '자판'이라고도 합니다.
④ **마우스** : 명령을 내릴 때 사용하는 장치입니다.
⑤ **프린터** : 컴퓨터가 작업한 내용을 종이에 인쇄해 주는 장치입니다.
⑥ **스피커** : 컴퓨터에서 나는 소리를 들려주는 장치입니다.

- **소프트웨어**

  윈도우 11, 한글 2022, 포토샵 CC와 같이 눈에 보이지만 손으로 만질 수 없는 것들을 말하며 '프로그램'이라고도 합니다. 소프트웨어는 운영체제와 응용 소프트웨어로 구분할 수 있습니다. 운영체제는 윈도우 11과 같이 사용자와 하드웨어 중간에서 사용자가 하드웨어를 사용할 수 있도록 도와주는 소프트웨어를 말하고, 응용 소프트웨어는 한글 2022와 같이 문서를 작성하거나 포토샵 CC와 같이 이미지를 편집하는 등의 작업을 할 수 있는 소프트웨어를 말합니다.

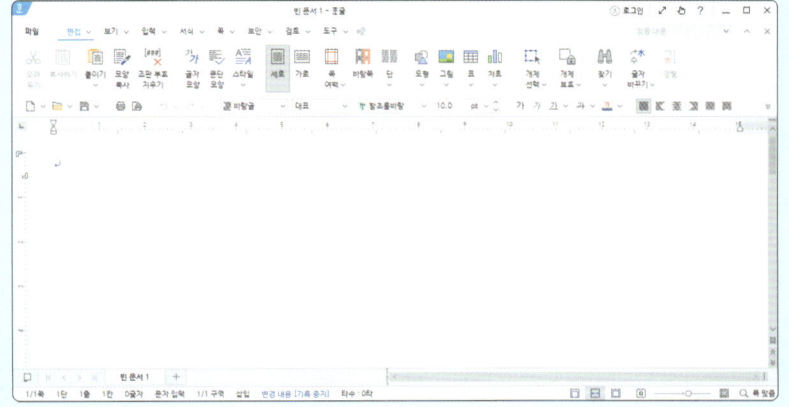

◀ 한글 2022

Step 02 컴퓨터 종료하기

1 [시작] 단추를 클릭한 후 [전원]을 클릭한 다음 [시스템 종료]를 클릭합니다.

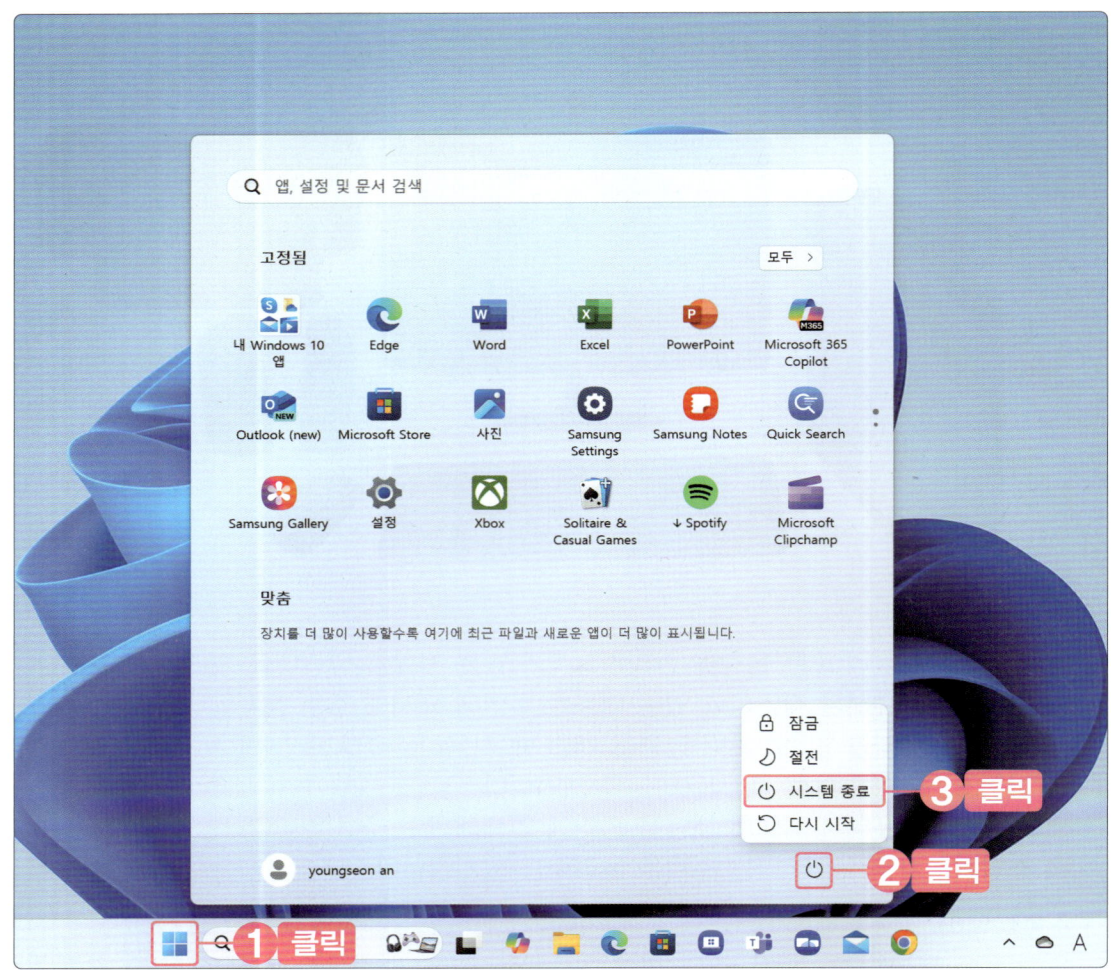

> **Tip**
> - [시작] 단추를 클릭하라는 것은 [시작] 단추로 마우스 포인터를 가져간 후 마우스 왼쪽 단추를 한 번 누르라는 것입니다. 마우스 포인터는 마우스를 움직일 때마다 바탕 화면에서 똑같이 따라 움직이는 ▷ 모양(작업에 따라서 ☝ 모양이나 I 모양 등으로 변경됩니다)을 말합니다.
> - [시작] 단추를 클릭하면 나타나는 메뉴를 '시작 메뉴'라고 합니다.

2 컴퓨터가 종료됩니다.

실전 연습 문제

01 다음은 컴퓨터 장치입니다. 컴퓨터 장치의 이름을 적어 보세요.

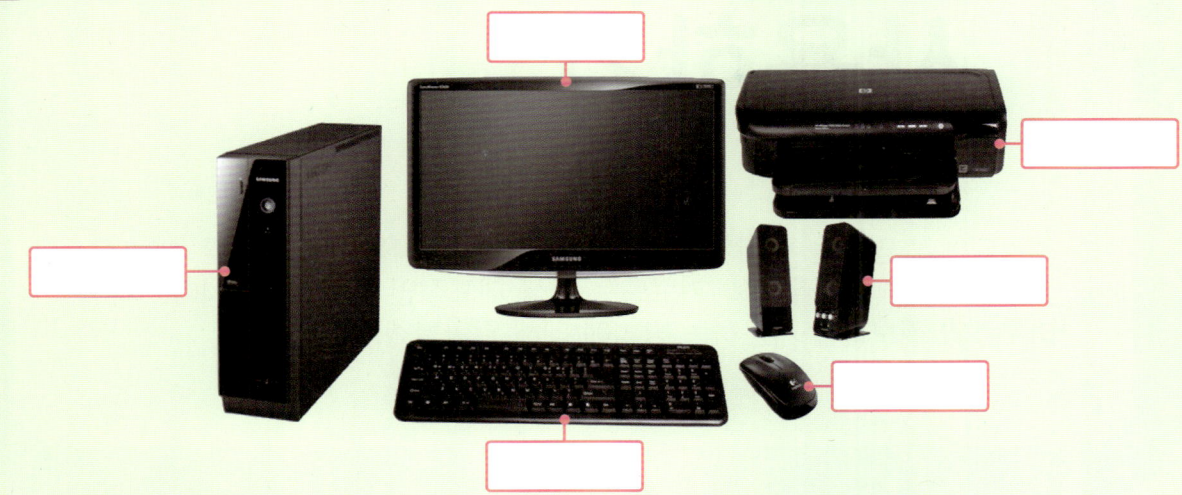

02 컴퓨터를 시작해 보세요.

03 다음은 윈도우 11의 화면 구성입니다. 화면 구성 요소의 이름을 적어 보세요.

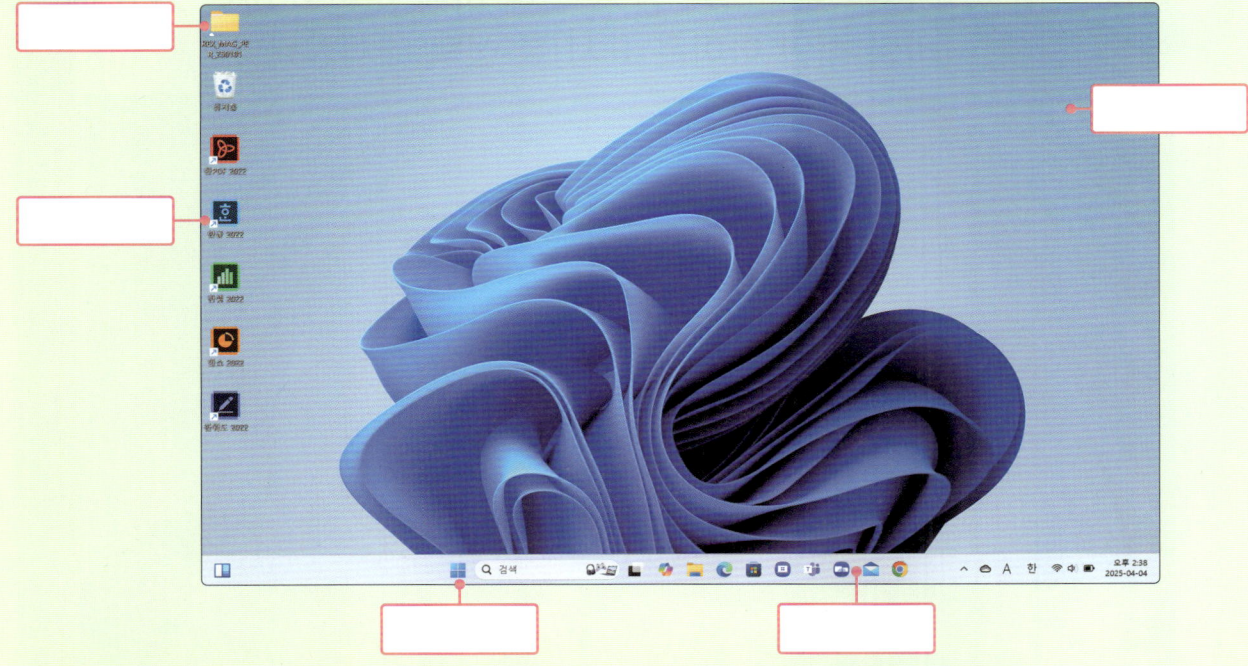

04 컴퓨터를 종료해 보세요.

Windows 11 기본

마우스와 키보드 사용하기

컴퓨터에게 명령을 내리거나 자료를 입력할 때 사용하는 장치를 '입력장치'라고 합니다. 마우스와 키보드는 가장 대표적인 입력장치입니다. 그럼 마우스와 키보드를 사용하는 방법에 대해 알아보겠습니다.

Step 01 마우스 사용하기

1 바탕 화면 아이콘을 표시하지 않기 위해 **바탕 화면의 바로 가기 메뉴**에서 [보기]-**[바탕 화면 아이콘 표시]를 선택 해제**합니다.

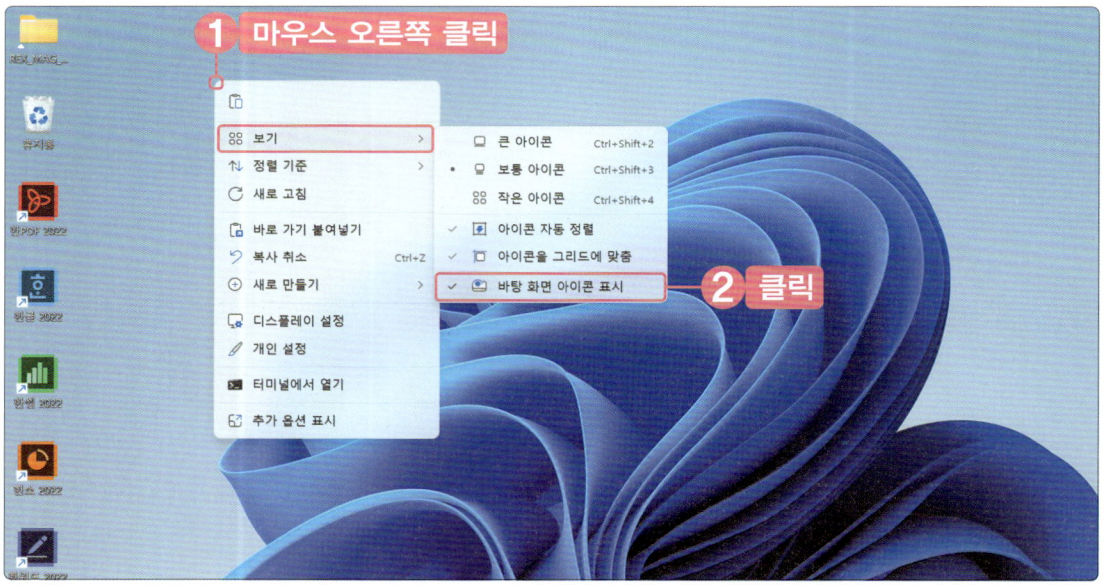

Tip

[바탕 화면 아이콘 표시]에 ☑ 표시가 있으면 선택되어 있는 것이고, ☑ 표시가 없으면 선택 해제되어 있는 상태입니다. [바탕 화면 아이콘 표시]가 선택되어 있는 경우에는 클릭하면 선택 해제되고, [바탕 화면 아이콘 표시]가 선택 해제되어 있는 경우에는 클릭하면 선택됩니다.

마우스 사용하기

마우스는 모양이 쥐(mouse)와 비슷하다고 하여 붙여진 이름입니다. 마우스를 잡을 때는 오른손 검지를 마우스 왼쪽 단추에, 오른손 중지를 마우스 오른쪽 단추에 올려놓은 후 나머지 손가락으로 마우스를 감싸듯이 잡습니다.

	**클릭**	마우스 왼쪽 단추를 한 번 누르는 동작입니다. 아이콘, 창, 대화상자 등을 선택하거나 시작 메뉴에 있는 프로그램을 실행할 때 사용합니다.
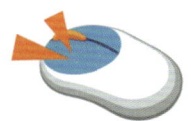	**더블클릭**	마우스 왼쪽 단추를 연속으로 두 번 누르는 동작입니다. 바탕 화면에 있는 프로그램을 실행할 때 사용합니다.
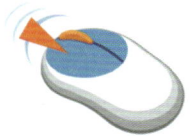	**드래그**	마우스 왼쪽 단추를 누른 상태에서 끄는 동작입니다. 아이콘, 창, 대화상자 등을 이동할 때 사용합니다.
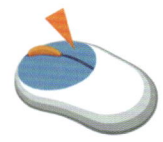	**오른쪽 클릭**	마우스 오른쪽 단추를 한 번 누르는 동작입니다. 바로 가기 메뉴를 나타낼 때 사용합니다.

바로 가기 메뉴

바로 가기 메뉴는 마우스의 오른쪽 단추를 클릭하면 나타나는 메뉴를 말합니다. 바로 가기 메뉴는 다음과 같이 마우스의 위치에 따라 다르게 나타납니다.

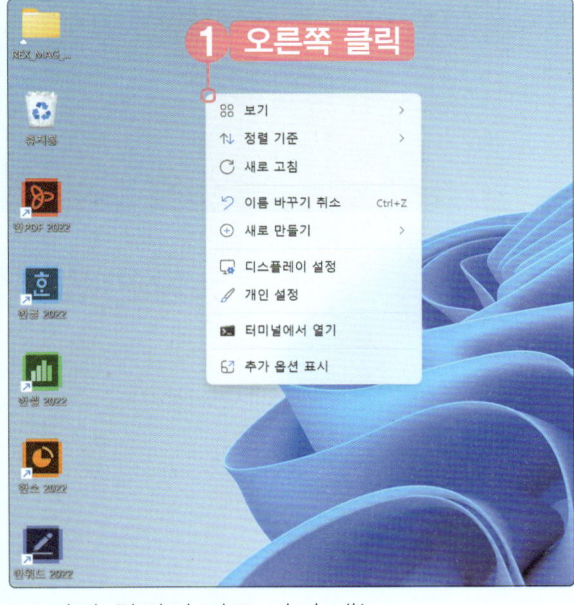
▲ 바탕 화면의 바로 가기 메뉴

▲ 휴지통의 바로 가기 메뉴

2. 바탕 화면 아이콘을 표시하기 위해 **바탕 화면의 바로 가기 메뉴에서 [보기]-[바탕 화면 아이콘 표시]를 선택**합니다.

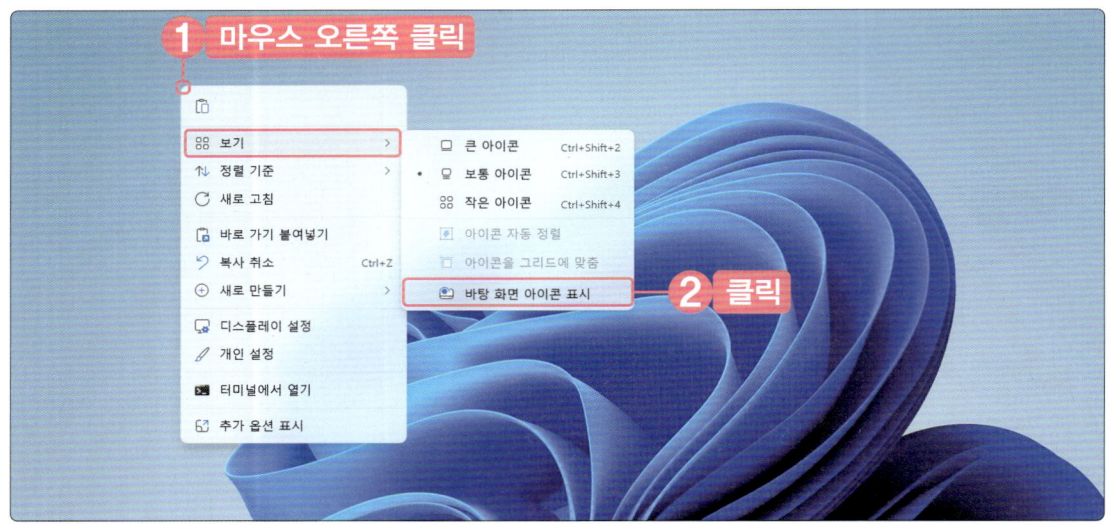

3. [휴지통] 아이콘을 이동하기 위해 다음과 같이 바탕 화면에서 **[휴지통] 아이콘을 드래그**합니다.

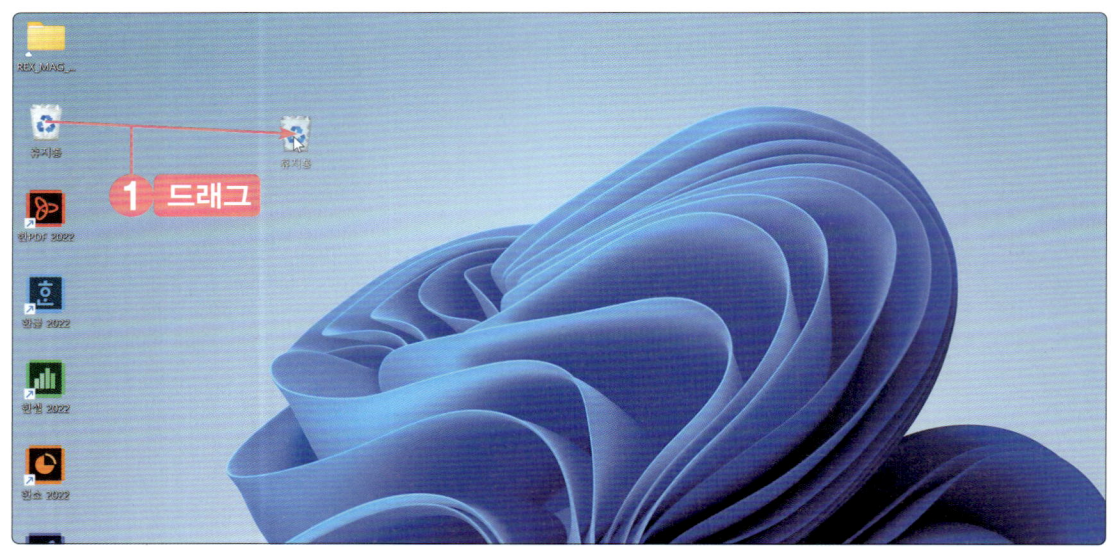

잠깐만요!

바탕 화면 아이콘을 이동할 수 없는 경우
바탕 화면의 바로 가기 메뉴에서 [보기]-[아이콘 자동 정렬]을 선택 해제하면 바탕 화면 아이콘을 이동할 수 있습니다.

4. 휴지통 아이콘이 이동됩니다.

Step 02 키보드 사용하기

1 한컴 타자연습을 실행하기 위해 ▦[시작] 단추를 클릭한 후 [모두]를 클릭한 다음 [한컴 타자연습]을 클릭합니다.

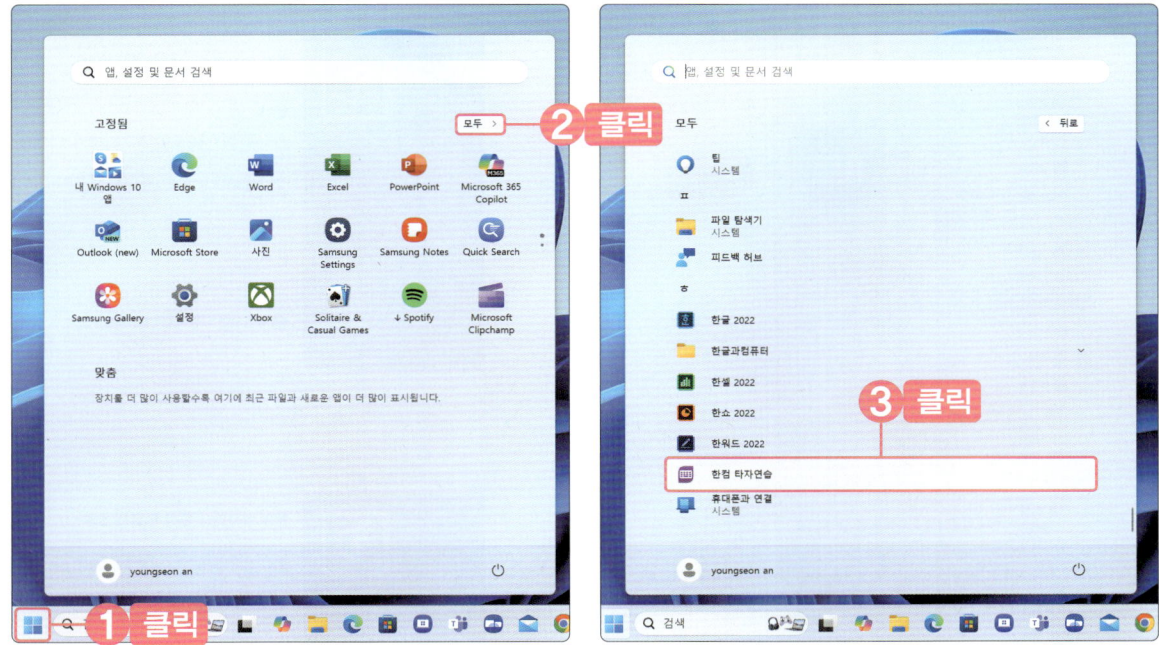

2 다음과 같이 한컴 타자연습 프로그램이 실행됩니다.

Chapter 02 - 마우스와 키보드 사용하기 **19**

한컴 타자연습 설치하기

한글 2020 버전부터 한컴 타자연습이 제공되지 않습니다. 한컴 타자연습을 설치하기 위해 렉스미디어 홈페이지(www.rexmedia.net)에서 학습자료를 다운로드 받은 후 [윈도우 11\Chapter 02] 폴더의 [HTTOnline.exe] 파일을 더블클릭하여 설치합니다.

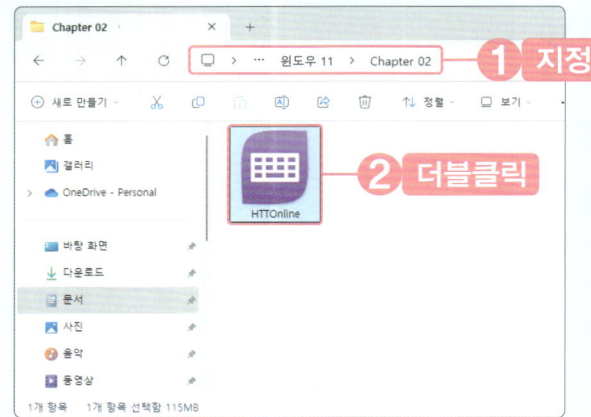
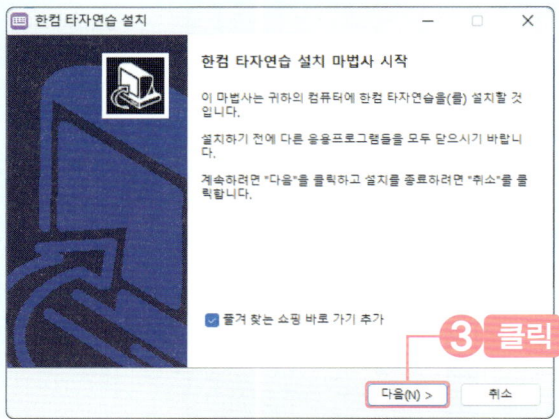
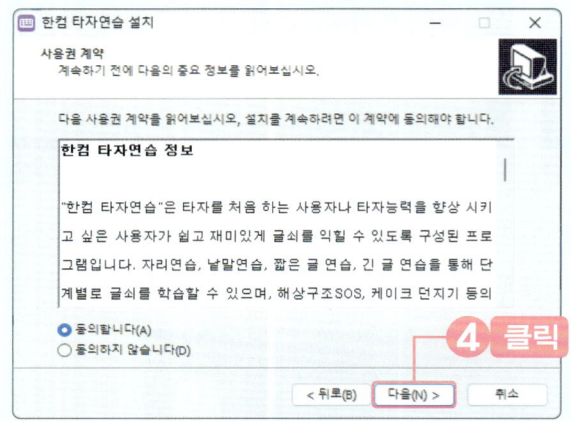
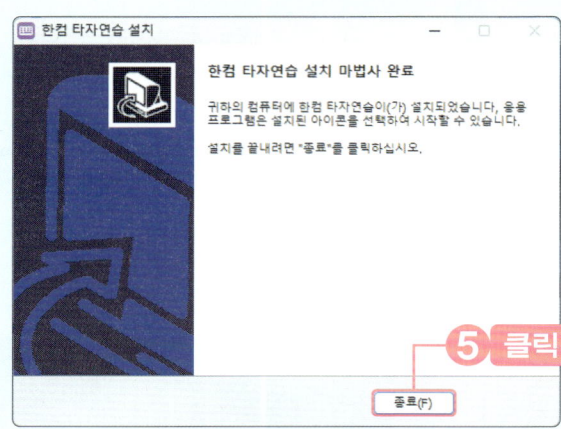

3 [시작] 단추를 클릭한 후 [자리연습] 탭에서 [시작] 단추를 클릭한 다음 자리연습을 해보세요.

> **Tip**
> - 자리 연습에는 기본자리, 왼손 윗자리, 왼손 아랫자리, 가운데 자리, 오른손 아랫자리, 전체자리 등이 있습니다.
> - 타자 연습에는 자리 연습, 낱말 연습, 단문 연습, 장문 연습 등이 있습니다.
> - 인터넷 한컴 타자연습 홈페이지에서는 타자 연습 뿐만 아니라 다양한 서비스를 제공하고 있습니다.

웹용(인터넷) 타자연습

한글 2020 버전부터 한컴 타자연습이 제공되지 않습니다. 한컴 타자연습 프로그램을 설치하거나 웹용 타자연습을 이용합니다.

한컴 타자연습 프로그램에서 [한컴 타자연습(웹)] 단추를 클릭하거나 [한컴타자(https://www.hancomtaja.com/ko)] 홈페이지로 이동하여 웹용 타자연습을 할 수 있습니다.

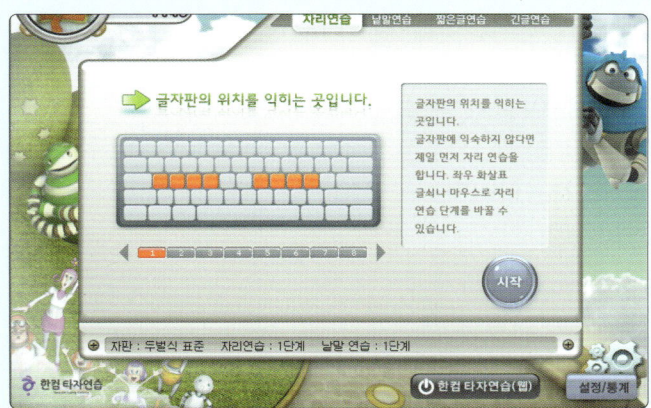
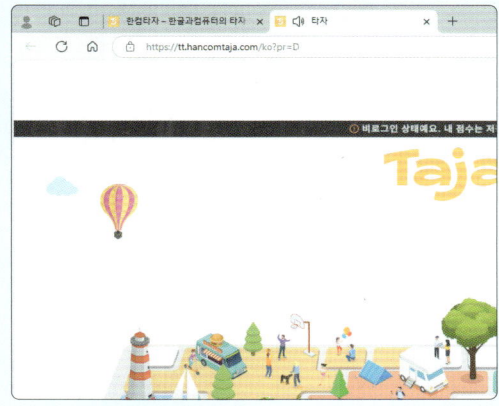

Chapter 02 – 마우스와 키보드 사용하기

키보드 사용하기

타자를 연습할 때는 왼손 검지를 'ㄹ'자에, 오른손 검지를 'ㅓ'자에 올려놓은 후 나머지 손가락을 가지런히 옆에 올려놓은 다음 타자를 연습합니다.

❶ 이스케이프 : 명령을 취소할 때 사용합니다.
❷ 탭 : 일정한 간격으로 띄우거나 다음 구성 요소로 이동할 때 사용합니다.
❸ 캡스 로크 : 영문 입력 상태에서 영문 대/소문자를 전환할 때 사용합니다.
❹ 시프트 : 한글 입력 상태에서 쌍자음(또는 특수문자)을 입력하거나 영문 입력 상태에서 영문 대/소문자를 입력할 때 사용합니다.
❺ 컨트롤 : 다른 키와 함께 복사, 잘라내기, 붙여넣기 등을 할 때 사용합니다.
❻ 윈도우 : 시작 메뉴를 나타낼 때 사용합니다.
❼ 알트 : 다른 키와 함께 메뉴를 선택할 때 사용합니다.
❽ 한자 : 한글을 한자로 변환할 때 사용합니다.
❾ 스페이스바 : 한 칸씩 띄울 때 사용합니다.
❿ 한/영 : 한글/영문 입력 상태를 전환할 때 사용합니다.

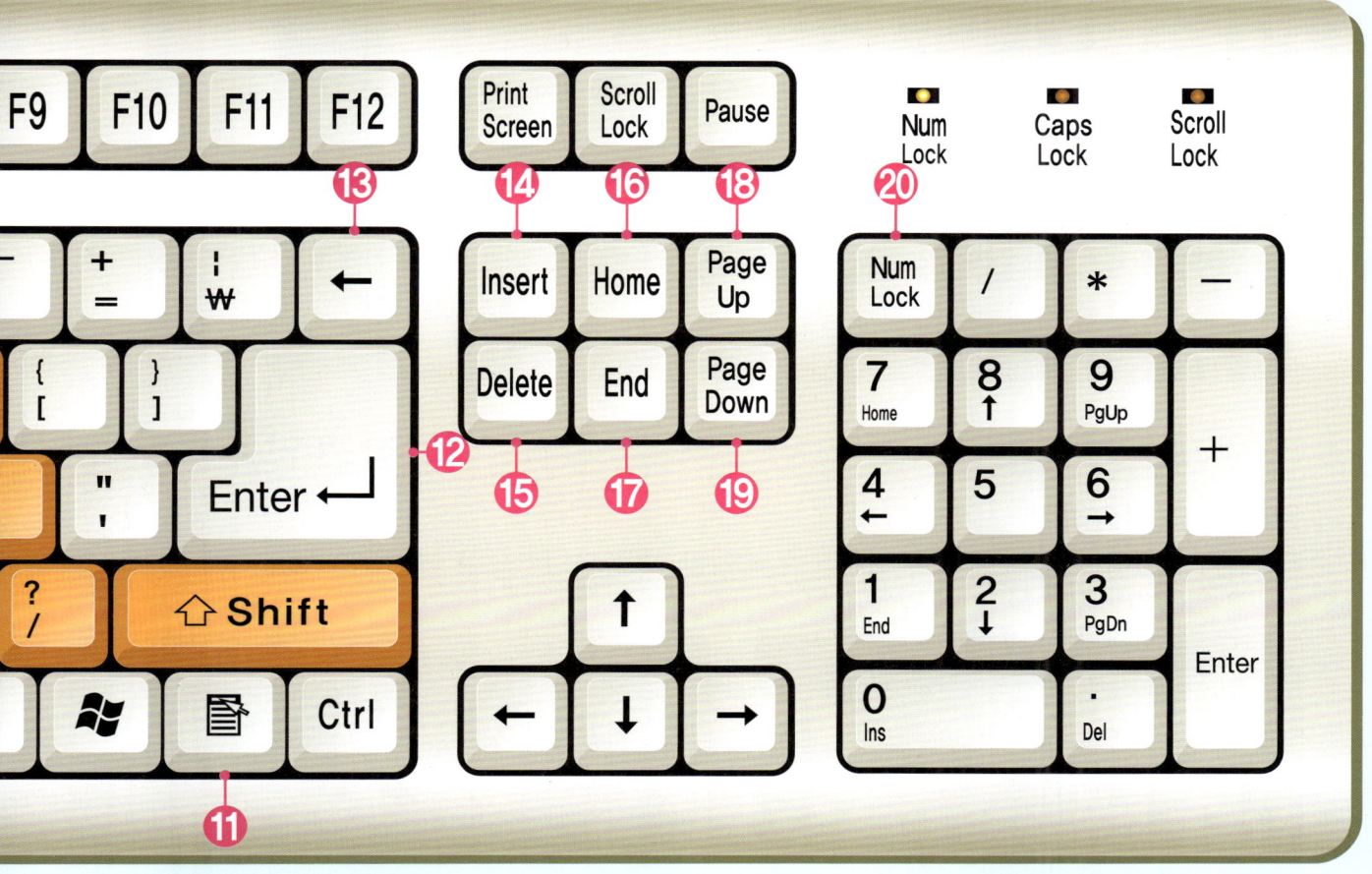

- ⑪ **바로 가기 메뉴** : 바로 가기 메뉴를 나타낼 때 사용합니다.
- ⑫ **엔터** : 명령을 실행하거나 줄을 바꿀 때 사용합니다.
- ⑬ **백스페이스** : 커서(글자가 입력되는 위치를 나타내는 표시)를 기준으로 왼쪽에 있는 글자를 지울 때 사용합니다.
- ⑭ **인서트** : 한글 2010에서 삽입/수정 상태를 전환할 때 사용합니다.
- ⑮ **딜리트** : 커서를 기준으로 오른쪽에 있는 글자를 지울 때 사용합니다.
- ⑯ **홈** : 커서를 줄의 맨 앞으로 이동할 때 사용합니다.
- ⑰ **엔드** : 커서를 줄의 맨 뒤로 이동할 때 사용합니다.
- ⑱ **페이지 업** : 커서를 한 페이지(한 화면)씩 위로 이동할 때 사용합니다.
- ⑲ **페이지 다운** : 커서를 한 페이지(한 화면)씩 아래로 이동할 때 사용합니다.
- ⑳ **넘 로크** : 키보드 오른쪽에 있는 숫자 키패드의 숫자키/방향키 상태를 전환할 때 사용합니다.

4 타자 연습을 종료하기 위해 [닫기] 단추를 클릭합니다.

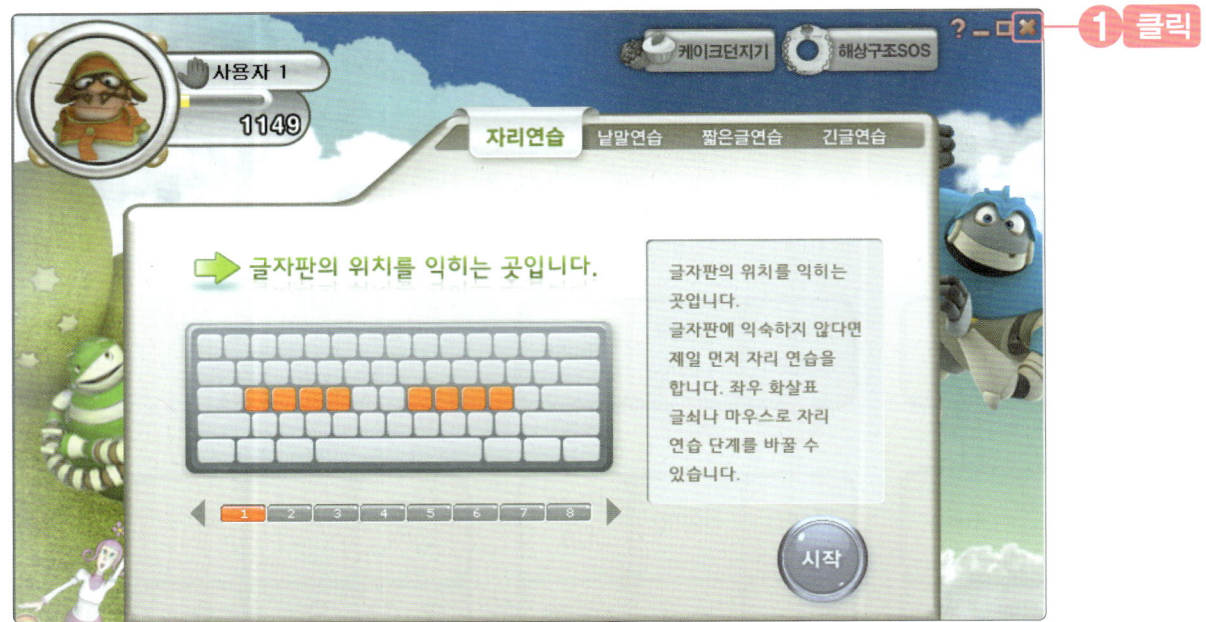

영문 타자 연습하기

자리연습 화면에서 [설정/통계]를 클릭한 후 글자판 선택에서 [한글]을 클릭하면 [영문]으로 변경되고 영문 자판 연습을 할 수 있습니다.

24 윈도우 11 기본

실전 연습 문제

01 다음과 같이 바탕 화면 아이콘을 이동해 보세요.

02 다음과 같이 한컴 타자연습을 실행한 후 낱말 연습을 한 다음 한컴 타자연습을 종료해 보세요.

Hint

낱말 연습하기 : 한컴 타자연습의 초기 화면에서 [낱말 연습]을 클릭

Windows 11 기본

시작 메뉴와 창 다루기

윈도우 11에서 하나의 작업이 이루어지는 공간을 '창'이라고 합니다. 창은 프로그램에 따라 조금씩 다르게 구성되어 있습니다. 그럼 시작 메뉴와 창을 다루는 방법에 대해 알아보겠습니다.

Step 01 시작 메뉴 다루기

1 시작 메뉴에 메모장을 고정하기 위해 ■[시작] 단추를 클릭한 후 [모두]를 클릭합니다.

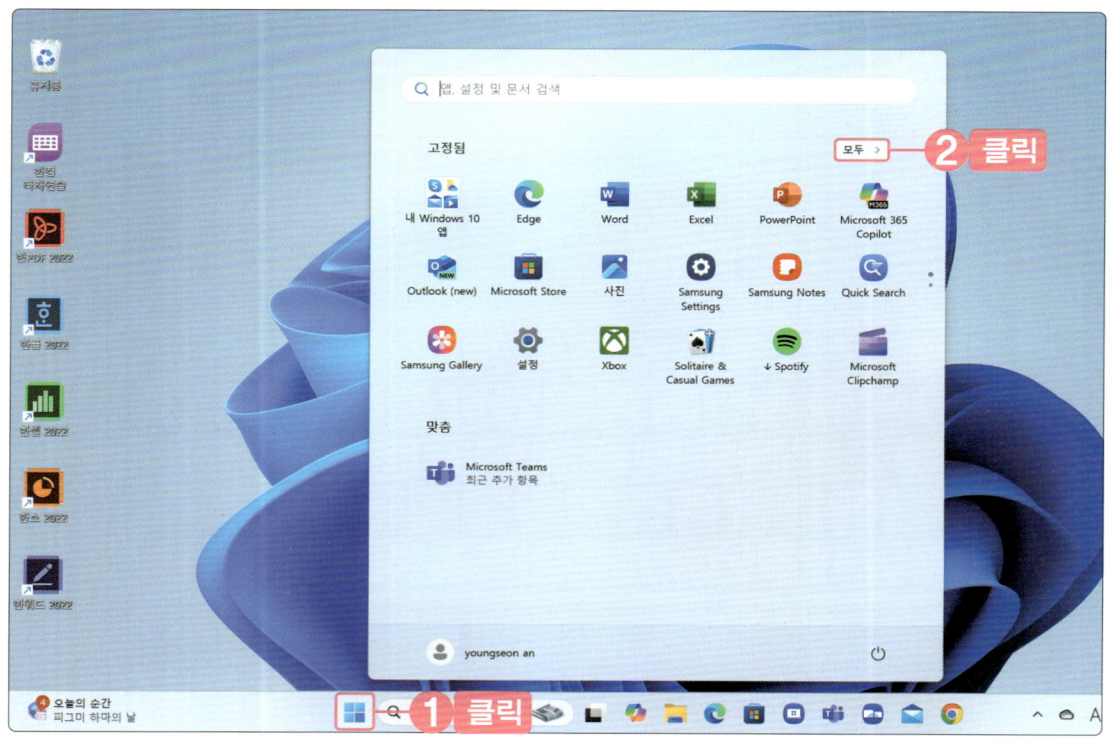

2 시작 메뉴 목록이 나타나면 [메모장]의 바로 가기 메뉴에서 **[시작 화면에 고정]을 클릭**합니다.

3 다음과 같이 시작 화면에 '메모장'이 추가된 것을 확인할 수 있습니다.

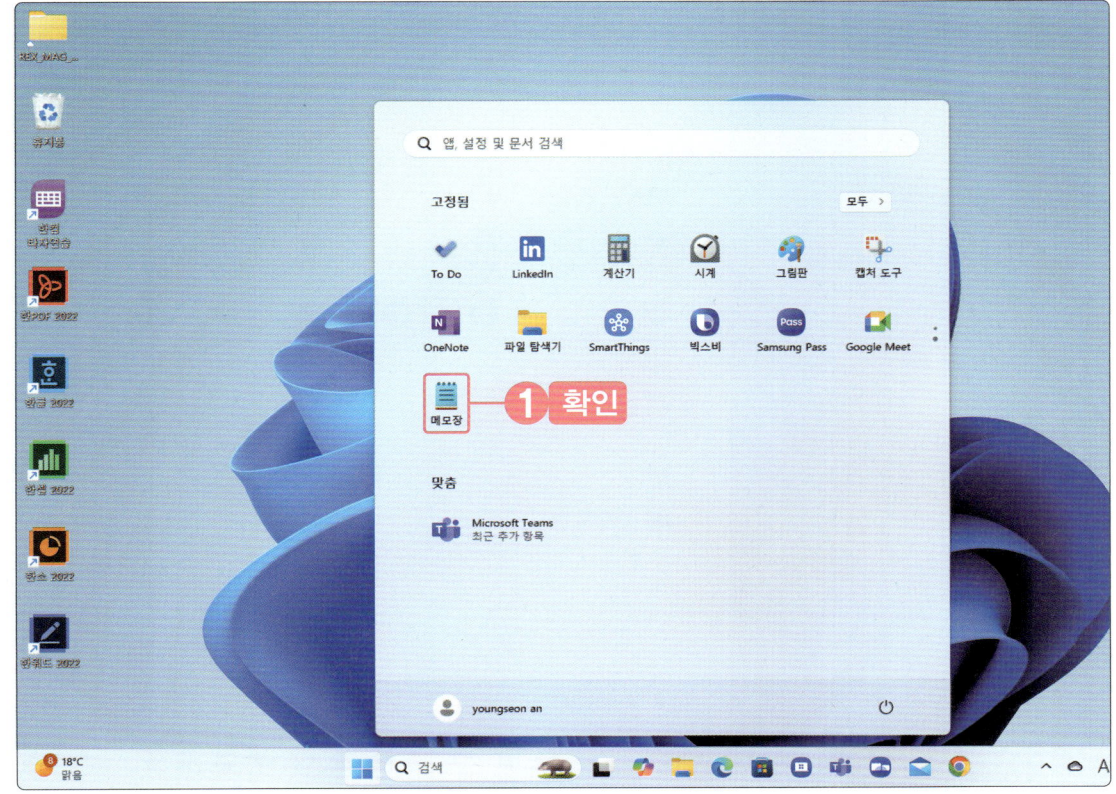

4 시작 화면에서 메모장을 제거하기 위해 [메모장]의 바로 가기 메뉴에서 **[시작 화면에서 제거]**를 클릭합니다.

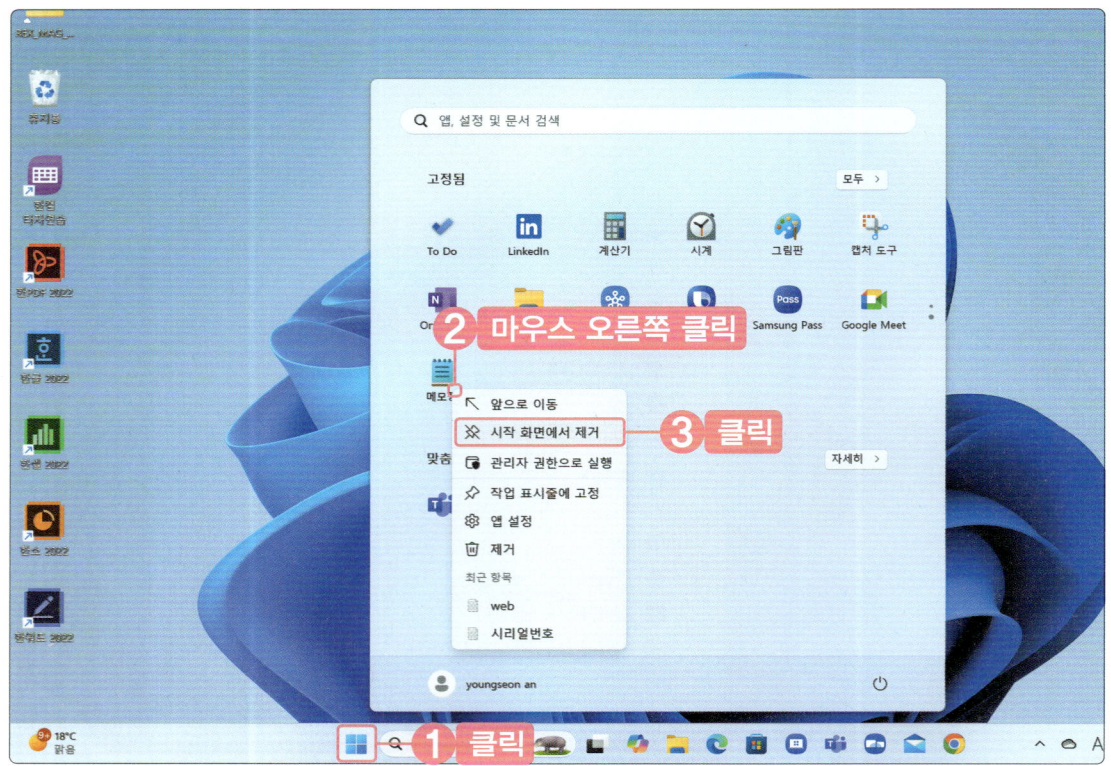

5 다음과 같이 시작 화면에서 '메모장'이 삭제된 것을 확인할 수 있습니다.

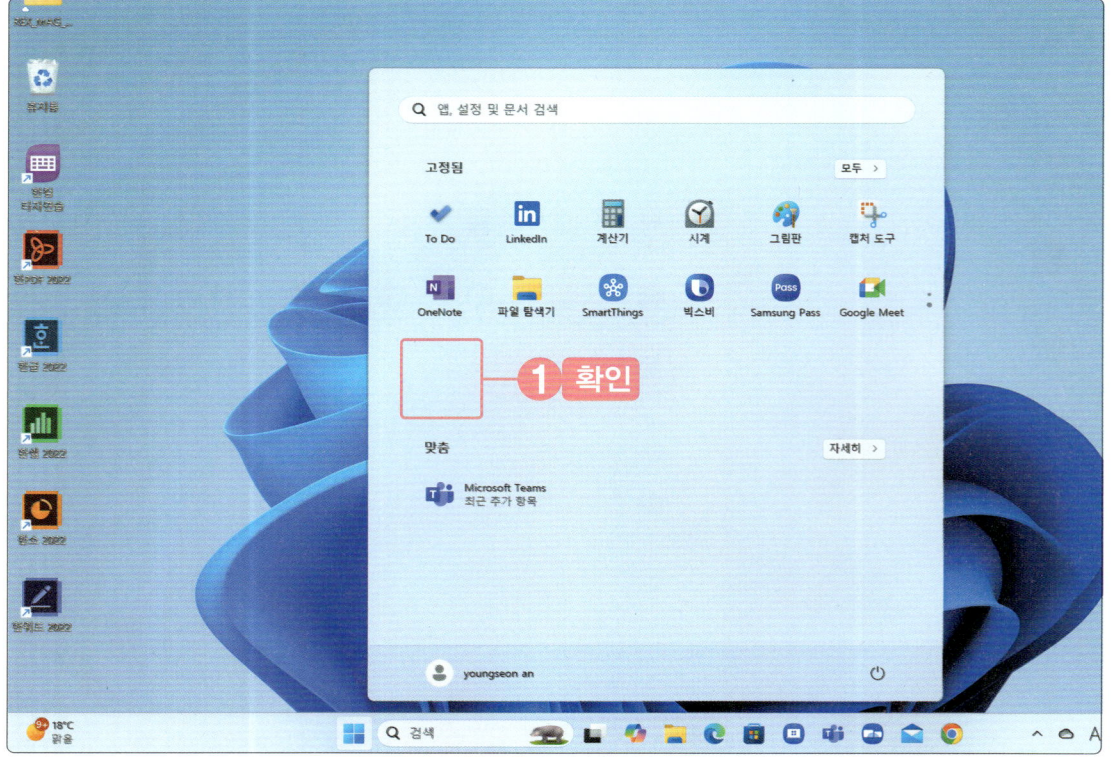

Step 02 창 다루기

1 그림판을 실행하기 위해 ▦[시작] 단추를 클릭한 후 [모두]를 클릭한 다음 🎨[그림판]을 클릭합니다.

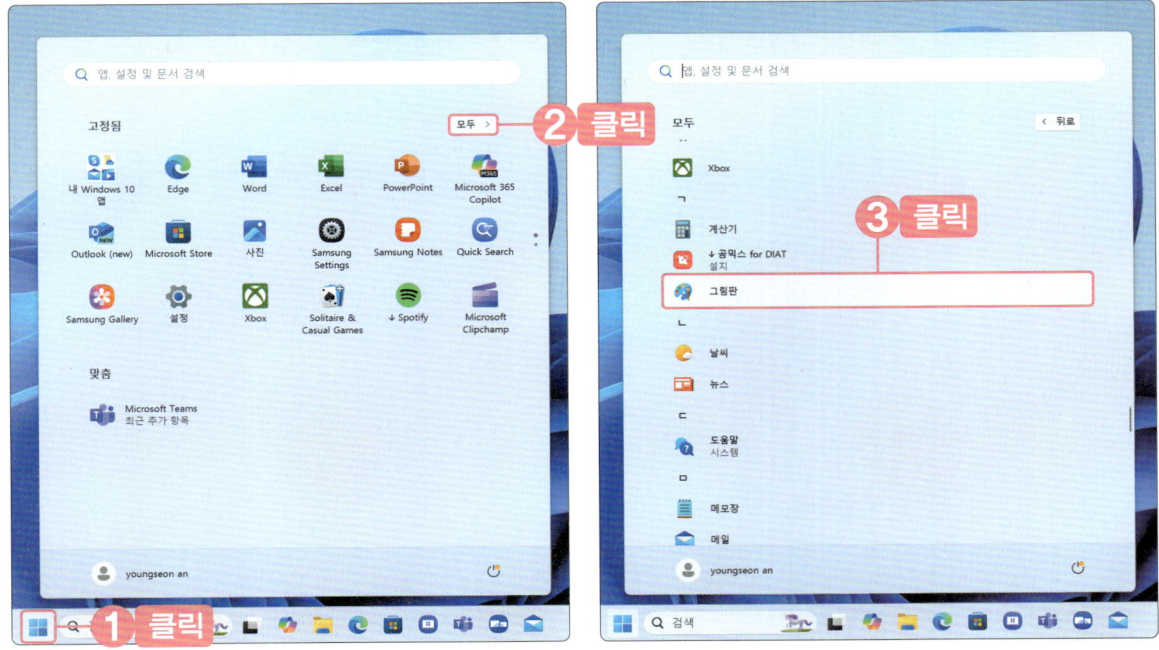

2 메모장을 실행하기 위해 ▦[시작] 단추를 클릭한 후 [모두]를 클릭한 다음 📝[메모장]을 클릭합니다.

Chapter 03 - 시작 메뉴와 창 다루기 **29**

창의 구성

창은 다음과 같이 제목 표시줄과 창 조정 단추 등으로 구성되어 있습니다.

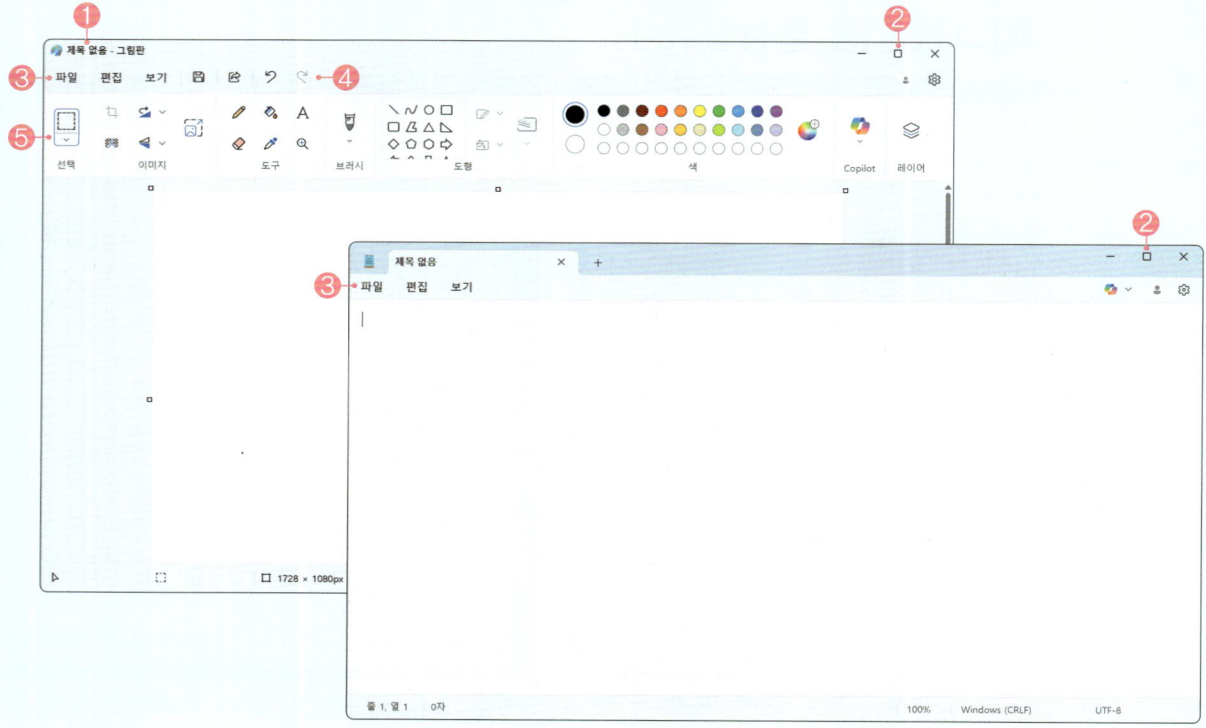

① **제목 표시줄** : 창의 이름이 표시되는 곳입니다.
② **창 조정 단추** : 창을 최소화하거나 최대화하는 등의 작업을 할 수 있습니다.
- [최소화] : 창을 바탕 화면에는 표시하지 않고 작업 표시줄에만 단추로 표시합니다.
- [최대화] : 창을 바탕 화면의 크기로 조정합니다. 창을 최대화하면 [최대화] 단추가 [이전 크기로 복원] 단추로 변경됩니다.
- [이전 크기로 복원] : 창을 최대화 이전의 크기로 조정합니다. 창을 최대화 이전의 크기로 조정하면 [이전 크기로 복원] 단추가 [최대화] 단추로 변경됩니다.
- [닫기] : 창을 닫습니다.
③ **메뉴 모음** : 창에서 제공하는 기능을 서로 관련 있는 기능별로 구분하여 놓은 곳입니다.
④ **빠른 실행 도구 모음** : 자주 사용하는 기능을 빠르게 실행할 수 있는 도구 모음(창에서 제공하는 기능을 아이콘으로 만들어 놓은 것)입니다.
⑤ **리본 메뉴** : 메뉴 모음과 도구 모음이 하나로 통합된 메뉴로 [파일]과 [편집], [보기] 등으로 구성되어 있고 탭은 서로 관련 있는 기능별로 구분하여 놓은 그룹으로 구성되어 있습니다.

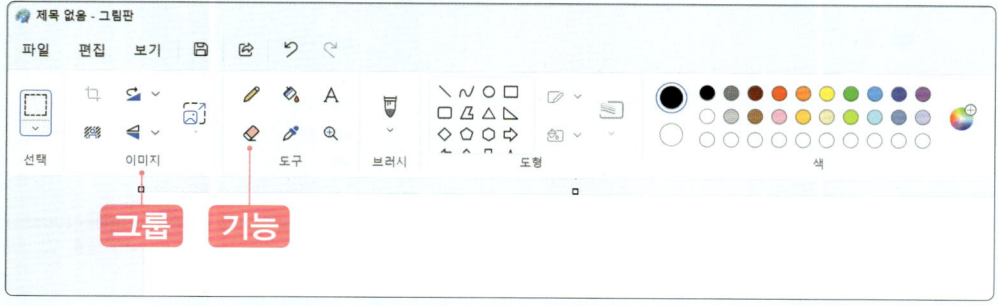

3 [메모장] 창의 크기를 조정하기 위해 다음과 같이 **[메모장] 창의 오른쪽 아래 모서리를 드래그**합니다.

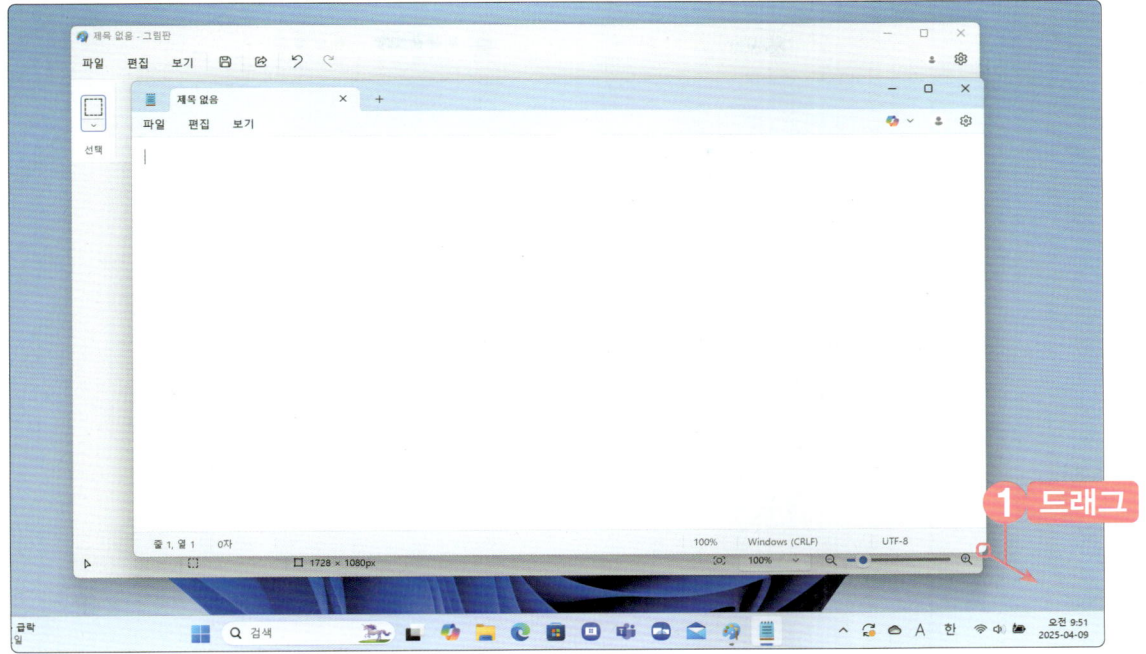

> **Tip**
> [메모장] 창의 오른쪽 아래 모서리로 마우스 포인터를 가져가서 마우스 포인터가 ↖ 모양으로 변경되었을 때 바깥쪽으로 드래그합니다.

4 [그림판] 창을 활성화하기 위해 **[그림판] 창을 클릭**합니다.

> **Tip**
> - 창 중에서 현재 선택되어 있는 창을 '활성 창'이라고 하고, 선택되어 있지 않은 창을 '비활성 창'이라고 합니다. 활성 창은 바탕 화면에서 맨 앞에 표시됩니다.
> - 작업 표시줄에서 [그림판] 단추를 클릭하여 [그림판] 창을 활성화할 수도 있습니다.

5 [그림판] 창을 최소화하기 위해 −[최소화] 단추를 클릭합니다.

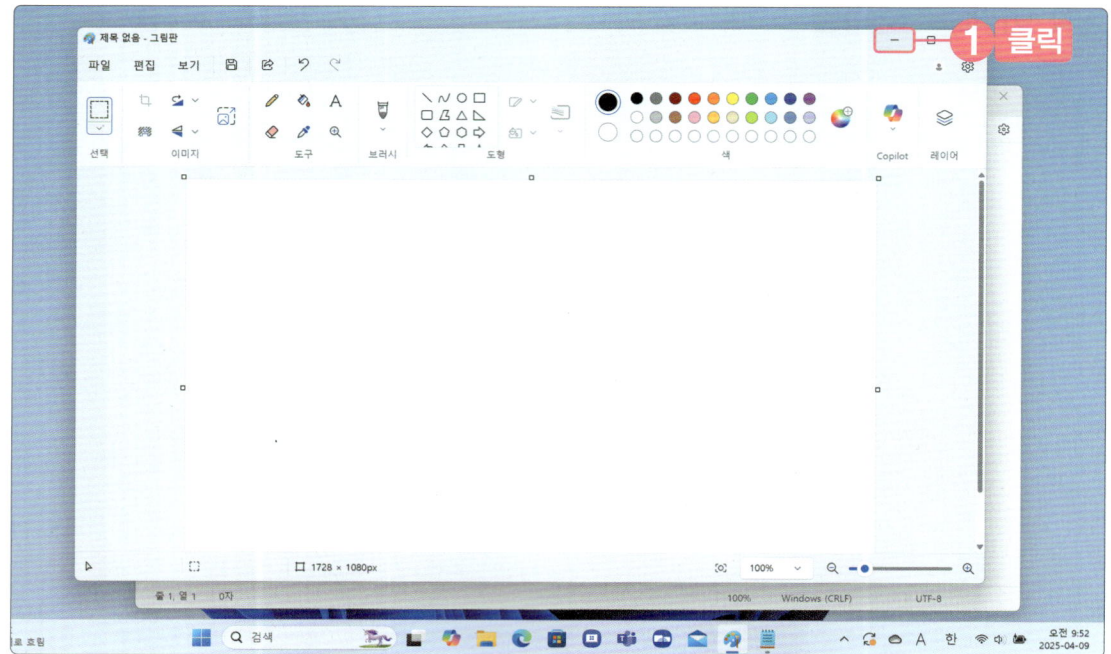

6 [메모장] 창을 최대화하기 위해 □[최대화] 단추를 클릭합니다.

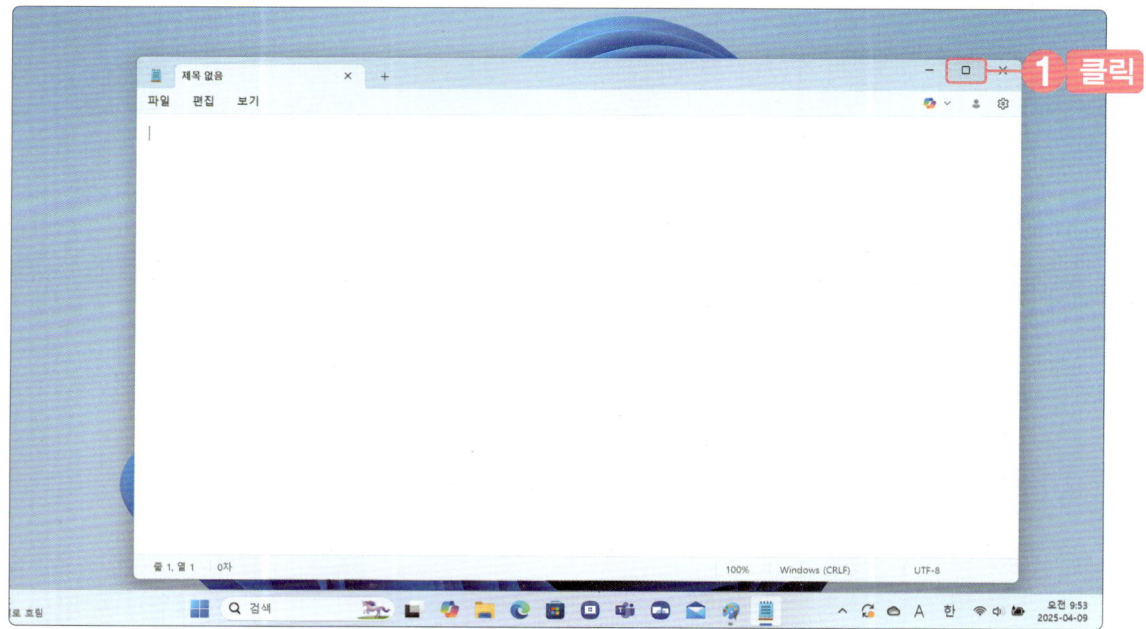

Tip [메모장] 창의 제목 표시줄을 더블클릭하여 [메모장] 창을 최대화할 수도 있습니다.

창 이동하기
창의 제목 표시줄을 드래그하면 창을 이동할 수 있습니다.

7 [메모장] 창을 최대화 이전의 크기로 조정하기 위해 [이전 크기로 복원] 단추를 클릭합니다.

> **Tip**
> [메모장] 창의 제목 표시줄을 더블클릭하여 [메모장] 창을 [최대화], [이전의 크기로 복원]을 조정할 수도 있습니다.

8 [메모장] 창을 닫기 위해 [닫기] 단추를 클릭합니다.

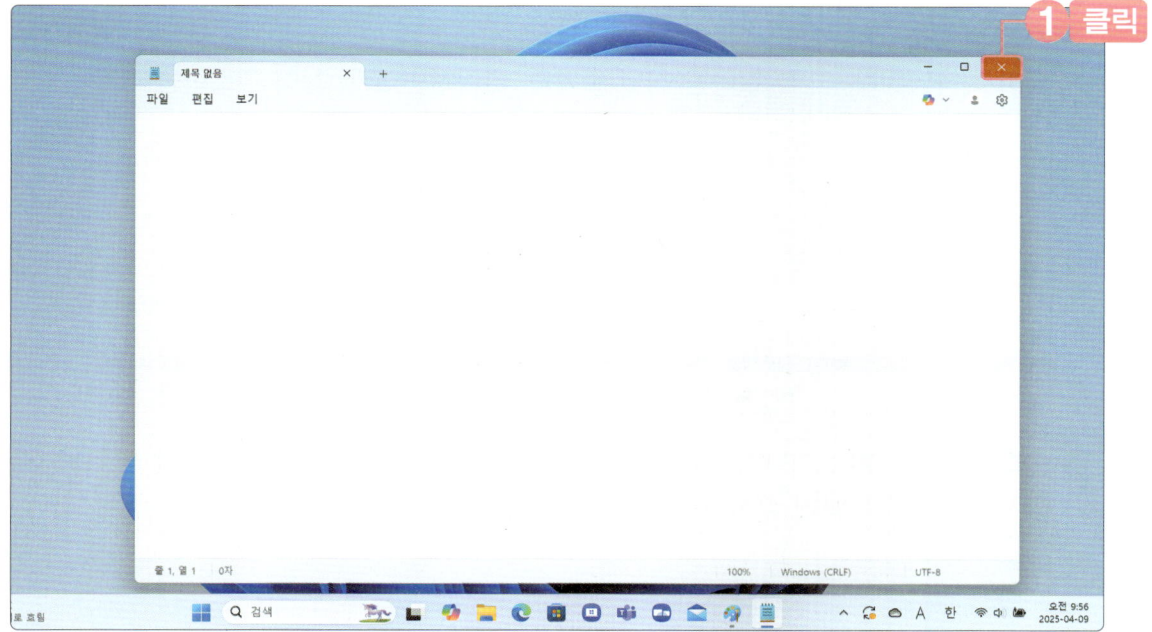

9 [그림판] 창을 닫기 위해 작업 표시줄에 있는 [그림판] 단추의 바로 가기 메뉴에서 [창 닫기]를 클릭합니다.

10 [그림판] 창이 닫힙니다.

잠깐만요!

모든 창을 한꺼번에 최소화하기

- 작업 표시줄 사용하기 : 윈도우 작업 표시줄의 오른쪽 끝으로 마우스를 가져가면 작은 세로 줄이 나타납니다. 이 부분(바탕 화면 보기)을 클릭하면 모든 창이 최소화됩니다.

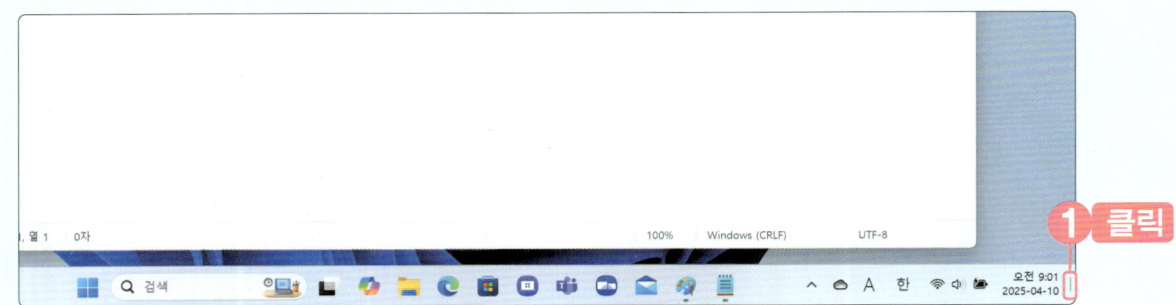

- 단축키 사용하기 : 키보드에서 ⊞+D를 누르면 열려 있는 모든 창이 한번에 최소화됩니다. 다시 ⊞+D를 누르면 창들이 원래 상태로 돌아옵니다.

실전 연습 문제

01 다음과 같이 시작 화면에 'Windows 녹음기'와 '미디어 플레이어'를 고정해 보세요.

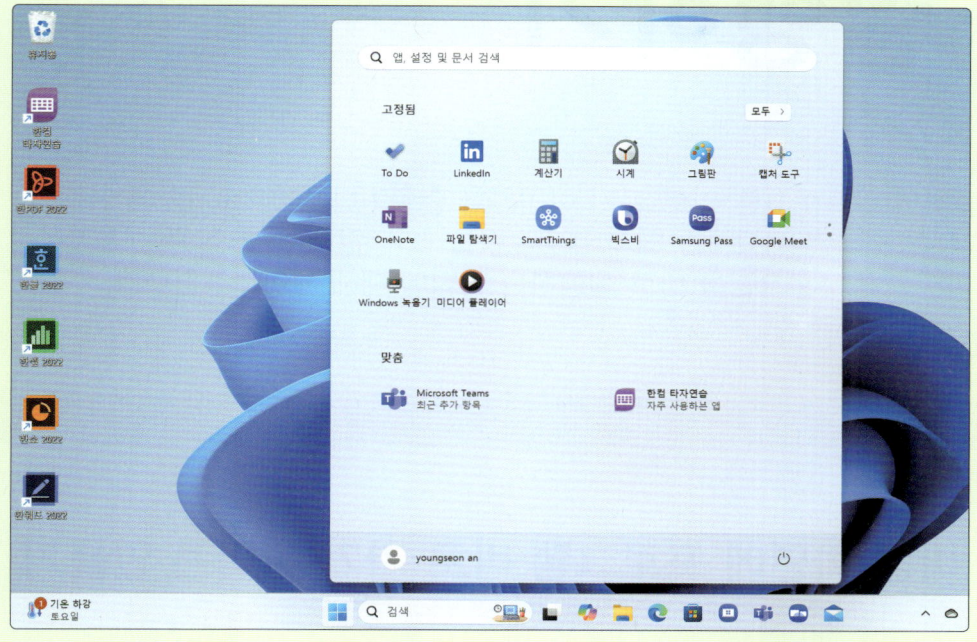

Hint
시작 화면에 Windows 녹음기 고정하기 : ▦[시작] 단추를 클릭한 후 [모두]를 클릭한 다음 [Windows 녹음기]의 바로 가기 메뉴에서 [시작 화면에 고정]을 클릭합니다.

02 시작 화면에서 'Windows 녹음기'와 '미디어 플레이어'을 제거해 보세요.

03 다음과 같이 그림판을 실행한 후 [그림판] 창을 최대화한 다음 [그림판] 창을 닫아 보세요.

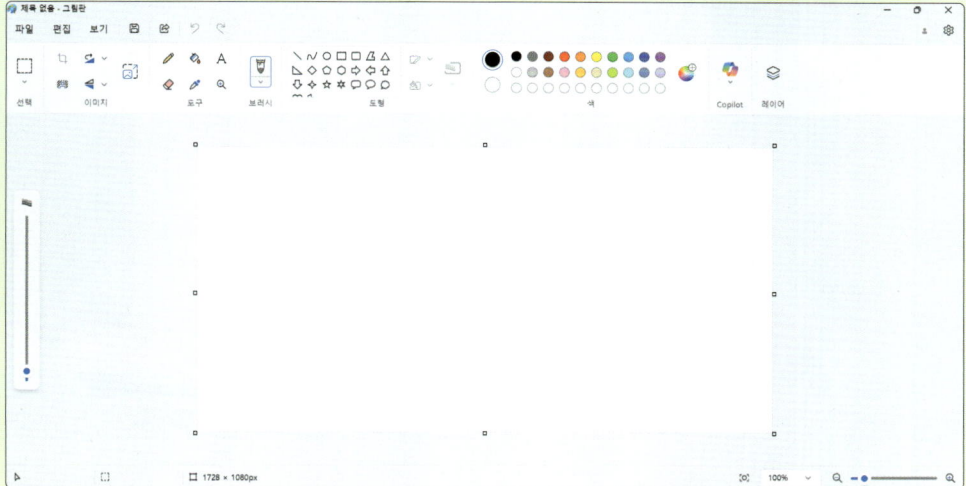

Windows 11 기본

프로그램 바로 실행하기

바탕 화면에 프로그램 바로 가기 아이콘을 만들거나 작업 표시줄에 프로그램을 고정하면 시작 메뉴에서 프로그램을 찾지 않고 바로 실행할 수 있습니다. 그럼 프로그램을 바로 실행하는 방법에 대해 알아보겠습니다.

Step 01 바탕 화면에 프로그램 바로 가기 아이콘 만들기

1 ■[시작] 단추를 클릭한 후 [모두]를 클릭한 다음 [한컴 타자연습]의 바로 가기 메뉴에서 [기타]-[파일 위치 열기]를 클릭합니다.

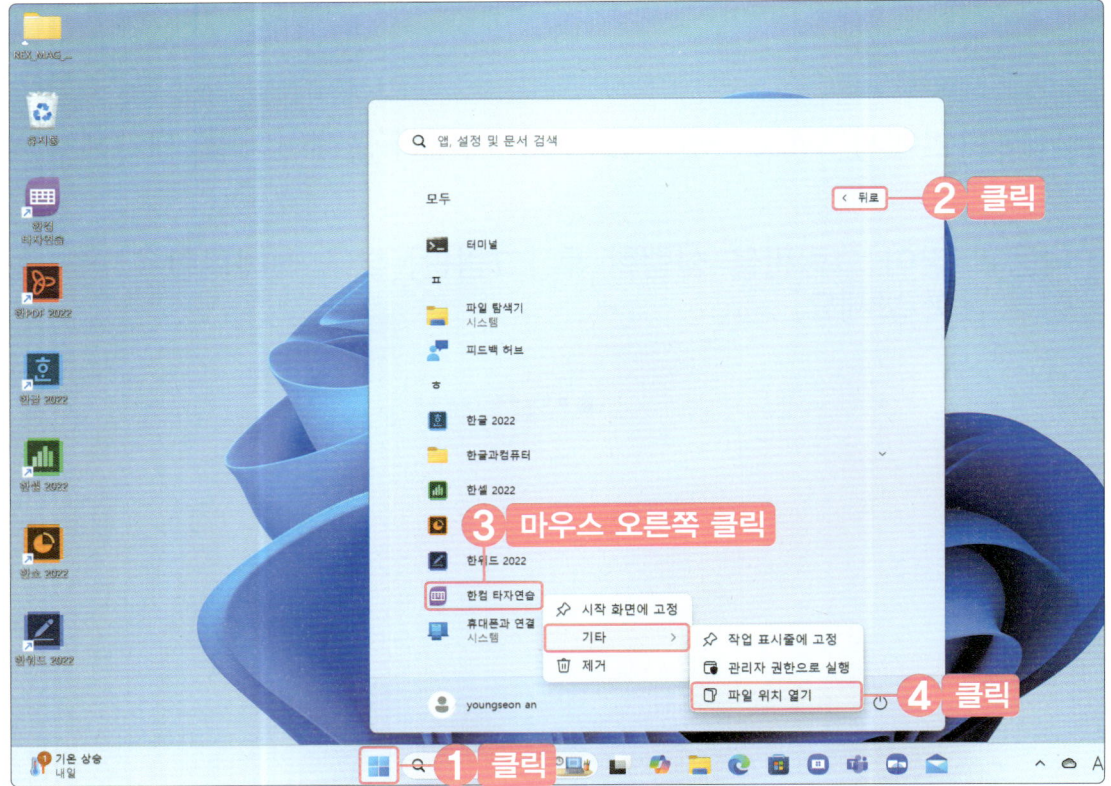

2 파일 탐색기가 나타나면 [한컴 타자연습]에서 바로 가기 메뉴의 [추가 옵션 표시]를 클릭합니다.

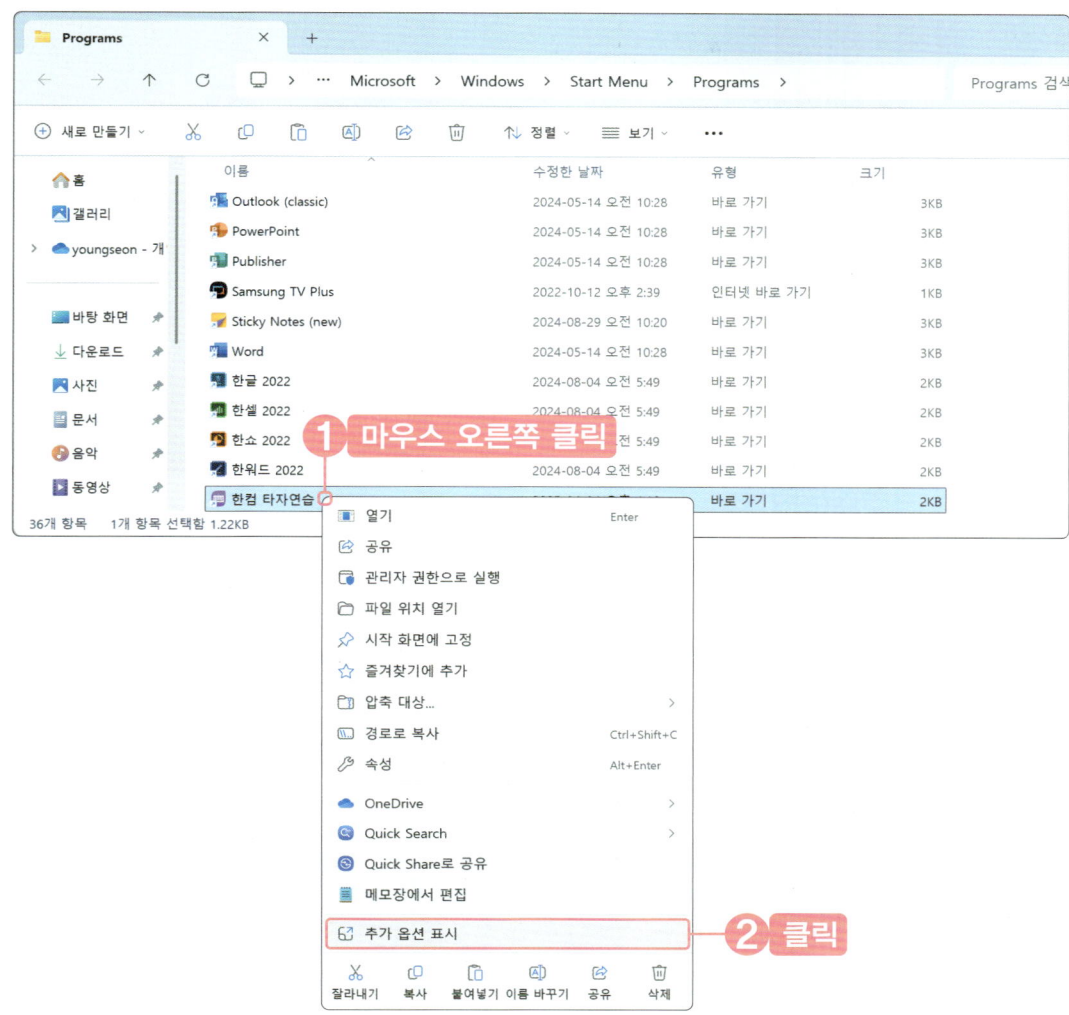

3 바로 가기 메뉴가 추가 옵션 목록으로 나타나면 [보내기]-[바탕 화면에 바로 가기 만들기]를 클릭합니다.

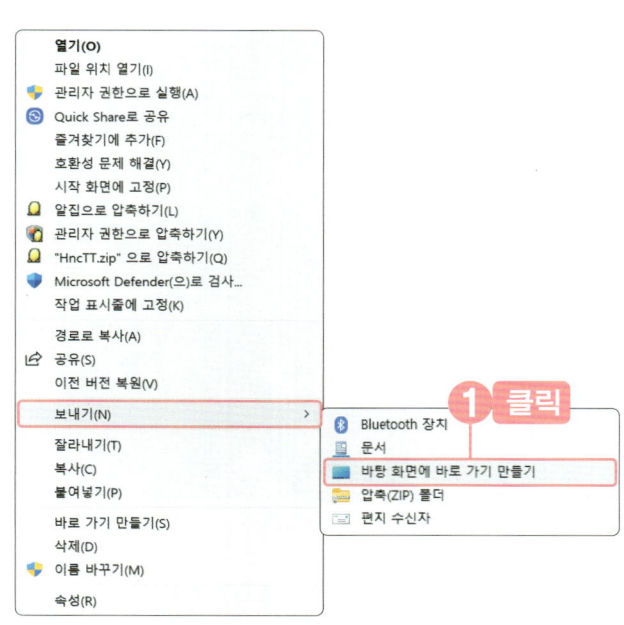

Chapter 04 – 프로그램 바로 실행하기

4 바탕 화면에 한컴 타자연습 바로 가기 아이콘(▦)이 만들어지면 바탕 화면에서 **한컴 타자연습의 아이콘(▦)을 더블클릭**합니다.

Tip
시작 메뉴에 있는 프로그램은 클릭하여 실행하고, 바탕 화면에 있는 프로그램은 더블클릭하여 실행합니다.

5 한컴 타자연습이 실행되면 한컴 타자연습을 종료하기 위해 ❌**[닫기] 단추를 클릭**합니다.

6 같은 방법으로 파일 탐색기를 종료합니다.

Step 02 작업 표시줄에 프로그램 고정하기

1. [시작] 단추를 클릭한 후 [캡처 도구]의 바로 가기 메뉴에서 [작업 표시줄에 고정]을 클릭합니다.

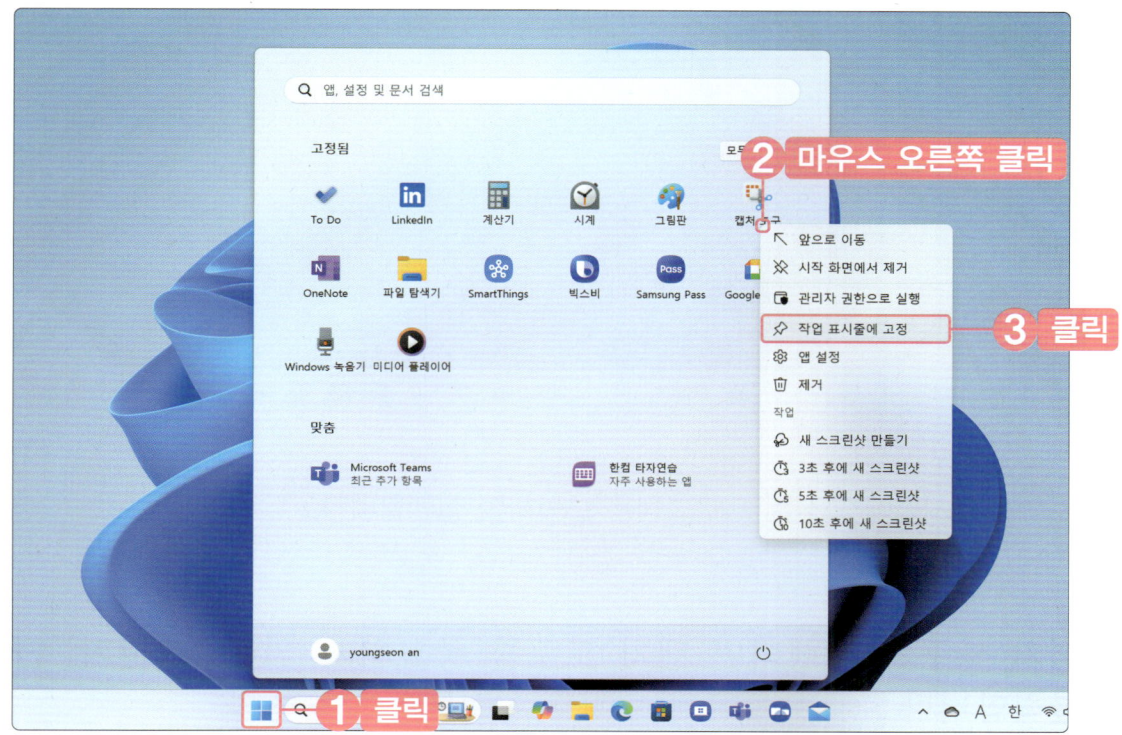

잠깐만요!

작업 표시줄에 프로그램 고정하기

다음과 같이 프로그램을 작업 표시줄로 드래그하여 작업 표시줄에 프로그램을 고정할 수도 있습니다.

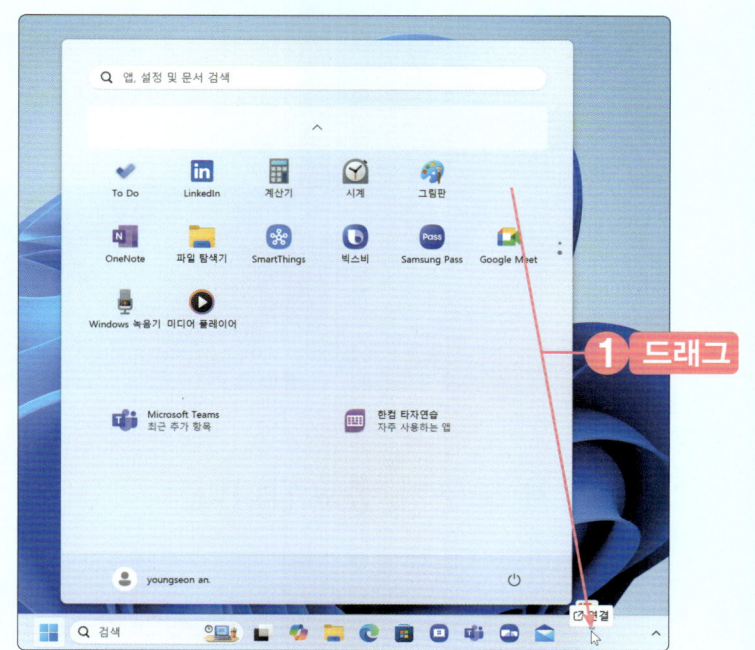

Chapter 04 - 프로그램 바로 실행하기

2 작업 표시줄에 캡처 도구가 고정되면 작업 표시줄에서 [캡처 도구] 단추를 클릭합니다.

Tip
작업 표시줄에 고정된 프로그램은 클릭하여 실행합니다.

3 캡처 도구가 실행되면 캡처 도구를 종료하기 위해 ⊠[닫기] 단추를 클릭합니다.

4 캡처 도구가 종료됩니다.

Tip
작업 표시줄에 있는 [캡처 도구]의 바로 가기 메뉴에서 [작업 표시줄에서 제거]를 클릭하면 작업 표시줄에서 [캡처 도구] 아이콘을 제거할 수 있습니다.

실전 연습 문제

01 다음과 같이 바탕 화면에 'Microsoft Edge' 바로 가기 아이콘()을 만든 후 바탕 화면에서 'Microsoft Edge' 바로 가기 아이콘()을 더블클릭하여 'Microsoft Edge'를 실행한 다음 'Microsoft Edge'와 파일 탐색기를 종료해 보세요.

02 다음과 같이 작업 표시줄에 메모장을 고정한 후 작업 표시줄에서 [메모장] 단추를 클릭하여 메모장을 실행한 다음 메모장을 종료해 보세요.

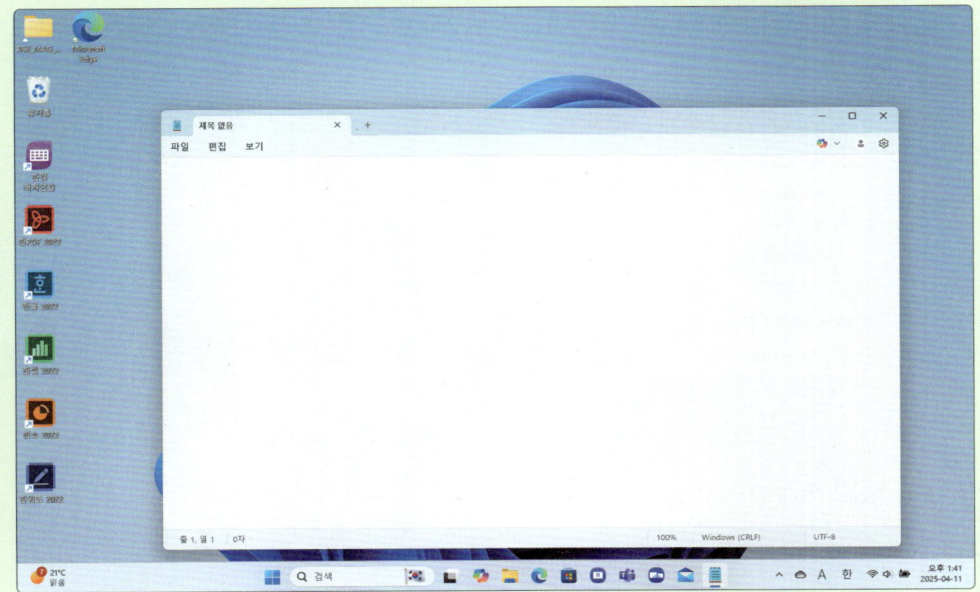

03 바탕 화면에서 'Microsoft Edge' 바로 가기 아이콘()을 삭제한 후 작업 표시줄에서 [메모장] 단추를 제거해 보세요.

Windows 11 기본

Chapter 05 개인 설정하기

개인 설정은 바탕 화면 배경, 잠금 화면 배경, 화면 보호기 등을 사용자의 스타일에 맞게 설정할 수 있는 기능입니다. 개인 설정은 엔터테인먼트나 보안을 위해 하는 경우가 많습니다. 그럼 개인 설정을 하는 방법에 대해 알아보겠습니다.

Step 01 바탕 화면 배경 설정하기

1 바탕 화면의 바로 가기 메뉴에서 [개인 설정]을 클릭합니다.

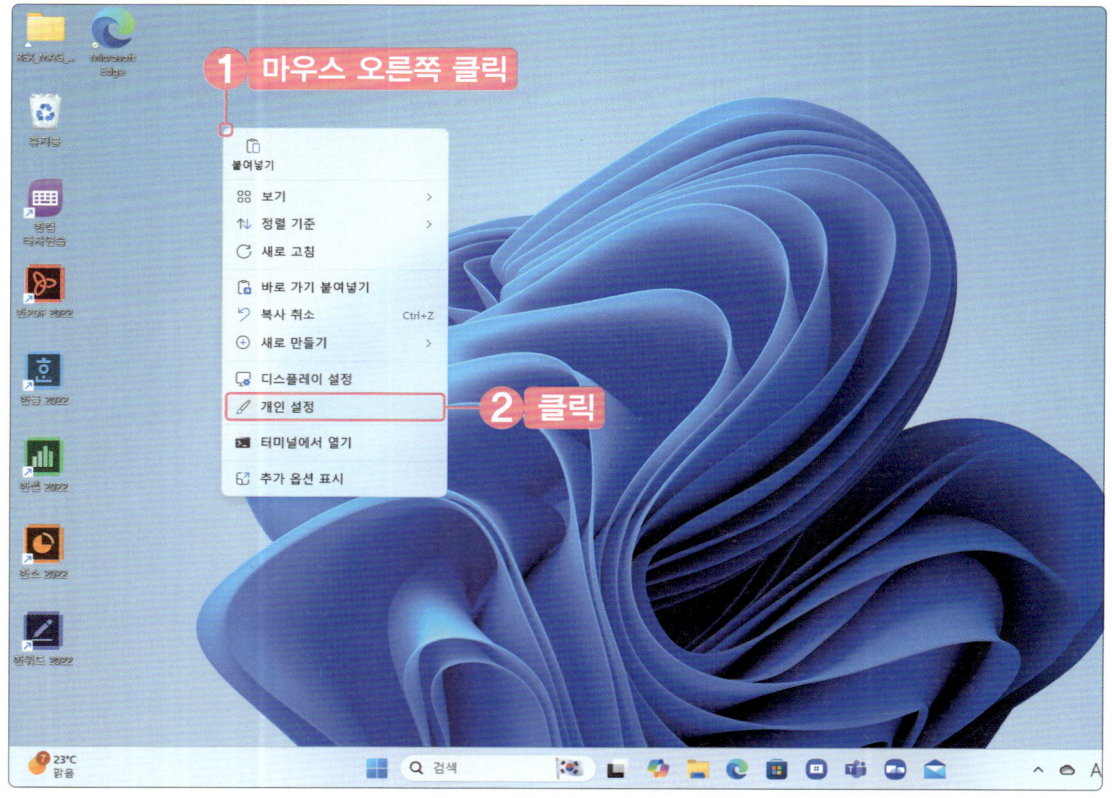

2 [개인 설정] 창이 나타나면 **[배경]을 클릭**합니다. 그런다음 **배경 개인 설정(사진)을 선택**한 후 **사진을 선택**합니다.

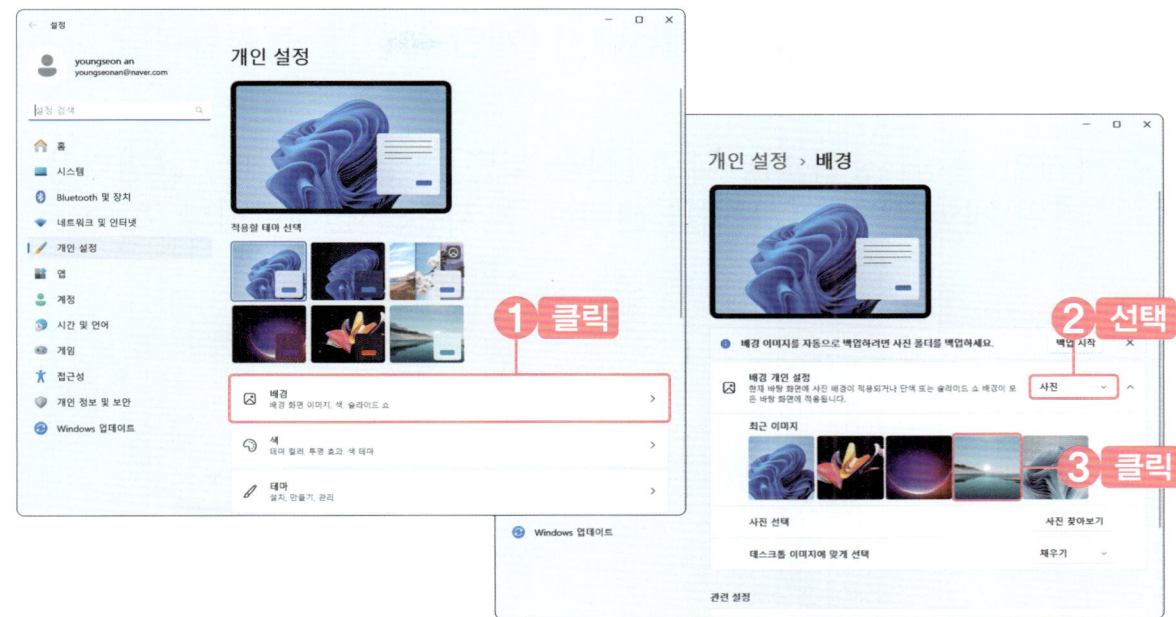

> Tip
> [사진 선택]-[사진 찾아보기]를 클릭하면 컴퓨터에 저장되어 있는 사진을 바탕 화면 배경으로 설정할 수 있습니다.

3 다음과 같이 바탕 화면 배경이 설정된 것을 확인할 수 있습니다.

Step 02 잠금 화면 배경 설정하기

1. 바탕 화면의 바로 가기 메뉴에서 [개인 설정]을 클릭합니다.

2. [개인 설정] 창이 나타나면 [잠금 화면]을 클릭합니다. 그런다음 [잠금 화면 개인 설정]-[사진]을 선택한 후 사진을 선택합니다.

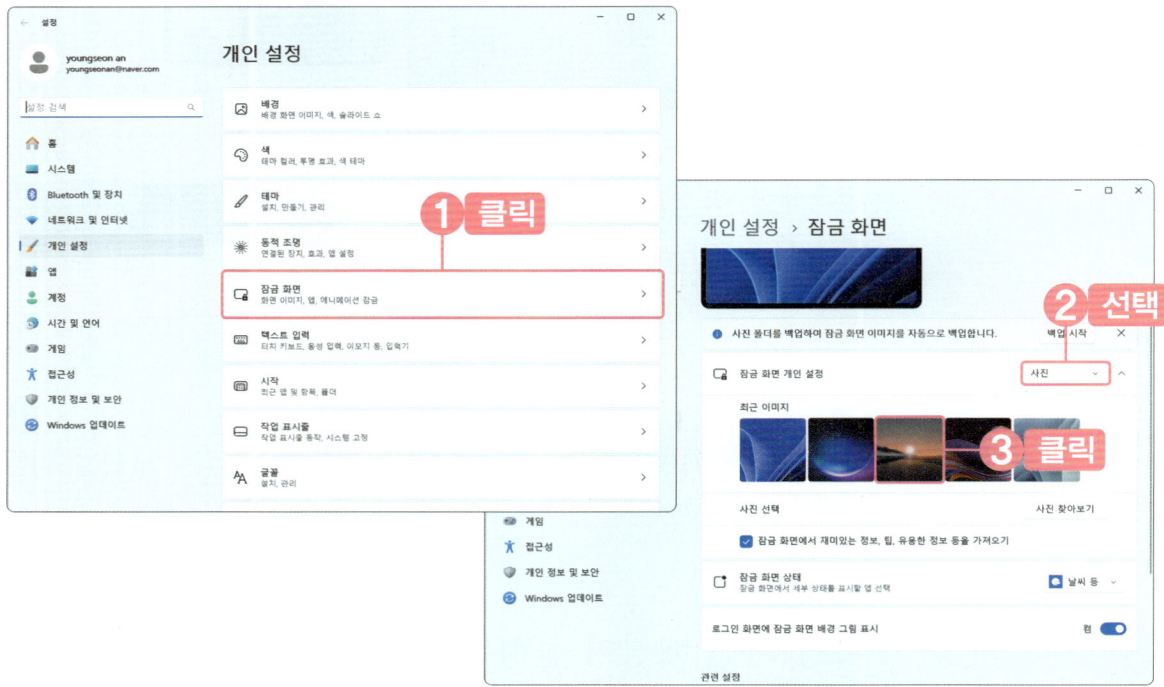

3. [시작] 단추를 클릭한 후 [전원]을 클릭한 다음 [잠금]을 클릭합니다.

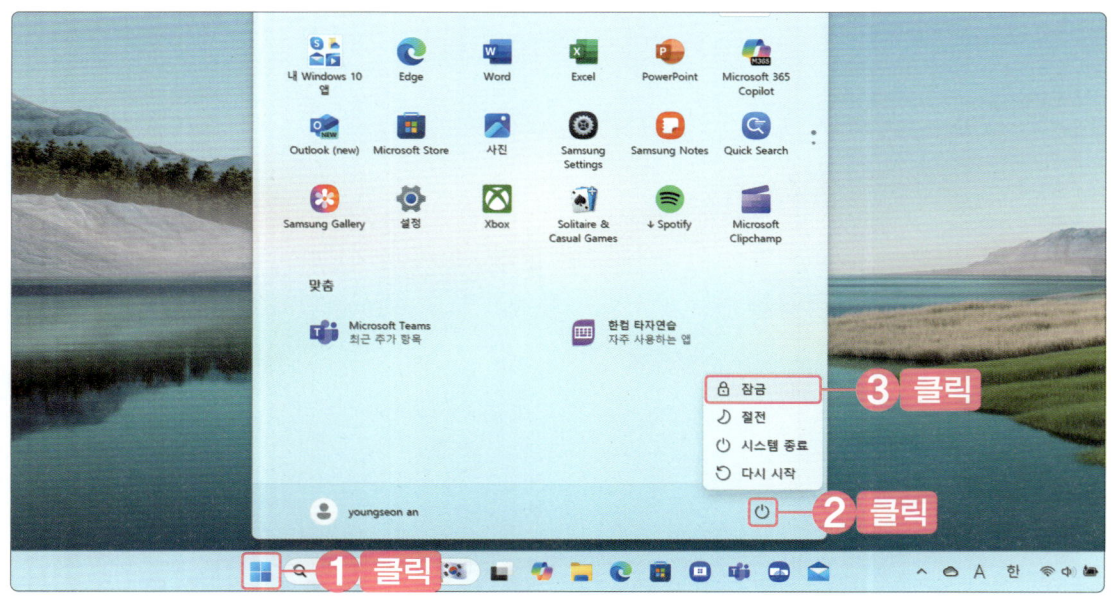

4 다음과 같이 잠금 화면 배경이 설정된 것을 확인할 수 있습니다. 잠금을 해제하기 위해 **잠금 화면을 클릭**합니다.

5 로그인 화면이 나타나면 **[로그인] 단추를 클릭**합니다.

6 로그인되어 바탕 화면이 나타납니다.

바탕 화면 아이콘을 큰 아이콘으로 변경하기
다음과 같이 바탕 화면의 바로 가기 메뉴에서 [보기]-[큰 아이콘]을 클릭하면 바탕 화면 아이콘이 보기 쉽게 큰 아이콘으로 변경됩니다.

Step 03 화면 보호기 설정하기

1 바탕 화면의 바로 가기 메뉴에서 [개인 설정]을 클릭합니다.

2 [개인 설정] 창이 나타나면 [잠금 화면]을 클릭합니다. 그런다음 [화면 보호기]를 클릭합니다.

3 [화면 보호기 설정] 대화상자가 나타나면 화면 보호기(비눗방울)를 선택한 후 대기(2)를 입력한 다음 [확인] 단추를 클릭합니다.

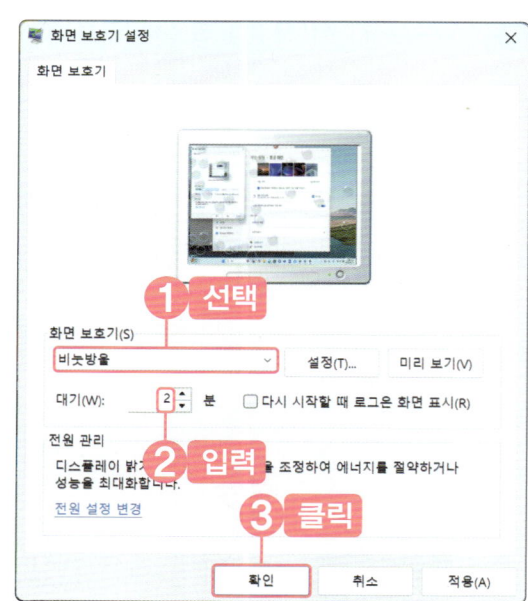

Tip
[확인] 단추를 클릭하면 사용자가 설정한 내용을 적용하고 대화상자를 닫지만 [취소] 단추를 클릭하면 사용자가 설정한 내용을 적용하지 않고 대화상자를 닫습니다. 그리고 [적용] 단추를 클릭하면 사용자가 설정한 내용은 적용하지만 대화상자는 닫지 않습니다.

4 [개인 설정] 창이 다시 나타나면 [개인 설정] 창을 닫기 위해 ☒[닫기] 단추를 클릭합니다.

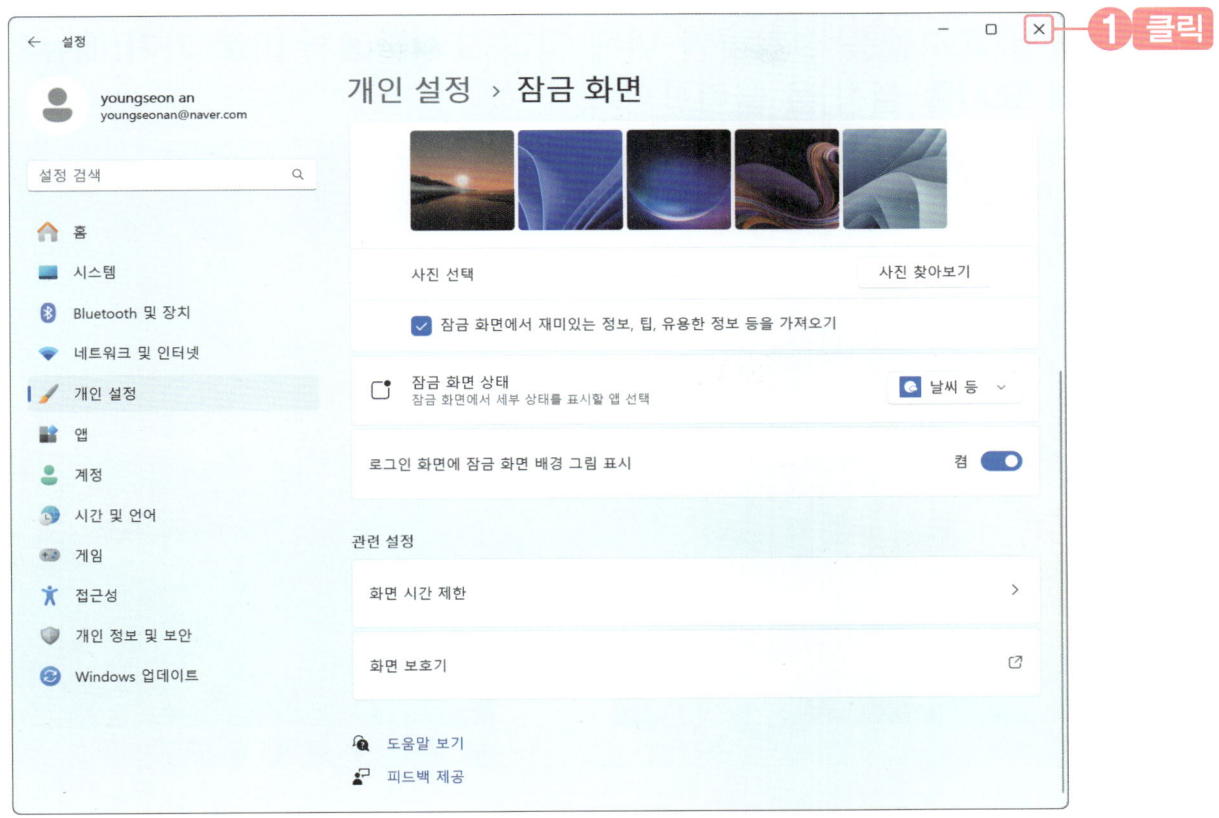

5 지정한 시간(여기서는 2분) 동안 컴퓨터를 사용하지 않습니다. 그러면 다음과 같이 화면 보호기가 실행되는 것을 확인할 수 있습니다.

Step 04 작업 표시줄 다루기

1 작업 표시줄을 설정하기 위해 **작업 표시줄에서 바로 가기 메뉴의 [작업 표시줄 설정]을 클릭**합니다.

2 [개인 설정]-[작업 표시줄] 창이 나타나면 **[작업 표시줄 동작]을 클릭**합니다.

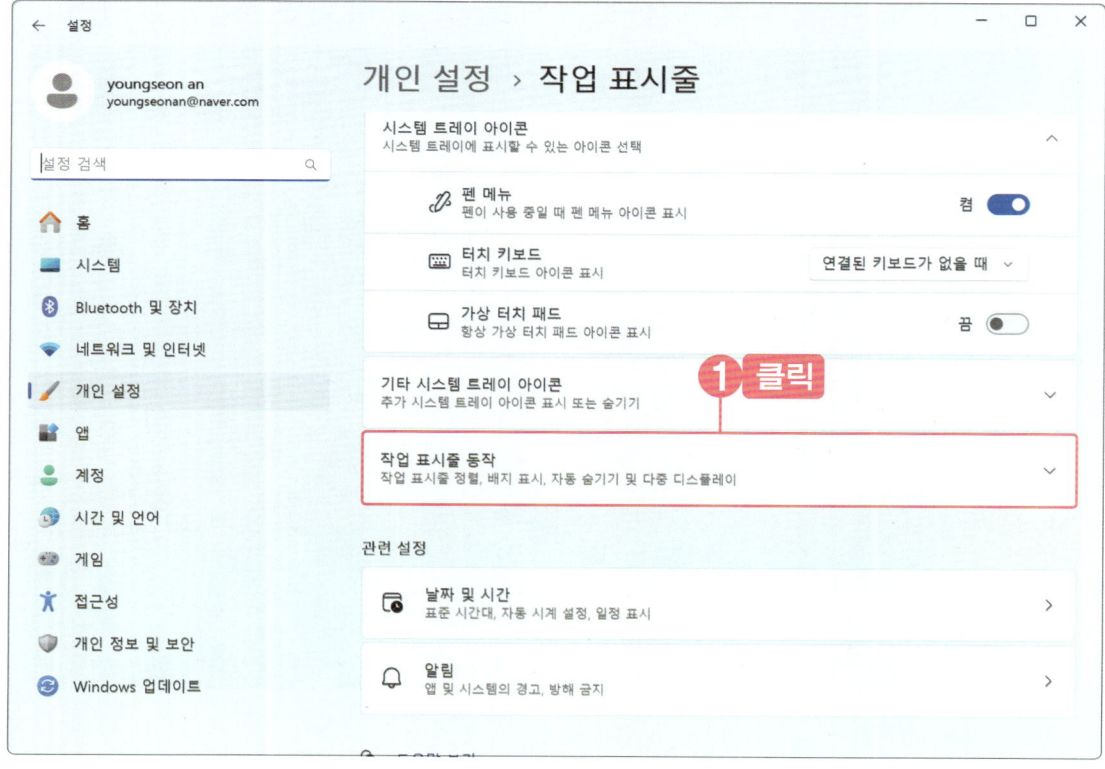

3 [작업 표시줄 동작] 목록이 나타나면 [작업 표시줄 맞춤]-[왼쪽]을 선택한 후 [작업 표시줄 자동 숨기기]를 선택합니다.

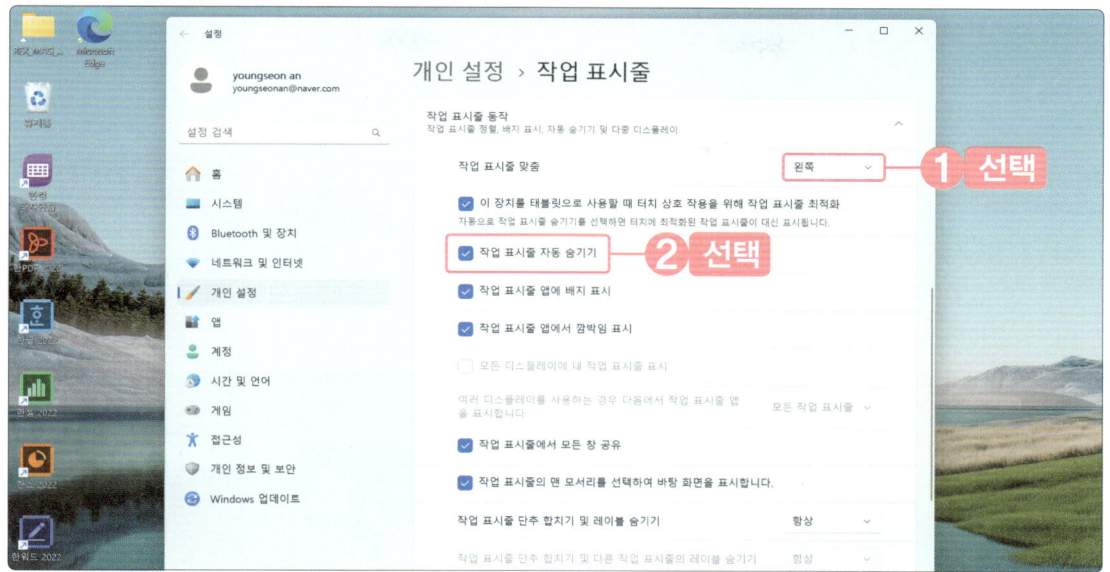

Tip

작업 표시줄 동작 부분에는 작업 표시줄 자동 숨기기 여부와 작업 표시줄 앱에 배지 또는 깜박임의 표시 여부를 선택할 수 있으며, 터치 기기의 경우 태블릿으로 사용할 때 작업 표시줄 최적화 여부도 선택할 수 있습니다. 또한, 작업 표시줄에서 모든 창 공유, 작업 표시줄의 맨 모서리를 선택해 바탕화면 표시, 시간 옆에 초 표시도 선택할 수 있습니다.

4 작업 표시줄이 숨겨지면 작업 표시줄로 마우스 포인터를 가져갑니다. 그러면 다음과 같이 작업 표시줄이 표시되고 작업 표시줄 맞춤이 왼쪽으로 표시되는 것을 확인할 수 있습니다.

Chapter 05 - 개인 설정하기 **49**

5 같은 방법으로 [개인 설정]-[작업 표시줄] 창의 작업 표시줄 동작에서 **작업 표시줄 맞춤(가운데)와 작업 표시줄 자동 숨기기(선택 해제)를** 지정합니다.

작업 보기

다음과 같이 작업 표시줄에서 [작업 보기]를 클릭하면 실행된 모든 프로그램이 한눈에 확인할 수 있게 축소된 이미지로 표시됩니다.

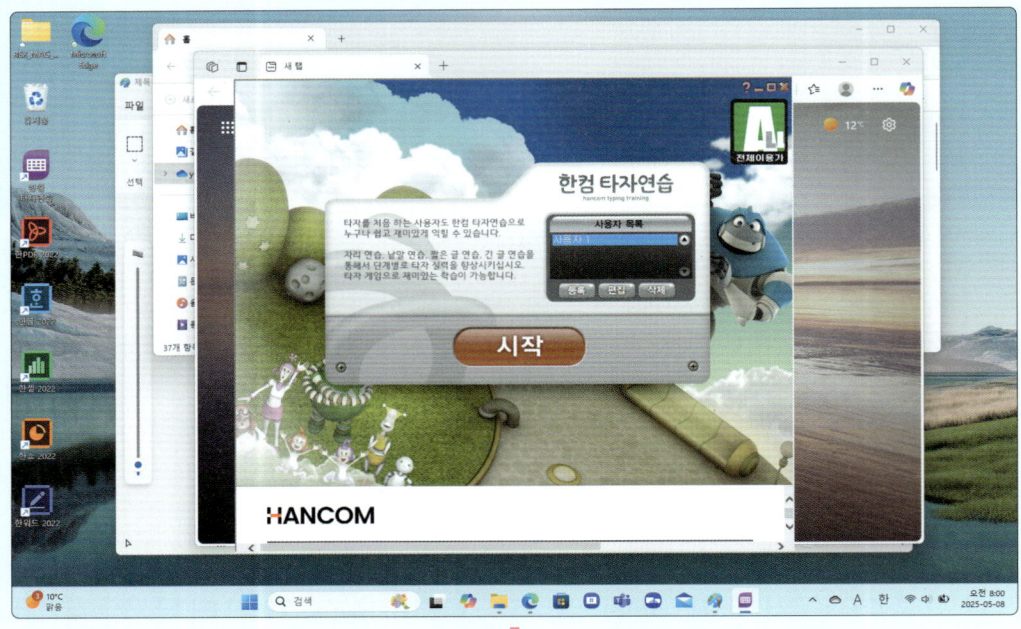

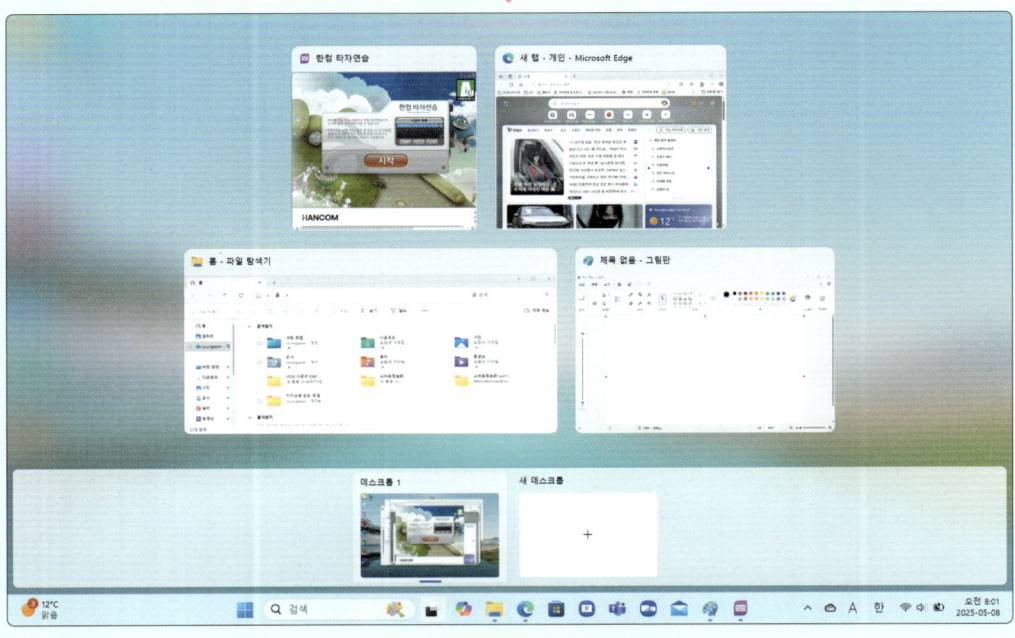

실전 연습 문제

01 다음과 같이 바탕 화면 배경을 설정해 보세요.
- 바탕 화면 배경 설정 : 배경(사진), 사진 선택

02 다음과 같이 화면 보호기를 설정해 보세요.
- 화면 보호기 설정 : 화면 보호기(리본), 대기(1분)

Windows 11 기본

파일과 폴더 다루기

문서를 작성하거나 이미지를 편집하는 등 컴퓨터로 작업한 내용을 저장할 수 있습니다. 파일은 저장된 문서나 이미지 등을 말하고, 폴더는 파일이 저장된 공간을 말합니다. 그럼 파일과 폴더를 다루는 방법에 대해 알아보겠습니다.

Step 01 새 폴더 만들기

1 파일 탐색기를 실행하기 위해 ■[시작] 단추를 클릭한 후 📁[파일 탐색기]를 클릭합니다.

Tip
작업 표시줄에서 📁[파일 탐색기]를 클릭하여 파일 탐색기를 실행할 수도 있습니다.

2 새 폴더를 만들기 위해 파일 탐색기에서 '**사진**' 폴더를 **선택**한 후 [**새로 만들기**]를 **클릭**한 다음 [**폴더**]를 **클릭**합니다.

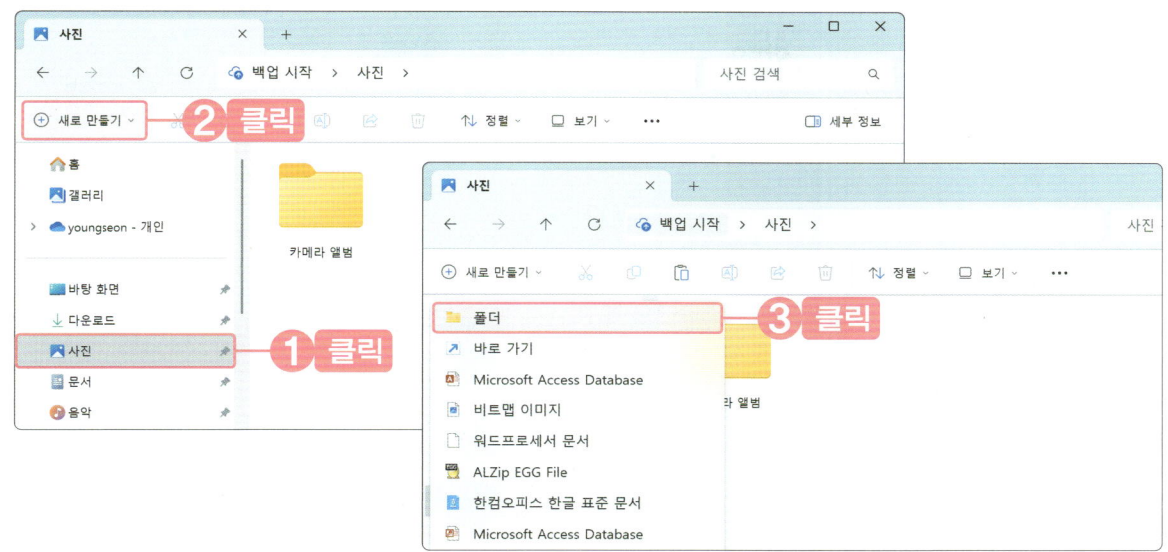

> **Tip**
> • 파일 탐색기의 탐색 창에서 폴더명을 더블클릭하면 폴더명 앞의 > 표시가 ∨ 표시로 변경되면서 해당 폴더가 나타납니다. 폴어 앞의 > 표시는 하위 폴더가 있지만 표시되어 있지 않다는 의미이고, ∨ 표시는 하위 폴더가 표시되어 있다는 의미입니다.
> • 폴더의 경로(폴더의 위치를 자세히 열거한 것)를 표기할 때는 '사진\내 사진'과 같이 역슬래시(\)를 사용하여 표기합니다.

파일 탐색기의 구성
파일 탐색기는 다음과 같이 리본 메뉴와 주소 표시줄 등으로 구성되어 있습니다.

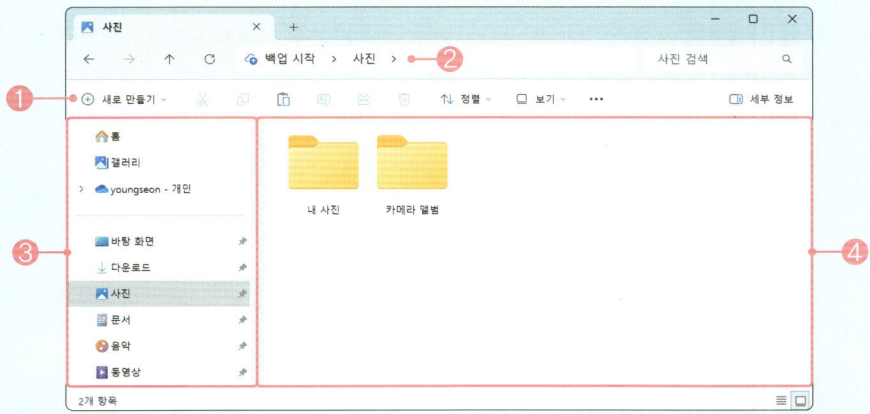

❶ **리본 메뉴** : 메뉴 모음과 도구 모음이 하나로 통합된 메뉴입니다.
❷ **주소 표시줄** : 선택된 폴더의 경로와 이름이 표시되는 곳입니다.
❸ **탐색 창** : 폴더가 표시되는 곳입니다.
❹ **내용 창** : 탐색 창에서 선택한 폴더의 내용(파일이나 폴더)이 표시되는 곳입니다.

Chapter 06 – 파일과 폴더 다루기

3 폴더가 만들어지면 **폴더 이름(내 사진)을 입력**한 후 Enter 를 누릅니다.

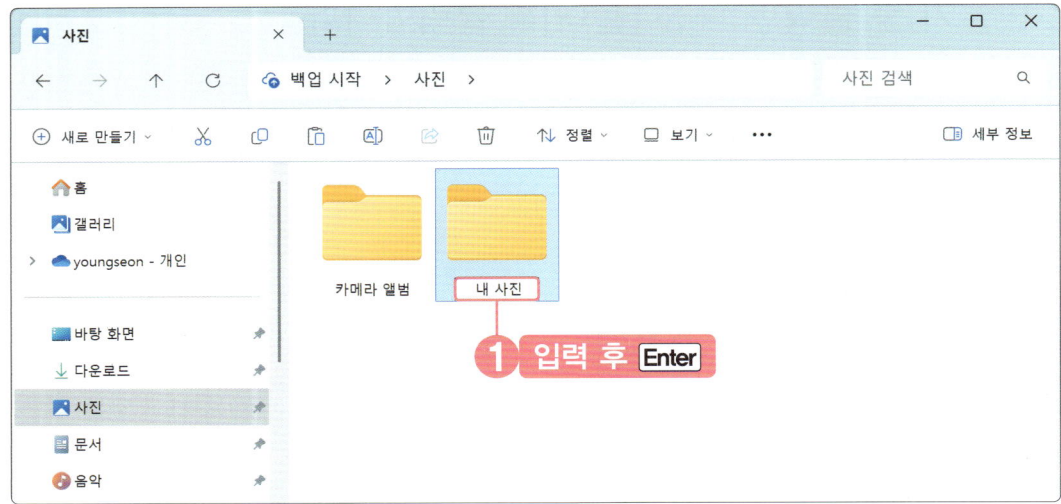

> Tip
> 폴더의 기본 이름은 '새 폴더'입니다.

4 폴더의 이름이 바꾸어집니다.

> Tip
> 파일/폴더를 선택한 후 리본 메뉴에서 [이름 바꾸기]를 클릭하거나 F2 를 누르면 파일/폴더의 이름을 바꿀 수 있습니다.

파일/폴더 선택하기

- **연속적인 파일/폴더 선택** : 첫 번째 파일/폴더를 선택한 후 Shift 를 누른 상태에서 마지막 파일/폴더를 선택합니다.
- **비연속적인 파일/폴더 선택** : 첫 번째 파일/폴더를 선택한 후 Ctrl 을 누른 상태에서 다른 파일/폴더를 선택합니다.
- **모든 파일/폴더 선택** : [자세히 보기]를 클릭한 후 [모두 선택]을 클릭하거나 Ctrl + A 를 누릅니다.

▲ 연속적인 파일/폴더를 선택하는 경우

▲ 비연속적인 파일/폴더를 선택하는 경우

Step 02 파일 복사하고 이동하기

1. 파일을 복사하기 위해 탐색 창에서 '스마트정보화\윈도우 11\Chapter 06' 폴더를 선택한 후 내용 창에서 '국화', '수국', '튤립' 파일을 선택한 다음 [복사]를 클릭합니다.

2. 탐색 창에서 '사진\내 사진' 폴더를 선택한 후 [붙여넣기]를 클릭합니다.

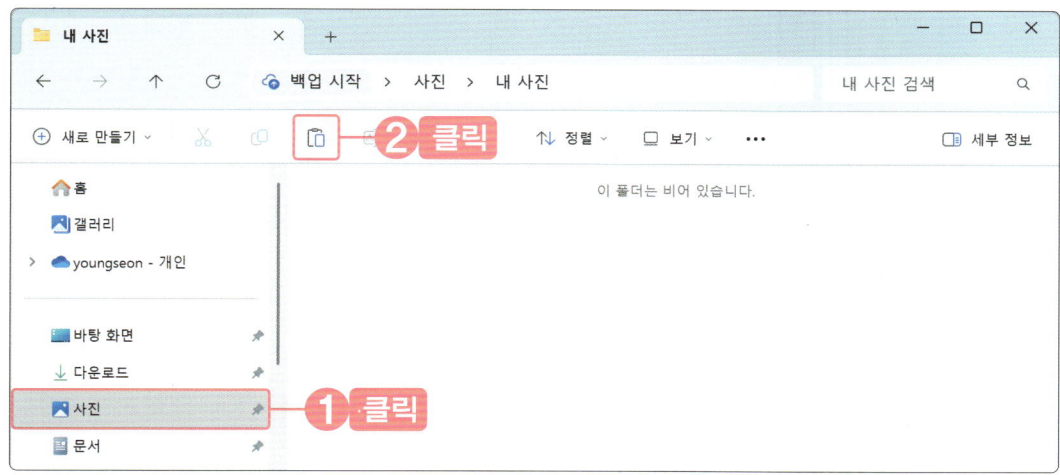

3. '스마트정보화\윈도우 11\Chapter 06' 폴더에 있는 '국화', '수국', '튤립' 파일이 '사진\내 사진' 폴더에 복사됩니다.

Tip
탐색 창에서 폴더를 선택한 후 내용 창에서 파일을 선택한 다음 Ctrl+C를 누릅니다. 그런다음 탐색 창에서 폴더를 선택한 후 Ctrl+V를 눌러 파일을 복사할 수도 있습니다.

4 파일을 이동하기 위해 탐색 창에서 '사진\내 사진' 폴더를 선택한 후 내용 창에서 '튤립' 파일을 선택한 다음 [잘라내기]를 클릭합니다.

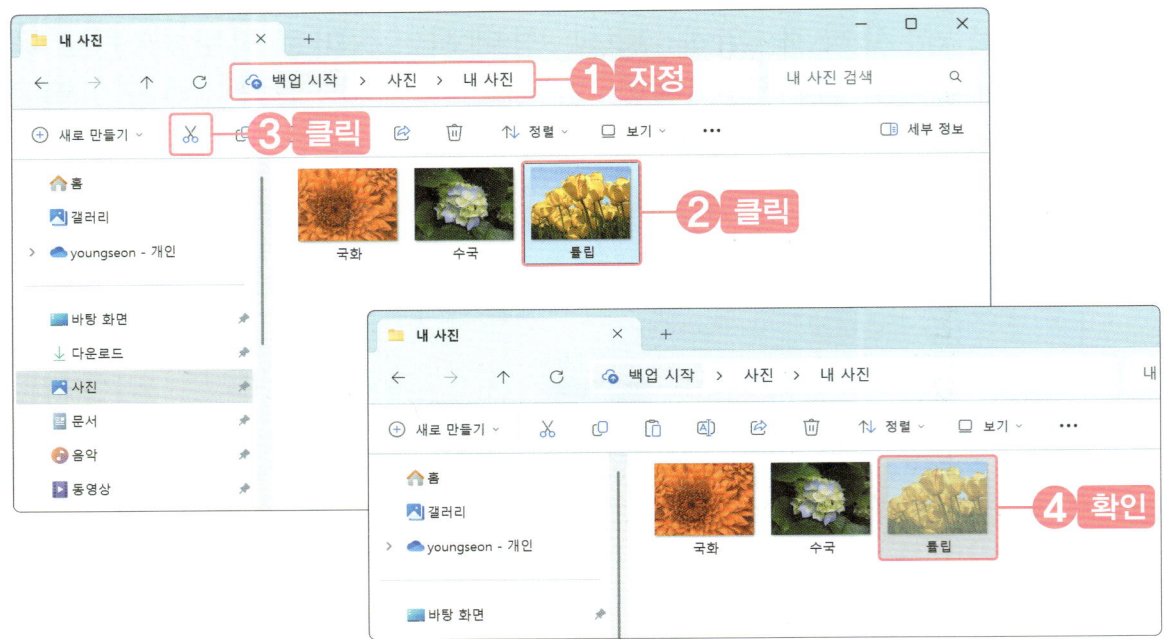

5 탐색 창에서 '사진' 폴더를 선택한 후 [붙여넣기]를 클릭합니다.

6 '사진\내 사진' 폴더에 있는 '튤립' 파일이 '사진' 폴더로 이동됩니다.

Tip

탐색 창에서 폴더를 선택한 후 내용 창에서 파일을 선택한 다음 Ctrl+X를 누릅니다. 그런 다음 탐색 창에서 폴더를 선택한 후 Ctrl+V를 눌러 파일을 이동할 수도 있습니다.

Step 03 파일과 폴더 삭제하기

1. 파일을 삭제하기 위해 탐색 창에서 '**사진**' 폴더를 **선택**한 후 내용 창에서 '**튤립**' 파일을 **선택**한 다음 [삭제]를 **클릭**합니다.

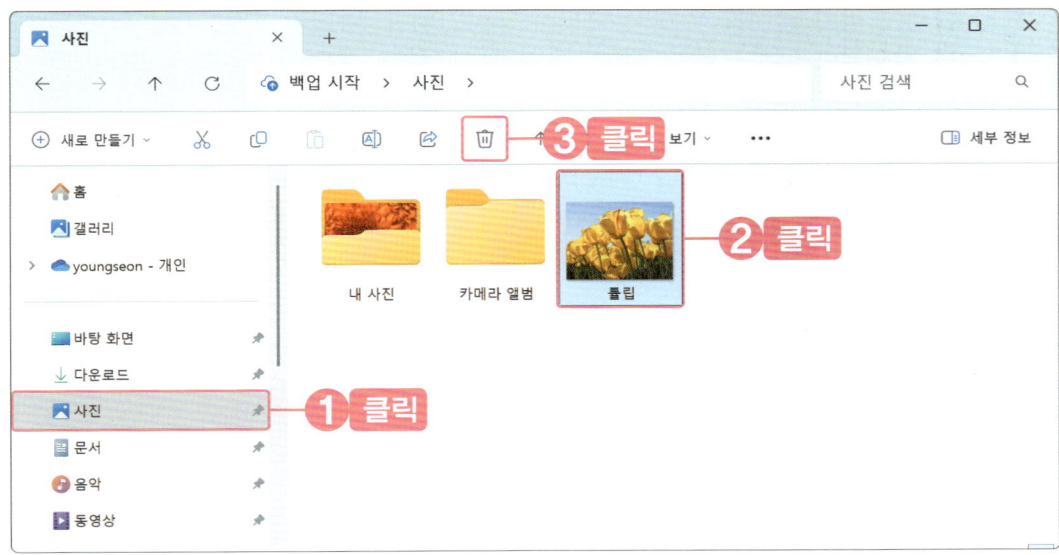

2. '사진' 폴더에 있는 '튤립' 파일이 삭제됩니다.

3. 폴더를 삭제하기 위해 탐색 창에서 '**사진**' 폴더를 **선택**한 후 내용 창에서 '**내 사진**' 폴더를 **선택**한 다음 [삭제]를 **클릭**합니다.

Tip
폴더를 선택한 후 Delete 를 눌러 폴더를 삭제할 수도 있습니다.

4 '사진' 폴더에 있는 '내 사진' 폴더가 삭제됩니다.

잠깐만요!

휴지통

휴지통은 삭제한 파일/폴더를 임시로 보관하는 곳입니다. 다음과 같이 바탕 화면에서 휴지통 아이콘( )을 더블클릭하면 삭제한 '튤립' 파일과 '내 사진' 폴더가 휴지통에 보관되어 있는 것을 확인할 수 있습니다.

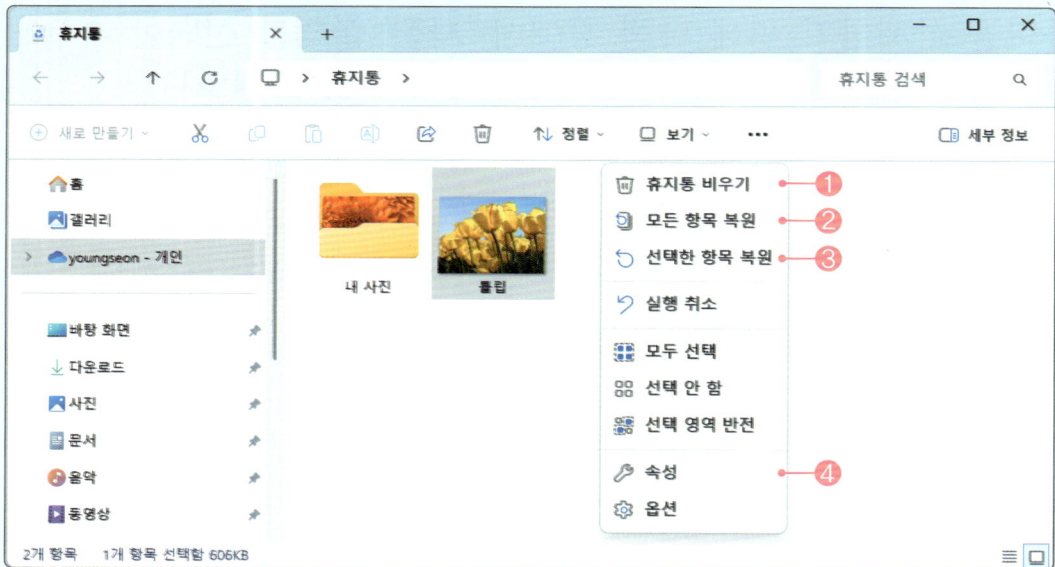

❶ **휴지통 비우기** : 휴지통에 보관된 모든 파일/폴더를 영구 삭제합니다.
❷ **모든 항목 복원** : 휴지통에 보관된 모든 파일/폴더를 복원합니다.
❸ **선택한 항목 복원** : 휴지통에 보관된 모든 파일/폴더 중에서 선택한 파일/폴더를 복원합니다.
❹ **속성** : 휴지통의 속성을 설정합니다.

실전 연습 문제

01 다음과 같이 '동영상' 폴더의 하위 폴더로 '내 동영상' 폴더를 만든 후 '스마트 정보화\윈도우 11\Chapter 06' 폴더에 있는 '야생' 파일을 '내 동영상' 폴더에 복사해 보세요.

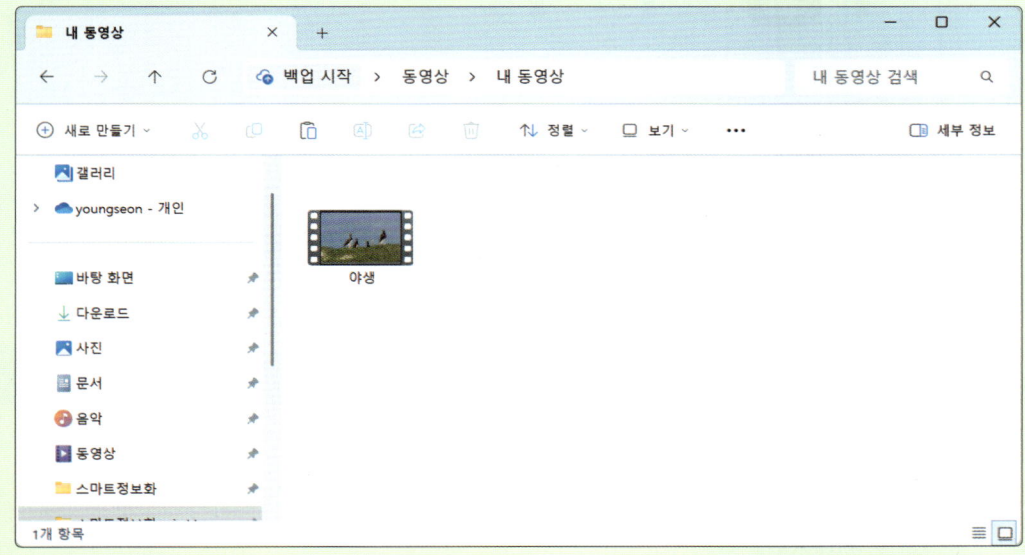

02 다음과 같이 '내 동영상' 폴더에 있는 '야생' 파일을 '동영상' 폴더로 이동해 보세요.

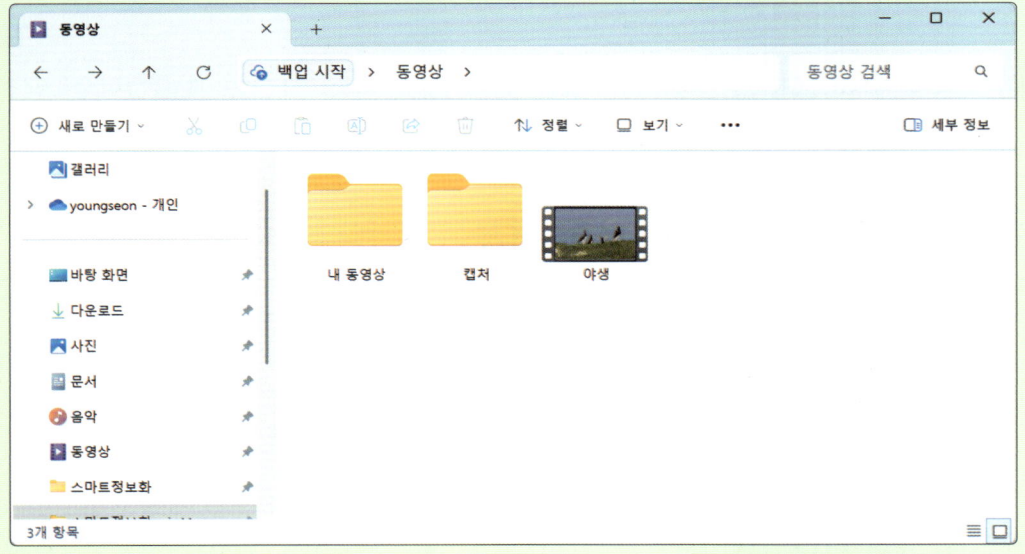

03 '동영상' 폴더에 있는 '야생' 파일과 '내 동영상' 폴더를 삭제해 보세요.

Chapter 06 - 파일과 폴더 다루기 **59**

Chapter 07 윈도우 프로그램 사용하기

윈도우 11에서 제공하는 기본 프로그램이 있습니다. 메모장, 그림판, 스티커 메모 등이 기본 프로그램입니다. 그럼 윈도우에서 제공하는 프로그램을 사용하는 방법에 대해 알아보겠습니다.

Step 01 메모장 사용하기

1 [시작] 단추를 클릭한 후 [모두]를 클릭합니다. 그런다음 [메모장]을 클릭합니다.

Tip 메모장은 간단한 메모를 위한 윈도우에 기본 내장 문서 편집기 프로그램입니다.

2 메모장이 실행되면 다음과 같이 **문서를 작성**합니다.

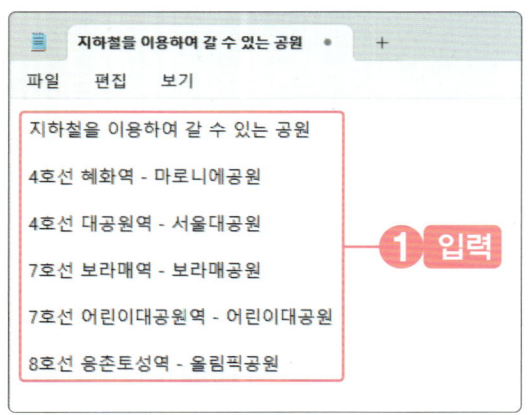 ① 입력

지하철을 이용하여 갈 수 있는 공원
4호선 혜화역 – 마로니에공원
4호선 대공원역 – 서울대공원
7호선 보라매역 – 보라매공원
7호선 어린이대공원역 – 어린이대공원
8호선 웅촌토성역 – 올림픽공원

Tip 한 칸을 띄울 때는 SpaceBar 를 누르고, 줄을 바꿀 때는 Enter 를 누릅니다.

3 글꼴을 지정하기 위해 [편집] 메뉴를 클릭한 후 [글꼴]을 클릭합니다. 그런다음 글꼴 설정 페이지가 나타나면 **글꼴(휴먼엑스포), 글꼴 크기(20)를 지정**한 후 ←[뒤로]를 클릭합니다.

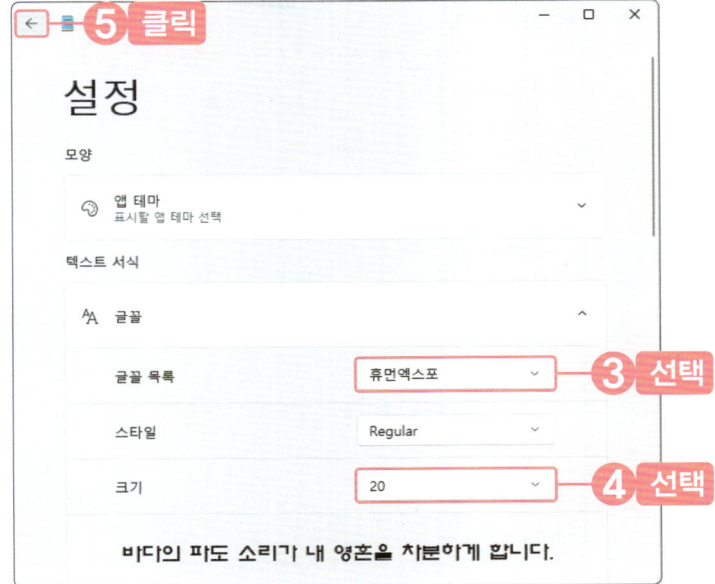

> Tip
> 메모장은 특정 부분만 글꼴을 설정할 수 없고 문서 전체에 글꼴 속성이 지정됩니다.

4 글꼴 설정을 확인한 후 문서를 저장하기 위해 [파일] 탭을 클릭한 다음 [저장]을 클릭합니다.

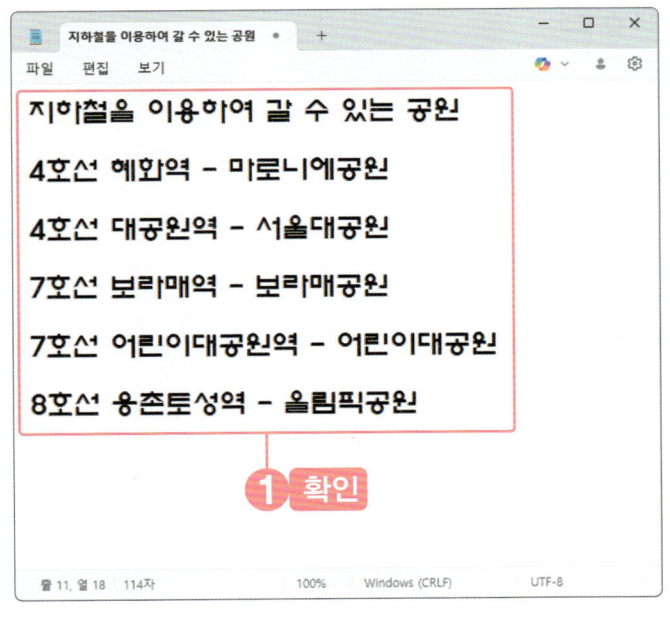
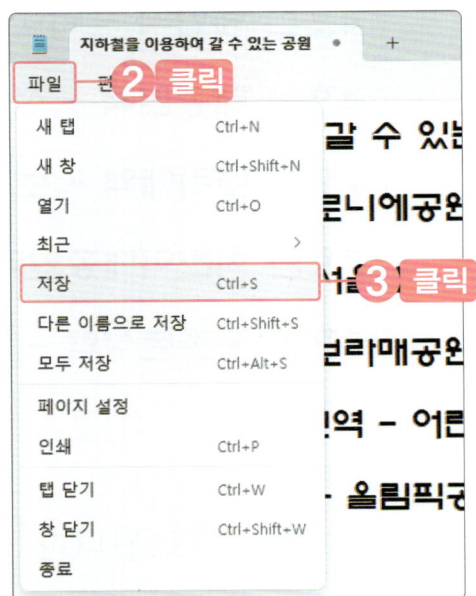

> Tip
> Ctrl+S를 눌러 문서를 저장할 수도 있습니다.

5 [다른 이름으로 저장] 대화상자가 나타나면 **저장 위치(문서)를 선택**한 후 **파일 이름(지하철을 이용하여 갈 수 있는 공원)을 입력**한 다음 **[저장] 단추를 클릭**합니다.

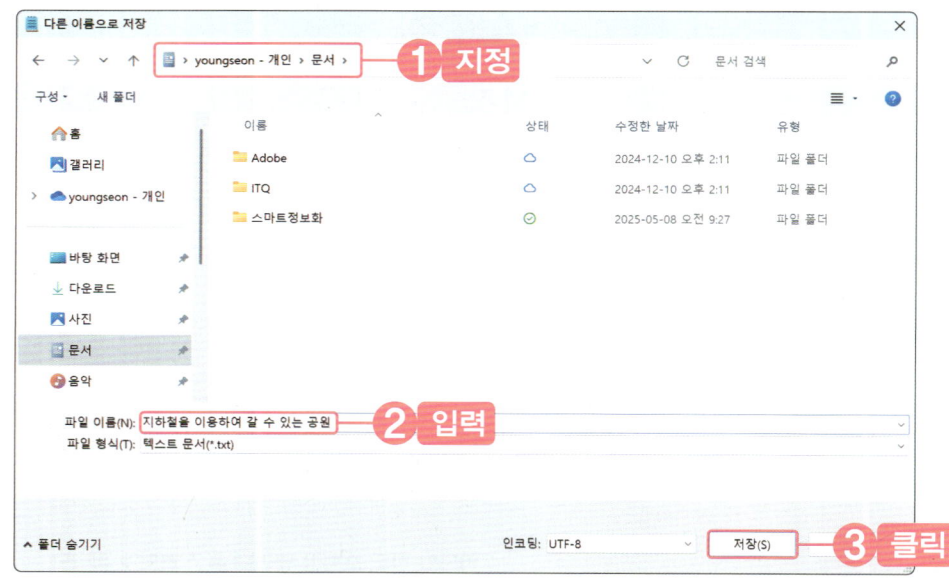

6 문서가 저장되면 메모장을 종료하기 위해 ⊠**[닫기] 단추를 클릭**합니다.

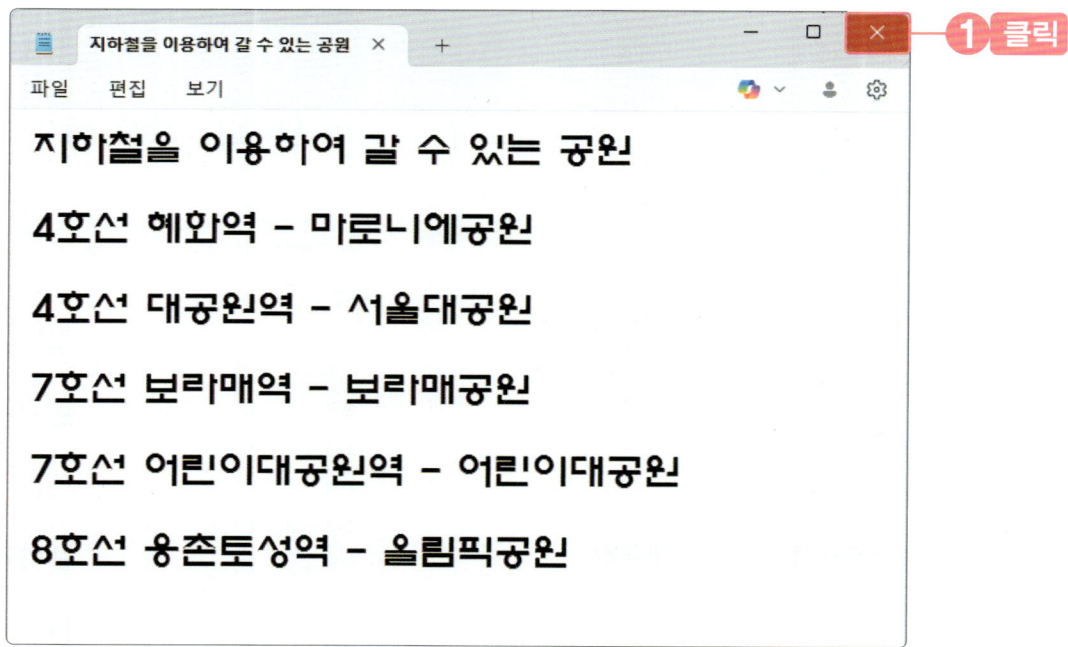

7 메모장이 종료됩니다.

> **Tip**
> 파일 탐색기를 실행한 후 탐색 창에서 '문서' 폴더를 선택하면 문서가 저장된 것을 확인할 수 있습니다.

Step 02 그림판 사용하기

1 그림판을 실행하기 위해 ■[시작] 단추를 클릭한 후 🎨[그림판]을 클릭합니다.

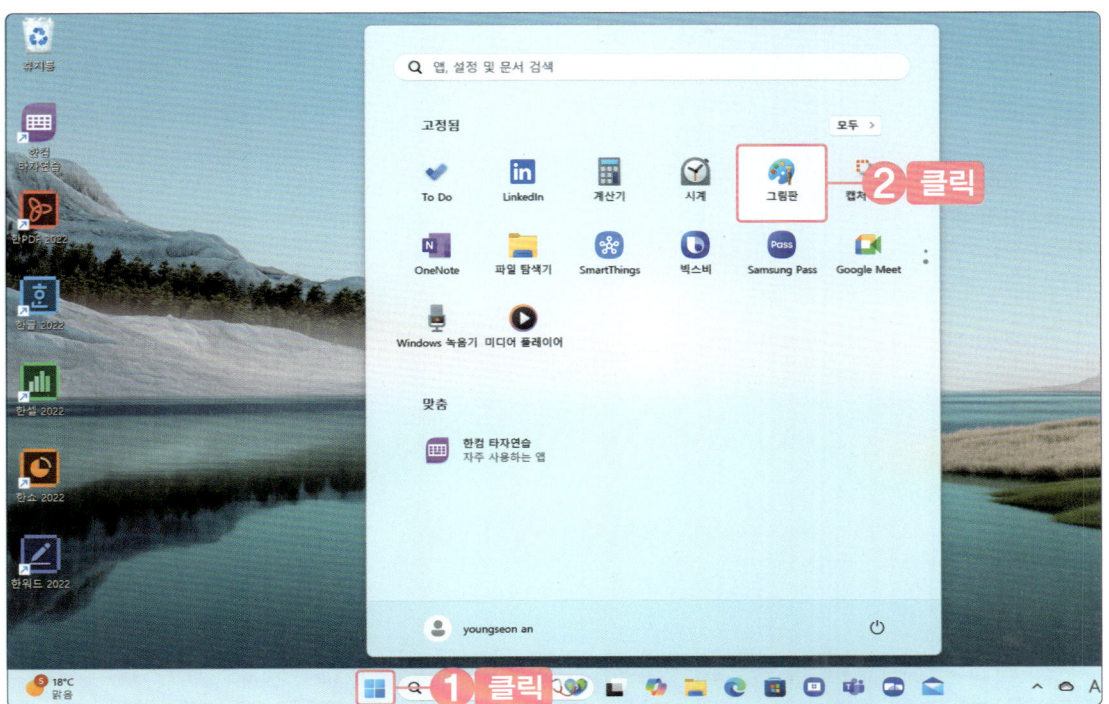

> Tip
> 그림판은 그림을 그리거나 편집할 수 있는 프로그램입니다.

2 다음과 같이 그림판이 실행됩니다.

Chapter 07 – 윈도우 프로그램 사용하기 **63**

3 그림을 불러오기 위해 **[파일] 메뉴를 클릭**한 후 [캔버스로 가져오기]-**[파일에서]를 클릭**합니다.

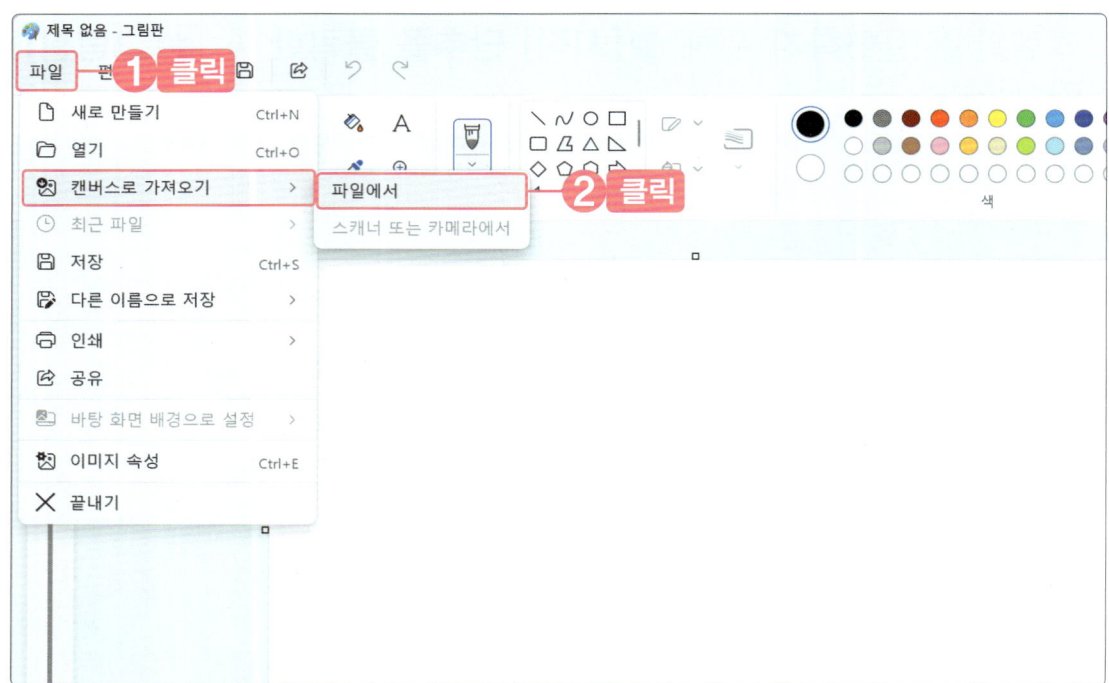

4 [파일로부터 붙여넣기] 대화상자가 나타나면 **찾는 위치(스마트정보화\윈도우 11\Chapter 07)를 지정**한 후 **'운동'을 선택**한 다음 **[열기] 단추를 클릭**합니다.

5 그림이 삽입되면 크기 조절점을 **캔버스 크기에 맞게 드래그**합니다.

> **Tip**
> 그림의 크기 조절점이 해제되면 그림 크기를 조절할 수 없습니다. 메뉴 표시줄에서 [실행 취소]를 클릭하여 그림 삽입을 취소한 후 다시 그림을 삽입합니다.

6 다음과 같이 그림 크기를 조절합니다.

7 그림을 저장하기 위해 **[파일] 메뉴를 클릭**한 후 **[저장]을 클릭**합니다.

8 [다른 이름으로 저장] 대화상자가 나타나면 **저장 위치(스마트정보화\윈도우 11\Chapter 07)를 지정**한 후 **'산책'을 입력**한 다음 **[저장] 단추를 클릭**합니다.

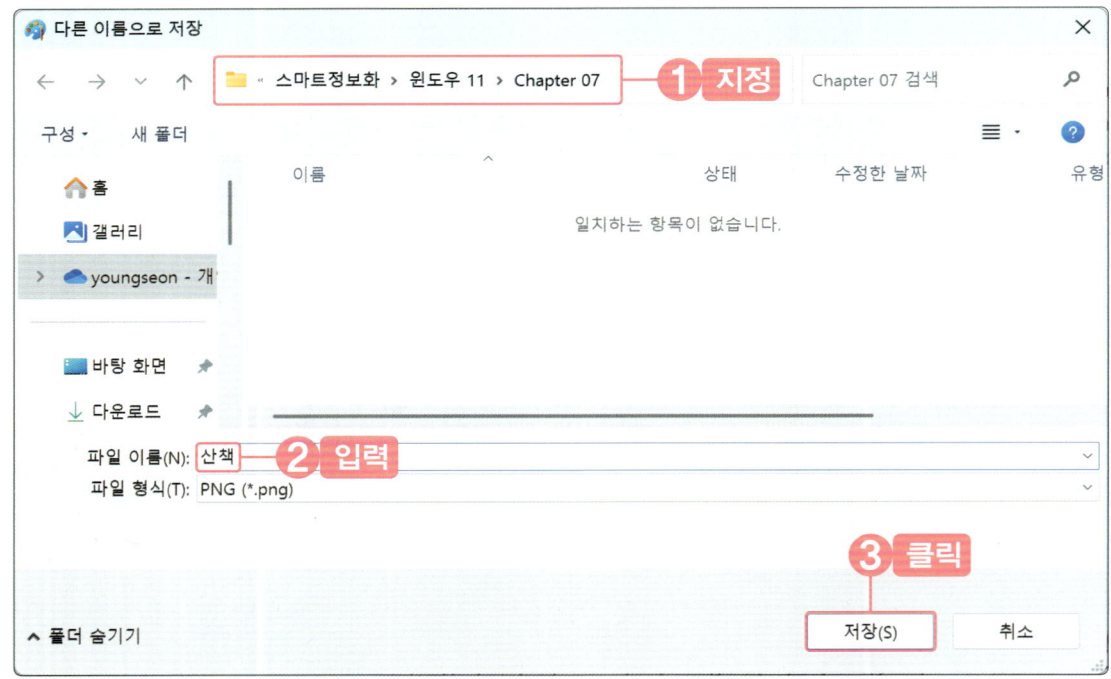

9 다음과 같이 파일이 저장되면 ×**[닫기]를 클릭**하여 프로그램을 종료합니다.

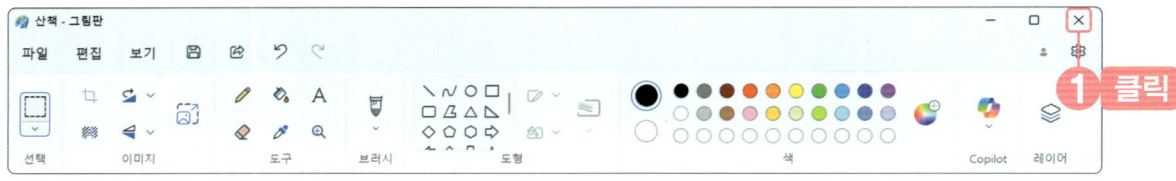

Step 03 스티커 메모 사용하기

1 ⊞[시작] 단추를 클릭한 후 [모두]를 클릭합니다. 그런다음 ▇[스티커 메모]를 클릭합니다.

> **Tip**
> 스티커 메모는 메모를 작성하거나 편집할 수 있는 프로그램입니다.

2 스티커 메모가 실행되면 다음과 같이 **메모를 작성**합니다.

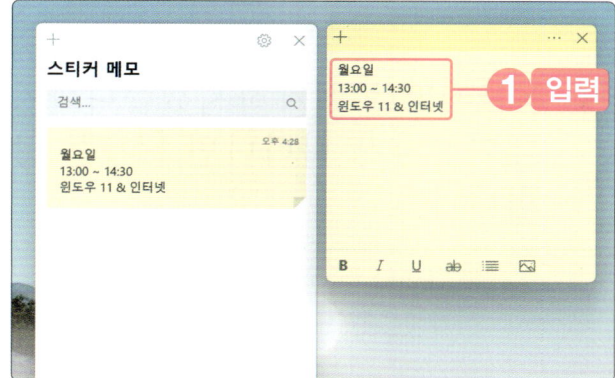

> **Tip**
> • 로그인 화면이 나타나면 [나중에]를 클릭합니다.
> • 메모를 작성하면 노트 목록에도 작성한 메모가 나타납니다.
> • 노트 목록에서 ＋[새 메모]를 클릭하거나 스티커 메모에서 ＋[새 메모]를 클릭하면 새 스티커 메모를 만들 수 있습니다.

3 스티커 메모의 색을 변경하기 위해 ⋯[메뉴]를 클릭한 후 ▇[녹색]을 클릭합니다.

> **Tip**
> ⋯[메뉴]는 스티커 메모를 선택하면 나타나고, 선택 해제하면 숨겨집니다.

Chapter 07 - 윈도우 프로그램 사용하기 **67**

4 스티커 메모를 삭제하기 위해 […][메뉴]를 클릭한 후 [메모 삭제]를 클릭합니다.

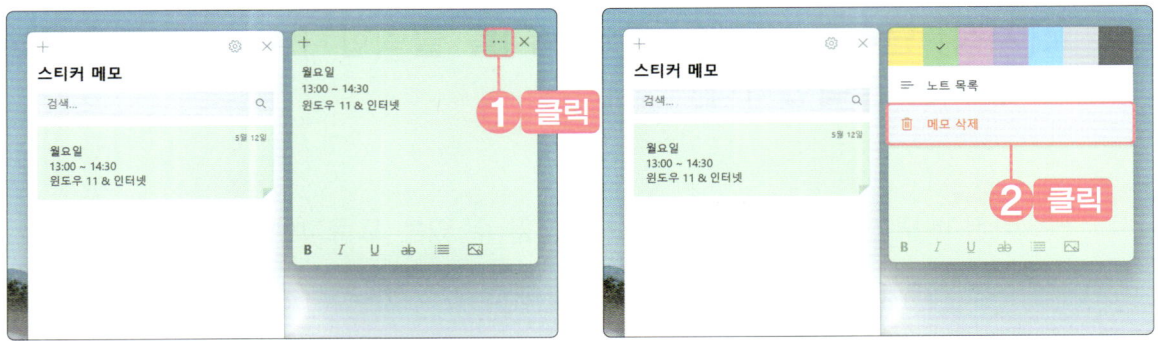

5 '이 메모를 삭제하시겠습니까?'라고 묻는 대화상자가 나타나면 [삭제] 단추를 클릭합니다.

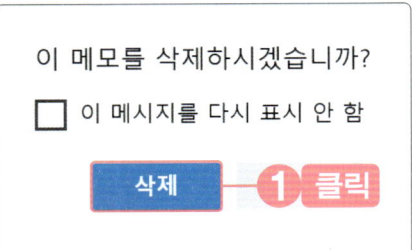

6 스티커 메모가 삭제됩니다.

> **Tip**
> 스티커 메모를 삭제하지 않고 컴퓨터를 다시 시작하면 스티커 메모가 나타납니다. 즉, 스티커 메모는 삭제하지 않으면 언제든지 메모를 확인할 수 있습니다.

잠깐만요!

보조프로그램

- **계산기** : 덧셈이나 뺄셈 등의 계산을 할 수 있는 프로그램입니다. 계산기는 ▦[시작] 단추를 클릭한 후 ▣[계산기]를 클릭하면 실행할 수 있습니다.
- **캡처 도구** : 화면을 캡처할 수 있는 프로그램입니다. 캡처 도구는 ▦[시작] 단추를 클릭한 후 ▣[캡처 도구]를 클릭하면 실행할 수 있습니다.

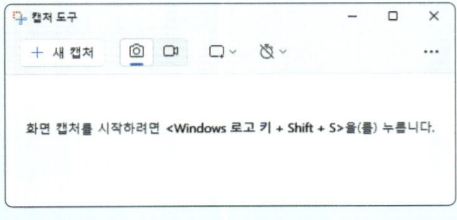

▲ 캡처 도구

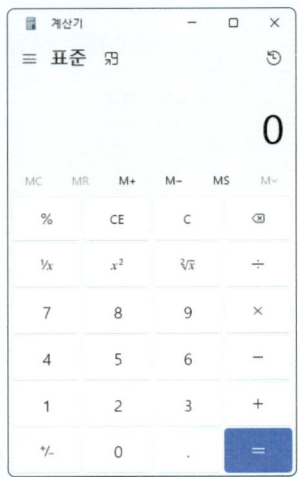

▲ 계산기

실전 연습 문제

01 다음과 같이 메모장을 사용하여 문서를 작성한 후 저장해 보세요.
- 글꼴 지정 : 글꼴(한컴산뜻돋움), 스타일(Bold), 크기(20)
- 문서 저장 : 저장 위치(문서), 파일 이름(산행지.txt)

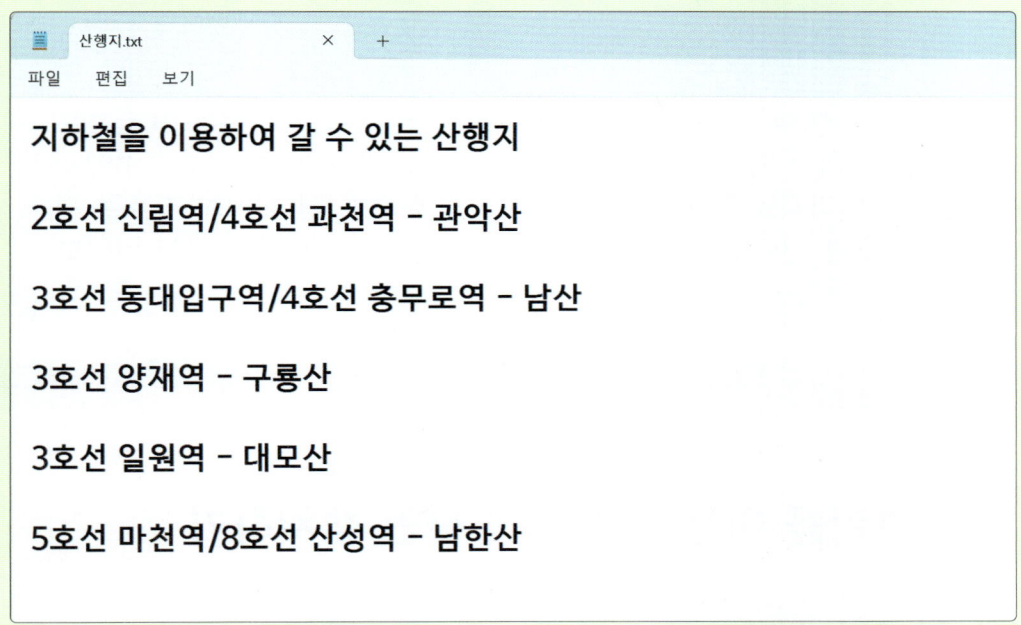

02 다음과 같이 그림판을 사용하여 그림을 삽입한 후 크기를 조절한 다음 저장해 보세요.
- 그림 삽입 : 등산.jpg
- 저장 : 산행.png

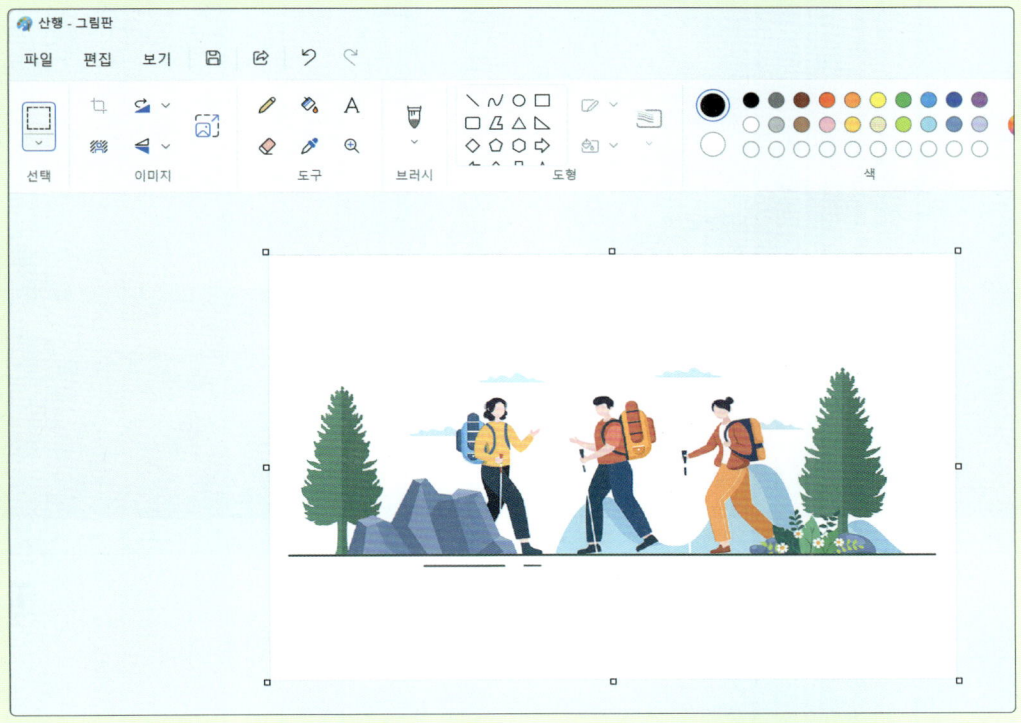

Windows 11 기본

Chapter 08 윈도우 화면 캡처하기

윈도우에서 화면의 캡처 방법은 단축키를 이용한 방법과 응용 프로그램을 실행하여 캡처 기능을 사용하는 방법이 있습니다. 또한 윈도우 11에서는 캡처 후 이미지를 간단히 편집할 수 있도록 캡처 및 스케치 기능을 제공합니다. 그럼 윈도우에서의 캡처 기능을 사용하는 방법에 대해 알아보겠습니다.

Step 01 단축키를 이용하여 전체 화면 캡처하기

1 윈도우 바탕화면 상태에서 키보드의 `PrintScreen`을 눌러 바탕 화면 전체를 캡처합니다.

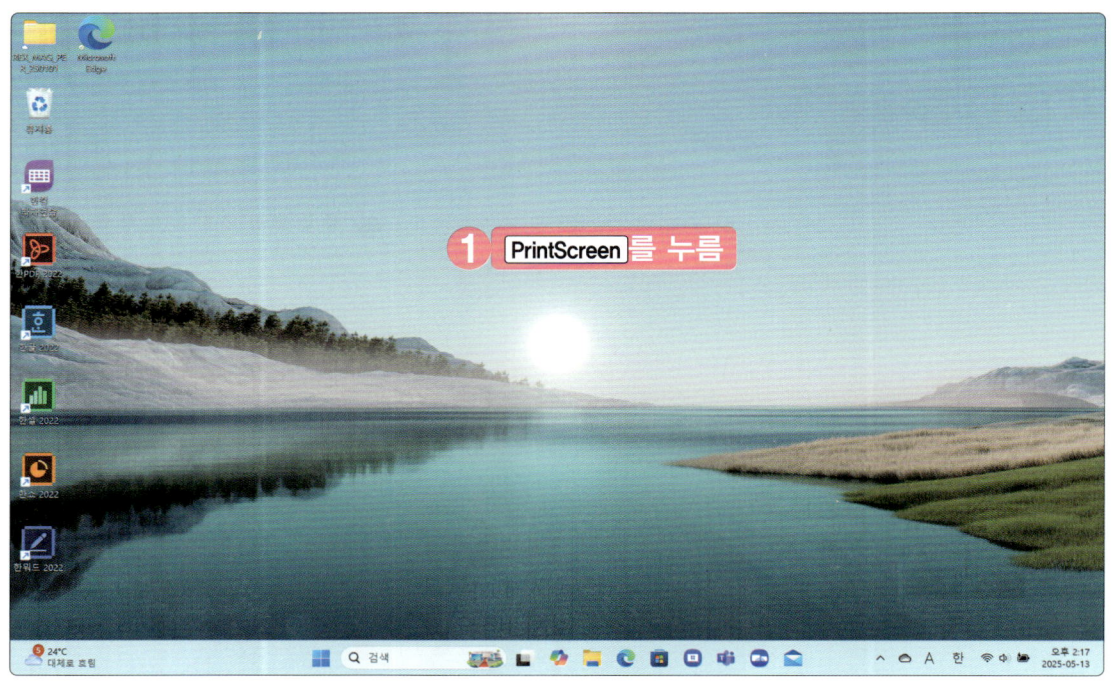

Tip
키보드의 종류에 따라 `PrintScreen`키를 `PrtSc`로 표시될 수도 있습니다.

2 [시작] 단추를 클릭한 후 [그림판]을 클릭합니다.

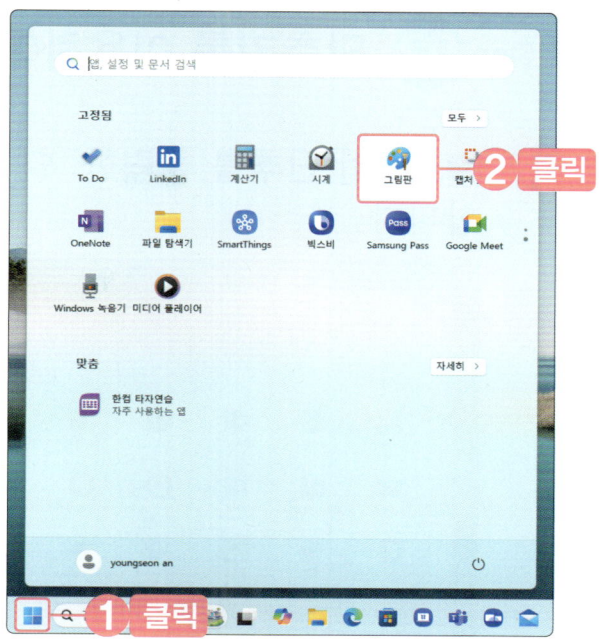

3 그림판 프로그램이 실행되면 **[편집] 메뉴를 클릭**한 후 **[붙여넣기]를 클릭**합니다. 캡처한 바탕 화면이 그림판에 표시됩니다.

> **Tip**
> 메뉴 표시줄에서 [저장] 단추를 클릭하면 캡처한 이미지를 저장할 수 있습니다.

4 그림판에서 [닫기]를 **클릭**하여 그림판 프로그램을 종료합니다.

Step 02 단축키를 이용하여 활성화 창 캡처하기

1 ■[시작] 단추를 클릭한 후 [모두]를 클릭한 다음 ▤[메모장]을 클릭합니다.

2 바탕 화면에 메모장 창이 표시되면 키보드의 Alt 를 누른 상태에서 PrintScreen 을 누릅니다.

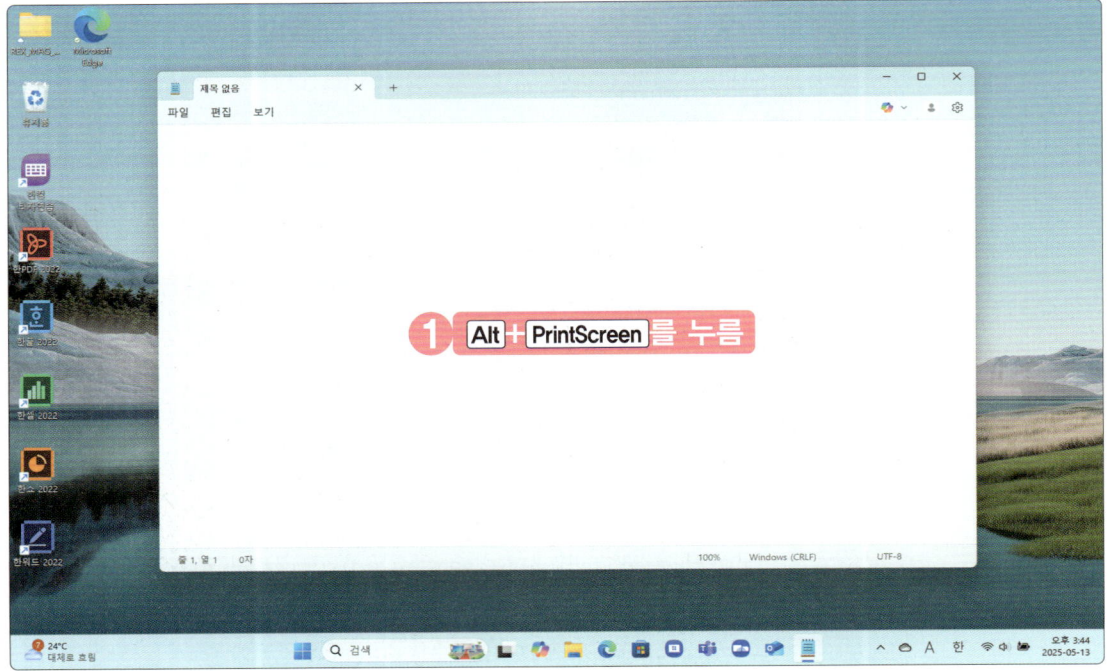

3 ■[시작] 단추를 클릭한 후 🎨[그림판]을 클릭합니다.

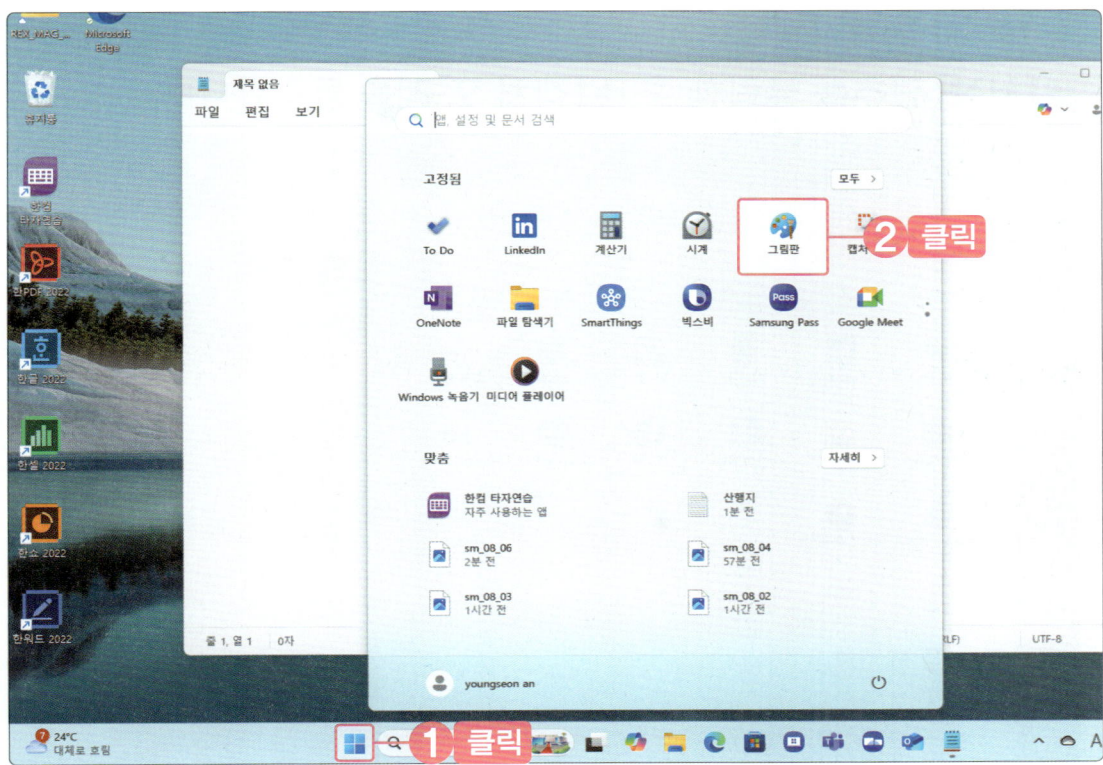

4 그림판 프로그램이 실행되면 [편집] 메뉴를 클릭한 후 [붙여넣기]를 클릭합니다. 캡처한 메모장이 그림판에 표시됩니다.

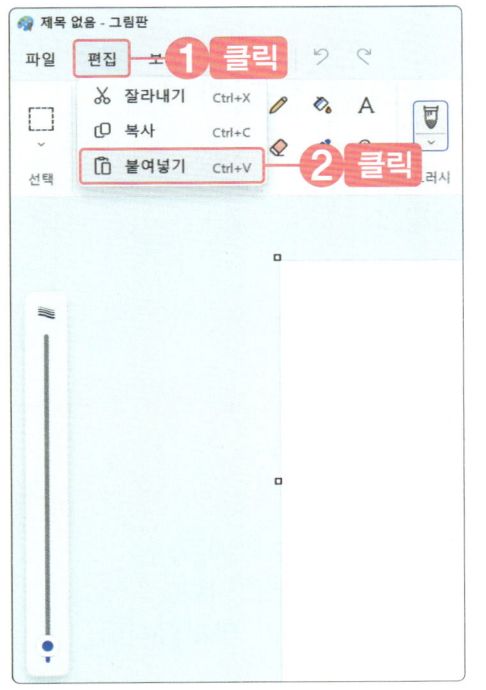 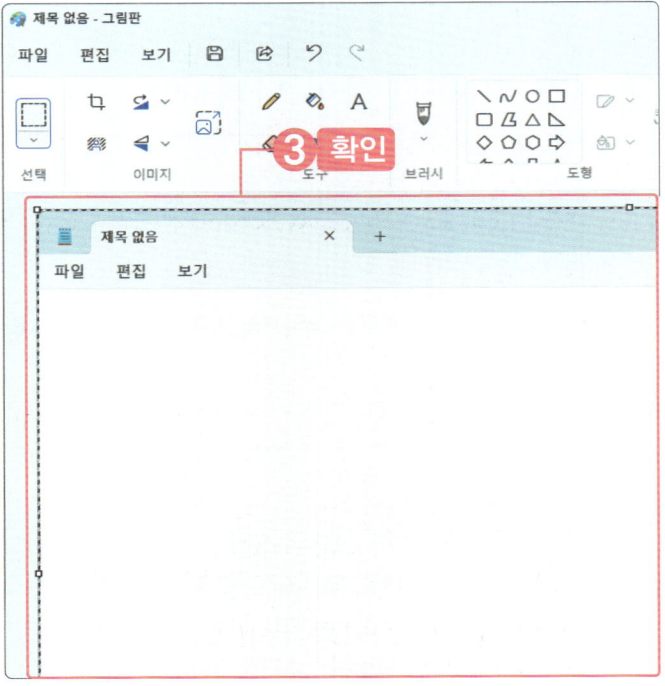

5 그림판에서 ✕[닫기]를 클릭하여 그림판 프로그램을 종료합니다.

Chapter 08 – 윈도우 화면 캡처하기

Step 03 캡처 도구를 이용하여 캡처하기

1 [시작] 단추를 클릭한 후 [캡처 도구]를 클릭합니다.

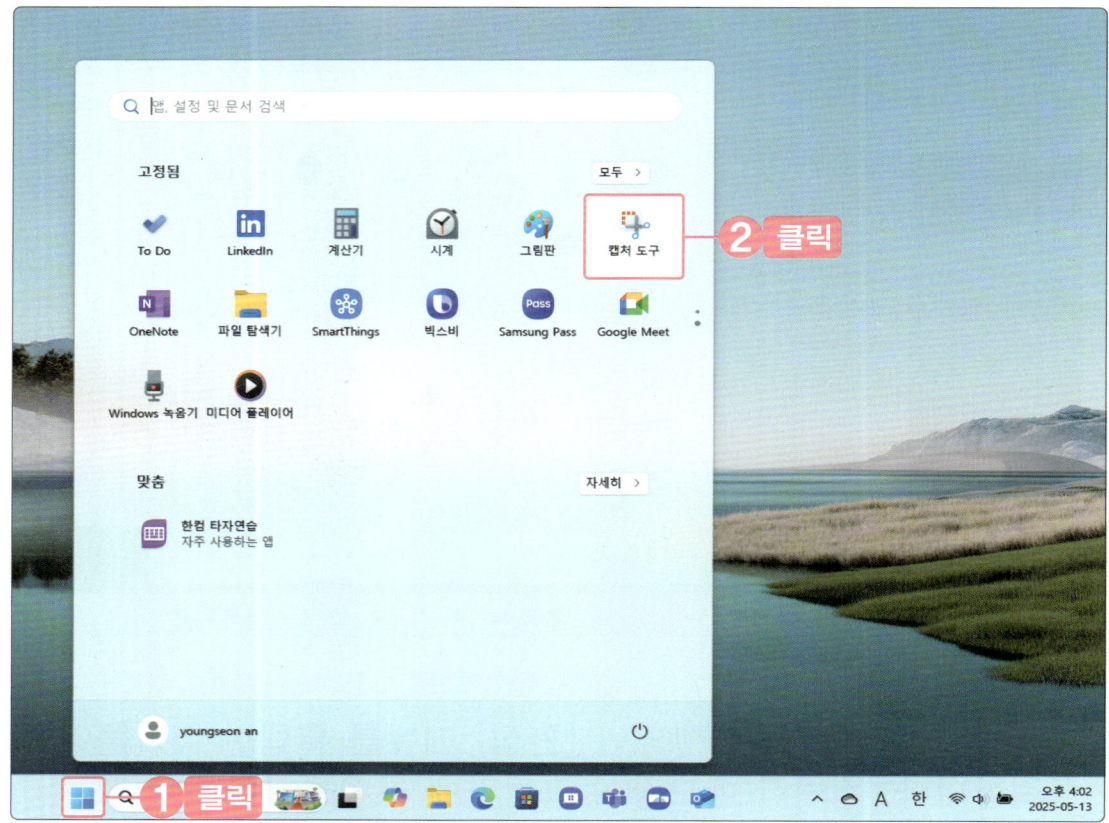

2 [캡처 도구] 창이 나타나면 [새 캡처]를 클릭합니다.

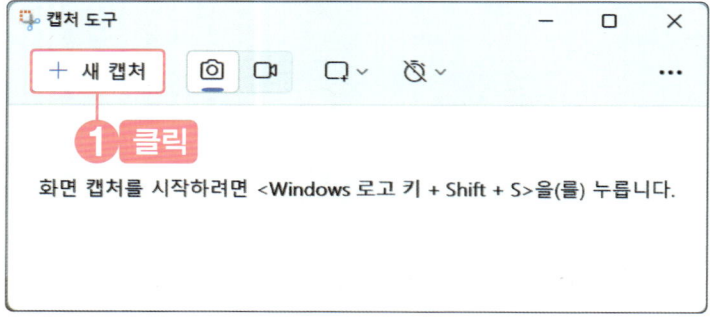

Tip

- **자유형 캡처** : 마우스를 드래그하여 원하는 모양으로 캡처합니다.
- **사각형 캡처** : 마우스를 드래그하여 사각형 모양으로 캡처합니다.
- **창 캡처** : 원하는 창에서 마우스를 클릭하여 해당하는 창만 캡처합니다.
- **전체 화면 캡처** : 전체 화면을 자동으로 캡처합니다.

3 화면이 흐리게 표시되면 **캡처할 영역을 마우스로 드래그**합니다.

4 [캡처 도구] 창에 캡처한 이미지가 표시되며 🖫[다른 이름으로 저장], 🗐[복사] 등을 할 수 있습니다.

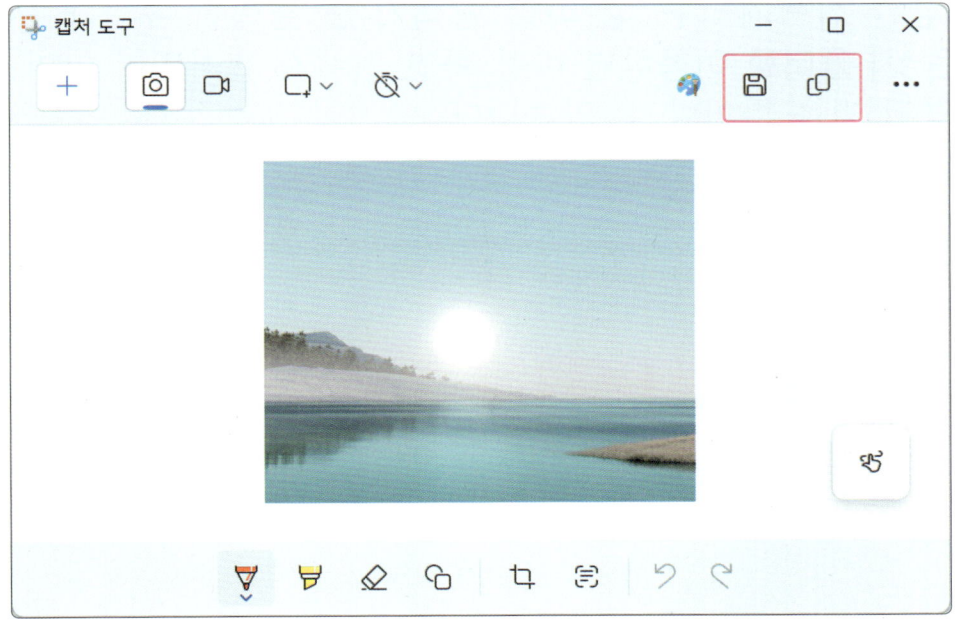

5 캡처 도구에서 ☒[닫기]를 **클릭**하여 캡처 도구 프로그램을 종료합니다.

Step 04 윈도우 키를 이용한 화면 캡처하기

1 바탕 화면 상태에서 키보드의 ⊞+PrintScreen 을 누릅니다.

2 화면이 잠깐 깜빡거리면 📁[파일 탐색기]를 클릭한 후 [내 PC\사진\스크린샷] 폴더로 이동하면 바탕 화면 전체가 캡처되어 이미지 파일로 저장된 것을 확인할 수 있습니다.

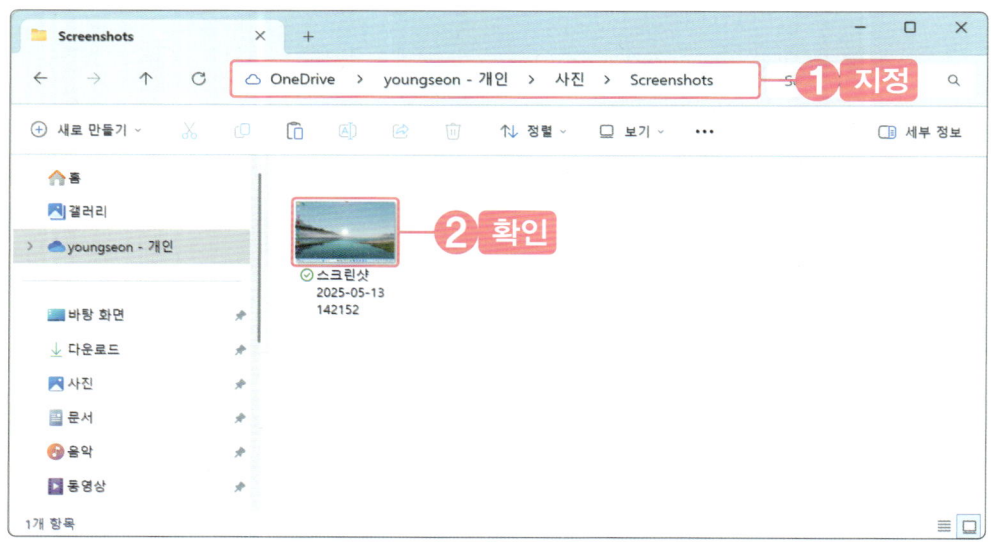

3 [파일 탐색기] 대화상자에서 ⊠[닫기]를 클릭하여 파일 탐색기를 종료합니다.

4 키보드의 ⊞+Shift+S를 누릅니다. 화면 위쪽에 캡처 도구가 표시되면 **캡처 모드(▢[직사각형])를 선택**한 후 **캡처할 부분을 드래그**합니다.

잠깐만요!

윈도우 캡처 도구 살펴보기

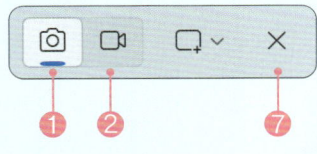 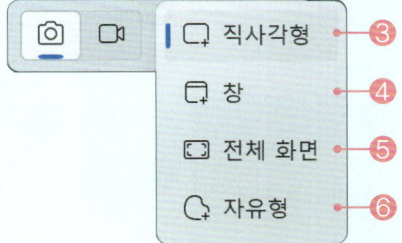

① **캡처** : 화면을 직사각형, 창, 전체 화면, 자유형 모양의 이미지로 캡처합니다.
② **녹음** : 윈도우 11부터 영상 캡처가 가능해졌습니다. [녹음] 버튼을 클릭한 후 영역을 지정한 다음 [시작] 버튼을 클릭합니다. 그런다음 영상 녹화가 완료되면 [■][녹화 중지]를 클릭하여 녹화된 영상을 확인합니다.
③ **직사각형** : 사각형 모양으로 캡처합니다.
④ **창** : 활성화된 창 단위로 캡처합니다.
⑤ **전체 화면** : 전체 화면을 캡처합니다.
⑥ **자유형** : 자유형 모양으로 캡처합니다.
⑦ **닫기** : 캡처 프로그램을 종료합니다.

5 화면 오른쪽 아래에 '스크린샷이 클립보드에 복사됨' 창이 나타나면 [변경 내용 및 공유] 버튼을 클릭합니다.

6 [캡처 도구] 대화상자에 캡처 이미지가 나타나면 필기를 하기 위해 ▽[볼펜]을 클릭한 후 **색(빨강)** 및 **크기(5)** 등을 **지정**합니다.

> **Tip**
> 캡처 및 스케치 창에서는 캡처된 이미지에 볼펜 및 연필, 형광펜 등을 이용하여 이미지에 필기 또는 그림 등을 그리거나 특정 부분을 자를 수 있습니다.

7 마우스 포인터를 드래그하면 지정한 펜을 이용, 필기를 할 수 있습니다. 캡처 이미지의 저장을 위해 [저장]을 클릭합니다.

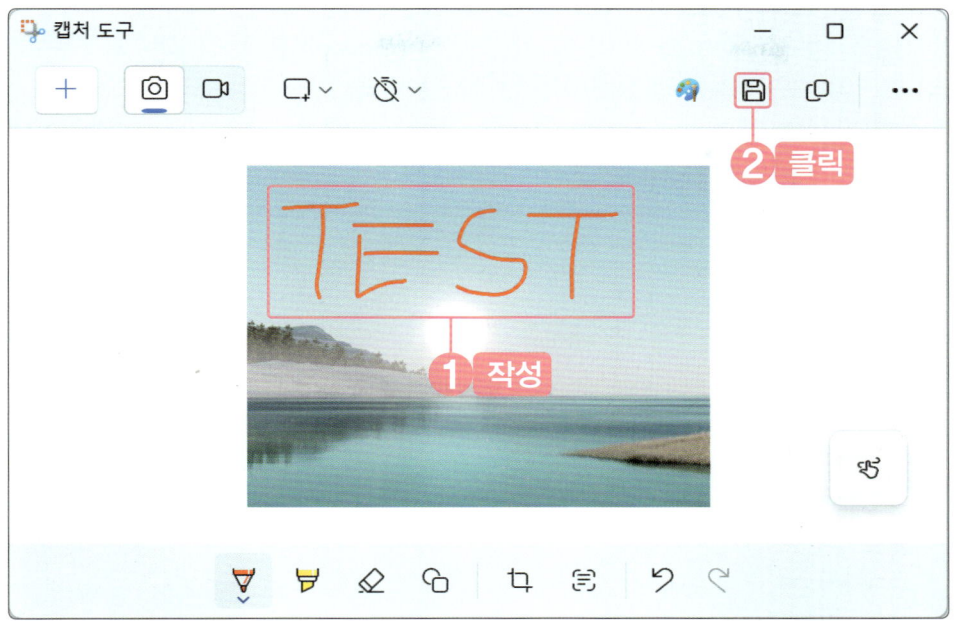

8 [다른 이름으로 저장] 대화상자가 나타나면 **저장 위치(내 PC\사진) 지정 및 파일 이름(사진)을 입력**한 후 [저장] 단추를 클릭합니다.

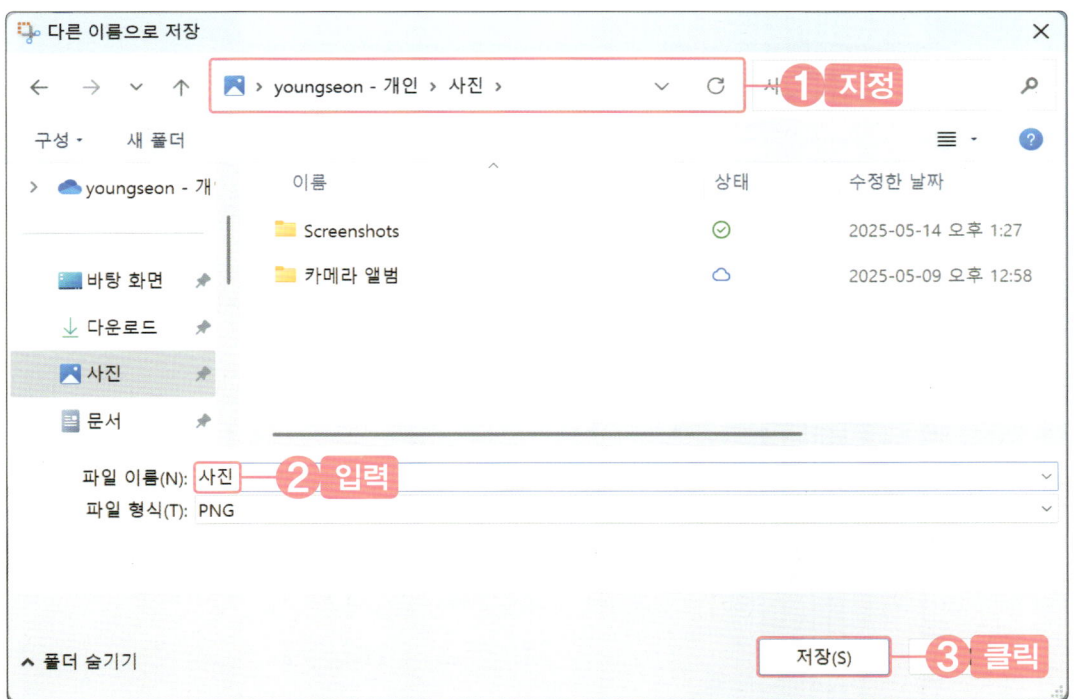

PrintScreen 을 눌러 윈도우 캡처 기능 실행하기

윈도우 캡처 기능은 ⊞+Shift+S를 눌러 실행하지만 PrintScreen 키를 눌러 하나의 키로 바로 실행할 수 있습니다. 방법은 시스템 설정을 이용한 접근성 키보드 설정에서 Print Screen 바로 가기 단추를 사용하여 화면 캡처 사용하기를 활성화 설정하면 됩니다. 단, 이때 상황에 따라 윈도우를 다시 시작해야 기능이 사용이 적용될 수도 있습니다.

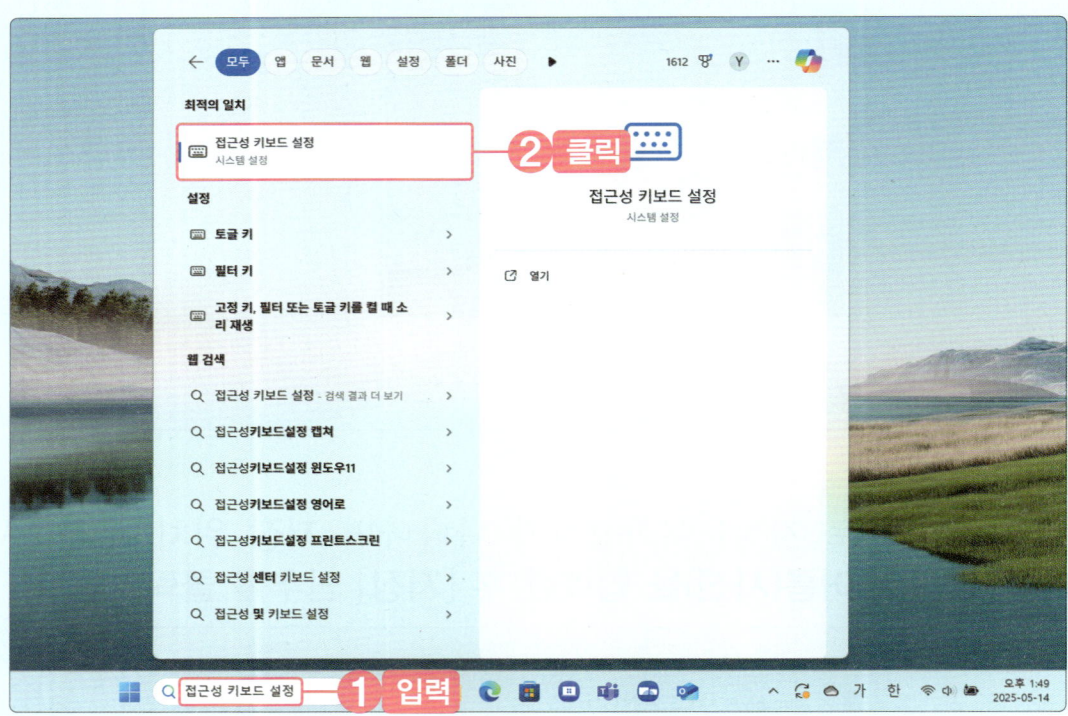

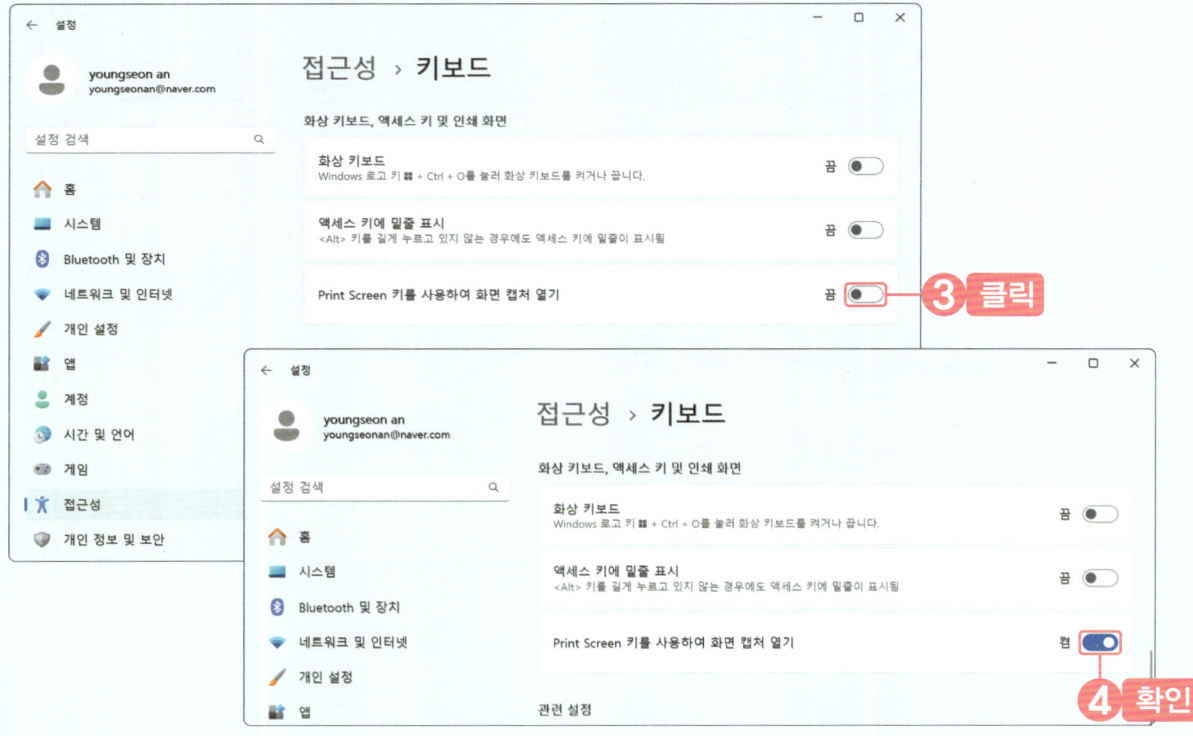

실전 연습 문제

01 키보드의 [PrintScreen]을 이용하여 윈도우 캡처 기능이 실행되도록 설정해 보세요.

Hint
윈도우 설정 중 접근성 키보드 설정의 Print Screen 단추를 사용하여 화면 캡처 사용하기를 활성화 한 후 키보드의 [PrintScreen]을 누름

02 윈도우 캡처 기능을 이용하여 임의로 캡처한 후 필기 기능을 사용해 보세요.

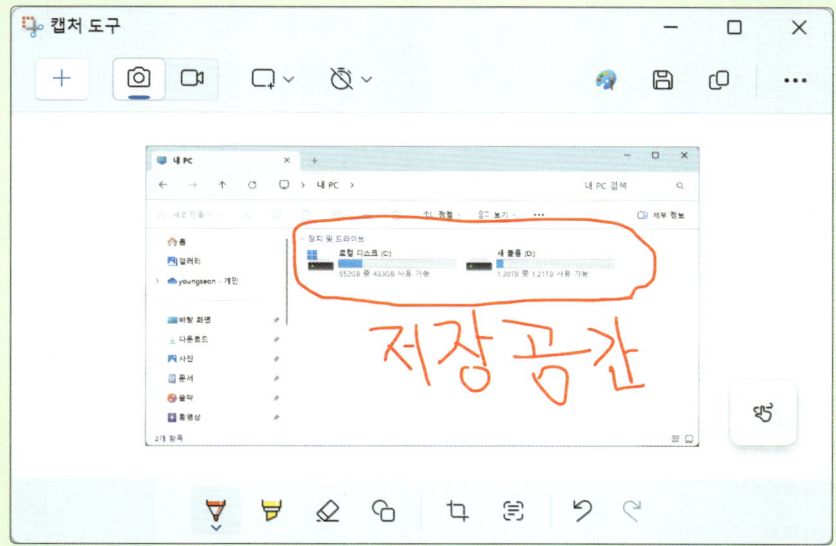

Hint
[PrintScreen]을 눌러 윈도우 캡처 상황에서 원하는 부분 캡처

컴퓨터 관리하기

디스크 정리, 드라이브 최적화 및 조각 모음, 프로그램 제거 등은 컴퓨터를 관리할 수 있는 기능입니다. 컴퓨터를 관리하면 컴퓨터를 효율적으로 사용할 수 있습니다. 그럼 컴퓨터를 관리하는 방법에 대해 알아보겠습니다.

Step 01 디스크 정리하기

1 작업 표시줄의 [검색] 창에서 '디스크 정리'를 입력한 후 [디스크 정리]를 클릭합니다.

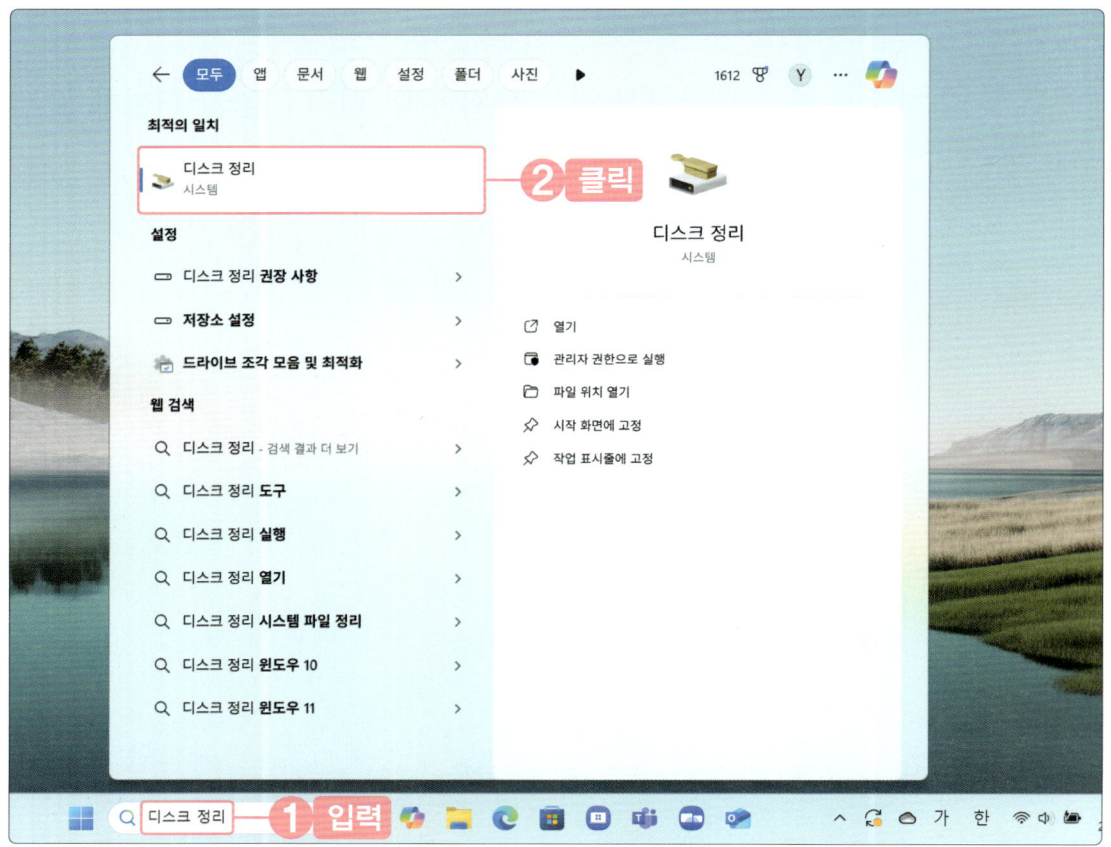

2 [디스크 정리 : 드라이브 선택] 대화상자가 나타나면 **드라이브(C:)를 선택**한 후 **[확인] 단추를 클릭**합니다.

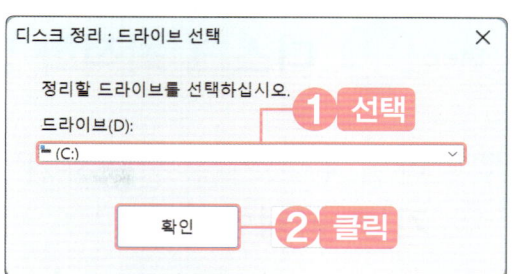

3 [디스크 정리: (C:)] 대화상자가 나타나면 **[삭제할 파일]에서 모든 파일을 선택**한 후 **[확인] 단추를 클릭**합니다.

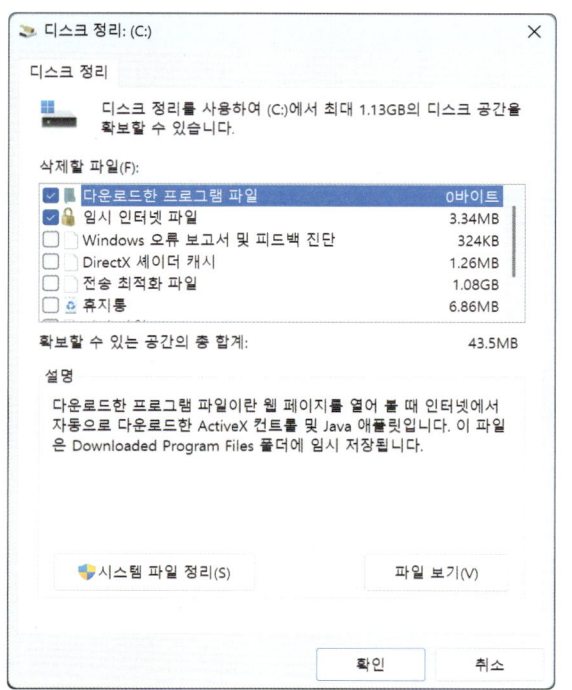
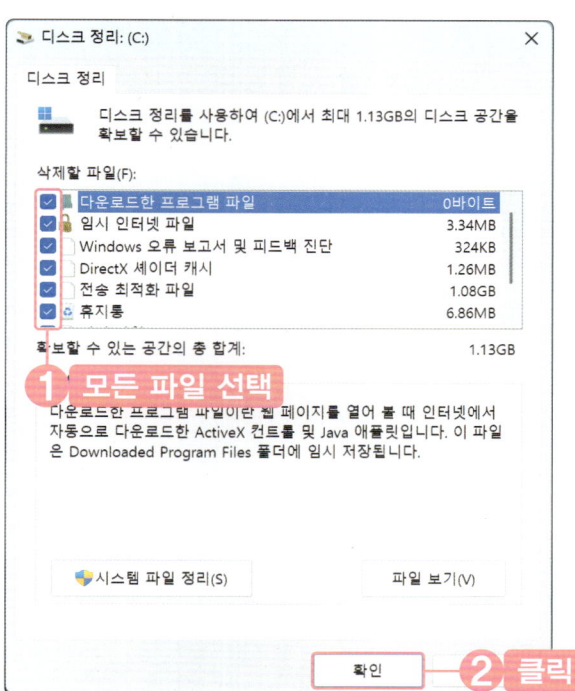

4 '이 파일을 완전히 삭제하시겠습니까?'를 묻는 대화상자가 나타나면 **[파일 삭제] 단추를 클릭**합니다.

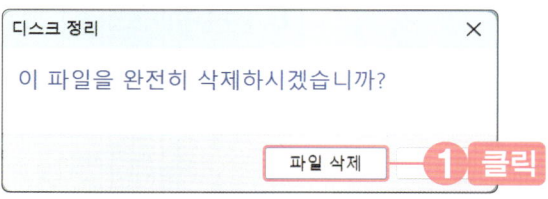

5 다음과 같이 디스크가 정리되며 디스크 정리가 완료되면 자동으로 창이 닫힙니다.

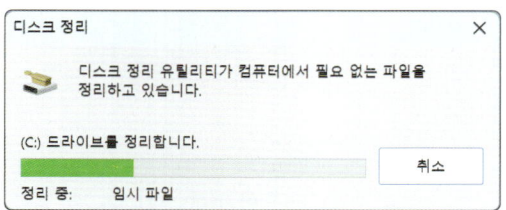

Step 02 디스크 최적화 및 조각 모음하기

1 파일 탐색기를 실행하기 위해 ■[시작] 단추를 클릭한 📁[파일 탐색기]를 클릭합니다.

2 파일 탐색기가 실행되면 [내 PC] 폴더의 [로컬 디스크 (C:)]의 바로 가기 메뉴에서 [속성]을 클릭합니다.

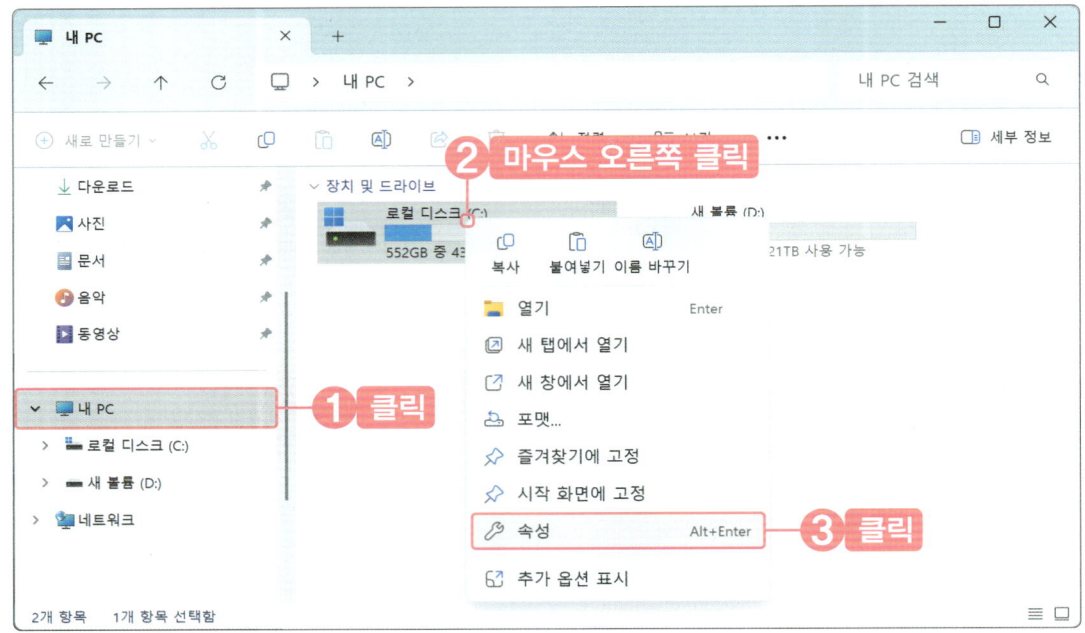

3 [로컬 디스크 (C:) 속성] 대화상자가 나타나면 [도구] 탭에서 [최적화] 단추를 클릭합니다.

> **Tip**
> 드라이브 최적화 및 조각 모음은 하드디스크에 분산되어 저장된 데이터를 모아서 컴퓨터의 처리 속도를 향상시키는 기능입니다.

4 [드라이브 최적화] 대화상자가 나타나면 **드라이브((C:))를 선택**한 후 **[최적화] 단추를 클릭**합니다.

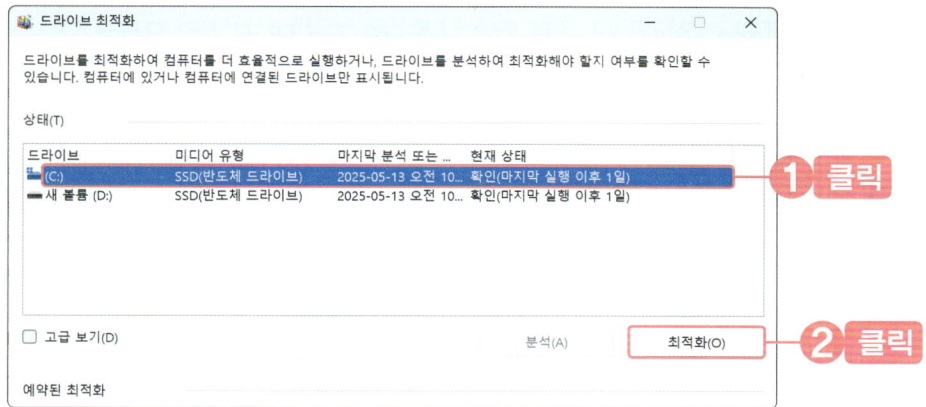

> Tip
> • 하드디스크(HDD)는 드라이브 최적화를 통해 효율적으로 읽고 쓰게 돼서 수명에 도움이 됩니다.
> • SSD는 파일 위치와 상관없이 속도가 일정하기 때문에, 조각 모음 효과가 없습니다.

5 디스크 최적화가 완료되면 **[닫기] 단추를 클릭**합니다.

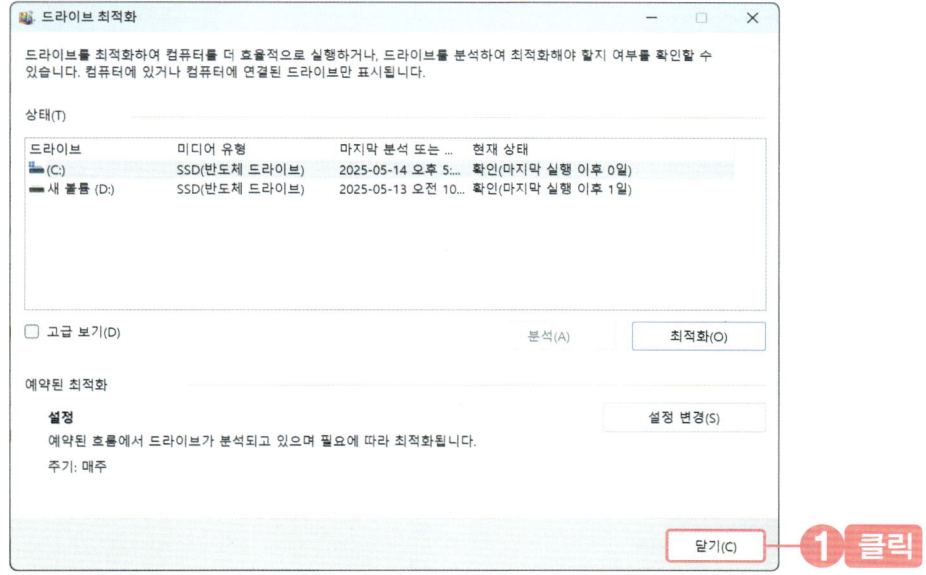

6 [로컬 디스크 (C:) 속성] 대화상자가 다시 나타나면 **[확인] 단추를 클릭**합니다.

7 [로컬 디스크 (C:) 속성] 대화상자가 닫히면 **파일 탐색기를 종료**합니다.

Step 03 프로그램 제거하기

1 작업 표시줄의 [검색] 창에서 '**프로그램 추가/제거**'를 **입력**한 후 [프로그램 추가/제거]를 **클릭**합니다.

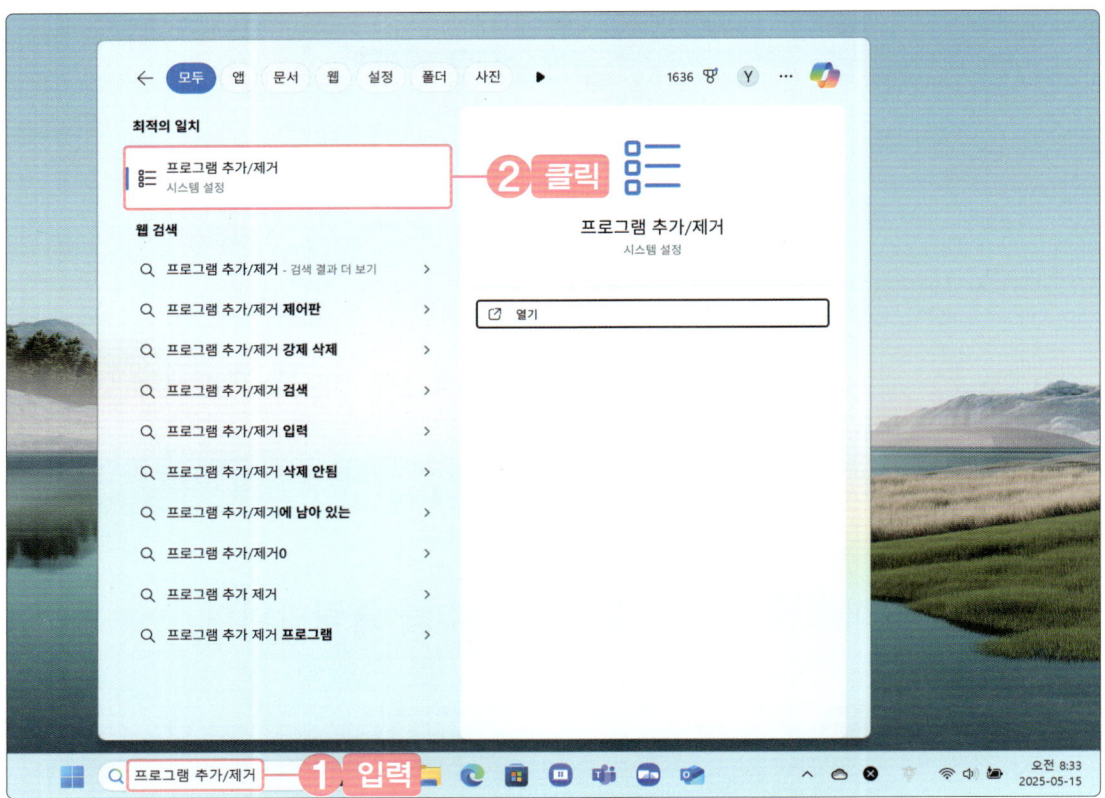

2 [설정] 창의 [앱\설치된 앱]이 나타나면 제거하고자 할 앱의 […][목록]을 **클릭**한 후 [제거]를 **클릭**합니다.

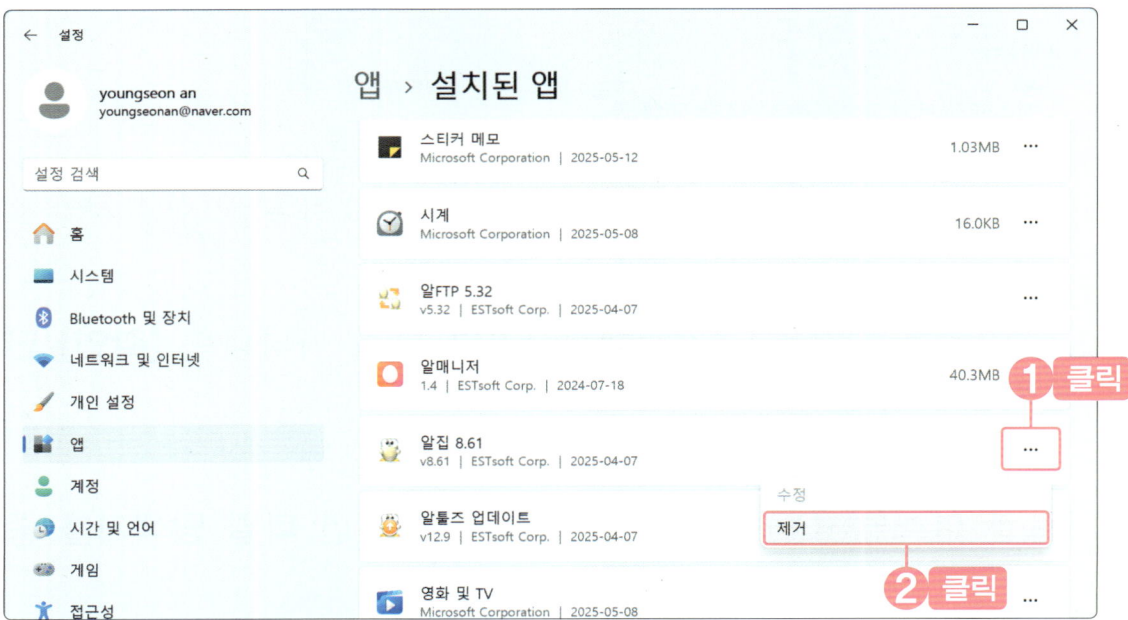

3 '이 앱 및 관련 정보가 제거됩니다.'를 묻는 창이 나타나면 [제거] 단추를 클릭합니다.

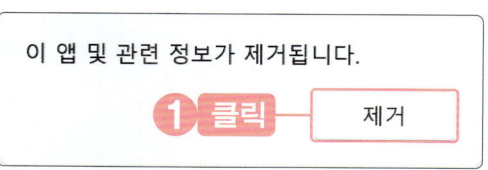

4 '정말로 알집을 제거하시겠습니까?'라고 묻는 대화상자가 나타나면 [예] 단추를 클릭합니다.

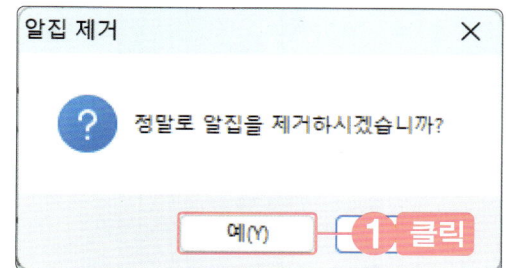

5 '알집이 완전히 제거되었습니다.'라는 내용의 대화상자가 나타나면 [확인] 단추를 클릭합니다.

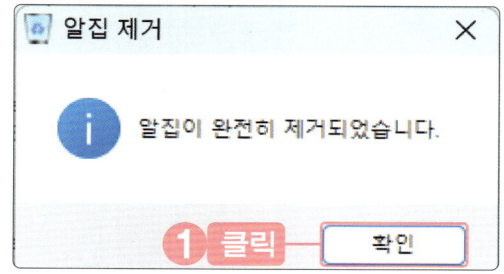

6 다음과 같이 제거한 앱이 삭제됩니다.

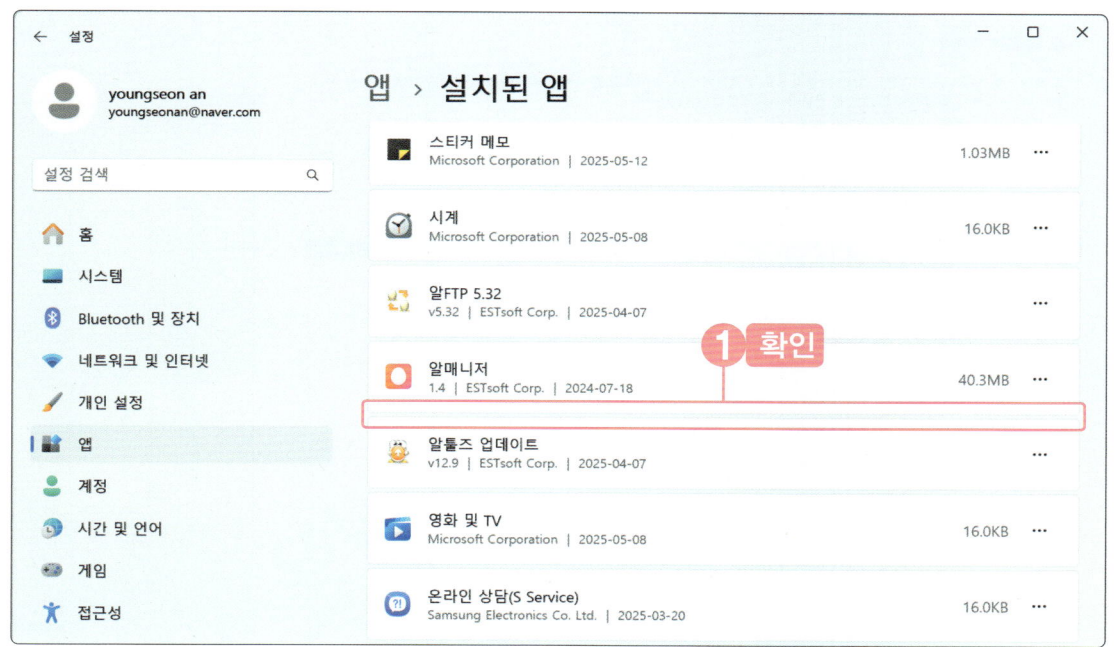

7 [설정] 창을 닫기 위해 ⊠[닫기] 단추를 클릭합니다.

실전 연습 문제

01 다음과 같이 디스크 정리를 해 보세요.
- 삭제할 파일 : 모든 파일

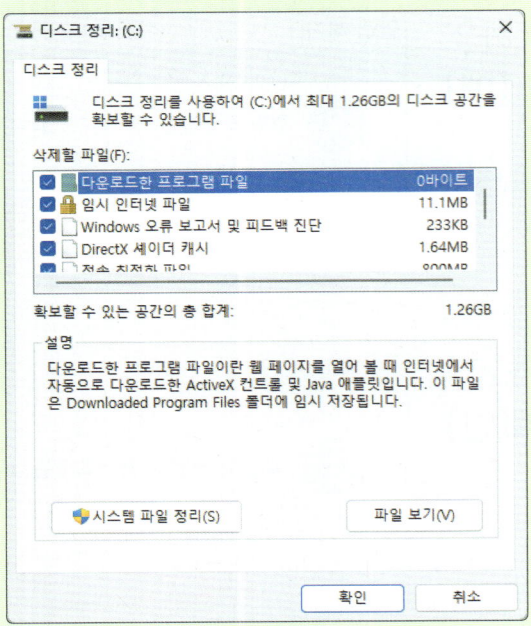
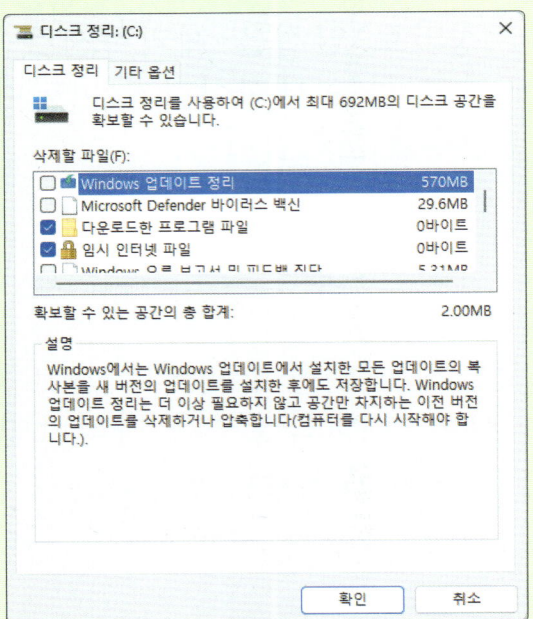

02 다음과 같이 드라이브 최적화 및 조각 모음을 해야 하는지 분석해 보세요.

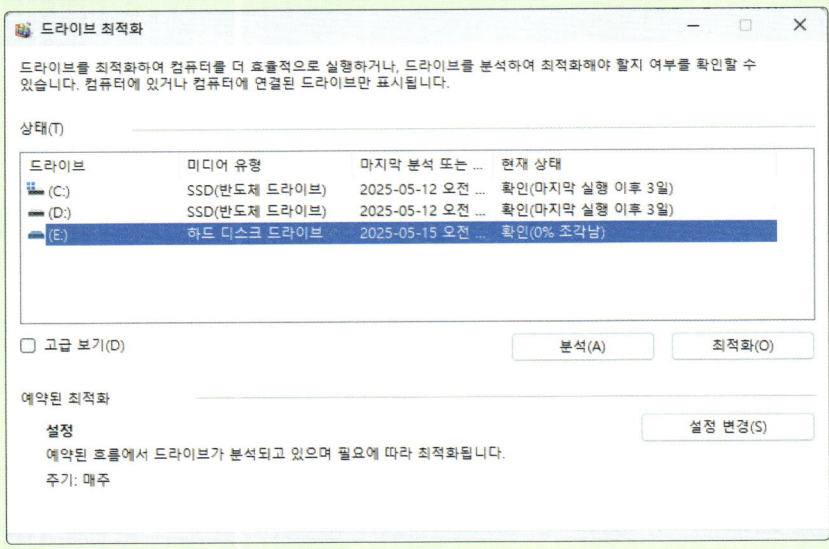

- SSD는 드라이브 최적화의 [분석]이 비활성화되어 사용할 수 없으며, HDD에서 사용이 가능합니다.
- [분석] 단추를 클릭하면 데이터가 하드 디스크에 분산되어 저장된 비율을 확인할 수 있습니다. 비율이 10%를 넘으면 드라이브 최적화 및 조각 모음을 하는 것이 좋습니다.

I·n·t·e·r·n·e·t

인터넷 엣지
Microsoft Edge

01장	인터넷 시작하고 종료하기
02장	마이크로소프트 엣지 사용하기
03장	시작 페이지 지정하고 앱에 홈페이지 추가하기
04장	즐겨찾기 사용하기
05장	검색엔진 사용하기
06장	내 컴퓨터로 정보 가져오기
07장	이메일 사용하기
08장	최신 뉴스 보고 실시간으로 방송 보기
09장	부동산 정보 알아보고 길 찾아가기
10장	AI 코파일럿 사용하기

인터넷 엣지 화면 구성

Microsoft Edge

탭
접속된 페이지를 나타낸 것입니다. 탭에는 접속된 페이지의 제목이 표시됩니다.

뒤로
이전 페이지로 이동합니다.

앞으로
다음 페이지로 이동합니다.

새로 고침
인터넷 페이지를 다시 불러옵니다.

홈
시작 페이지로 이동합니다.

주소 표시줄
접속된 페이지의 주소가 표시되는 곳입니다.

마이크로소프트의 엣지 화면은 주소 표시줄, 탭, 홈 등으로 구성되어 있습니다.

설정 및 기타
페이지를 인쇄하거나 인터넷 옵션을 설정하는 등의 작업을 할 수 있습니다.

즐겨찾기
자주 접속하는 사이트를 즐겨찾기에 추가하거나 관리하는 등의 작업을 할 수 있습니다.

코파일럿(Copilot)
마이크로소프트의 대화형 인공지능으로, 기존에는 New Bing, Bing Chat 등으로 불렸습니다.

Microsoft Edge

인터넷 시작하고 종료하기

인터넷은 전 세계의 컴퓨터와 네트워크를 서로 연결하여 이루어진 거대한 통신망입니다. 인터넷으로 할 수 있는 일은 정보 검색, 인터넷 뱅킹, 인터넷 쇼핑 등 헤아릴 수 없을 정도로 많습니다. 그럼 인터넷을 시작하고 종료하는 방법에 대해 알아보겠습니다.

Step 01 인터넷 시작하기

1 마이크로소프트 엣지를 실행하기 위해 ■[시작] 단추를 클릭한 후 [Edge]를 클릭합니다.

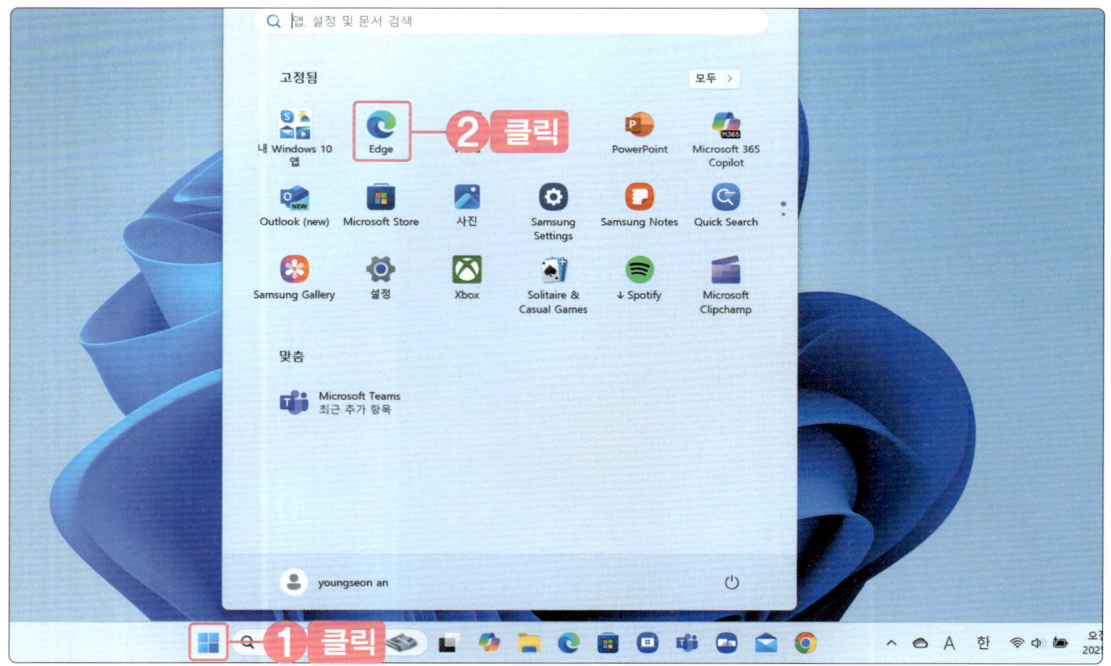

Tip
마이크로소프트 엣지를 실행하기 위해 ■[시작] 단추를 클릭한 후 [모두]를 클릭한 다음 [Microsoft Edge]를 클릭하여 실행할 수도 있습니다.

2 Microsoft Edge가 실행되면 네이버 사이트에 접속하기 위해 주소 표시줄에 '**네이버**'를 입력한 후 Enter 를 누릅니다.

> **Tip**
> 마이크로소프트 엣지가 실행되었을 때 처음 화면에 나타나는 페이지를 '시작 페이지'라고 합니다. 시작 페이지는 마이크로소프트 엣지마다 다르게 지정되어 있을 수 있습니다.

3 '네이버'에 대한 검색 결과가 나타나면 [NAVER – 네이버]를 클릭합니다.

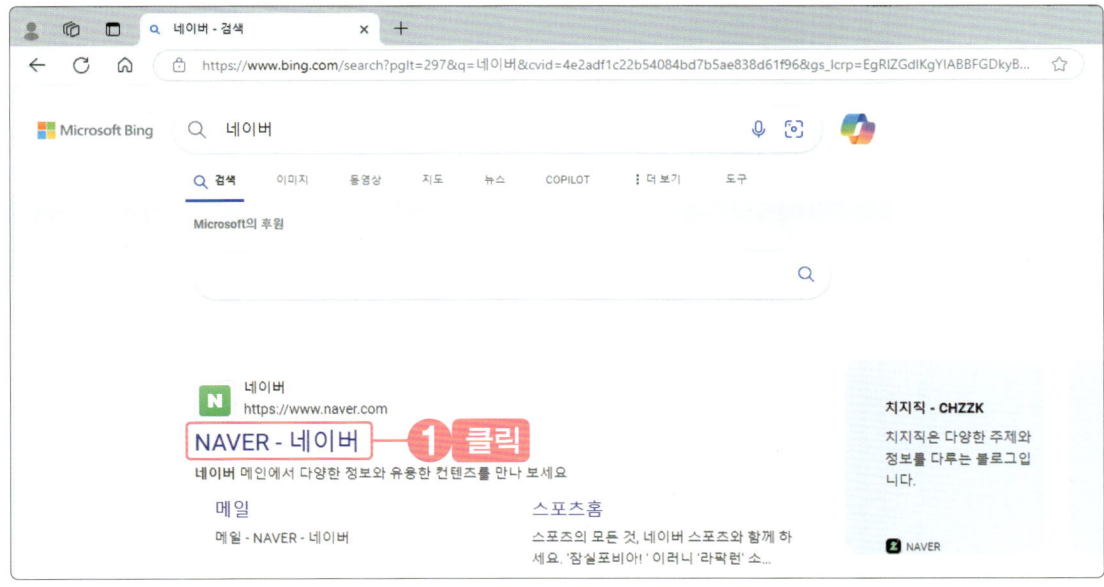

4 네이버 홈페이지가 나타납니다.

Chapter 01 – 인터넷 시작하고 종료하기 **05**

Step 02 인터넷 종료하기

1 네이버를 종료하기 위해 네이버 탭의 ⊠[탭 닫기] 단추를 클릭합니다.

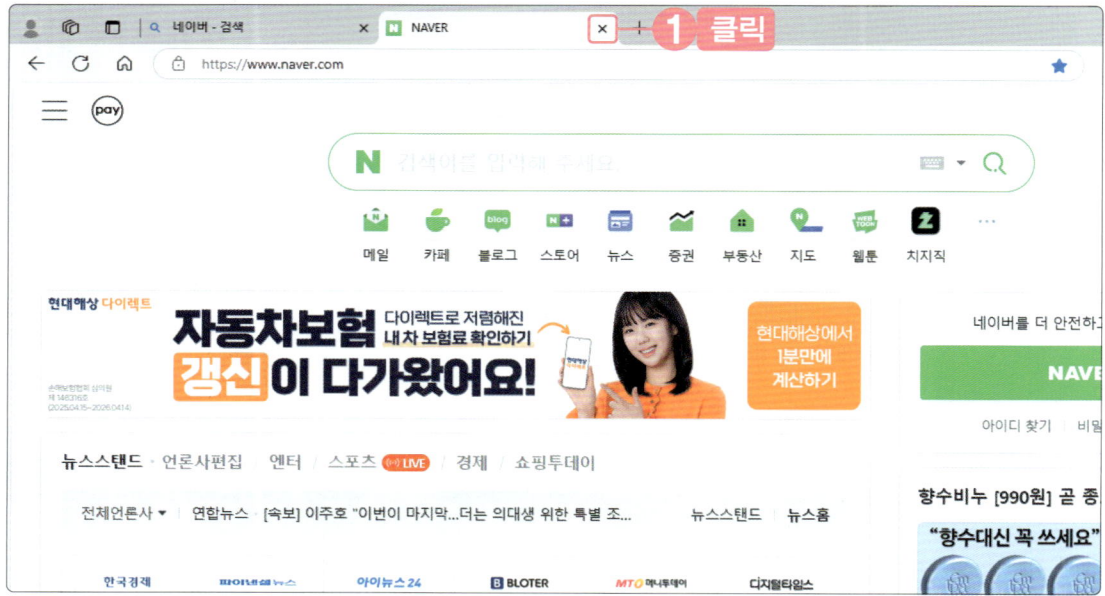

2 네이버 탭이 종료됩니다. 이번엔 마이크로소프트 엣지를 종료하기 위해 ⊠[닫기] 단추를 클릭합니다.

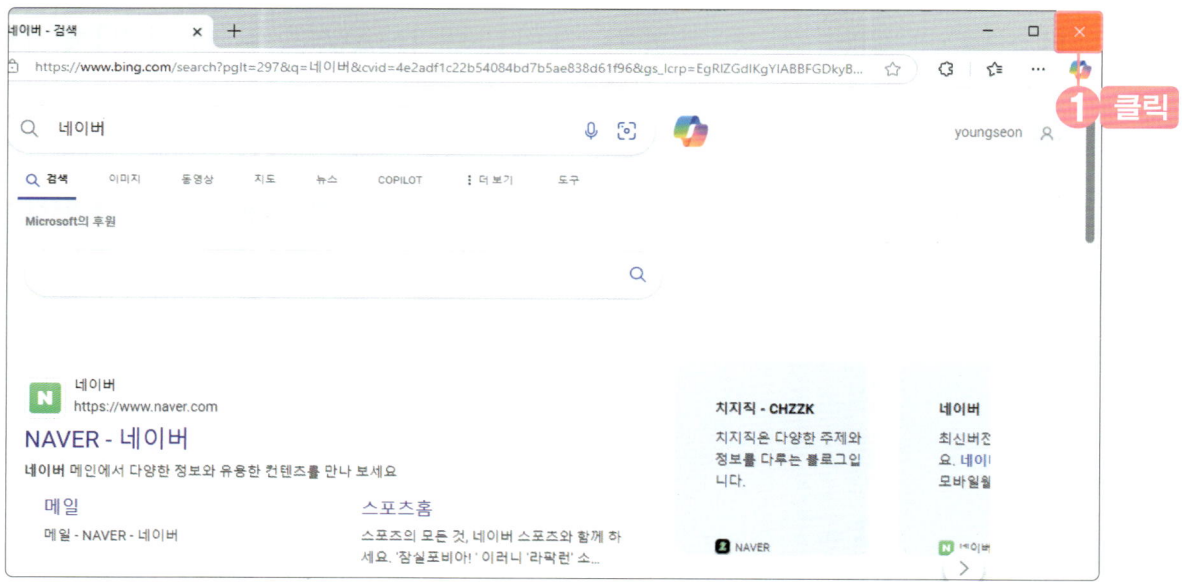

3 마이크로소프트 엣지가 종료됩니다.

실전 연습 문제

01 다음은 마이크로소프트 엣지의 화면 구성입니다. 화면 구성 요소의 이름을 적어 보세요.

02 다음과 같이 마이크로소프트 엣지를 실행한 후 '다음(Daum)' 홈페이지에 접속한 다음 마이크로소프트 엣지를 종료해 보세요.

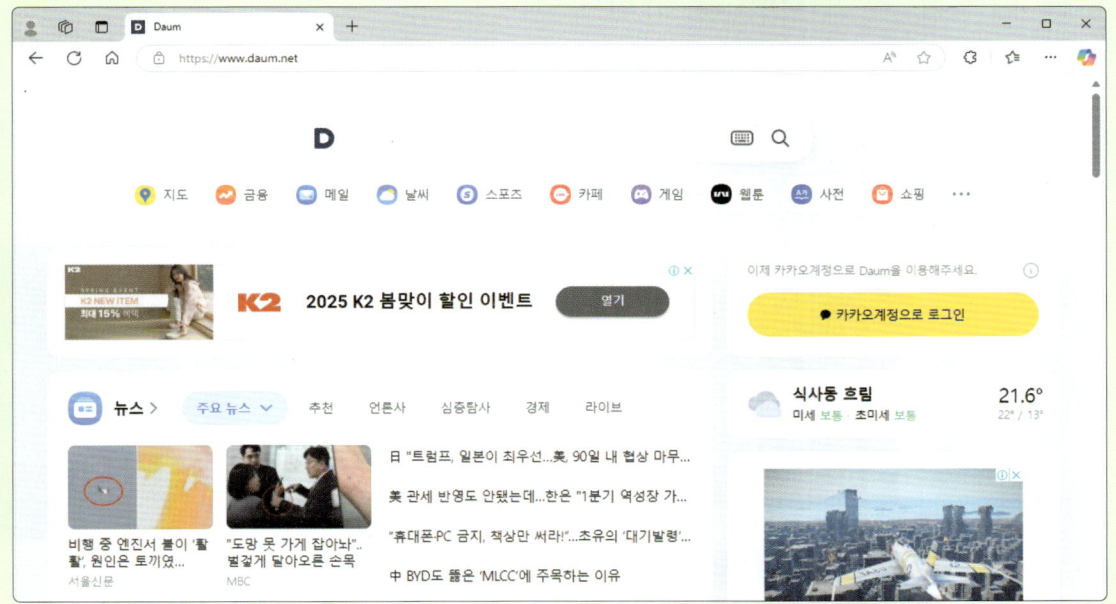

Hint

'다음(Daum)' 홈페이지에 접속하기 : 마이크로소프트 엣지를 실행한 후 주소 표시줄에 '다음'을 입력한 다음 Enter 를 누름 → '다음'에 대한 검색 결과가 나타나면 [www.daum.net]을 클릭

Microsoft Edge

마이크로소프트 엣지 사용하기

웹 브라우저에는 마이크로소프트 엣지, 크롬, 파이어폭스 등이 있습니다. 윈도우에 기본 내장되어 있으며 많이 사용하는 웹 브라우저는 마이크로소프트 엣지입니다. 그럼 마이크로소프트 엣지를 사용하는 방법에 대해 알아보겠습니다.

Step 01 마이크로소프트 엣지의 화면 확대하기

1 마이크로소프트 엣지를 실행한 후 고척스카이돔 홈페이지에 접속하기 위해 **주소 표시줄에** 'www.sisul.or.kr/open_content/skydome' **을 입력**한 다음 Enter 를 누릅니다.

Tip

주소 표시줄에 'www.sisul.or.kr/open_content/skydome'을 입력한 후 Enter 를 누르면 현재 탭에 고척스카이돔 홈페이지가 나타나고, Alt + Enter 를 누르면 새 탭에 고척스카이돔 홈페이지가 나타납니다.

2 고척스카이돔 홈페이지가 나타나면 ⋯[설정 및 기타]를 클릭한 후 [확대/축소] 항목의 +[확대]를 클릭합니다.

Tip
- Ctrl + + 를 눌러 마이크로소프트 엣지의 화면을 확대할 수도 있습니다.
- ⋯[설정 및 기타]를 클릭한 후 [확대/축소] 항목의 +[확대]를 클릭하거나 Ctrl + + 를 누를 때마다 마이크로소프트 엣지의 화면이 10%~100%씩 확대됩니다.

3 다음과 같이 마이크로소프트 엣지의 화면이 확대됩니다.

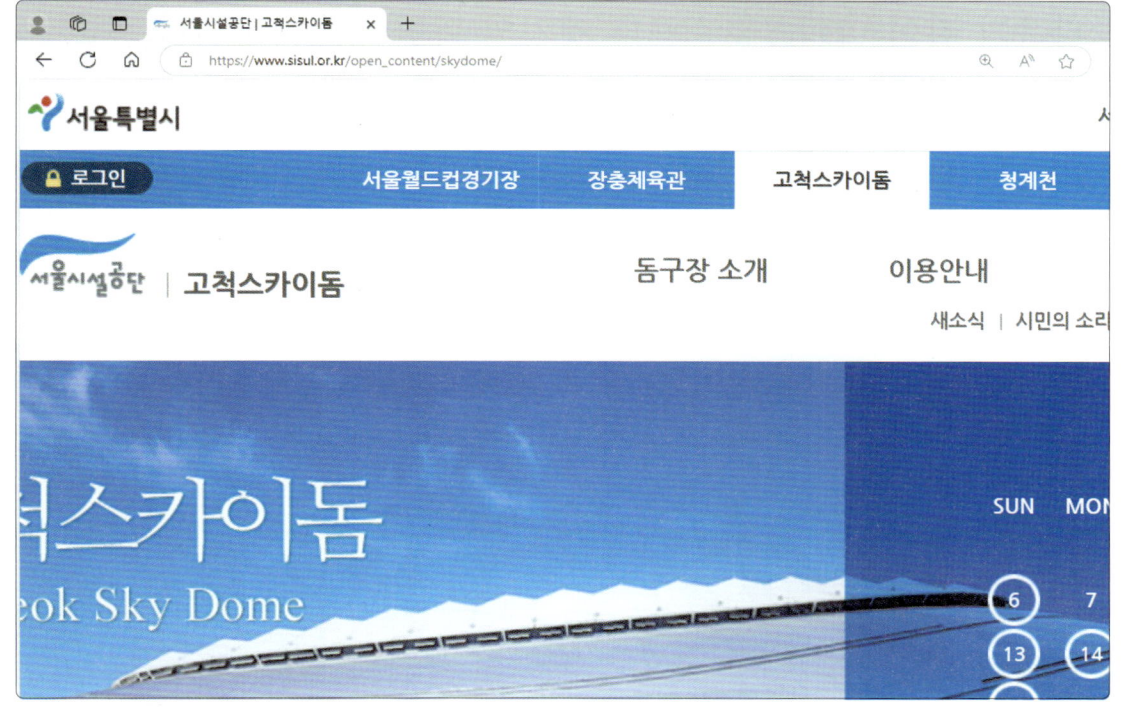

Chapter 02 - 마이크로소프트 엣지 사용하기

Step 02 마이크로소프트 엣지의 화면 축소하기

1 ⋯[설정 및 기타]를 클릭한 후 [확대/축소] 항목의 −[축소]를 클릭합니다.

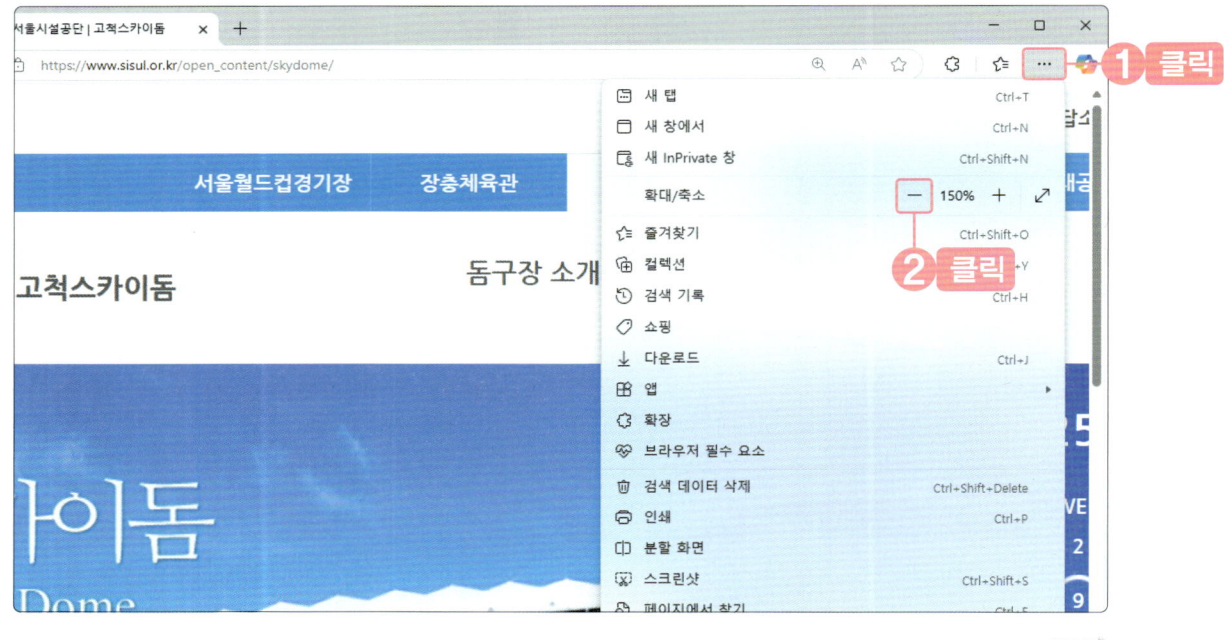

> **Tip**
> - Ctrl + − 를 눌러 마이크로소프트 엣지의 화면을 축소할 수도 있습니다.
> - ⋯[설정 및 기타]를 클릭한 후 [확대/축소] 항목의 [축소]를 클릭하거나 Ctrl + − 를 누를 때마다 마이크로소프트 엣지의 화면이 10%~100%씩 축소됩니다.

2 다음과 같이 마이크로소프트 엣지의 화면이 축소됩니다.

Step 03 페이지 이동하기

1 청계천 페이지로 이동하기 위해 **[청계천]을 클릭**합니다.

2 청계천 페이지가 나타나면 서울어린이대공원 페이지에 접속하기 위해 **[어린이대공원]을 클릭**합니다.

3 서울어린이대공원 페이지가 나타나면 이전 페이지로 이동하기 위해 ←[뒤로] 단추를 클릭합니다.

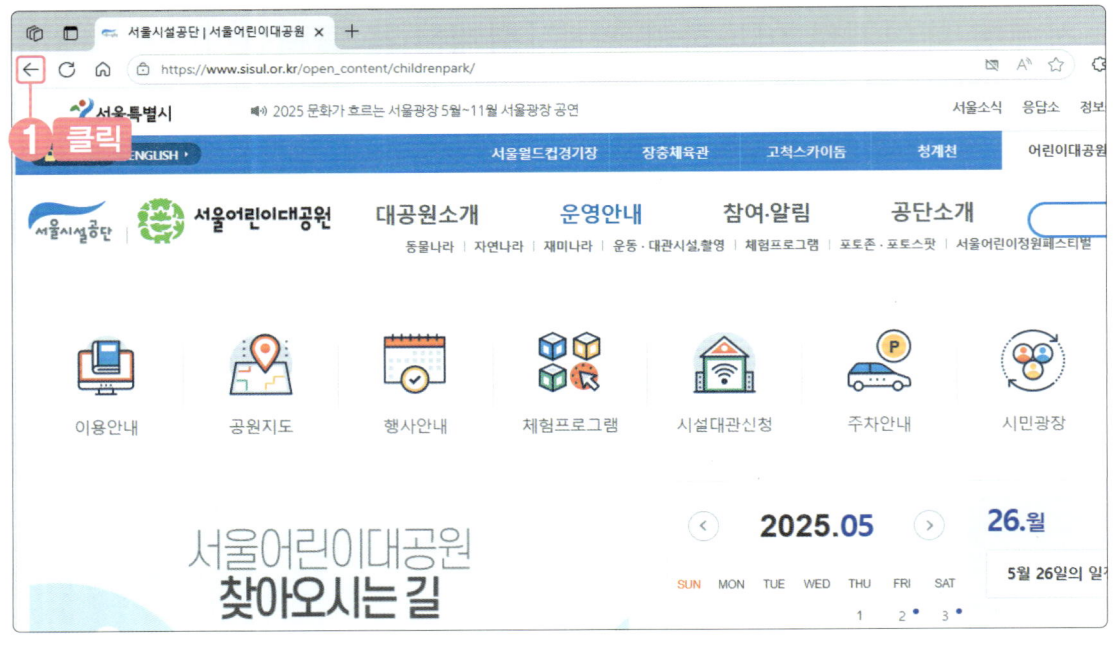

Tip

Alt + ← 를 눌러 이전 페이지로 이동할 수도 있습니다.

4 청계천 페이지가 다시 나타나면 다음 페이지로 이동하기 위해 →[앞으로] 단추를 클릭합니다.

Tip

Alt + → 를 눌러 다음 페이지로 이동할 수도 있습니다.

5 서울어린이대공원 페이지가 다시 나타나면 ←[뒤로] 단추를 2초 이상 누르고 있으면 바로 가기 메뉴가 표시되며, [서울시설공단 | 고척스카이돔]을 클릭합니다.

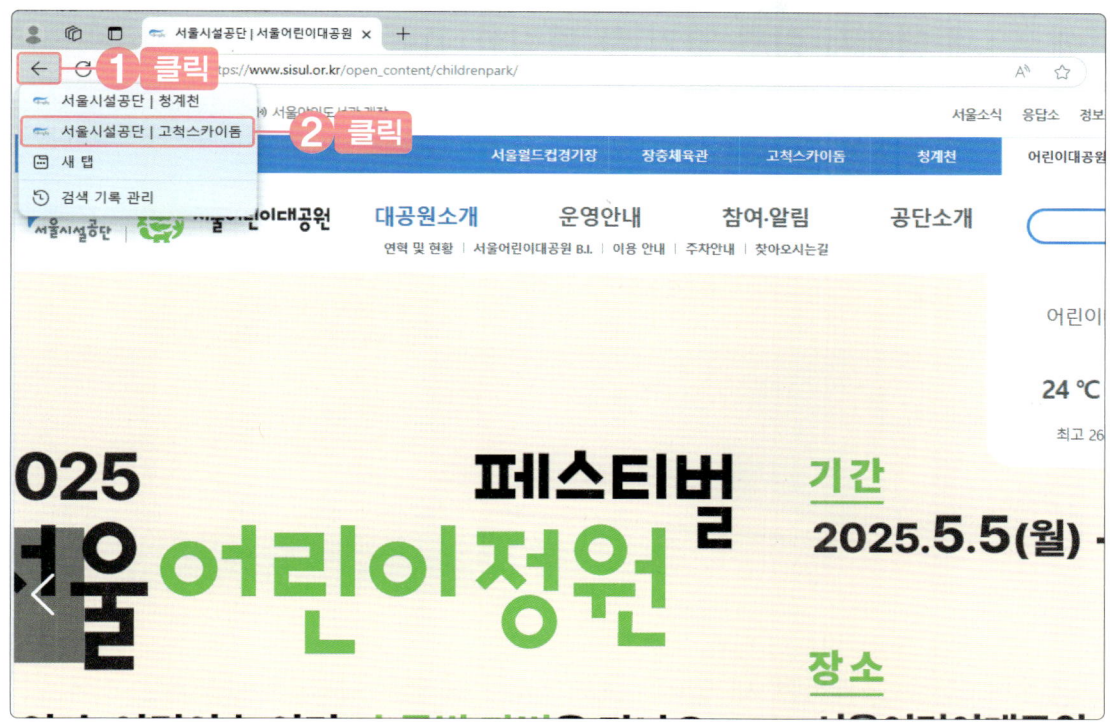

6 다음과 같이 고척스카이돔 페이지가 다시 나타납니다.

Chapter 02 – 마이크로소프트 엣지 사용하기

Step 04 탭 사용하기

1 새 탭에 청계천 페이지를 나타내기 위해 [청계천]의 바로 가기 메뉴에서 [새 탭에서 링크 열기]를 클릭합니다.

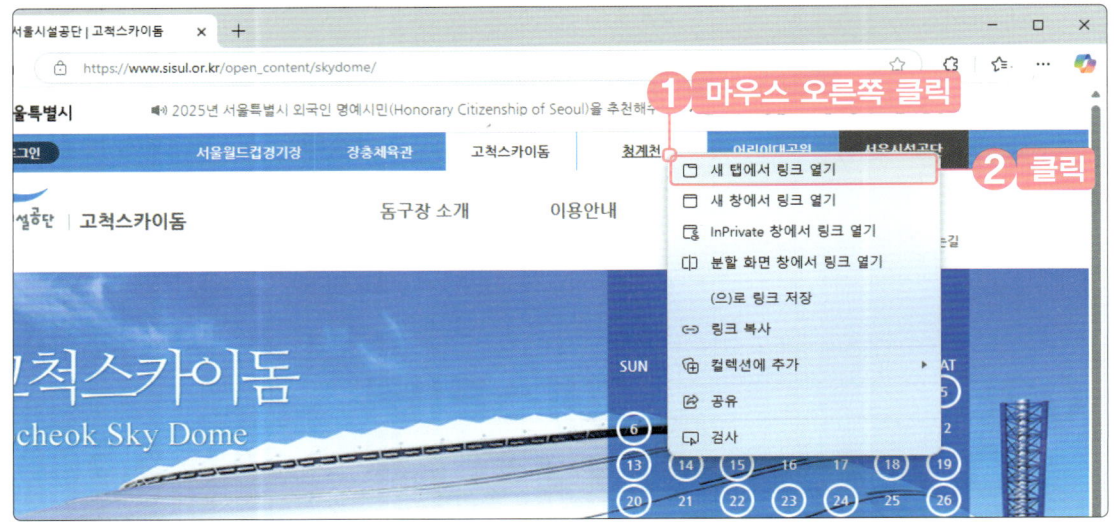

Tip

➕[새 탭]을 클릭하면 새 탭이 나타납니다. 새 탭의 주소 표시줄에 주소를 입력한 후 Enter 를 눌러 새 탭에 홈페이지를 나타낼 수도 있습니다.

새 창에서 링크 열기

[청계천]의 바로 가기 메뉴에서 [새 창에서 링크 열기]를 클릭하면 다음과 같이 새 창에 청계천 페이지가 나타납니다.

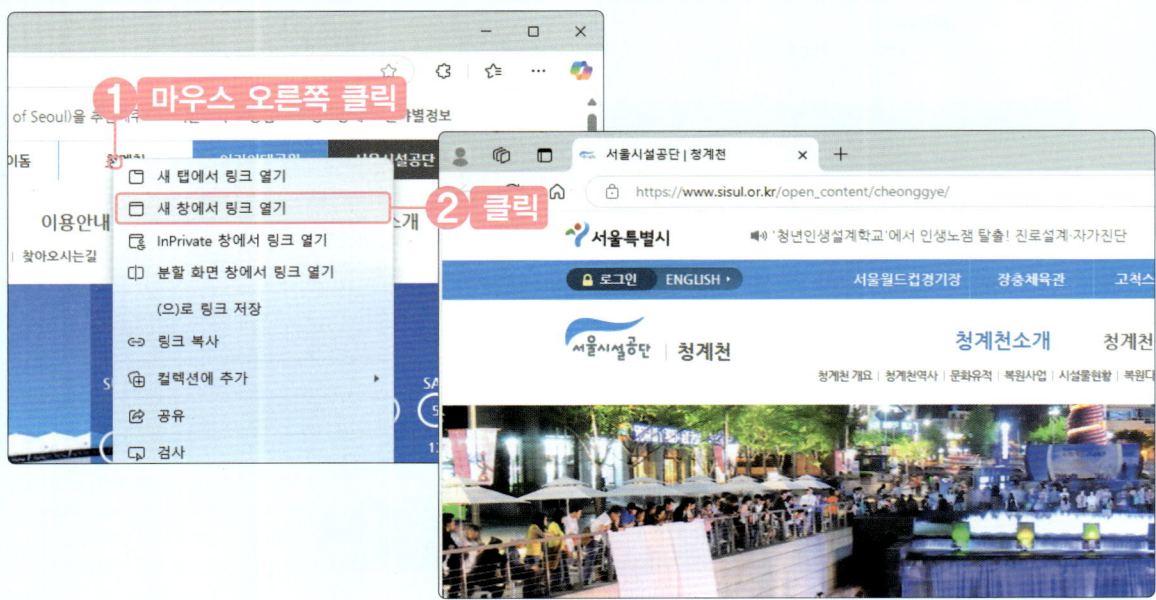

2 새 탭에 청계천 페이지가 나타나면 [서울시설공단 | 청계천] 탭을 클릭합니다.

3 [서울시설공단 | 청계천] 탭이 선택되면 해당 탭을 닫기 위해 [서울시설공단 | 청계천] 탭에서 ⊠[탭 닫기] 단추를 클릭합니다.

4 [서울시설공단 | 청계천] 탭이 닫힙니다.

마이크로소프트 엣지 브라우저 팝업차단 해제 방법

팝업 창이란 특정 웹 페이지에 접속했을 때 새롭게 생성되어 여러 가지 사항을 안내하는 창입니다. 팝업을 띄운 공지사항이나 배너광고 또는 팝업으로 띄우는 결제창 등이 있습니다. 웹 브라우저가 팝업 차단 상태에 있다면 팝업이 차단되어 보이지 않게 됩니다. 광고나 단순배너는 상관없지만 결제창이나 중요한 공지사항이 있다면 팝업을 차단 해제해 주어야합니다.

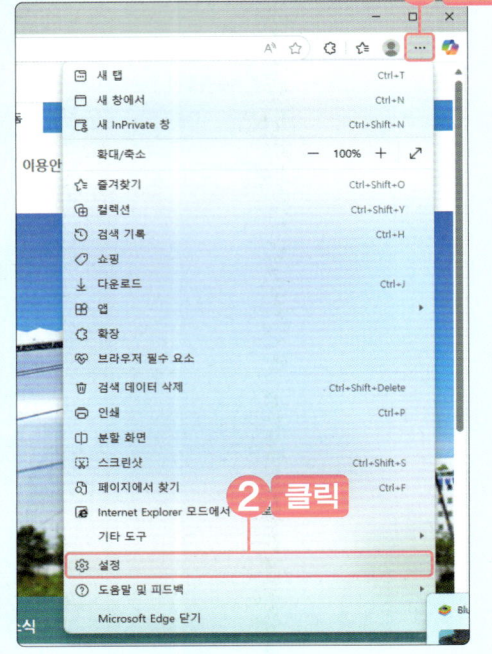

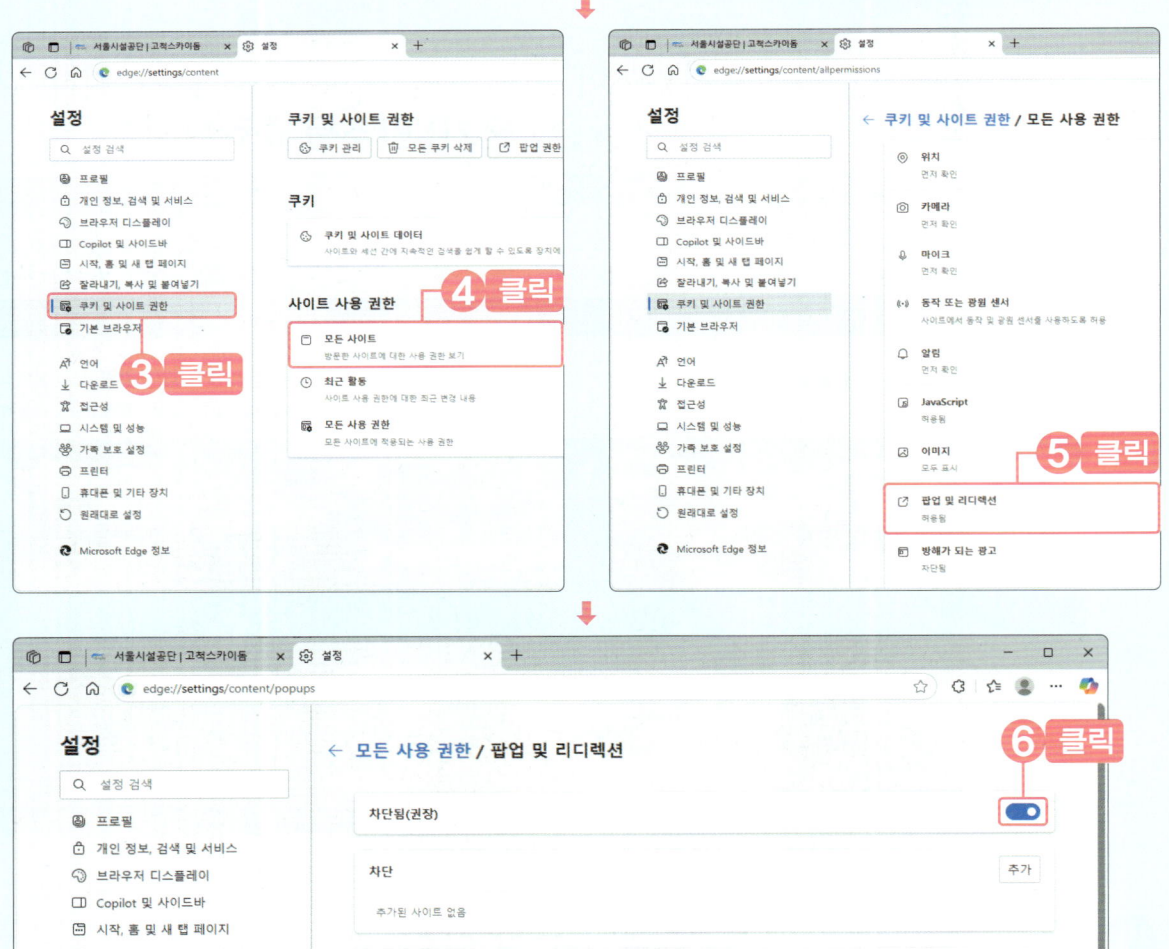

실전 연습 문제

01 다음과 같이 인터넷우체국(www.epost.go.kr) 홈페이지로 이동한 후 마이크로소프트 엣지의 화면을 150%로 확대해 보세요.

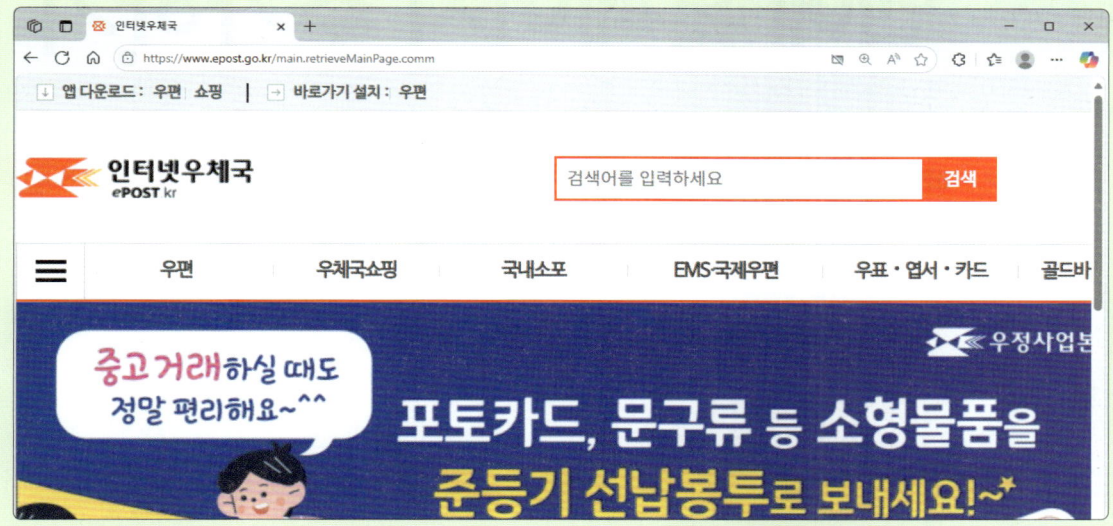

Hint

마이크로소프트 엣지의 화면을 150%로 확대하기 : [⋯][설정 및 기타]를 클릭한 후 [확대/축소] 항목의 [+][확대]를 3번 클릭하여 150%로 맞춤

02 다음과 같이 새 탭에 우체국쇼핑 페이지를 나타낸 후 마이크로소프트 엣지의 화면을 100%로 축소해 보세요.

Hint

새 탭에 우체국쇼핑 페이지 나타내기 : [우체국쇼핑]의 바로 가기 메뉴에서 [새 탭에서 링크 열기]를 클릭

Chapter 02 - 마이크로소프트 엣지 사용하기

Microsoft Edge

Chapter 03 시작 페이지 지정하고 앱에 홈페이지 추가하기

시작 페이지를 특정 홈페이지로 지정하거나 특정 홈페이지를 추가하면 인터넷을 할 때마다 특정 홈페이지에 맨 처음 접속할 수 있습니다. 그럼 시작 페이지를 지정하고 홈페이지를 추가하는 방법에 대해 알아보겠습니다.

Step 01 시작 페이지 지정하기

1 마이크로소프트 엣지를 실행한 후 […][설정 및 기타]를 클릭한 다음 [설정] 메뉴를 클릭합니다.

이번 쳅터에서는 시작 페이지를 구글 홈페이지로 지정할 것입니다.

2 [설정] 페이지가 나타나면 **[시작, 홈 및 새 탭 페이지]를 클릭**한 후 **[다음 페이지를 열 수 있습니다]를 클릭**한 다음 **[새 페이지 추가] 단추를 클릭**합니다.

3 [새 페이지 추가] 창이 나타나면 URL 입력란에 **새 페이지 주소(www.google.co.kr)를 입력**한 후 [추가] 단추를 클릭합니다.

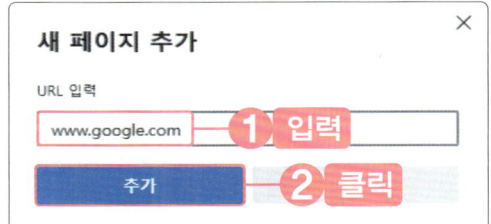

4 [설정] 창의 페이지 항목에 시작 페이지(google)가 지정되어 표시되는지 확인합니다.

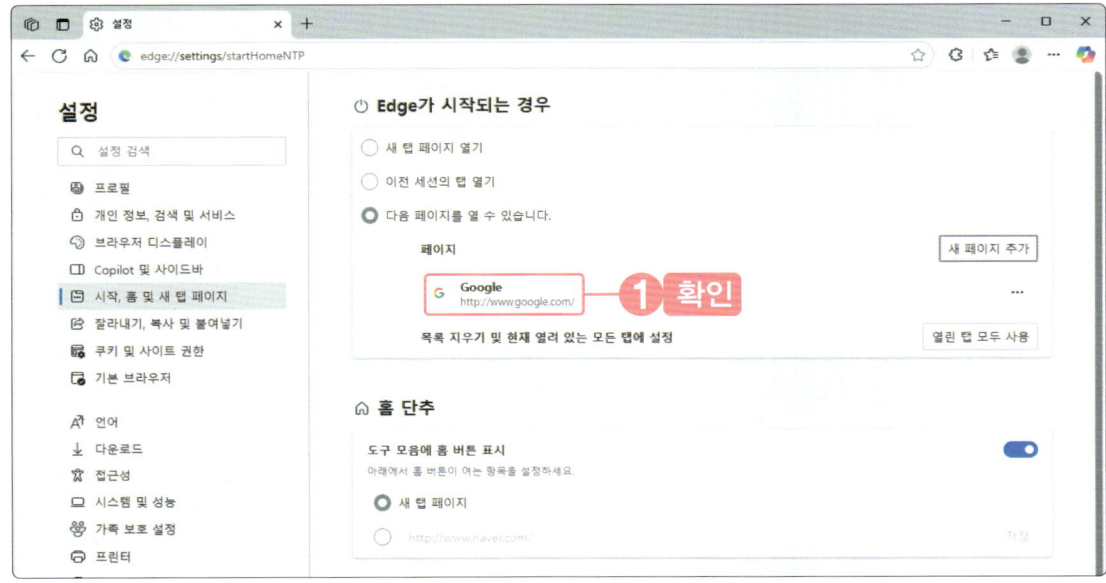

시작 페이지 지정하기
시작 페이지를 추가, 편집, 삭제할 수 있습니다.

- **시작 페이지 추가** : 페이지 항목의 [새 페이지 추가] 단추를 클릭합니다.
- **시작 페이지 편집** : 시작 페이지의 […][추가 작업]을 클릭한 후 [편집]을 클릭합니다.
- **시작 페이지 삭제** : 시작 페이지의 […][추가 작업]을 클릭한 후 [삭제]를 클릭합니다.

5 시작 페이지가 지정된 것을 확인하기 위해 ⓧ**[닫기] 단추를 클릭**하여 마이크로소프트 엣지를 종료한 후 다시 실행하면 구글 홈페이지가 시작 페이지로 지정된 것을 확인할 수 있습니다.

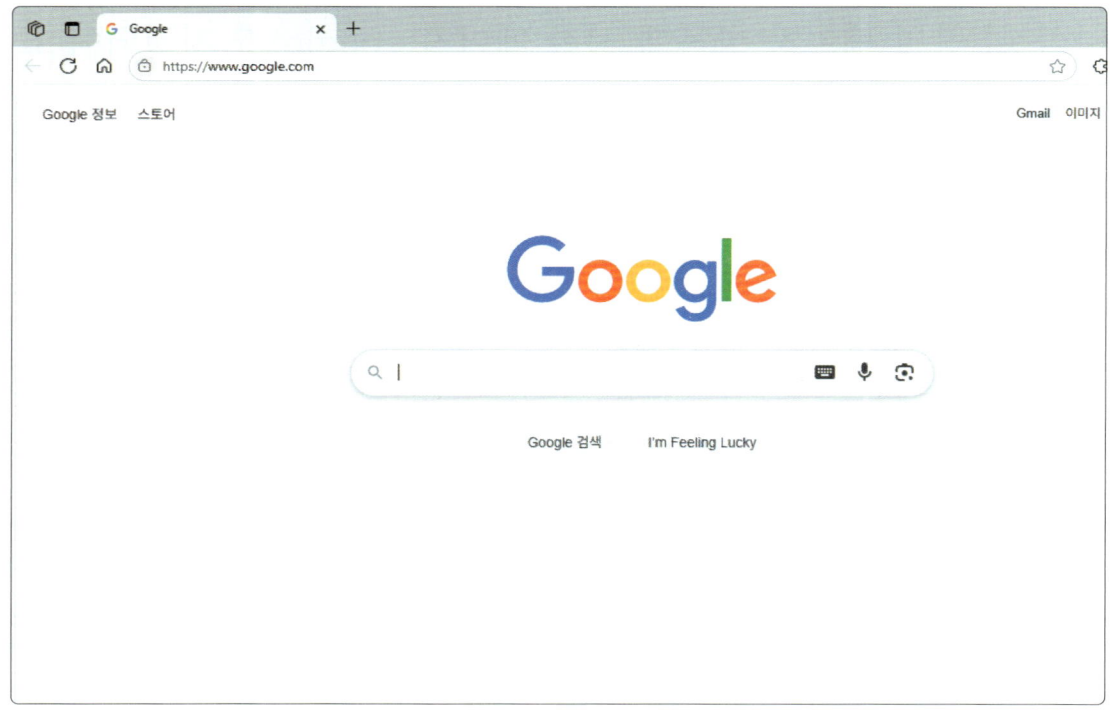

🏠[홈] 단추를 눌렀을 때 시작되는 인터넷 홈페이지 지정하기

[…][설정 및 기타]를 클릭한 후 [설정] 메뉴를 클릭합니다. 그런다음 [설정] 창이 나타나면 [시작, 홈 및 새 탭 페이지]를 클릭한 후 홈 단추의 도구 모음에 홈 버튼 표시가 활성화(🔵)되어 있는지 확인한 다음 홈 단추를 눌렀을 때의 주소(www.naver.com)를 입력하고 [저장] 단추를 클릭합니다. 도구 모음의 🏠[홈] 단추를 클릭하면 입력한 인터넷 주소 네이버(www.naver.com)로 바뀐것을 확인할 수 있습니다.

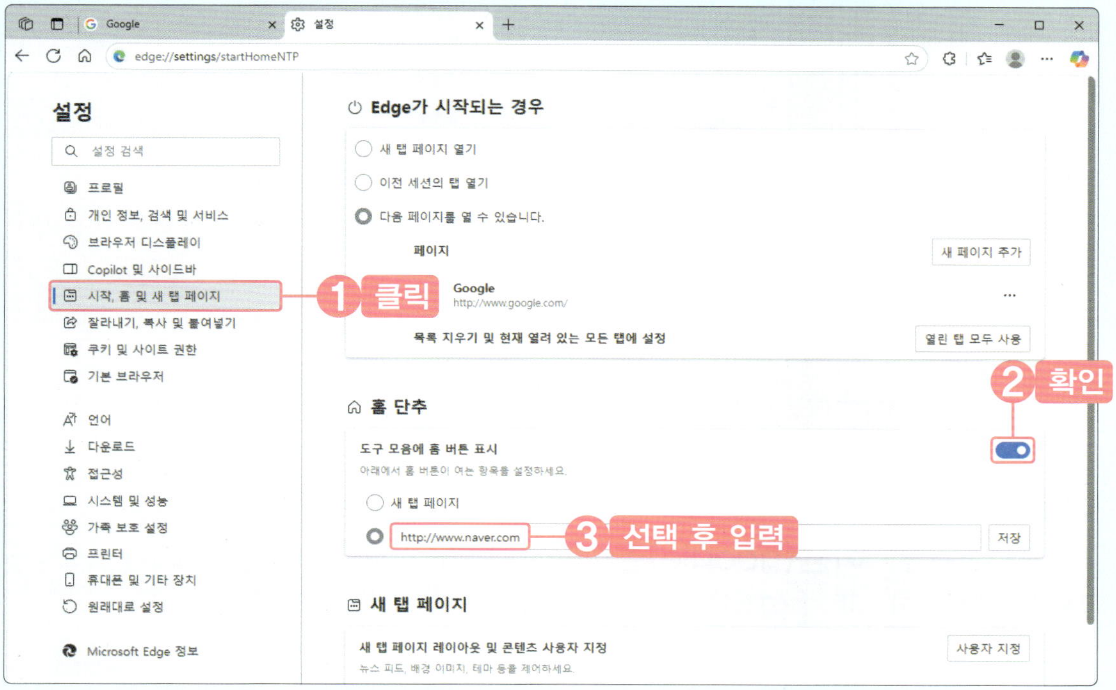

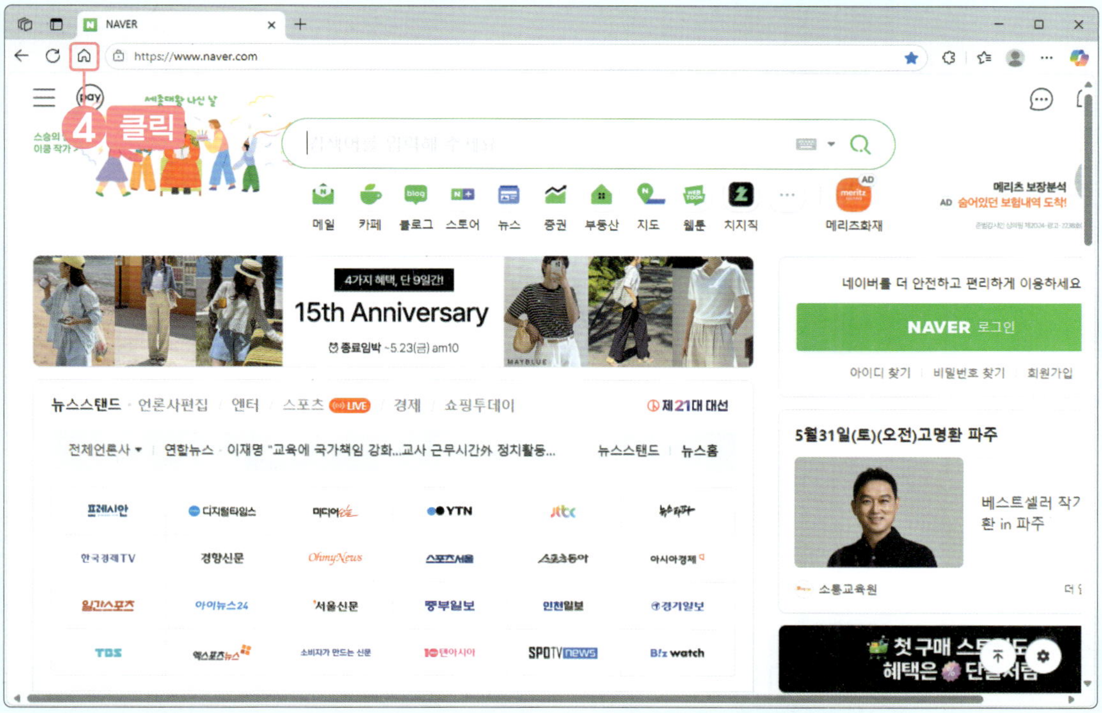

Chapter 03 – 시작 페이지 지정하고 앱에 홈페이지 추가하기

Step 02 시작 메뉴에 홈페이지 추가하기

1 마이크로소프트 엣지를 실행한 후 […][설정 및 기타]를 클릭한 다음 [앱]-[이 사이트를 앱으로 설치]를 클릭합니다.

2 [이 사이트를 앱으로 설치] 화면이 나타나면 **이름(google)을 수정 또는 확인**한 후 [설치] 단추를 클릭합니다.

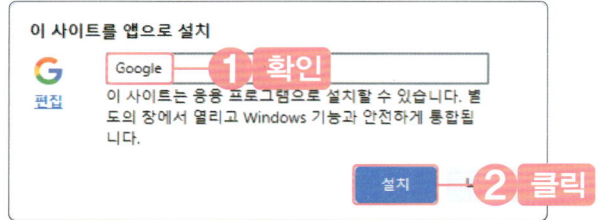

3 [설치된 앱] 화면이 나타나면 [시작 화면에 고정]을 체크한 후 **나머지는 체크 해제**한 다음 [허용] 단추를 클릭합니다.

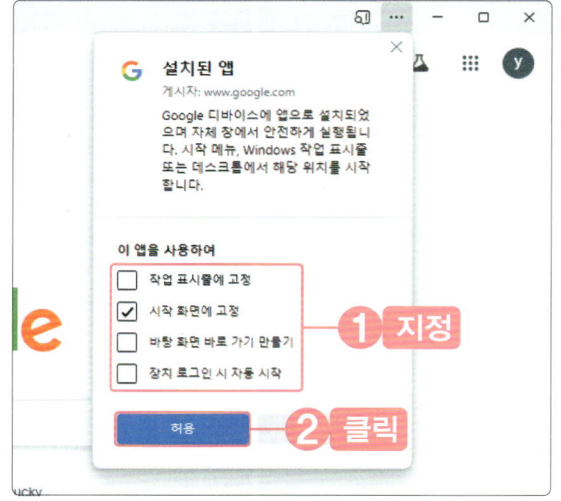

> **Tip**
> - 작업 표시줄에 고정 : 작업 표시줄에 설치된 앱을 고정하여 표시합니다.
> - 바탕 화면 바로 가기 만들기 : 설치된 앱을 바탕 화면에 바로 가기 아이콘으로 만 듭니다.

4 구글(google) 및 마이크로소프트 엣지의 ⊠[닫기] 단추를 클릭하여 모두 종료합니다.

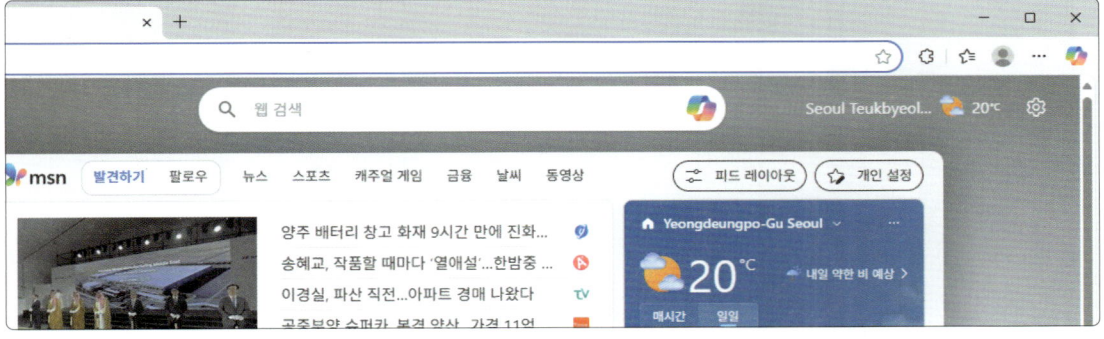

5 ⊞[시작] 단추를 클릭하면 구글 홈페이지가 추가된 것을 확인할 수 있으며, **구글(google)을 클릭**하면 구글 홈페이지로 이동합니다.

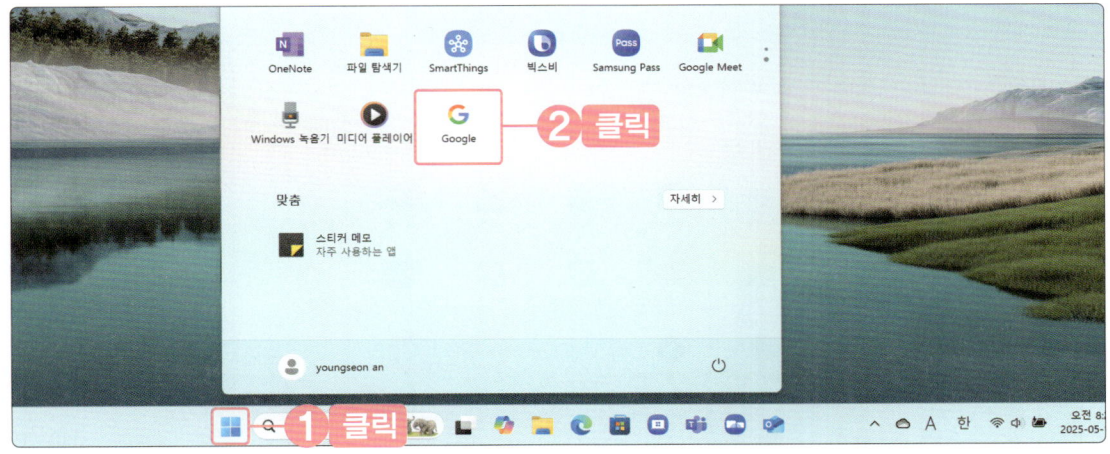

시작 메뉴에 추가된 구글 홈페이지 제거하기

다음과 같이 ▦[시작] 단추를 클릭한 후 ⓖ[Google]의 바로 가기 메뉴에서 [제거]를 클릭하면 구글 홈페이지를 제거할 수 있습니다.

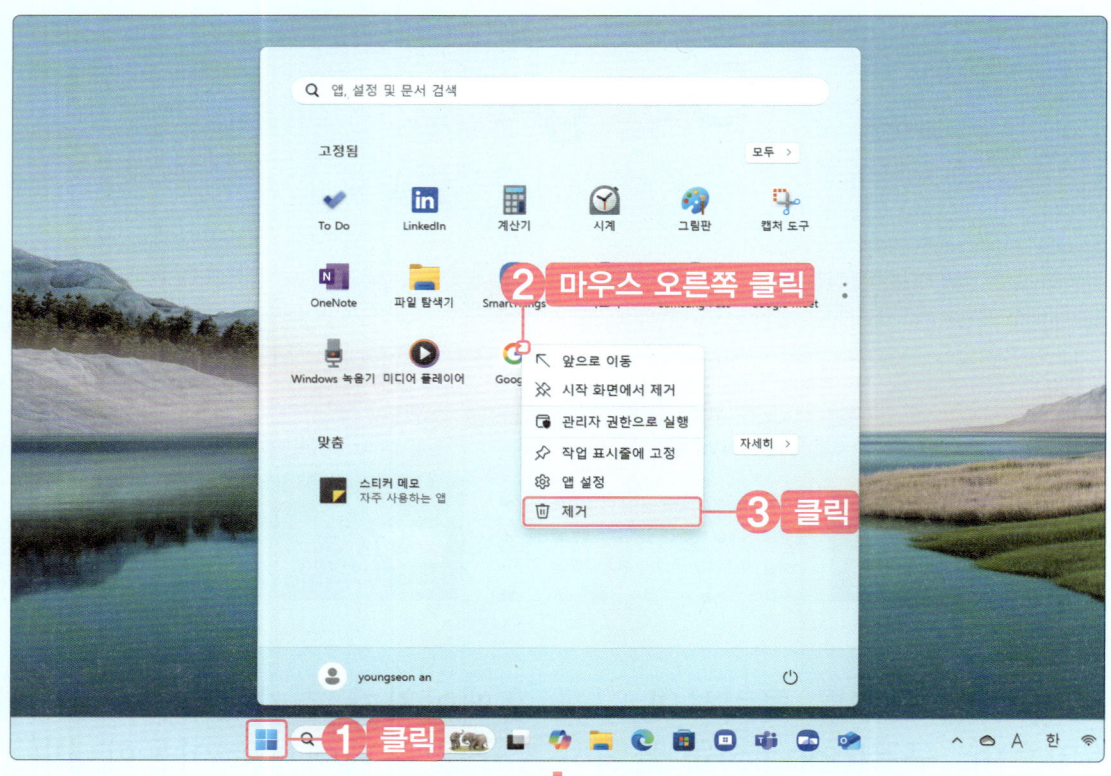

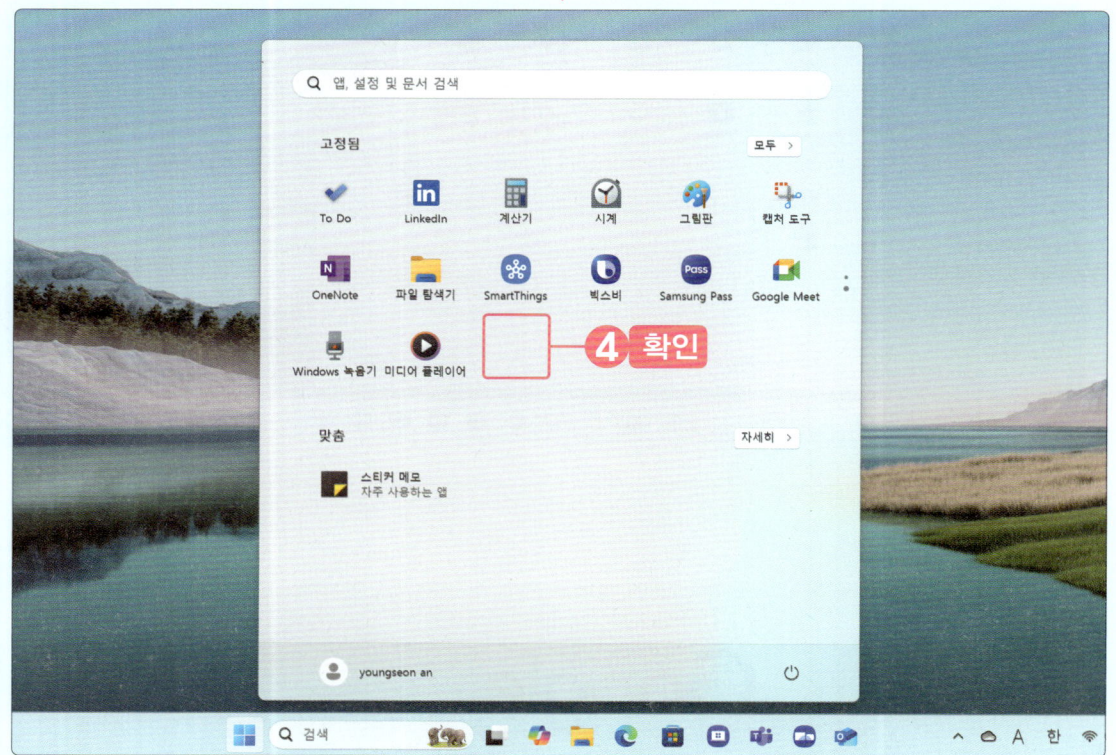

실전 연습 문제

01 마이크로소프트 엣지를 시작할 때의 시작 페이지를 네이버(www.naver.com) 홈페이지로 지정해 보세요.

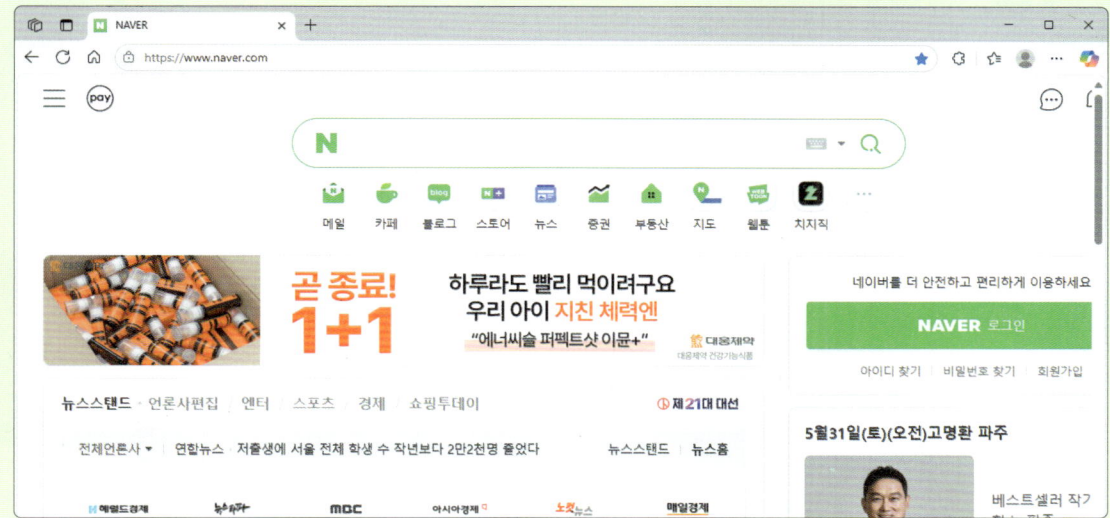

Hint

마이크로소프트 엣지창 상단 오른쪽 […][설정 및 기타]를 클릭한 후 [설정]을 클릭하여 [시작, 홈 및 새 탭]을 클릭. [Edge가 시작되는 경우] 항목에서 [다음 페이지를 열 수 있습니다]를 클릭하고 [새 페이지 추가] 단추를 눌러 주소(www.naver.com)를 입력한 후 [저장] 단추를 누름

02 다음과 같이 ▦[시작] 메뉴에 네이버 홈페이지를 추가해 보세요.

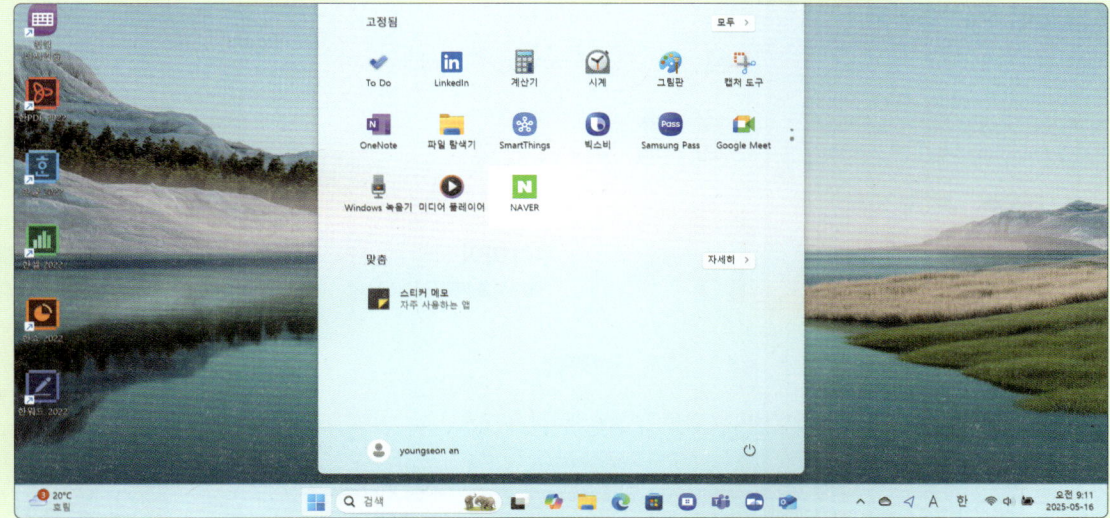

03 ▦[시작] 메뉴에 추가된 네이버 홈페이지를 제거해 보세요.

즐겨찾기 사용하기

자주 접속하는 홈페이지는 외우거나 메모하지 않고 즐겨찾기 모음이나 즐겨찾기에 추가하면 언제든지 편리하게 접속할 수 있습니다. 그럼 즐겨찾기를 사용하는 방법에 대해 알아보겠습니다.

Step 01 즐겨찾기 도구 모음 표시하기

1 마이크로소프트 엣지를 실행한 후 **탭 영역의 빈 공간**에서 마우스 오른쪽 단추를 눌러 바로 가기 메뉴의 [도구 모음 사용자 지정]을 클릭합니다.

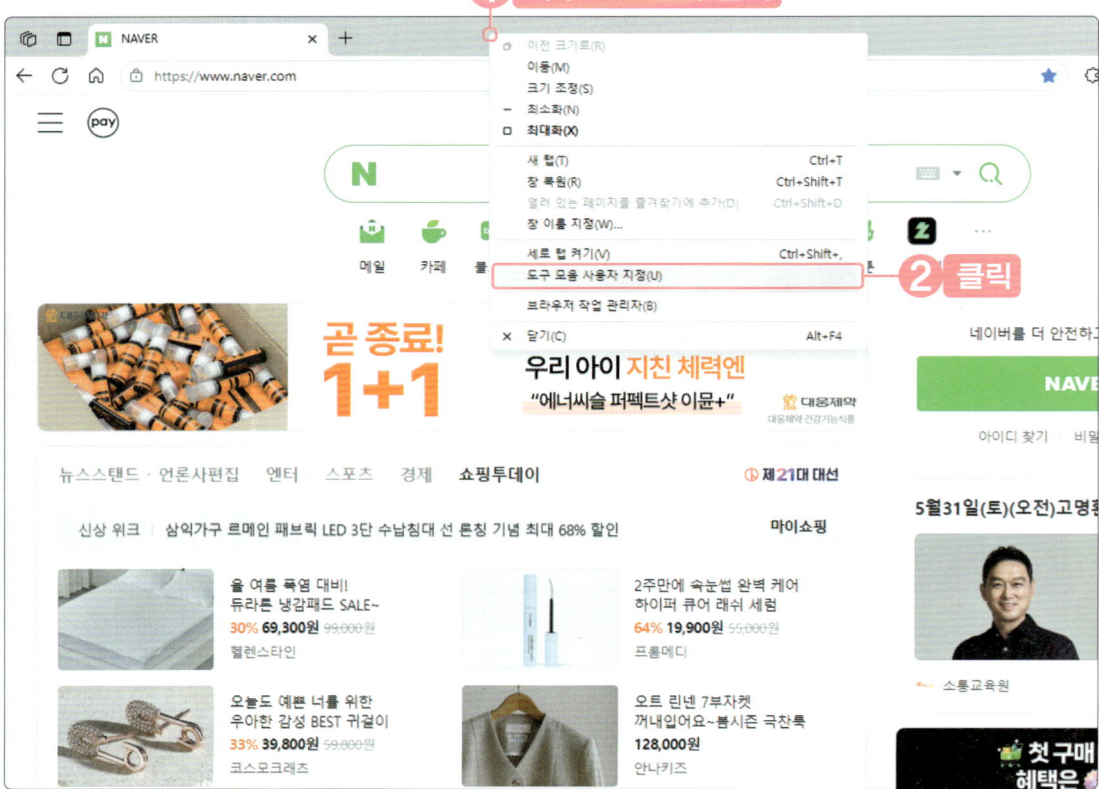

2 [설정] 창이 새로운 탭으로 표시되면 즐겨찾기 모음을 항상 표시하기 위해 도구 모음 사용자 지정의 즐겨찾기 모음 표시 항목의 ⌄[목록] 단추를 클릭한 후 [항상]을 클릭합니다.

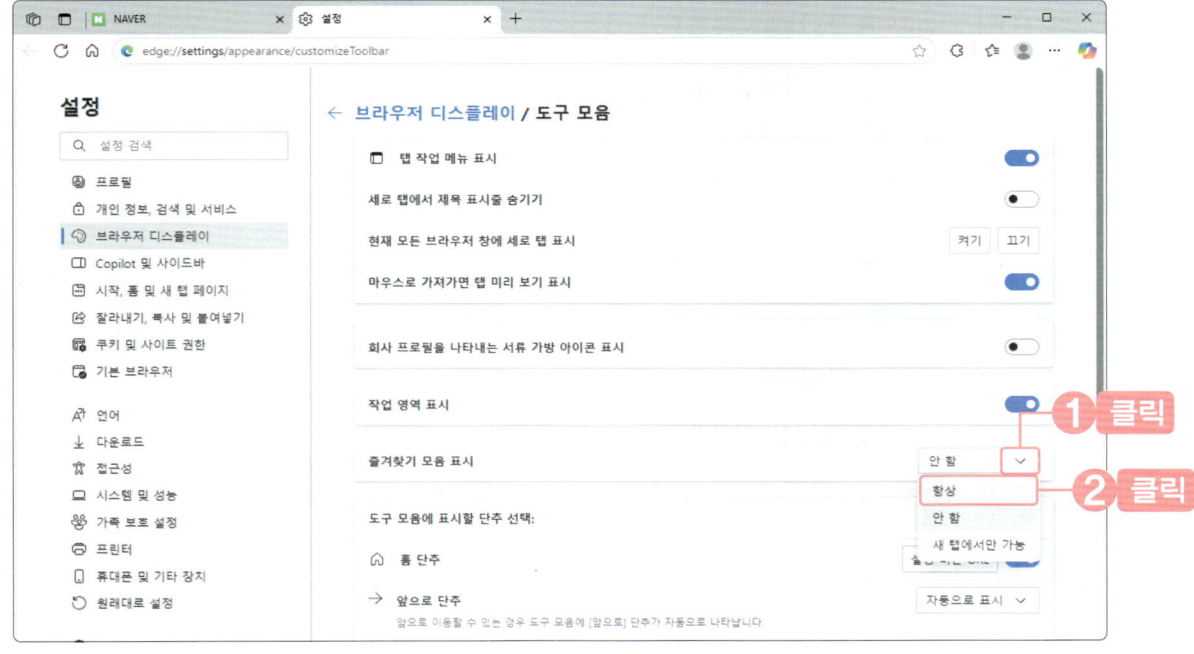

> Tip
> - 안 함 : 즐겨찾기 모음을 표시하지 않습니다.
> - 새 탭에서만 가능 : 새로운 탭이 열릴 때에만 즐겨찾기 모음이 표시됩니다.

3 인터넷 주소 표시줄 아래에 즐겨찾기 모음이 표시되는 것을 확인할 수 있습니다.

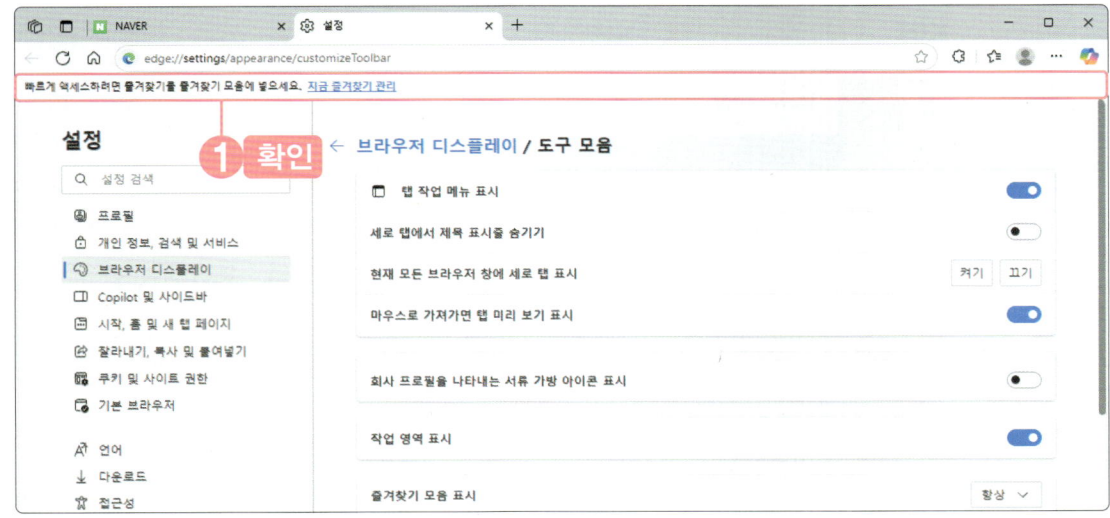

4 [설정] 탭의 ×[닫기] 단추를 클릭하여 [설정] 창을 닫습니다.

Step 02 즐겨찾기 모음에 홈페이지 추가하기

1 G마켓(www.gmarket.co.kr) 홈페이지로 이동한 후 ☆[이 페이지를 즐겨찾기에 추가]를 클릭합니다.

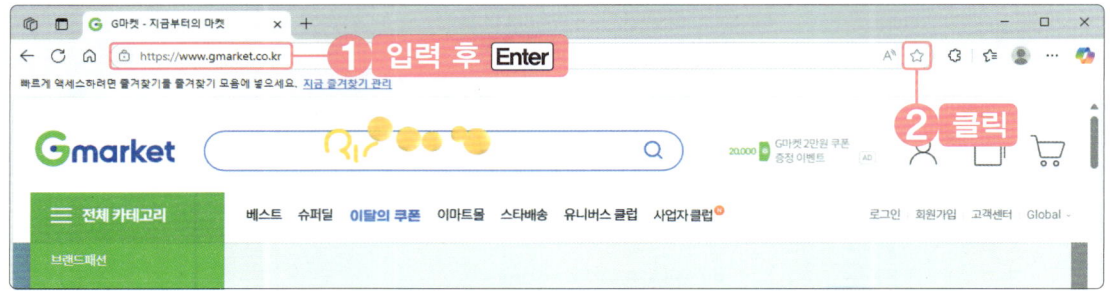

2 [즐겨찾기 추가됨] 대화상자가 표시되면 **이름(G마켓)을 수정**한 후 **폴더 위치(즐겨찾기 모음)를 확인**한 다음 [완료] 단추를 클릭합니다.

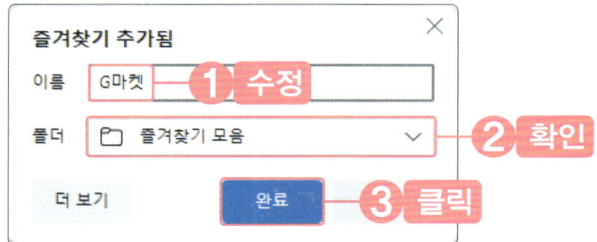

3 즐겨찾기 모음에 G마켓 사이트가 추가되면 ⌂[홈] 단추를 클릭한 후 **시작 페이지로 이동**한 다음 즐겨찾기 모음의 [G마켓]을 클릭합니다.

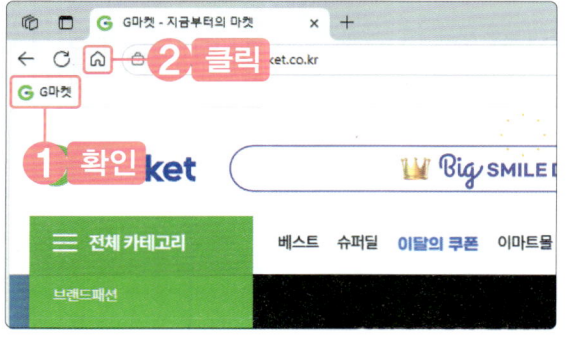 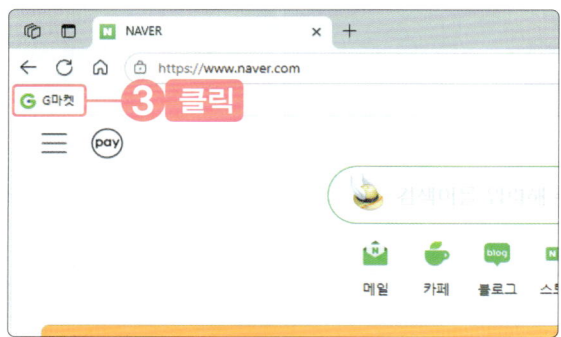

4 다음과 같이 즐겨찾기 모음의 G마켓 사이트가 나타납니다.

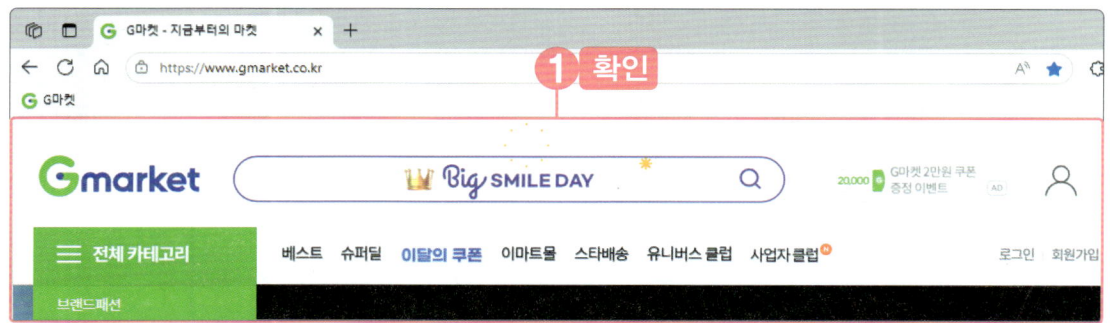

Step 03 새 폴더 생성 후 즐겨찾기에 홈페이지 추가하기

1 MBC(www.imbc.com) 홈페이지로 이동한 후 ☆[이 페이지를 즐겨찾기에 추가]를 클릭합니다.

2 [즐겨찾기 추가됨] 대화상자가 표시되면 이름(GO! MBC)을 수정한 후 폴더 위치(즐겨찾기 모음)를 확인한 다음 [완료] 단추를 클릭합니다.

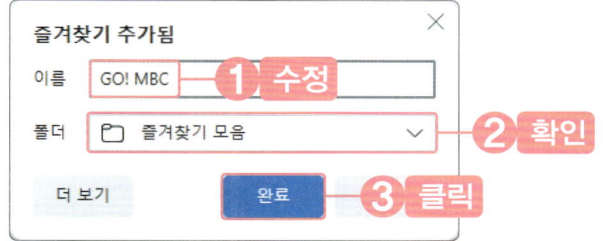

3 [즐겨찾기 편집] 대화상자가 나타나면 새 폴더를 만들기 위해 [새 폴더] 단추를 클릭한 후 새 폴더가 생성되면 이름(방송국)을 수정한 다음 [저장] 단추를 클릭합니다.

 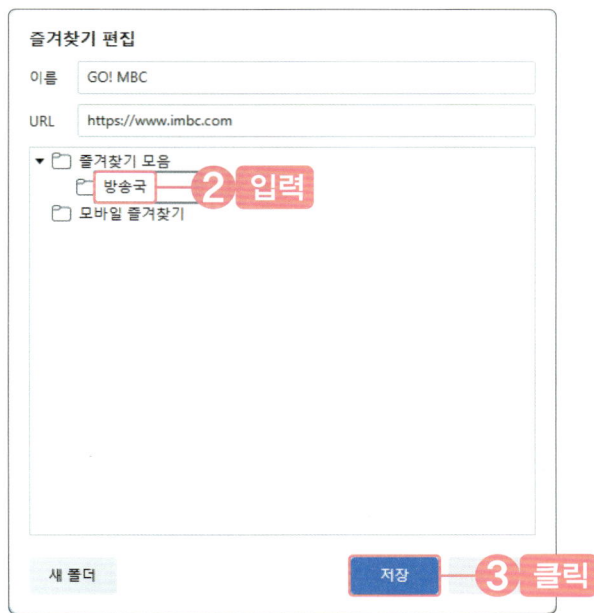

Chapter 04 – 즐겨찾기 사용하기

4 [홈] 단추를 클릭하여 시작 페이지로 이동한 후 즐겨찾기 모음의 [방송국]-[GO! MBC]를 클릭합니다.

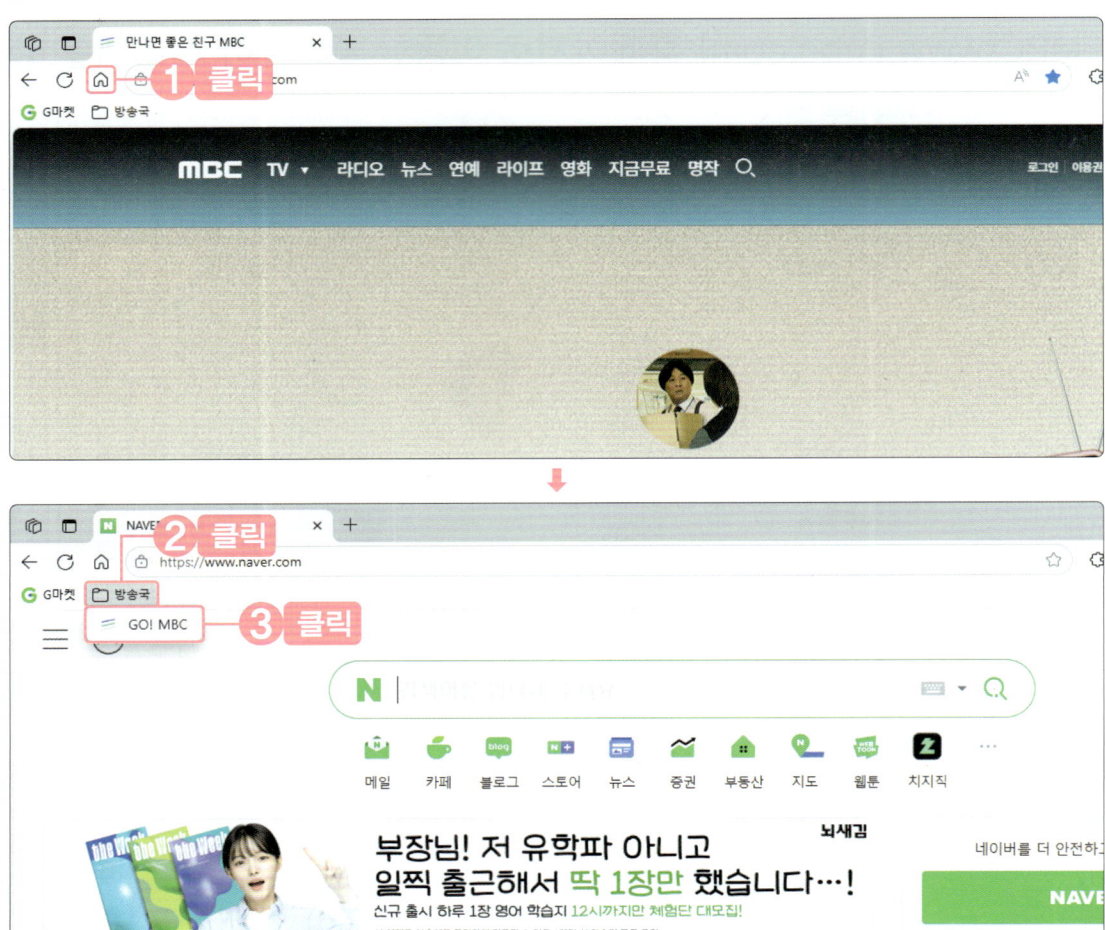

5 다음과 같이 MBC 홈페이지가 나타납니다.

잠깐만요!

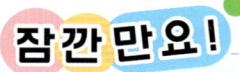

다른 즐겨찾기에 등록하기

다른 즐겨찾기에 등록할 다음(www.daum.net) 홈페이지에 접속한 후 ☆[이 페이지를 즐겨찾기에 추가]를 클릭합니다. [즐겨찾기 추가됨] 대화상자가 표시되면 폴더 위치(다른 즐겨찾기)를 선택한 후 [완료] 단추를 클릭하면 해당 인터넷 사이트가 [다른 즐겨찾기] 폴더 안에 등록된 것을 확인할 수 있습니다.

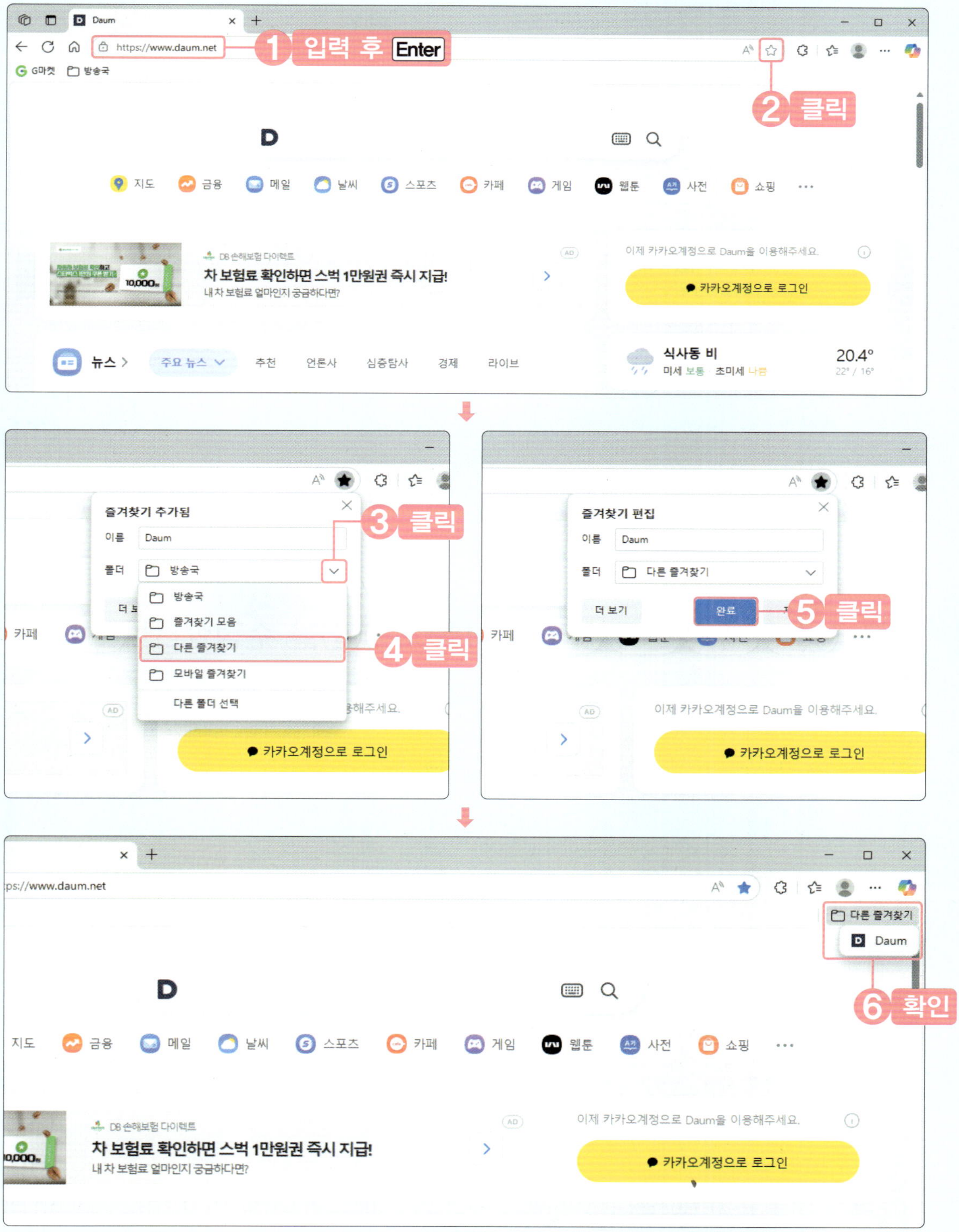

Step 04 즐겨찾기 관리하기

1 [즐겨찾기]를 클릭한 후 [즐겨찾기에 추가]의 [폴더 추가]를 클릭합니다.

> **Tip**
> [즐겨찾기 모음] 이름 위치에서 마우스 오른쪽 단추를 눌러 바로 가기 메뉴의 [폴더 추가]를 선택해도 [즐겨찾기 모음] 위치 안에 새 폴더를 생성할 수 있습니다.

2 새로운 폴더가 생성되면 **폴더 이름(쇼핑몰)을 수정**합니다.

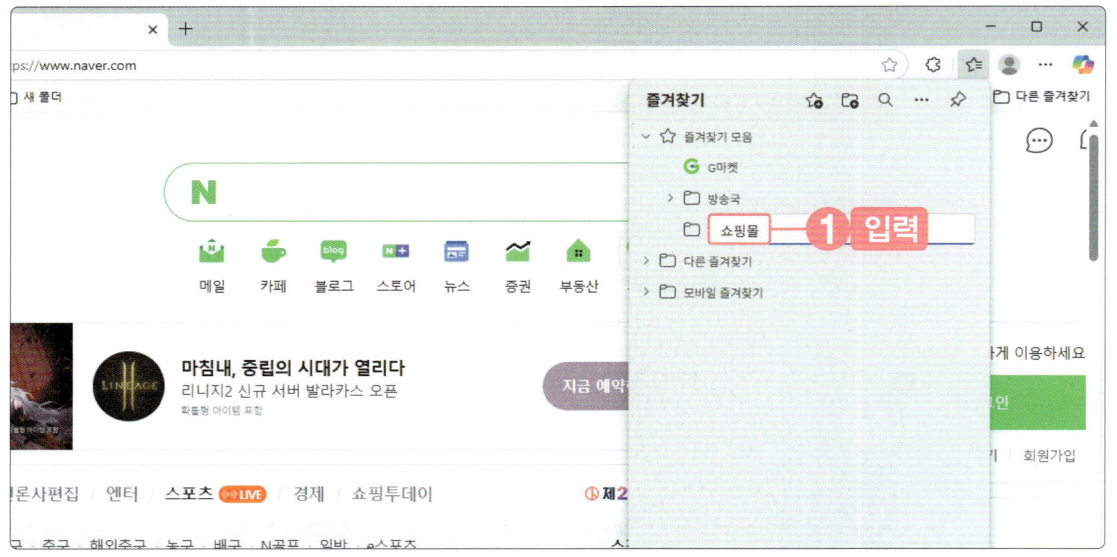

> **Tip**
> - 폴더 이름 바꾸기 : 폴더 이름에서 바로 가기 메뉴의 [이름 바꾸기]를 선택합니다.
> - 폴더 삭제하기 : 삭제할 폴더 이름에서 바로 가기 메뉴의 [삭제]를 선택합니다.

3 즐겨찾기에 추가된 'G마켓'을 [쇼핑몰] 폴더 안으로 이동하기 위해 **'G마켓'을 [쇼핑몰] 폴더 안으로 드래그**합니다. [쇼핑몰] 폴더 안에 'G마켓' 사이트가 이동된 것을 확인할 수 있습니다.

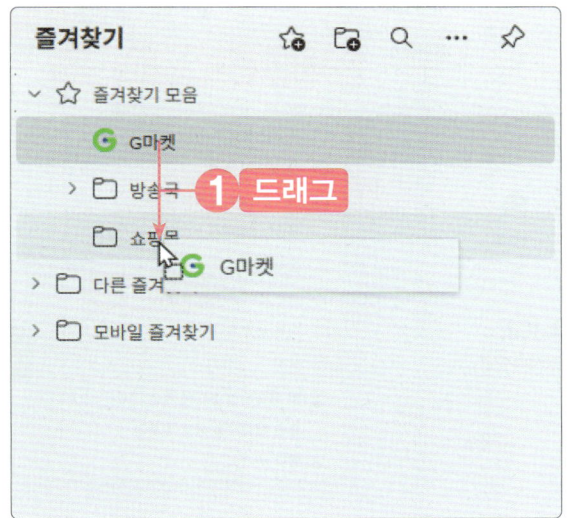
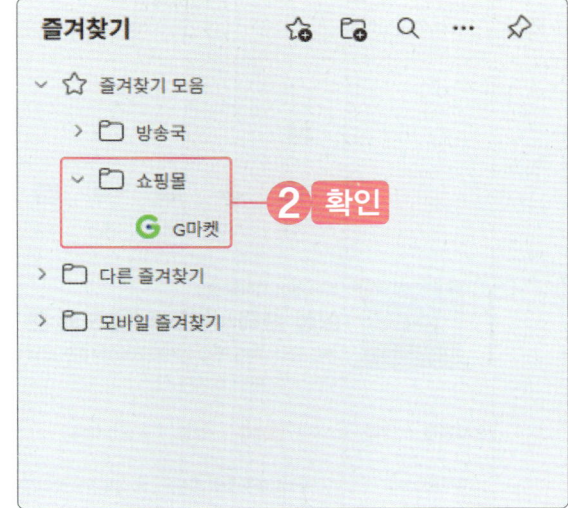

> **Tip**
> 폴더의 이름 앞에 ▷[열기]를 클릭하면 폴더의 하위 목록이 표시되며, [닫기]를 클릭하면 숨깁니다.

4 다음과 같이 즐겨찾기의 쇼핑몰 폴더 안에 'G마켓'이 이동되어 있습니다.

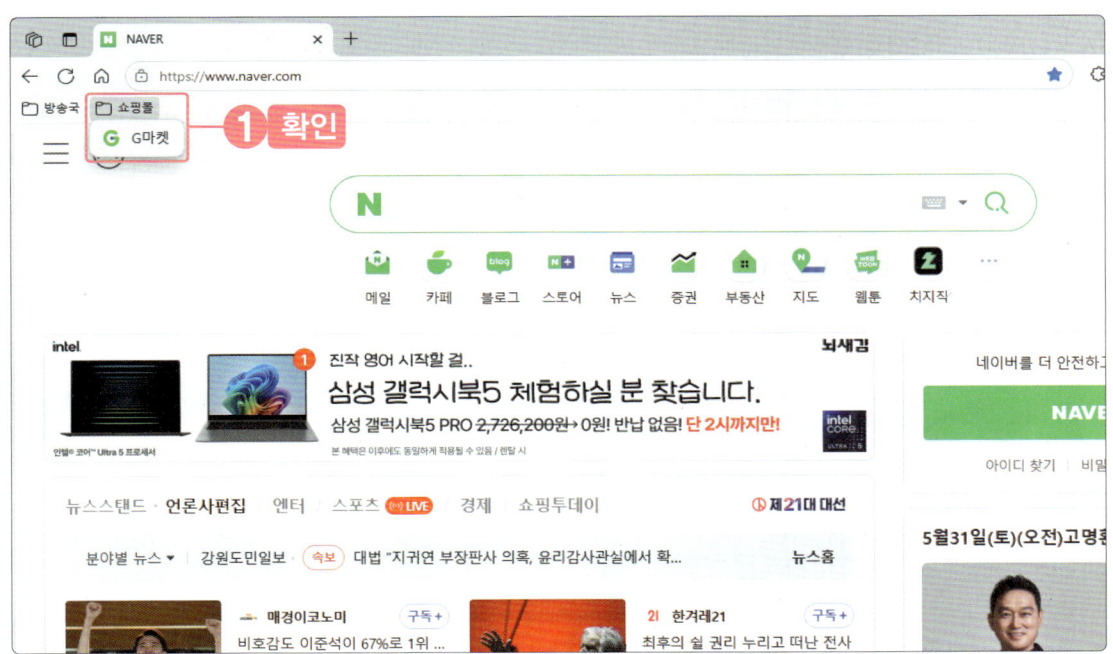

> **Tip**
> 폴더를 삭제하면 해당 폴더 안에 등록된 즐겨찾기 사이트가 모두 삭제됩니다.

5 [방송국] 폴더를 삭제하기 위해 [즐겨찾기]를 클릭한 후 폴더 이름 (방송국)에서 바로 가기 메뉴의 [삭제] 단추를 클릭합니다.

> **Tip**
> 폴더를 삭제하면 해당 폴더 안에 등록된 즐겨찾기 사이트가 모두 삭제됩니다.

6 [방송국] 폴더가 삭제된 것을 확인할 수 있습니다.

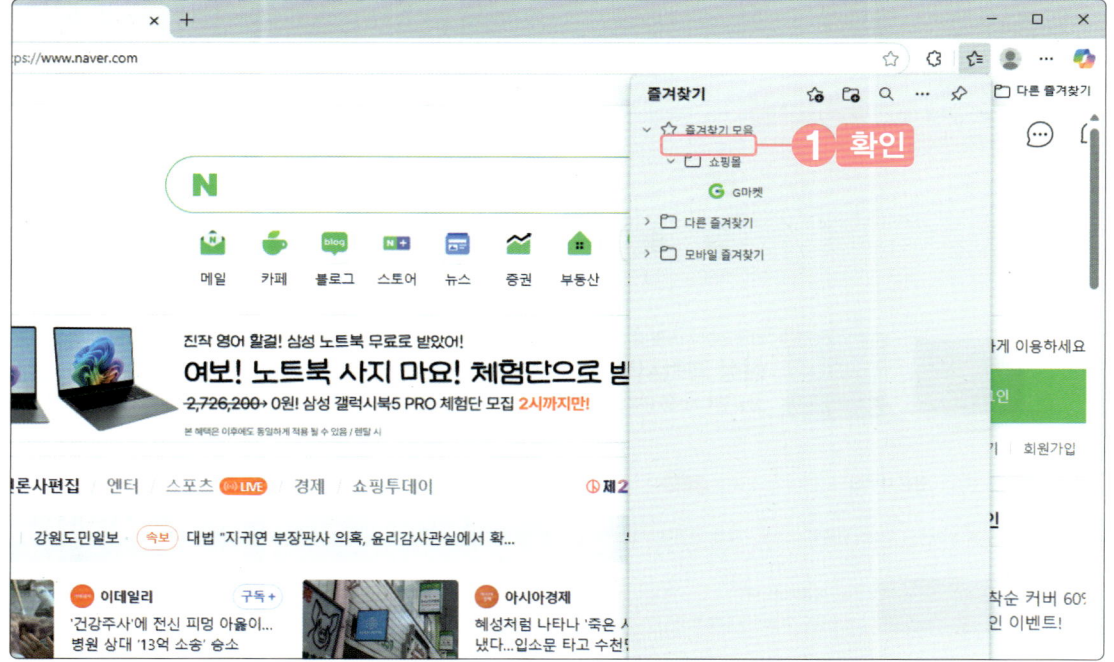

실전 연습 문제

01 다음과 같이 즐겨찾기 모음에 옥션(www.auction.co.kr) 홈페이지를 추가해 보세요.

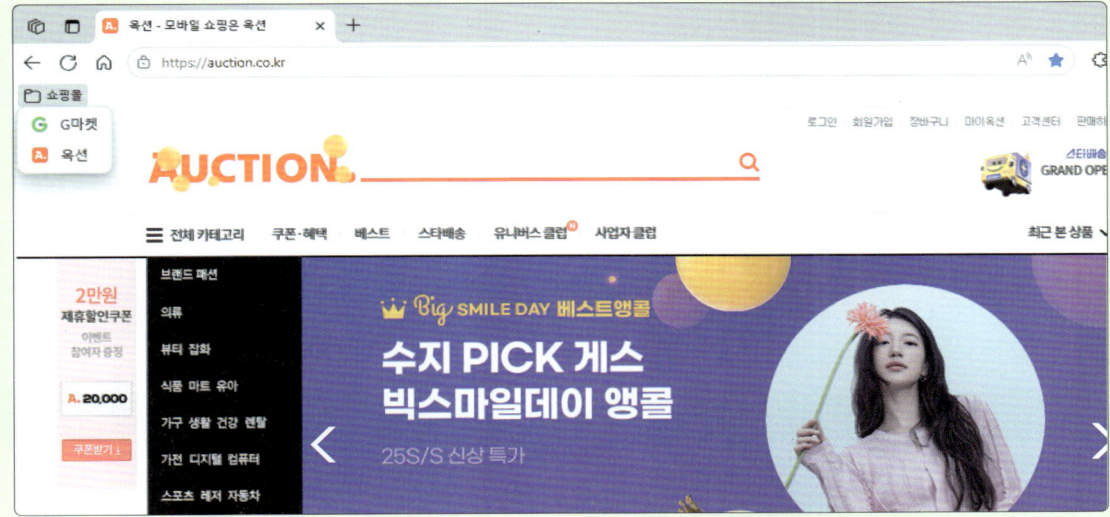

02 다음과 같이 즐겨찾기 모음에 '검색엔진' 폴더를 만든 후 네이버(www.naver.com)와 다음(www.daum.net) 홈페이지를 추가해 보세요.

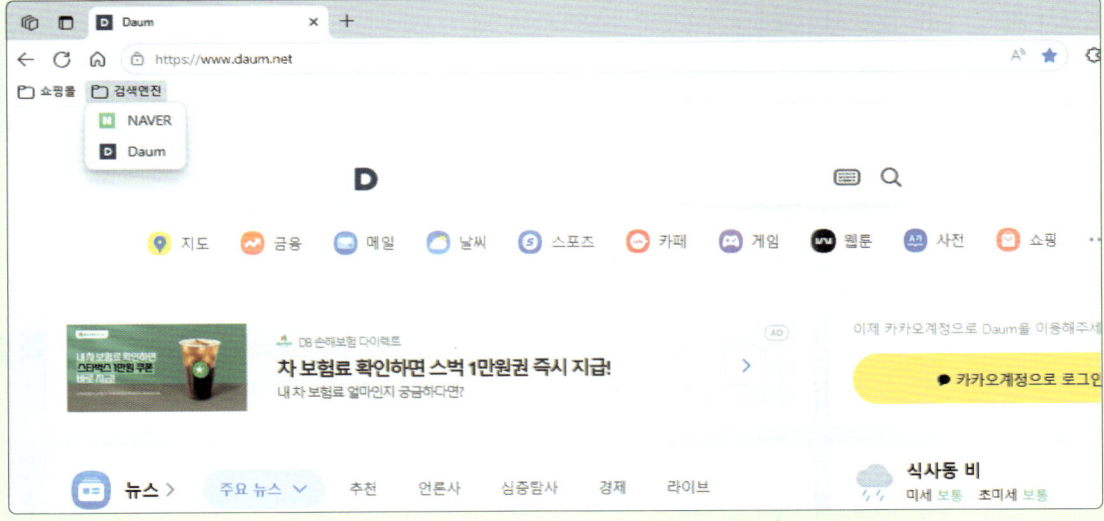

03 즐겨찾기 모음을 마이크로소프트 엣지 화면에서 숨겨 보세요.

Hint

즐겨찾기 모음의 빈 공간에서 마우스 오른쪽 단추를 눌러 바로 가기 메뉴의 [즐겨찾기 모음 표시]-[표시 안함]을 선택

Microsoft Edge

검색엔진 사용하기

검색엔진을 사용하면 원하는 정보를 쉽고 빠르게 찾을 수 있습니다. 검색엔진은 원래 정보를 수집하는 시스템을 말하지만 지금은 검색 서비스를 제공하는 홈페이지를 말합니다. 그럼 검색엔진을 사용하는 방법에 대해 알아보겠습니다.

Step 01 키워드 검색하기

1 마이크로소프트 엣지를 실행한 후 **다음(www.daum.net) 홈페이지로 이동**합니다.

> **Tip**
> • 검색엔진에는 네이버, 다음, 구글, Bing 등이 있습니다.
> • 키워드는 원하는 정보와 관련 있는 핵심 단어를 말합니다.

2 다음 홈페이지가 나타나면 검색어 입력에 **'예술의 전당'을 입력**한 후 [검색]을 클릭합니다.

3 '예술의 전당'에 대한 검색 결과가 나타나면 [예술의 전당]을 클릭합니다.

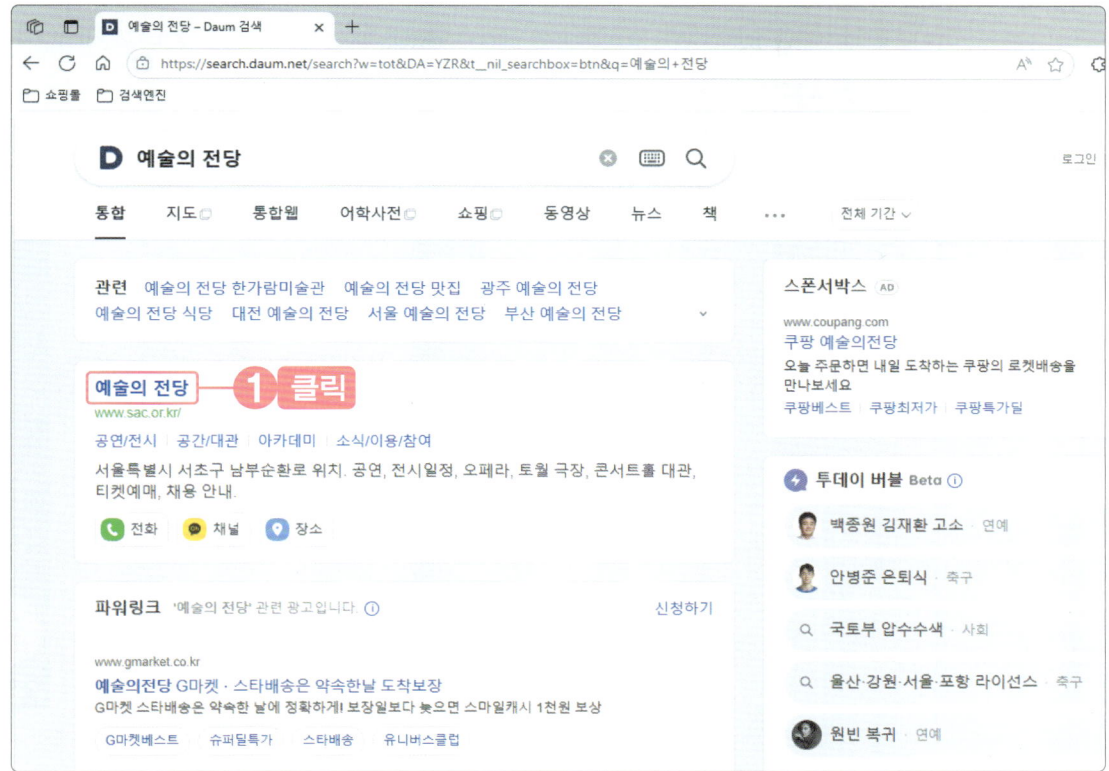

4 다음과 같이 예술의 전당 홈페이지가 새로운 탭에 나타납니다.

Chapter 05 – 검색엔진 사용하기

검색 기록 알아보기

마이크로소프트 엣지에서 방문했던 인터넷 홈페이지를 자동으로 기록하여 보관하며, […][설정 및 기타]를 클릭한 후 [검색 기록]을 클릭하면 목록이 표시됩니다.

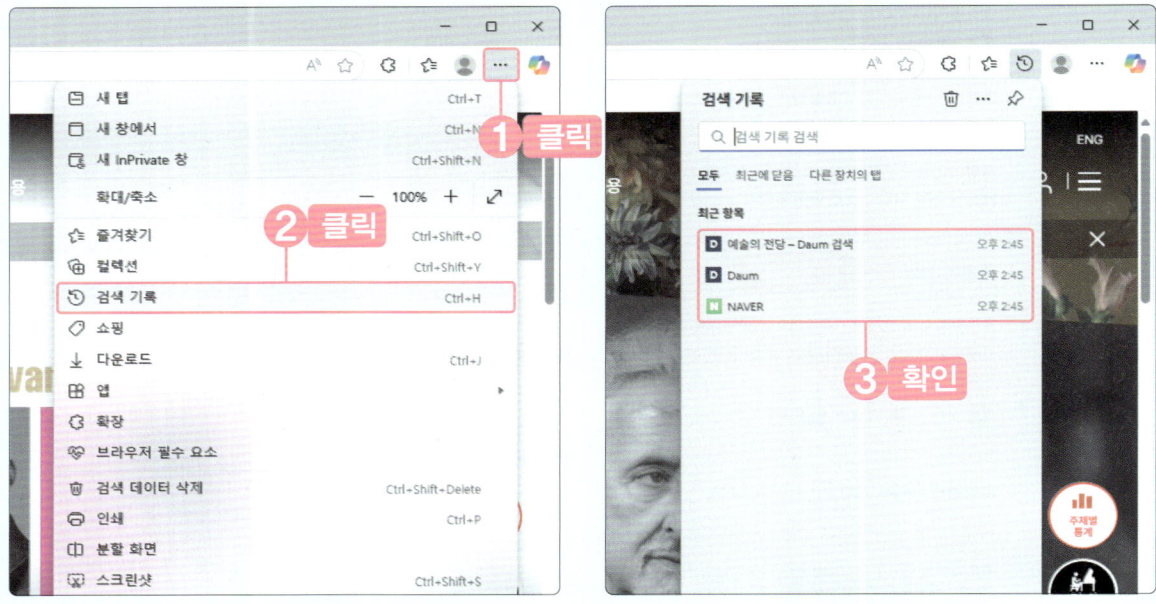

검색 기록 삭제하기

검색 기록의 🗑[검색 데이터 삭제]를 클릭하면 [검색 데이터 삭제] 창이 표시되며, 지난 1시간, 지난 24시간, 지난 7일, 지난 4주, 모든 시간 중에서 선택하여 검색 기록을 삭제할 수 있습니다.

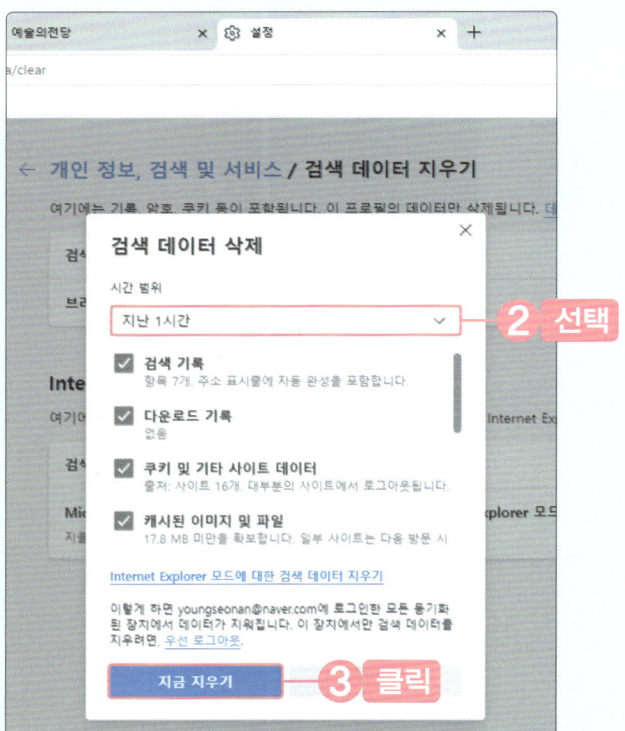

Step 02 자연어로 검색하기

1 네이버(www.naver.com) 홈페이지로 이동합니다.

> **Tip**
> 자연어는 평소에 쓰는 대화나 문장을 말합니다.

2 네이버 홈페이지가 나타나면 '고도를 기다리며의 극작가'를 입력한 후 [검색]을 클릭합니다.

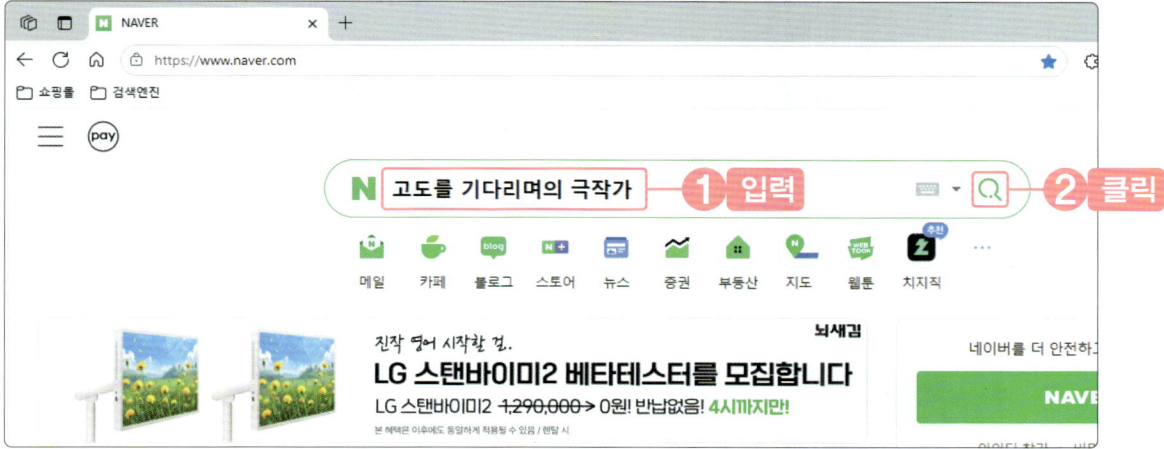

3 '고도를 기다리며의 극작가'에 대한 검색 결과가 나타나면 고도를 기다리며의 극작가는 '사뮈엘 베케트'인 것을 확인할 수 있습니다.

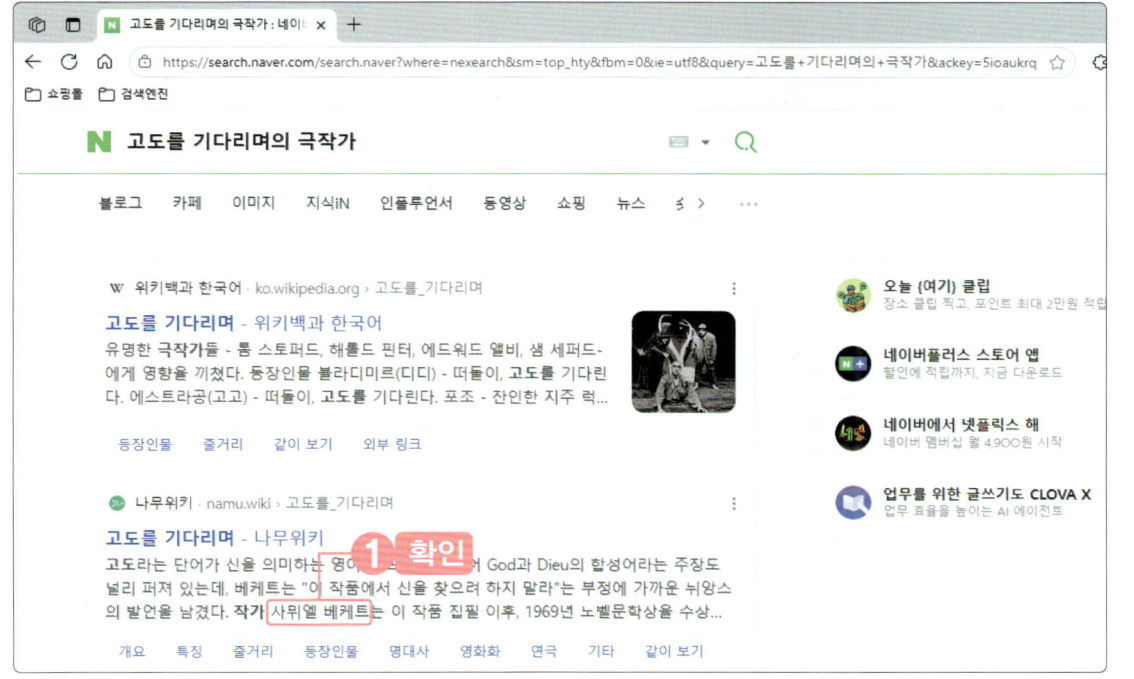

Chapter 05 – 검색엔진 사용하기

바로 연결 기능을 사용하여 검색하기

페이지에 검색하고 싶은 내용이 있는 경우에는 다음과 같이 검색하고 싶은 내용을 드래그하여 선택한 후 바로 가기 메뉴에서 검색엔진을 선택하면 검색어를 입력하지 않고 바로 연결 기능을 사용하여 검색할 수 있습니다. (마우스 포인터 모양이 일 경우 링크로 연결되어 있음)

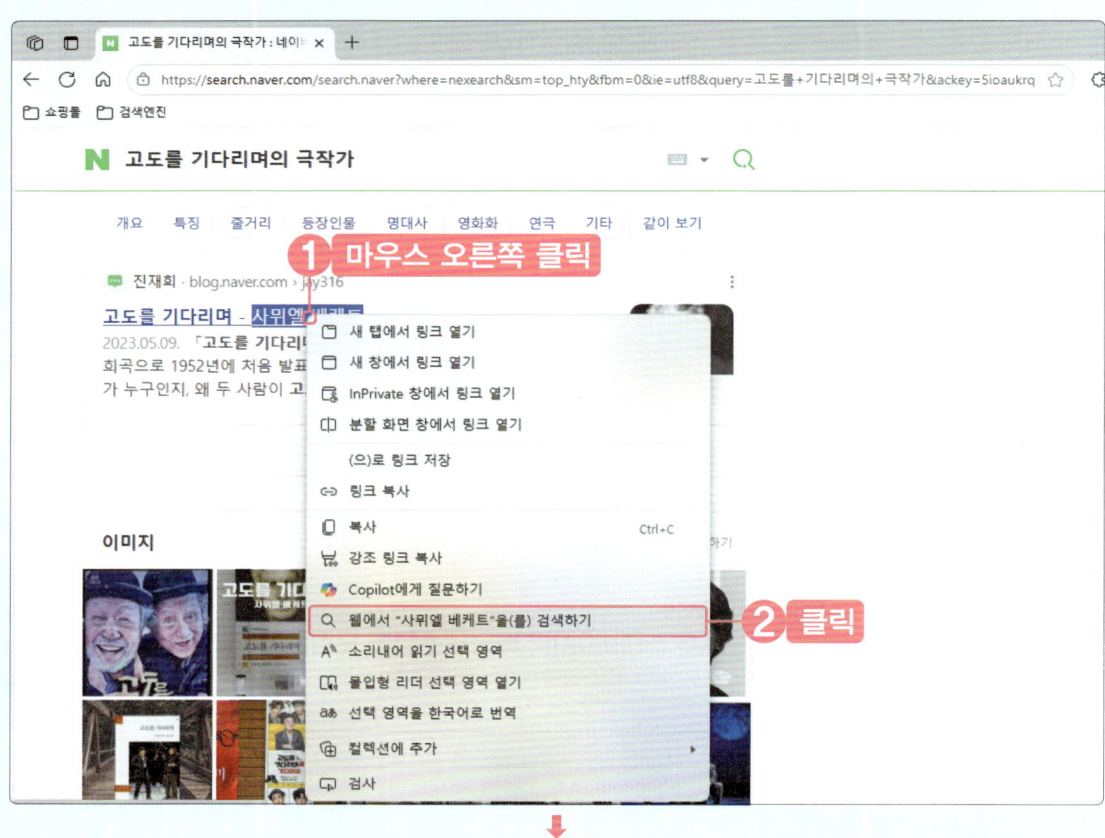

40 인터넷(엣지)

실전 연습 문제

01 다음과 같이 다음(www.daum.net) 홈페이지에서 검색하여 덕수궁 홈페이지로 이동해 보세요.

> **Hint**
> 다음 홈페이지에서 검색하여 덕수궁 홈페이지에 접속하기 : 다음 홈페이지에 접속한 후 검색어 입력에 '덕수궁'을 입력한 다음 [검색]을 클릭 → '덕수궁'에 대한 검색 결과가 나타나면 [덕수궁]을 클릭

02 다음 (   ) 안에 들어갈 말은 무엇인지 검색하여 적어 보세요.

> 세계 최초의 국립공원은 미국에 있는 옐로우스톤 국립공원으로 1872년에 지정되었습니다. 우리나라는 1967년에 (   )을/를 최초의 국립공원으로 지정하였으며 현재 (   )을/를 포함하여 21개소가 국립공원으로 지정되어 있습니다. 국립공원을 전문적으로 관리하기 위해 1987년 국립공원관리공단을 설립하였으며 박운영 초대 이사장이 취임하였습니다. 국립공원관리공단의 명예대사로는 임권택 감독이 위촉되어 있습니다.

03 뿌리가 다른 나뭇가지가 서로 엉켜 마치 한 나무처럼 자라는 현상을 무엇이라고 하는지 검색하여 적어 보세요.

04 안구의 유리체가 혼탁하거나 안저 출혈 등으로 인하여 눈앞에 물체가 날아다니는 듯이 보이는 증상을 무엇이라고 하는지 검색하여 적어 보세요.

➜ **정답**은 **인터넷 과목 80 페이지**에 있습니다.

Chapter 05 - 검색엔진 사용하기

Microsoft Edge

내 컴퓨터로 정보 가져오기

인터넷에 있는 사진이나 내용 등의 정보는 내 컴퓨터에 저장하여 활용할 수 있습니다. 그럼 내 컴퓨터로 정보를 가져오는 방법에 대해 알아보겠습니다.

Step 01 내 컴퓨터로 사진 가져오기

1 마이크로소프트 엣지를 실행한 후 **렉스미디어(www.rexmedia.net) 홈페이지로 이동**합니다.

2 스마트 정보화 교재를 찾아보기 위해 [일반 교재]를 클릭합니다.

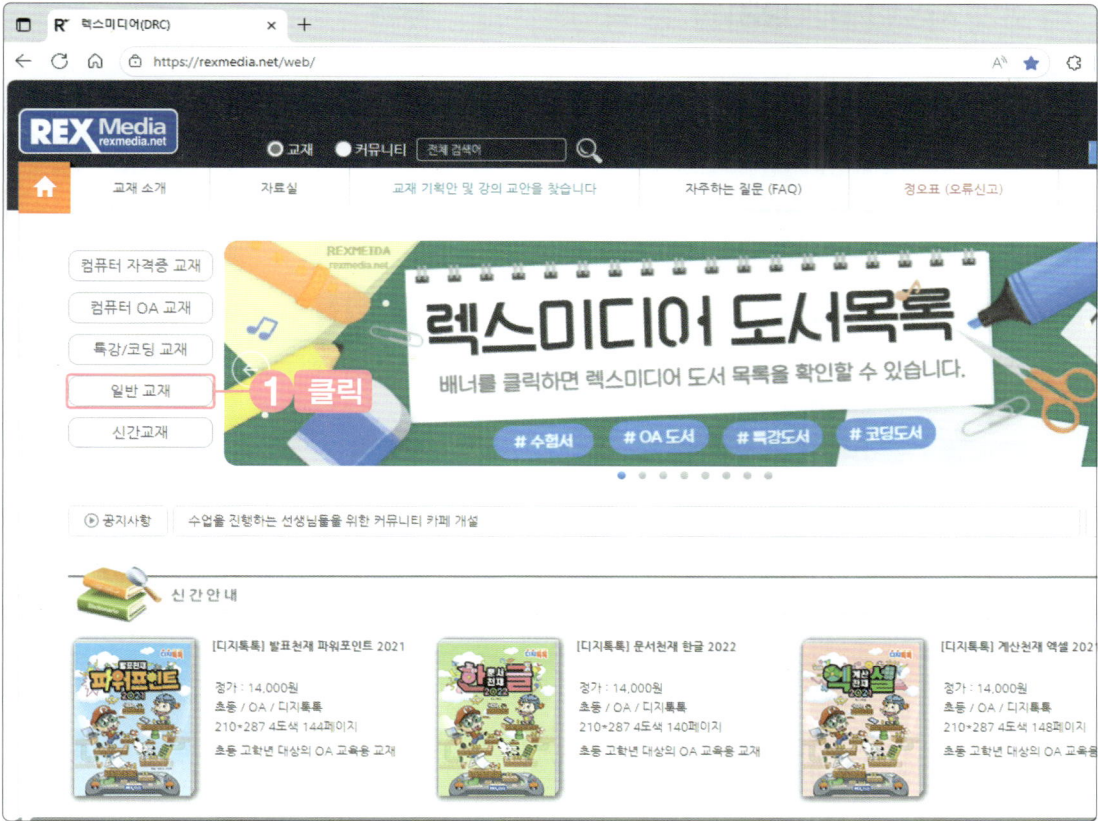

3 일반 교재 목록이 나타나면 [스마트정보화]를 클릭합니다.

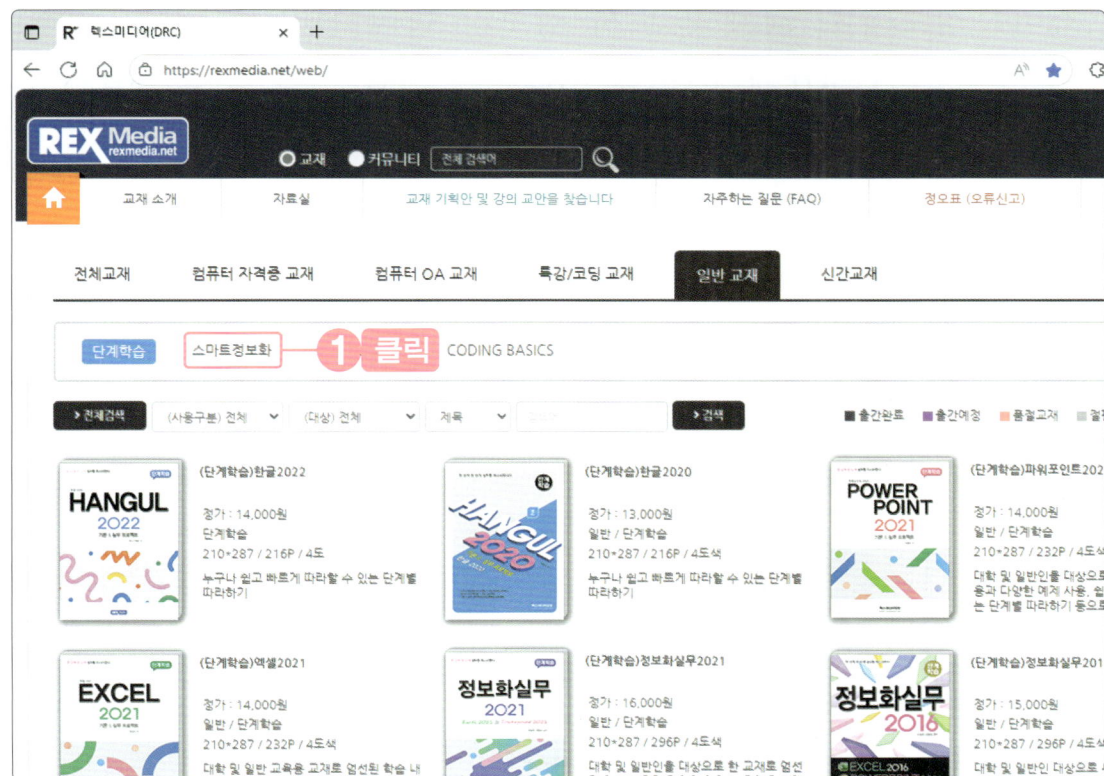

4 스마트정보화 도서 목록이 나타나면 [(스마트정보화22)윈도우11&인터넷엣지&한글2022]를 클릭합니다.

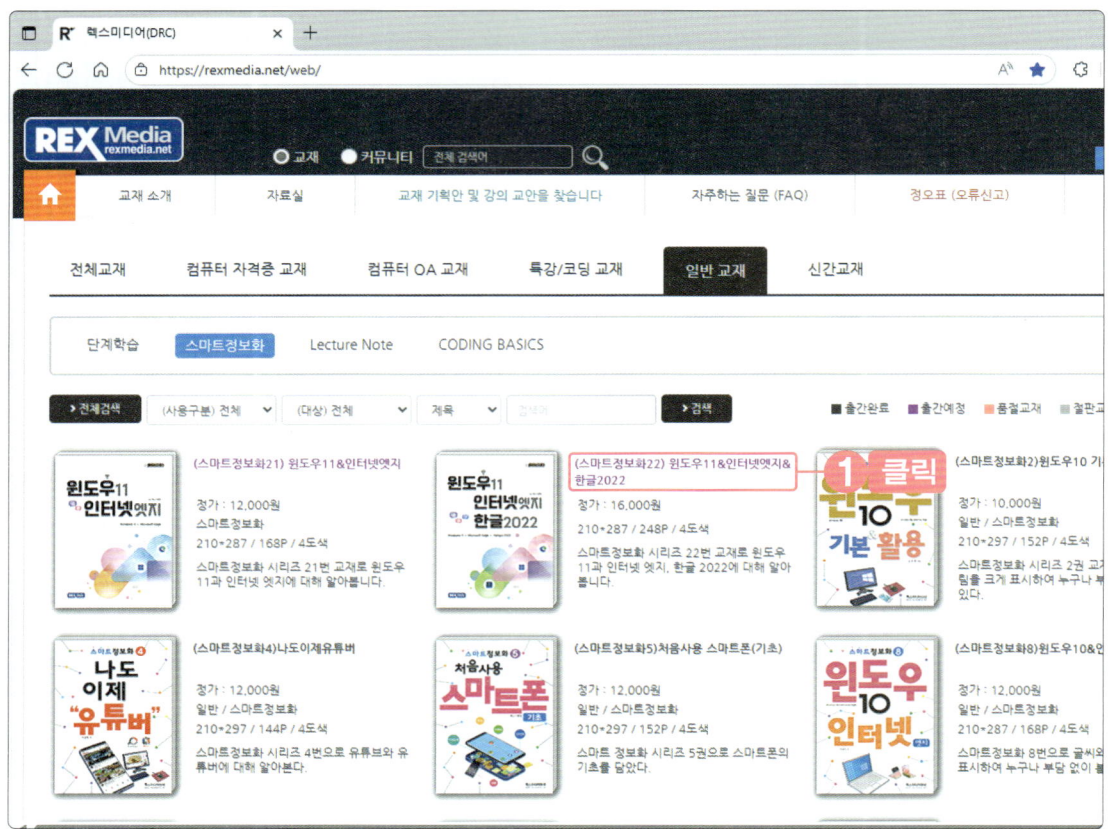

5 스마트정보화22 교재의 도서 정보가 나타나면 저장하기 위해 **표지의 바로 가기 메뉴**에서 [다른 이름으로 사진 저장]을 클릭합니다.

44 인터넷(엣지)

6 [다른 이름으로 저장] 대화상자가 나타나면 **저장 위치(사진)를 선택**한 후 **파일 이름(스마트정보화22 표지)을 입력**한 다음 [저장] 단추를 **클릭**합니다.

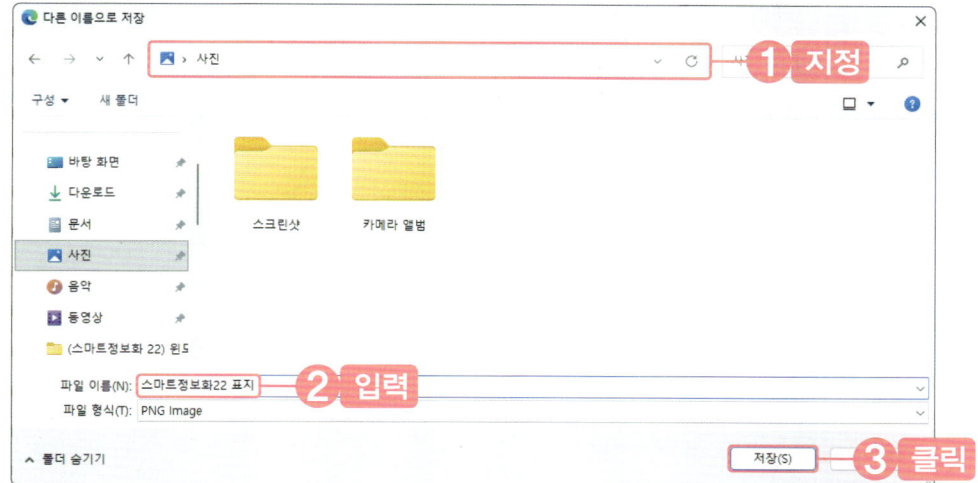

7 표지 이미지가 다운로드되면 📁[폴더에 표시]를 클릭합니다.

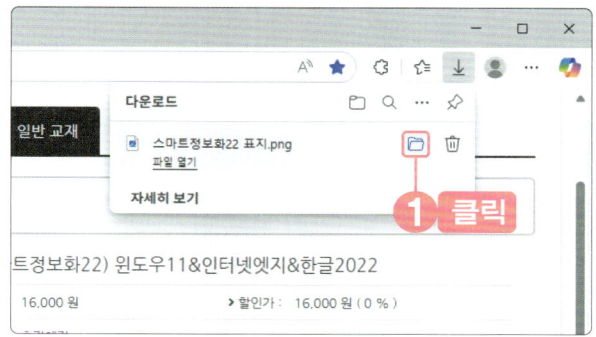

8 파일 탐색기가 열리며 **다운로드 받은 파일을 확인**할 수 있습니다.

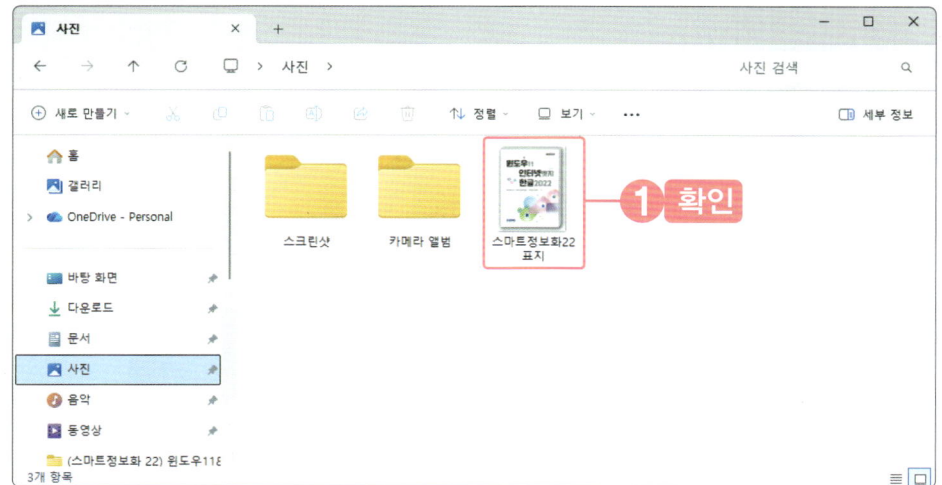

9 파일 탐색기에서 ✕[닫기] 단추를 클릭하면 창을 종료할 수 있습니다.

Step 02 내 컴퓨터로 내용 가져오기

1 다음 (www.daum.net) 홈페이지로 이동합니다.

2 다음 홈페이지가 나타나면 검색어 입력에 '백내장'을 입력한 후 [검색]을 클릭합니다.

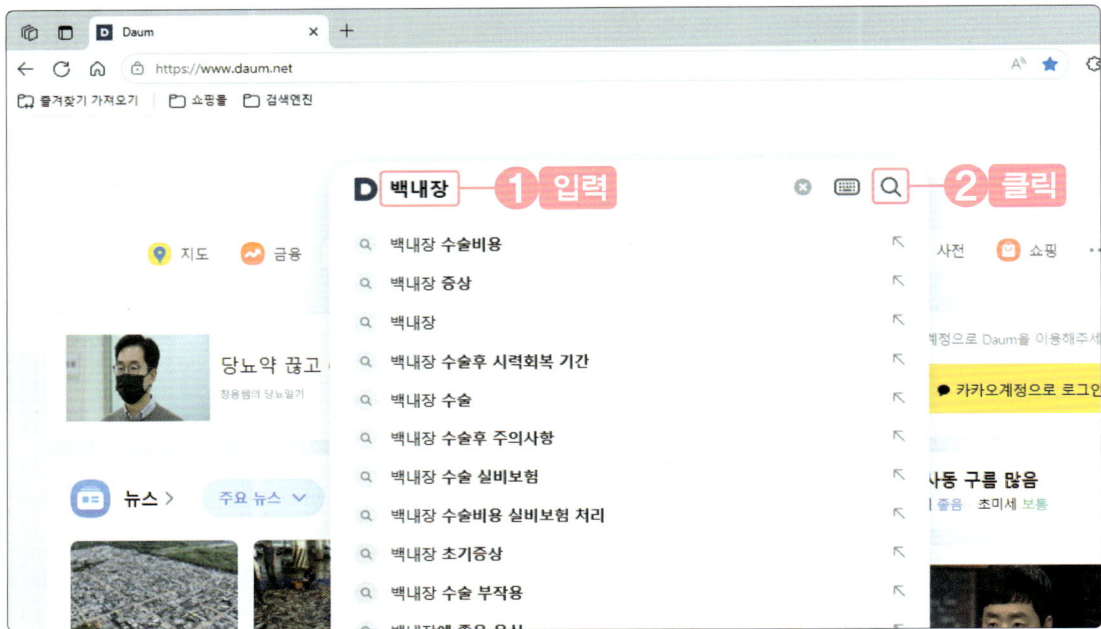

3 '백내장'에 대한 검색 결과가 나타나면 [건강정보]에서 [백내장]을 클릭합니다.

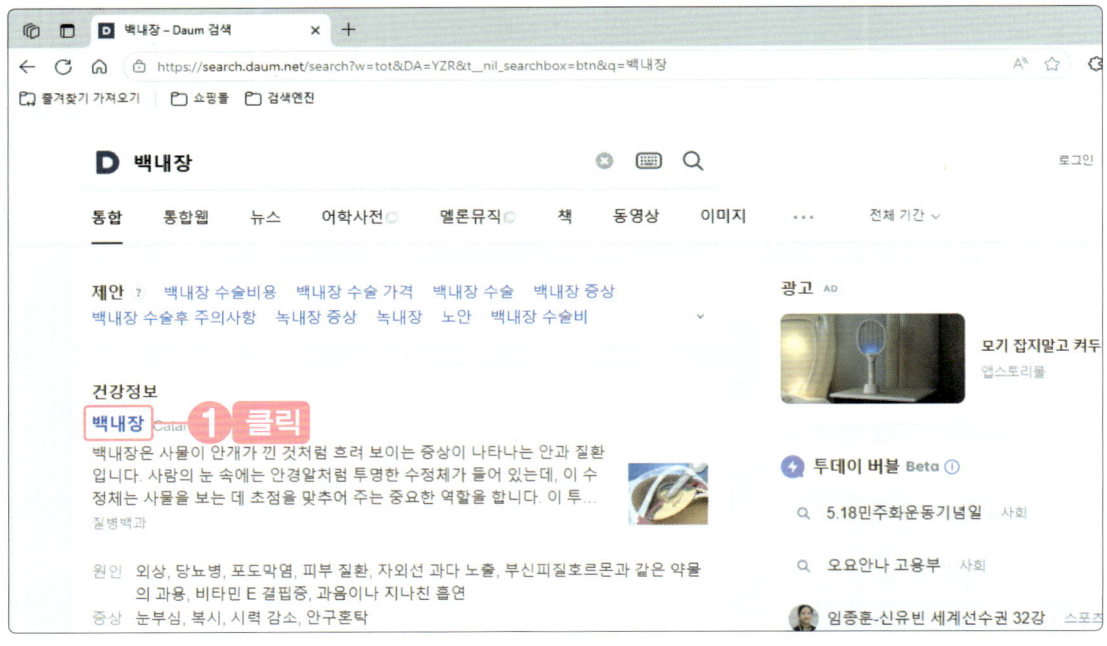

4 백내장 페이지가 나타나면 내용을 복사하기 위해 다음과 같이 **내용을 드래그하여 선택**한 후 **선택한 내용의 바로 가기 메뉴에서 [복사]를 클릭**합니다.

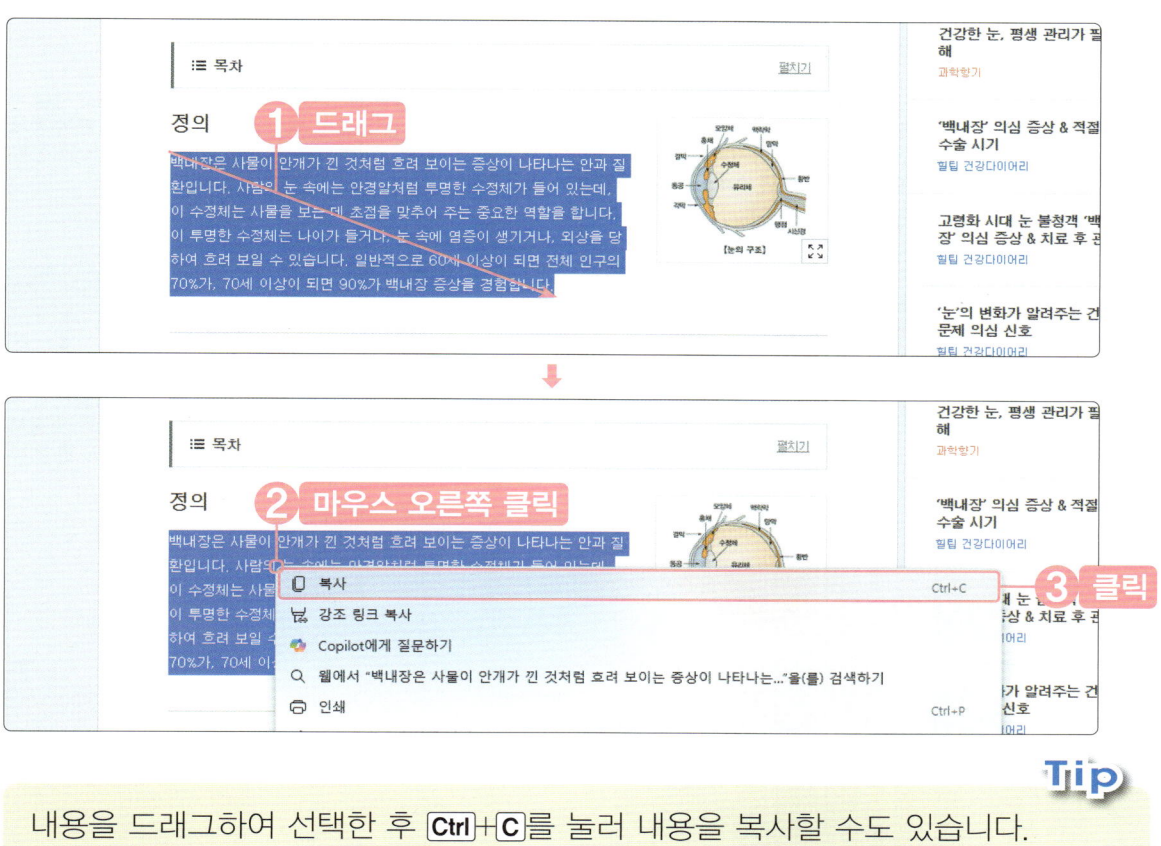

> Tip
> 내용을 드래그하여 선택한 후 Ctrl+C를 눌러 내용을 복사할 수도 있습니다.

5 **메모장을 실행**한 후 내용을 붙여넣기 위해 **[편집] 탭을 클릭**한 다음 **[붙여넣기]를 클릭**합니다.

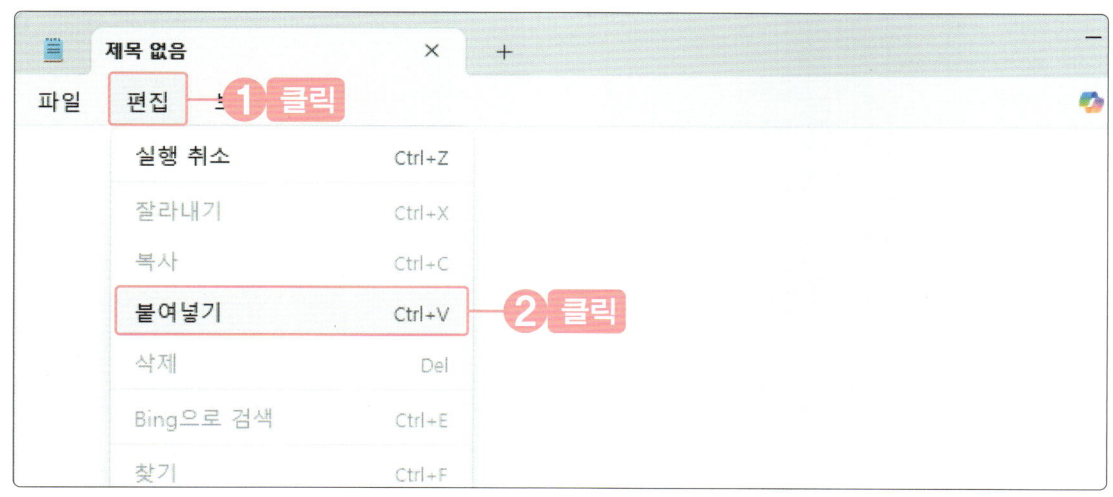

> Tip
> Ctrl+V를 눌러 내용을 붙여넣을 수도 있습니다.

Chapter 06 – 내 컴퓨터로 정보 가져오기 **47**

6 내용이 붙여넣어지면 저장하기 위해 **[파일] 탭을 클릭**한 후 **[저장]**을 **클릭**합니다.

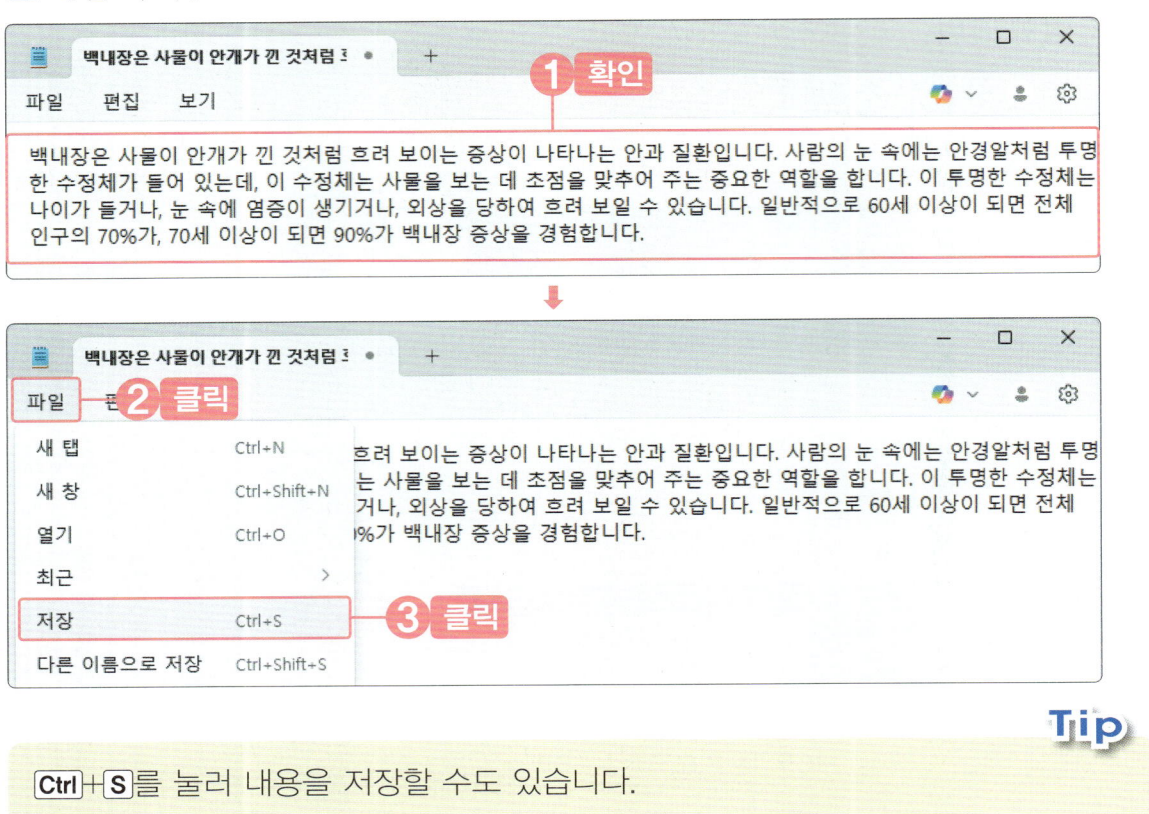

Tip
Ctrl+S를 눌러 내용을 저장할 수도 있습니다.

7 [다른 이름으로 저장] 대화상자가 나타나면 **저장 위치(문서)를 선택**한 후 **파일 이름(백내장)을 입력**한 다음 **[저장] 단추를 클릭**합니다.

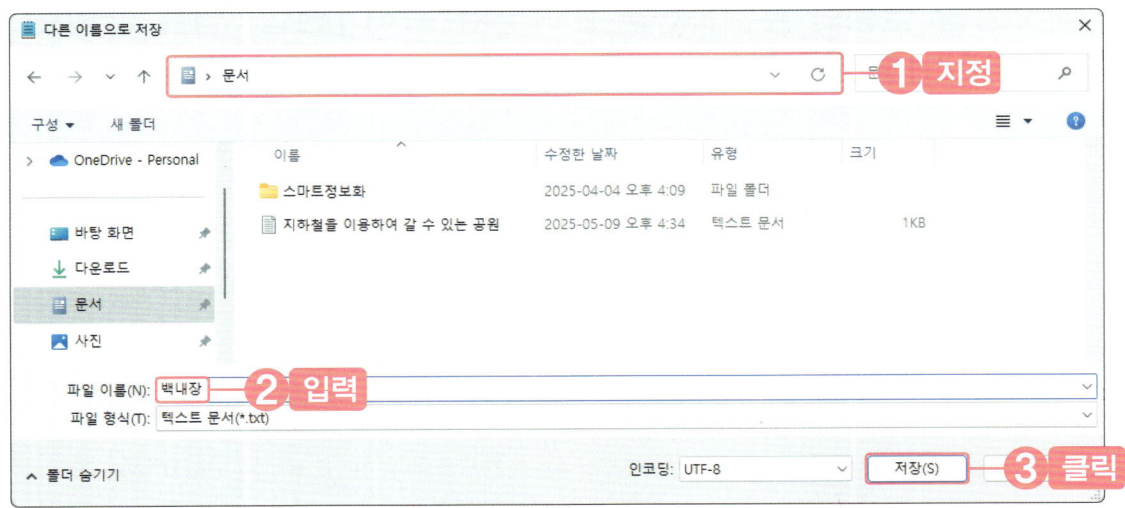

8 저장된 파일은 [파일 탐색기]를 **실행**한 후 탐색 창에서 **[문서] 폴더를 선택**하면 저장된 문서 파일을 확인할 수 있습니다.

실전 연습 문제

01 다음과 같이 네이버(www.naver.com) 홈페이지에서 독도 사진을 검색하여 저장해 보세요.

• 독도 사진 저장 : 저장 위치(사진), 파일 이름(독도)

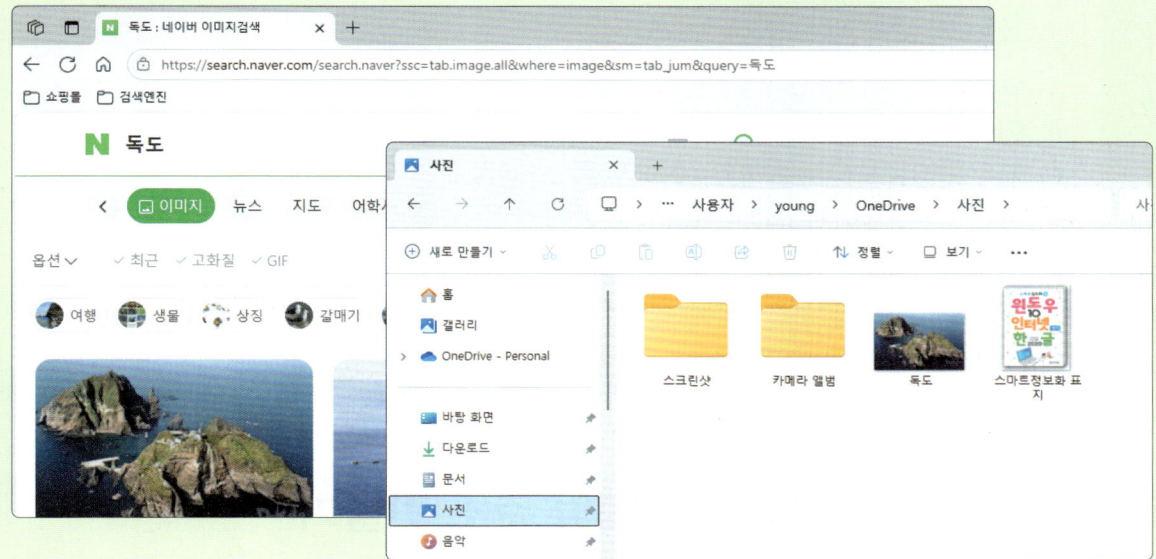

Hint
네이버 홈페이지에서 독도 사진 검색하기 : 네이버 홈페이지로 이동한 후 검색어 입력에 '독도'를 입력한 다음 [검색]을 클릭 → '독도'에 대한 검색 결과가 나타나면 [이미지]를 클릭

02 다음과 같이 국가유산청(www.cha.go.kr) 홈페이지에서 숭례문을 검색하여 내용을 복사한 후 메모장에 붙여넣은 다음 저장해 보세요.

• 내용 저장 : 저장 위치(문서), 파일 이름(숭례문)

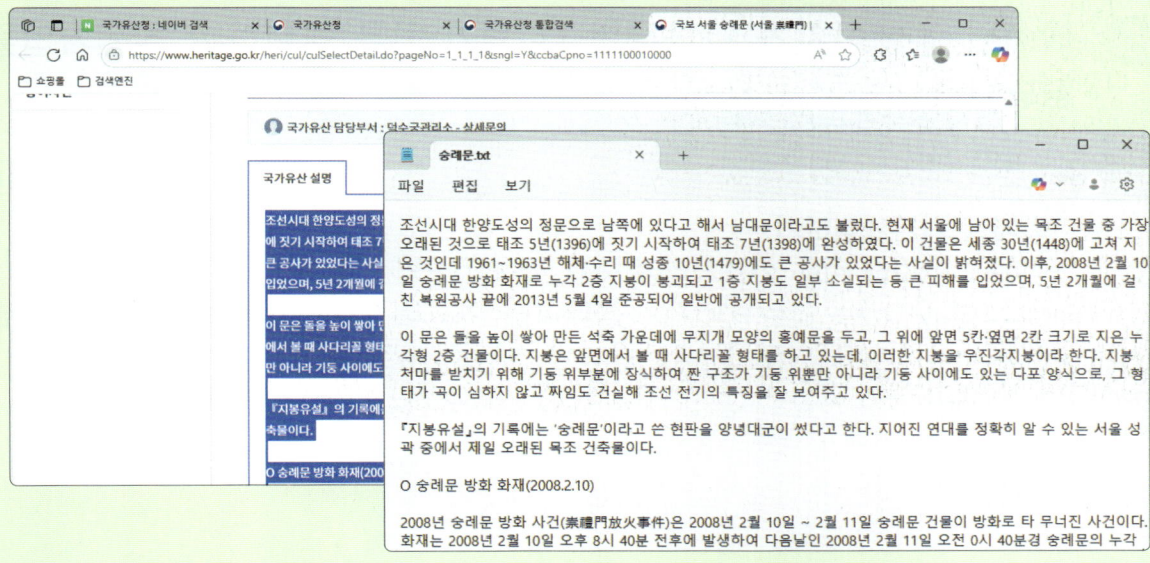

Chapter 06 – 내 컴퓨터로 정보 가져오기 **49**

이메일 사용하기

인터넷에서 편지를 보내고 받을 수 있는 것을 '이메일(E-mail)' 또는 '전자우편'이라고 하는데요. 이메일을 사용하려면 먼저 이메일 서비스를 제공하는 사이트에 회원가입하여 이메일 주소를 만들어야 합니다. 그럼 이메일을 사용하는 방법에 대해 알아보겠습니다.

Step 01 회원가입하여 이메일 주소 만들기

1 마이크로소프트 엣지를 실행한 후 **네이버(www.naver.com) 홈페이지로 이동**합니다.

> **Tip**
> **이메일 서비스를 제공하는 홈페이지**
> 이메일 서비스를 제공하는 홈페이지에는 네이버(www.naver.com), 다음(www.daum.net), 구글(www.google.co.kr) 등이 있습니다.

2 네이버 홈페이지가 나타나면 **[회원가입]을 클릭**하여 **회원가입을 진행**합니다.

> **Tip**
> **이메일 회원가입하기**
> 이메일이 없을 경우 회원가입에 대한 자세한 설명은 PDF 파일로 제공합니다. 렉스미디어(www.rexmedia.net) 홈페이지 [자료실]에서 학습자료를 다운로드 받으세요.

Step 02 파일 첨부하여 메일 쓰기

1 네이버 홈페이지에서 [NAVER 로그인] 단추를 클릭합니다.

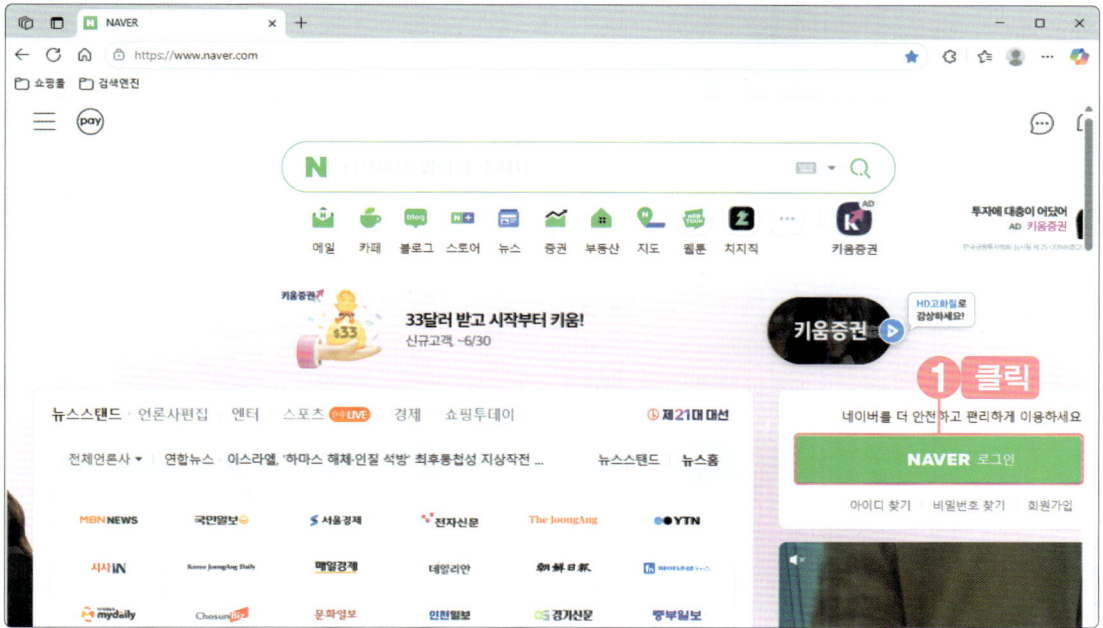

2 로그인 화면이 나타나면 **아이디와 비밀번호를 입력**한 후 **[로그인] 단추를 클릭**합니다.

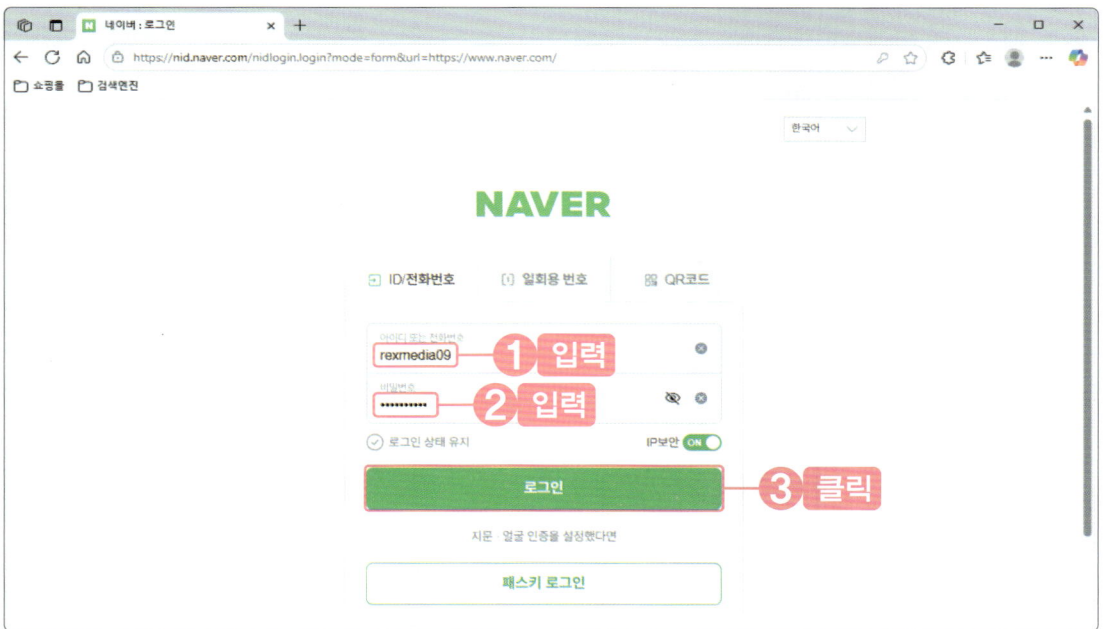

> **Tip**
> 아이디와 비밀번호를 입력해서 홈페이지에 자신을 알린 후 홈페이지의 사용 권한을 받아 접속하는 것을 '로그인'이라고 합니다.

Chapter 07 – 이메일 사용하기 **51**

3 로그인 되면 [메일]을 클릭합니다.

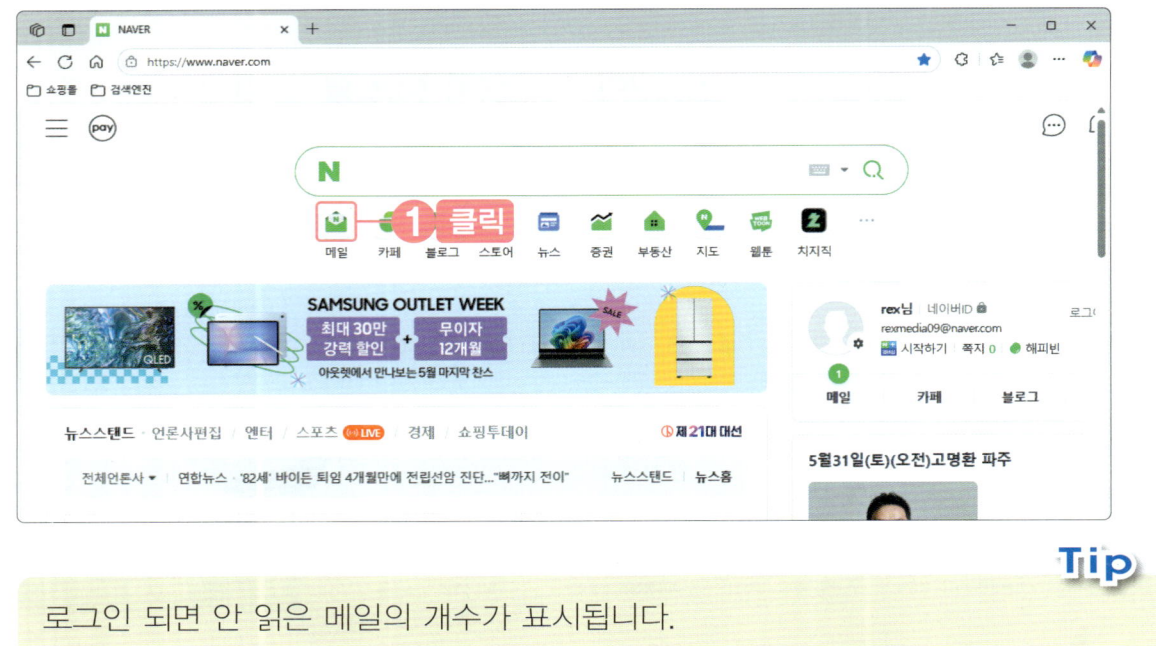

> Tip
> 로그인 되면 안 읽은 메일의 개수가 표시됩니다.

4 메일 화면이 나타나면 [메일쓰기] 단추를 클릭한 후 **받는사람, 제목, 내용을 입력**한 다음 파일을 첨부하기 위해 [내 PC] 단추를 클릭합니다.

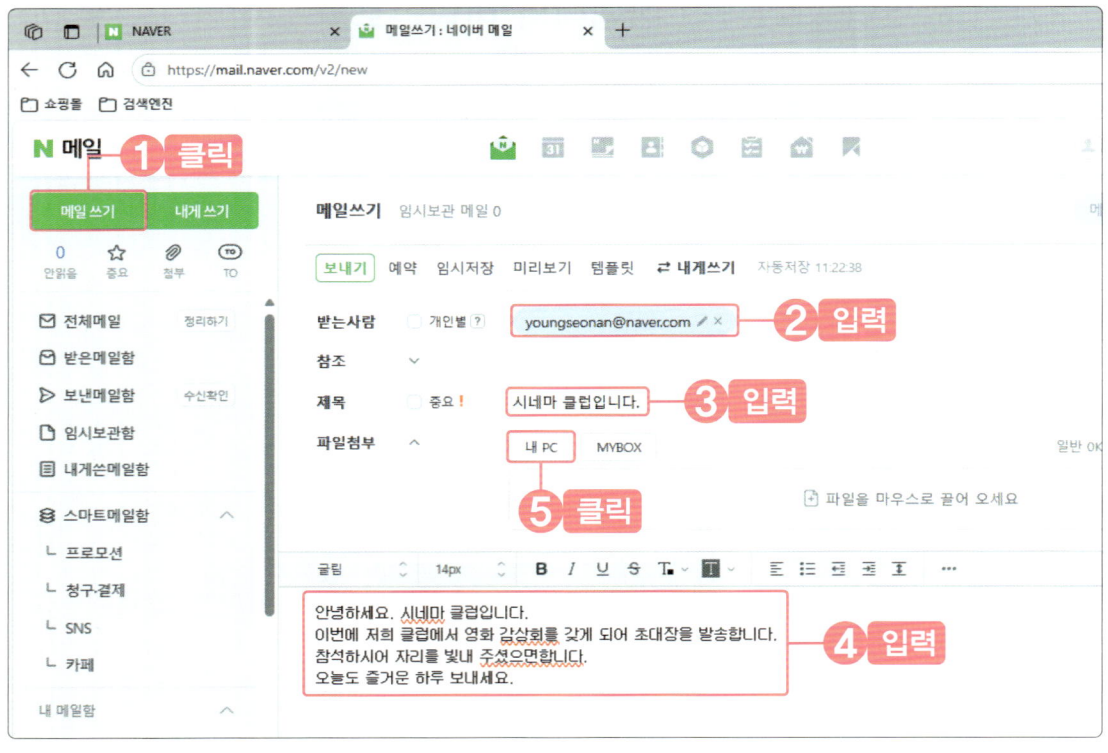

> Tip
> 내게쓰기는 본인에게 메일을 보낼 수 있는 기능입니다.

5 [열기] 대화상자가 나타나면 **찾는 위치(스마트정보화\인터넷 엣지\Chapter 07)를 선택**한 후 **파일 이름(초대장)을 선택**한 다음 **[열기] 단추를 클릭**합니다.

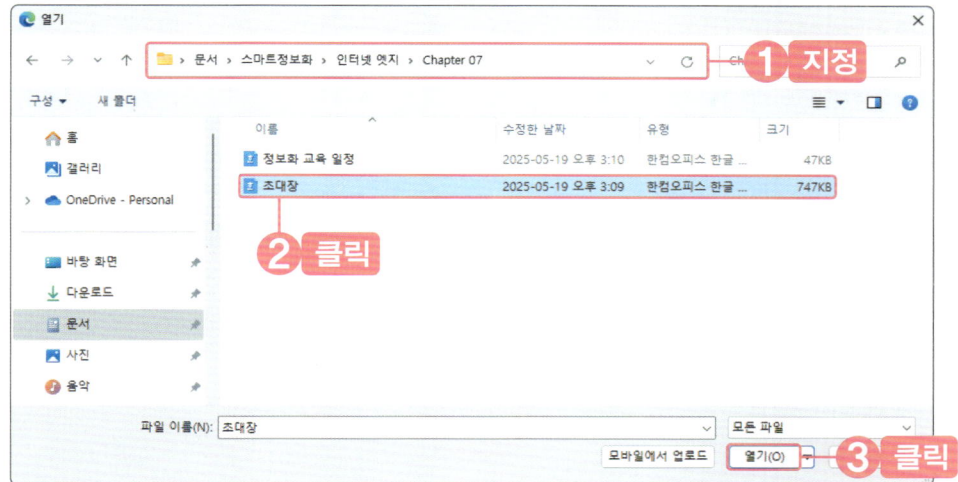

6 파일이 첨부되면 메일을 보내기 위해 **[보내기] 단추를 클릭**합니다.

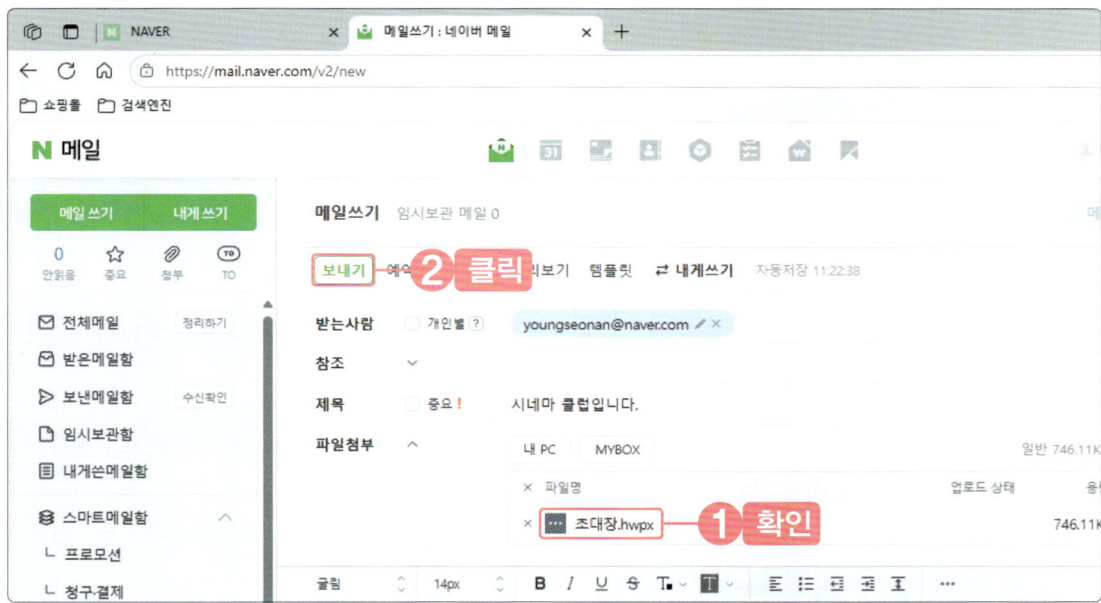

7 다음과 같이 이메일이 보내집니다.

Step 03 메일 읽고 첨부파일 저장하기

1 메일 화면에서 [받은메일함]을 클릭한 후 읽을 메일의 제목을 클릭합니다.

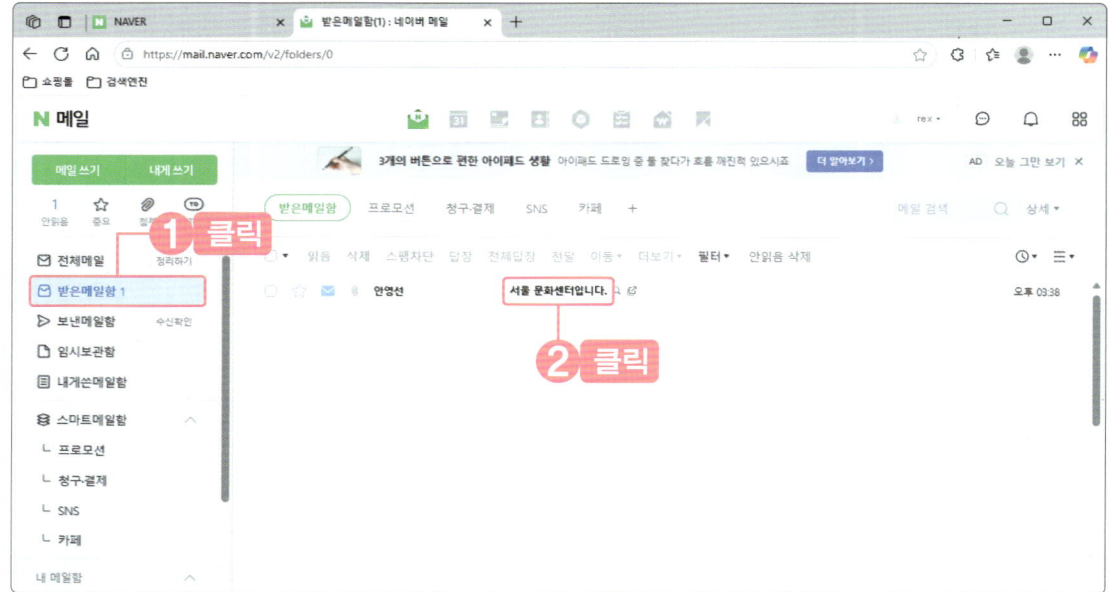

> **Tip**
> 안 읽은 메일은 ✉ 아이콘으로 나타내고 읽은 메일은 ✉ 아이콘으로 나타냅니다. 그리고 파일이 첨부된 메일은 📎 아이콘으로 나타냅니다.

2 읽을 메일의 내용이 나타나면 첨부파일을 저장하기 위해 ⬇[PC저장] 단추를 클릭합니다.

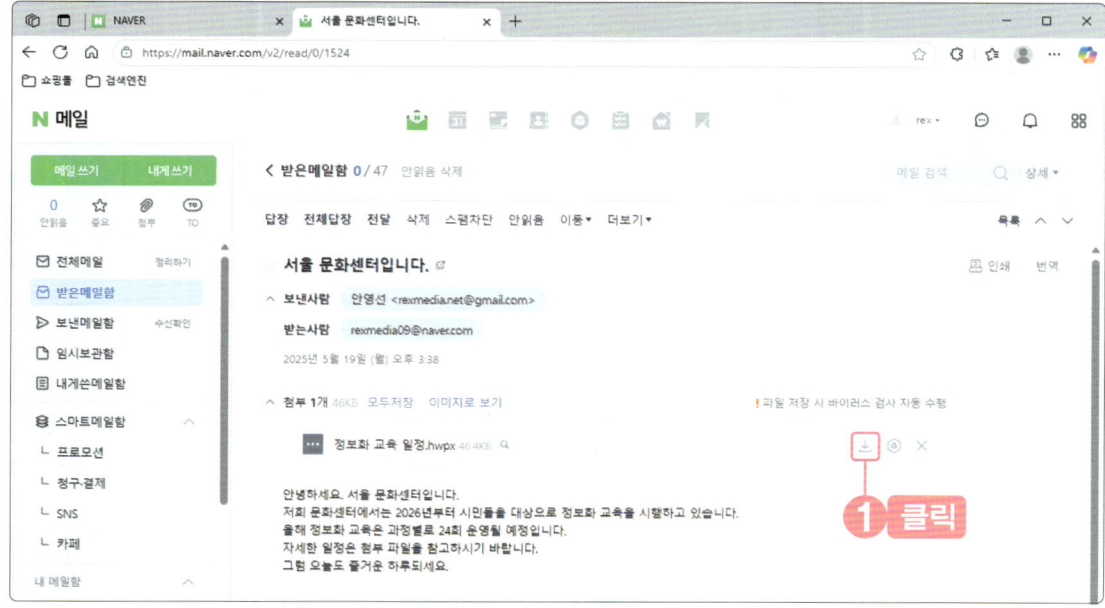

54 인터넷(엣지)

3 다운로드가 완료되면 화면 위쪽에 받은 파일 이름이 표시됩니다. 다운로드된 파일을 확인하기 위해 **[파일 열기]를 클릭**합니다.

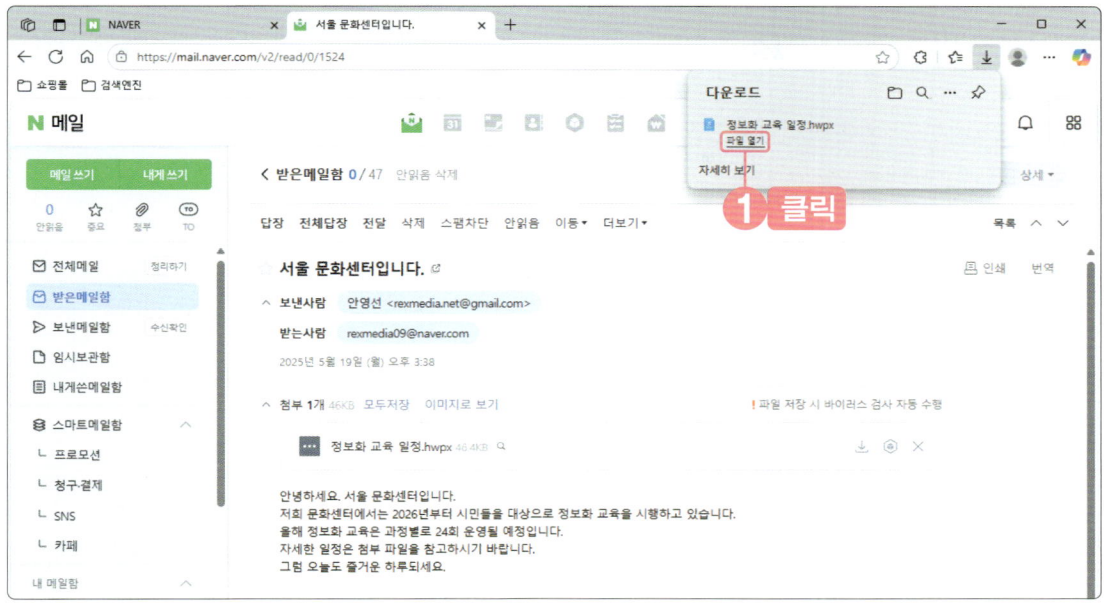

4 첨부된 문서의 응용 프로그램이 자동으로 실행되며, 내용을 확인할 수 있습니다. 문서 파일의 ×**[닫기] 단추를 클릭**하면 종료할 수 있습니다.

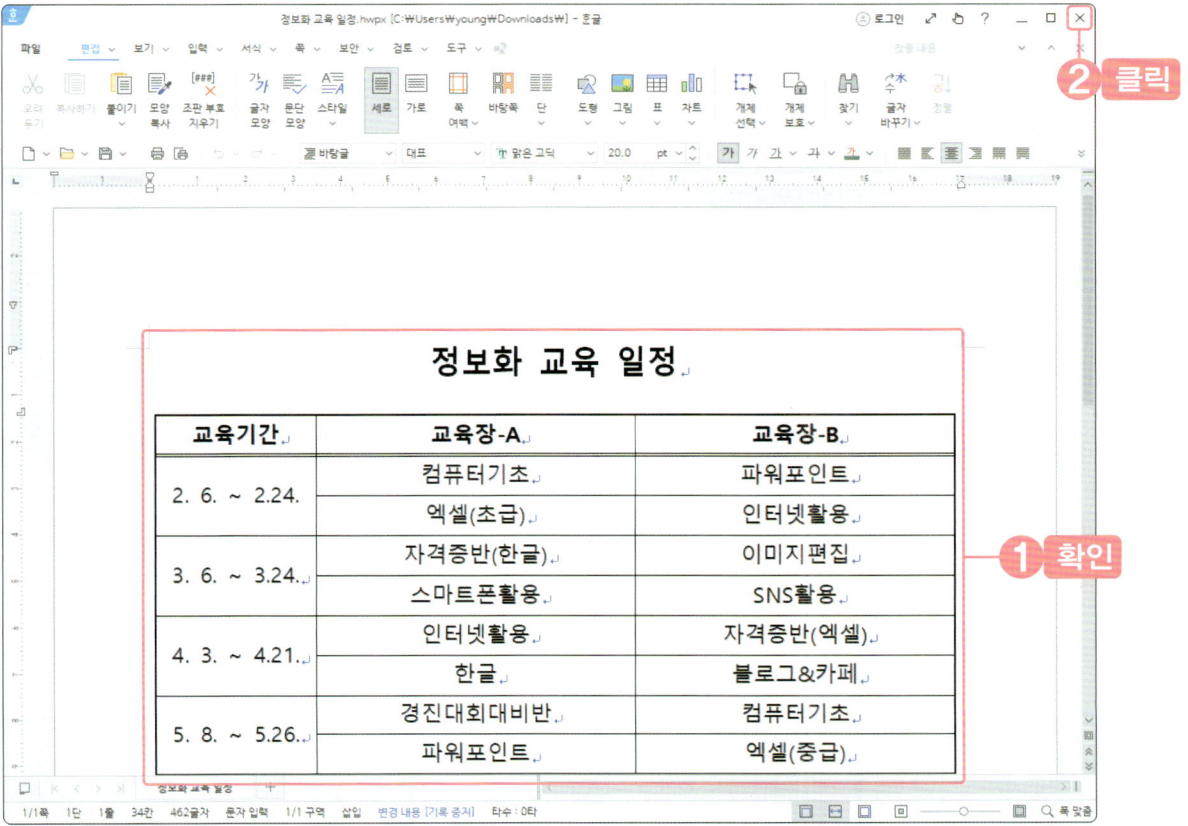

다운로드 받은 파일의 경로 확인하기

다운로드 받은 파일에서 [폴더에 표시]를 클릭하면 해당 파일의 저장 경로를 확인할 수 있습니다.

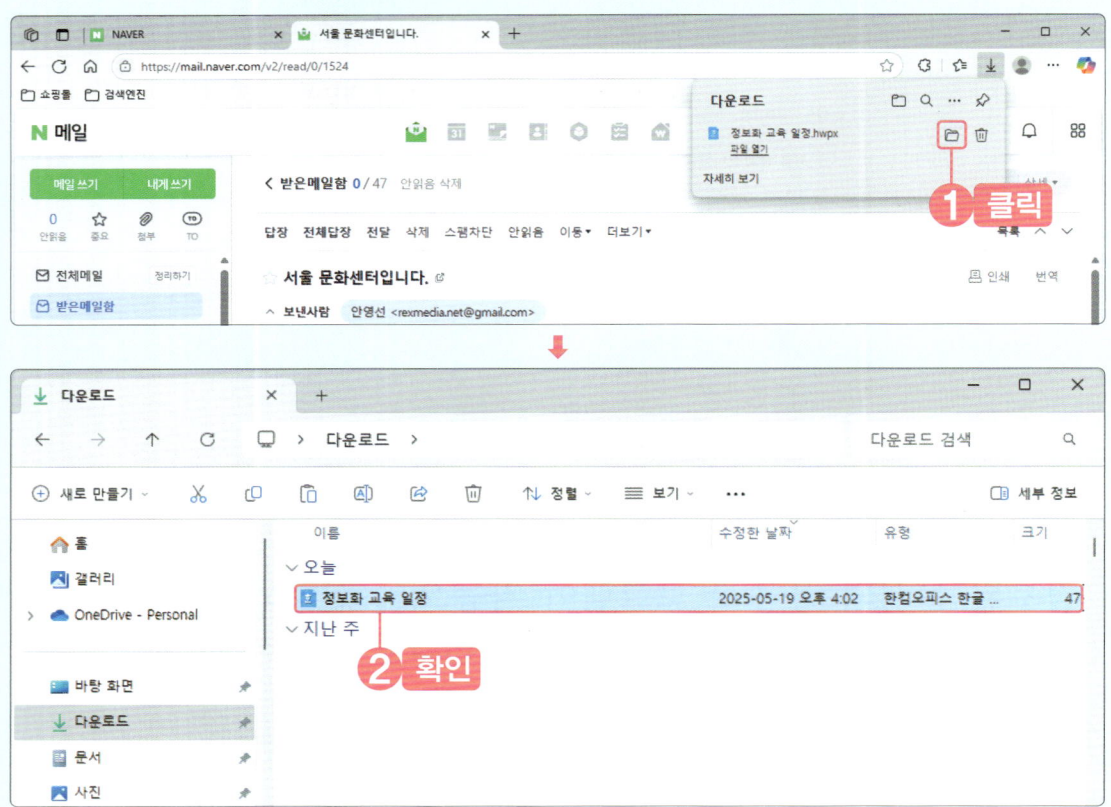

다운로드 받은 파일 파일 삭제하기

다운로드 받은 파일에서 [파일 삭제]를 클릭하면 해당 파일을 삭제할 수 있습니다.

수신확인

[수신확인] 단추를 클릭하면 다음과 같이 보낸 메일을 읽었는지 안 읽었는지 확인할 수 있습니다.

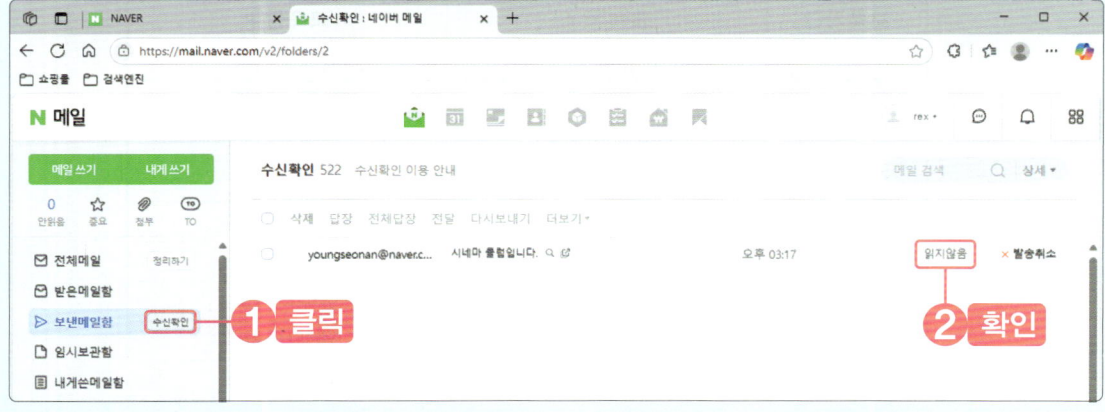

Step 04 메일 삭제하고 휴지통 비우기

1 메일을 삭제하기 위해 메일 화면에서 [받은메일함]을 클릭한 후 **삭제할 메일을 선택**한 다음 [삭제]를 클릭합니다.

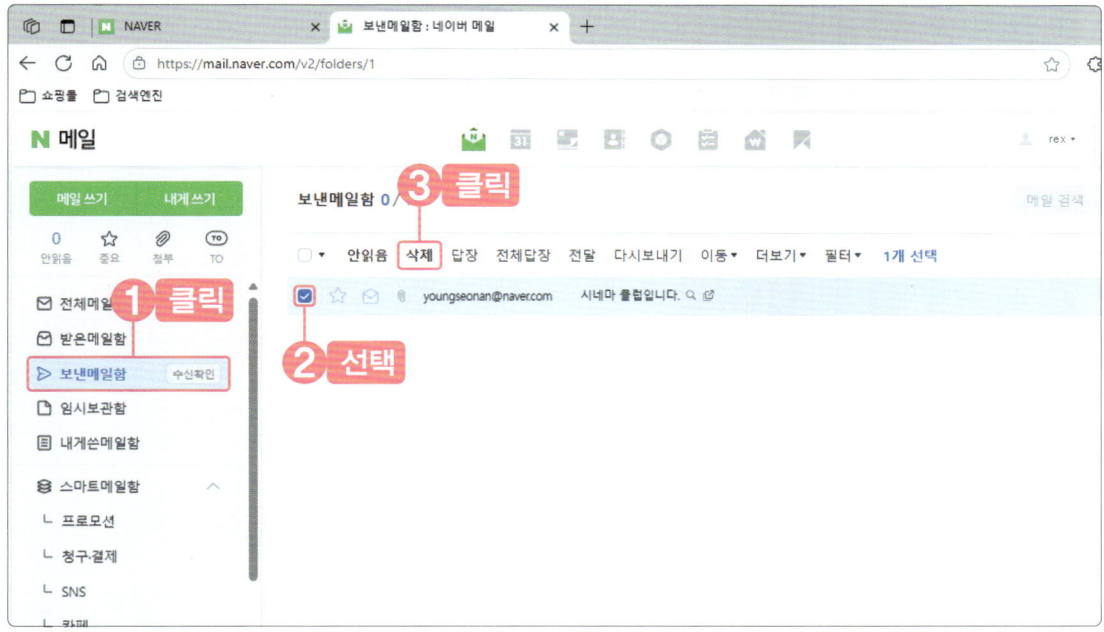

2 다음과 같이 메일이 삭제됩니다.

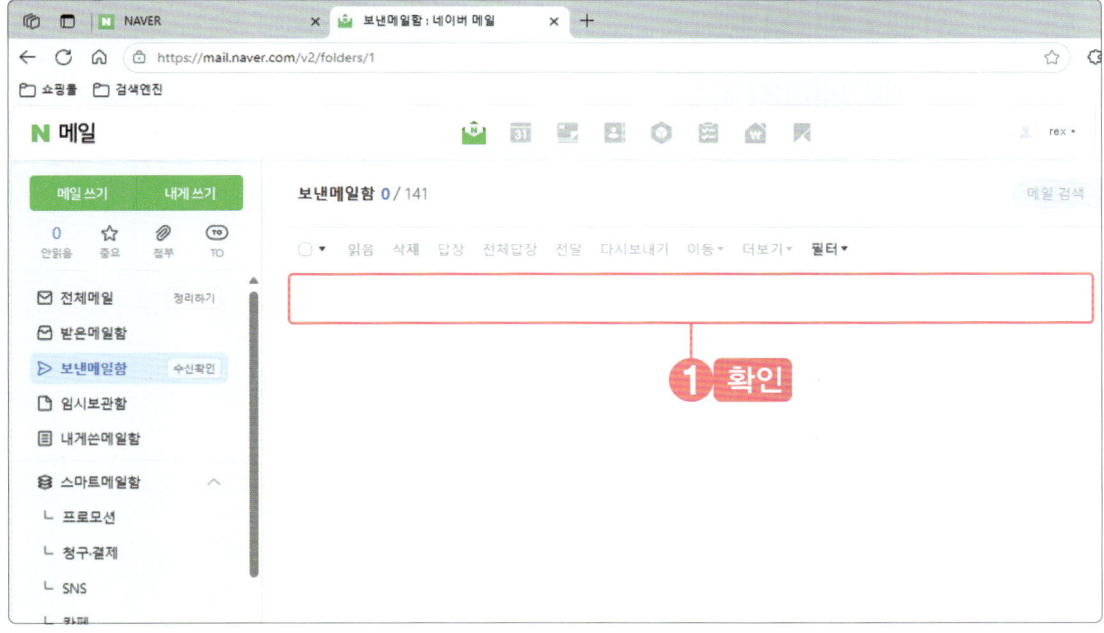

> **Tip**
> 삭제한 메일은 휴지통에 보관됩니다. 휴지통은 삭제한 메일을 임시로 보관하는 곳입니다.

3 휴지통에 보관된 메일을 영구 삭제하기 위해 메일 화면에서 **[휴지통]**을 **클릭**한 후 **영구 삭제할 메일을 선택**한 다음 **[영구삭제] 단추를 클릭**합니다.

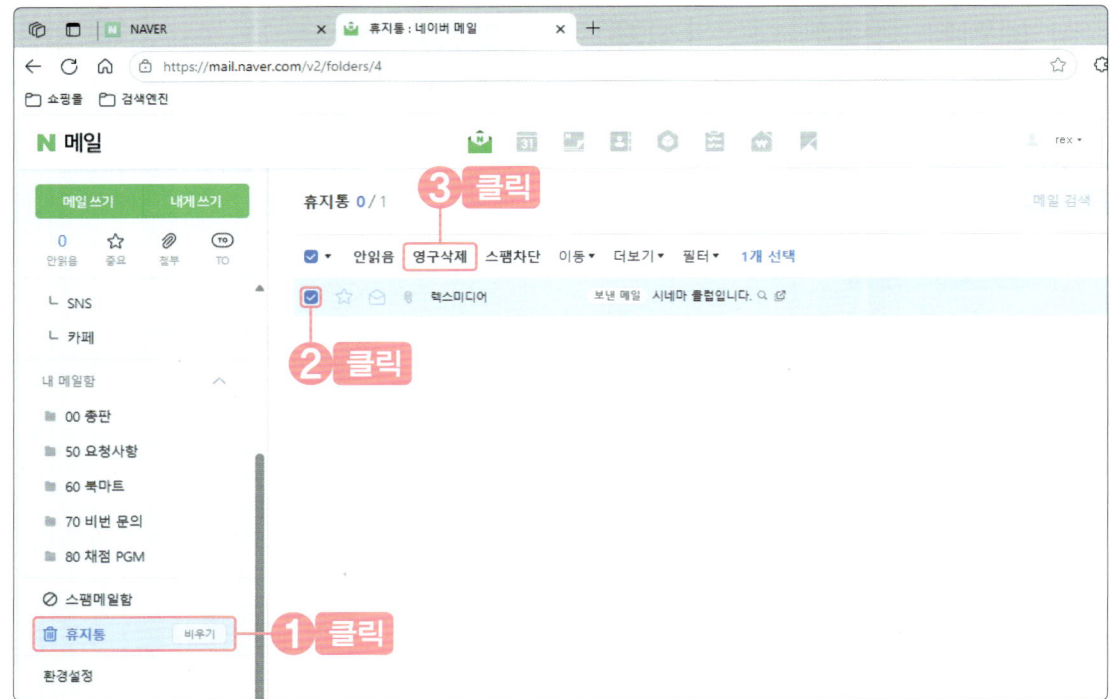

Tip
[휴지통 비우기]를 클릭하면 휴지통에 보관된 모든 메일을 영구 삭제할 수 있습니다.

4 휴지통의 메일을 지우면 지워진 메일들은 복구할 수 없다는 메시지와 함께 '메일을 삭제하시겠습니까?'라고 묻는 대화상자가 나타나면 **[확인] 단추를 클릭**합니다.

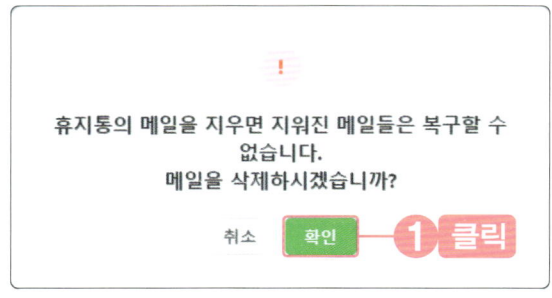

5 휴지통에 보관된 메일이 영구 삭제됩니다.

실전 연습 문제

01 다음과 같이 파일을 첨부하여 친구에게 이메일을 보내 보세요.
- 파일 첨부 : 열기 위치(스마트정보화\인터넷 엣지\Chapter 07), 파일(공원)

02 다음과 같이 본인에게 메일을 보내 보세요.

> **Hint**
> 본인에게 메일 보내기 : 메일 화면에서 [내게쓰기]를 클릭 → 제목과 내용을 입력한 후 [저장] 단추를 클릭

Microsoft Edge

최신 뉴스 보고 실시간으로 방송 보기

인터넷을 활용하면 다음 날까지 신문을 기다리지 않아도 최신 뉴스를 볼 수 있고, TV가 없어도 실시간으로 방송을 볼 수 있습니다. 그럼 최신 뉴스를 보고 실시간으로 방송을 보는 방법에 대해 알아보겠습니다.

Step 01 최신 뉴스 보기

1 마이크로소프트 엣지를 실행한 후 **다음(www.daum.net) 홈페이지로 이동**합니다.

2 다음 홈페이지가 나타나면 [**뉴스**]-[**뉴스홈**]을 **클릭**합니다.

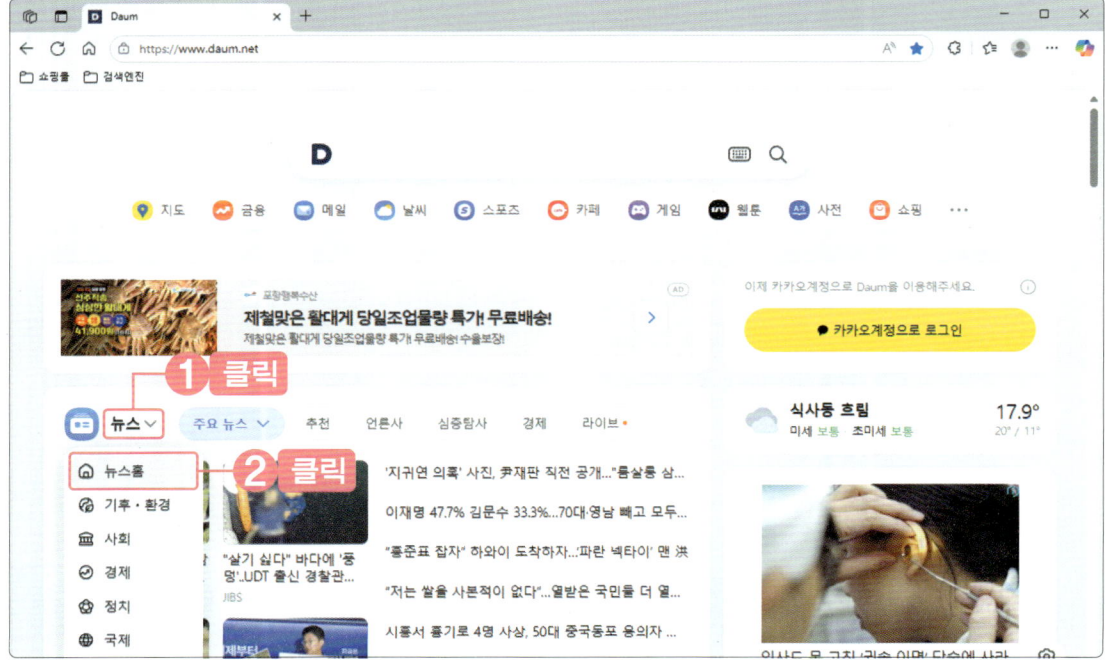

60 인터넷(엣지)

3 다음 뉴스 페이지가 나타나면 [IT/과학]에서 보고 싶은 **최신 뉴스**(여기서는 '인텔 "코어 울트라 시리즈2, 보급형 워크스테이션에도 적합"')를 **클릭**합니다.

Tip
최신 뉴스 '인텔 "코어 울트라 시리즈2, 보급형 워크스테이션에도 적합"'가 안 보일 경우에는 임의의 최신 뉴스를 클릭합니다.

4 다음과 같이 최신 뉴스를 볼 수 있습니다.

Tip
[인쇄하기]를 클릭하면 기사를 인쇄할 수 있습니다.

네이버 뉴스 라이브러리

네이버 뉴스 라이브러리(newslibrary.naver.com) 홈페이지로 이동하면 다음과 같이 1920년부터 1999년까지의 경향신문, 동아일보, 매일경제, 조선일보, 한겨레 신문을 볼 수 있습니다.

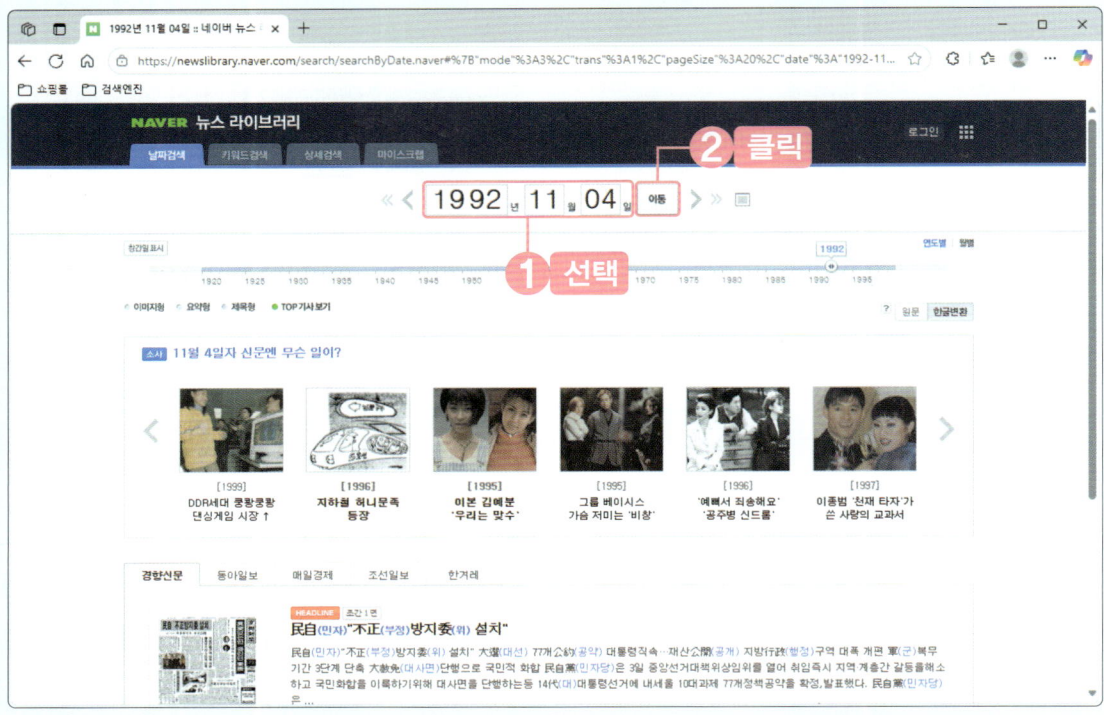

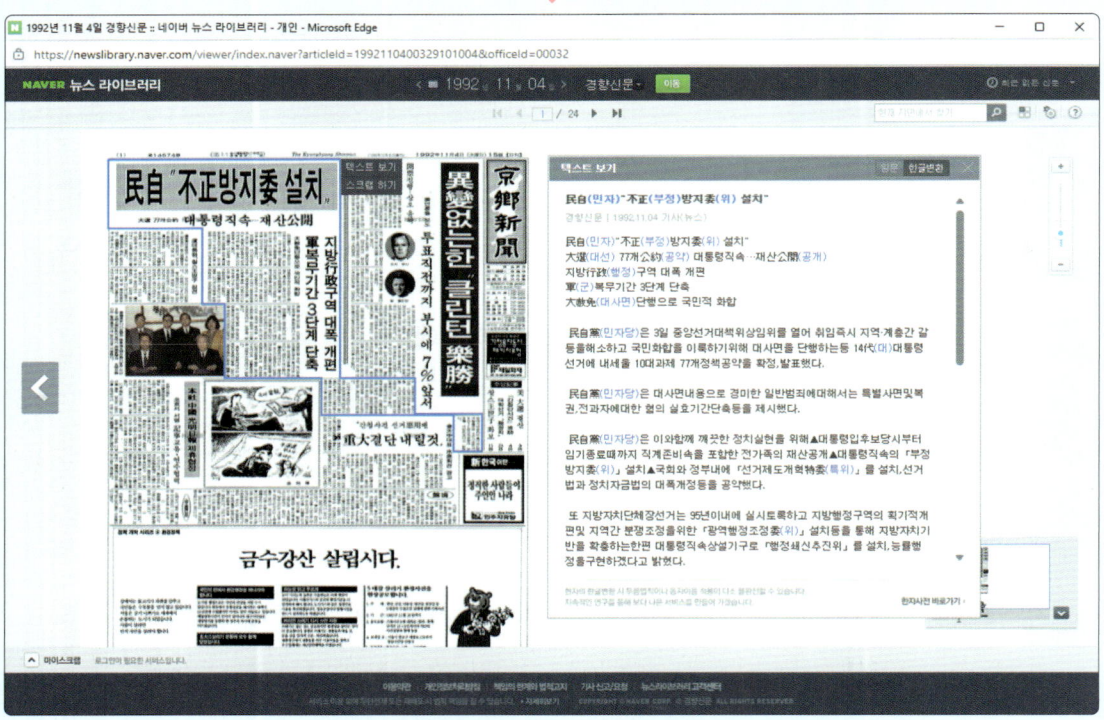

62 인터넷(엣지)

Step 02 실시간으로 TV 방송 보기

1 MBN(mbn.mk.co.kr) 홈페이지로 이동합니다.

2 MBN 홈페이지가 나타나면 [온에어]를 클릭합니다.

3 다음과 같이 실시간으로 TV 방송을 볼 수 있습니다.

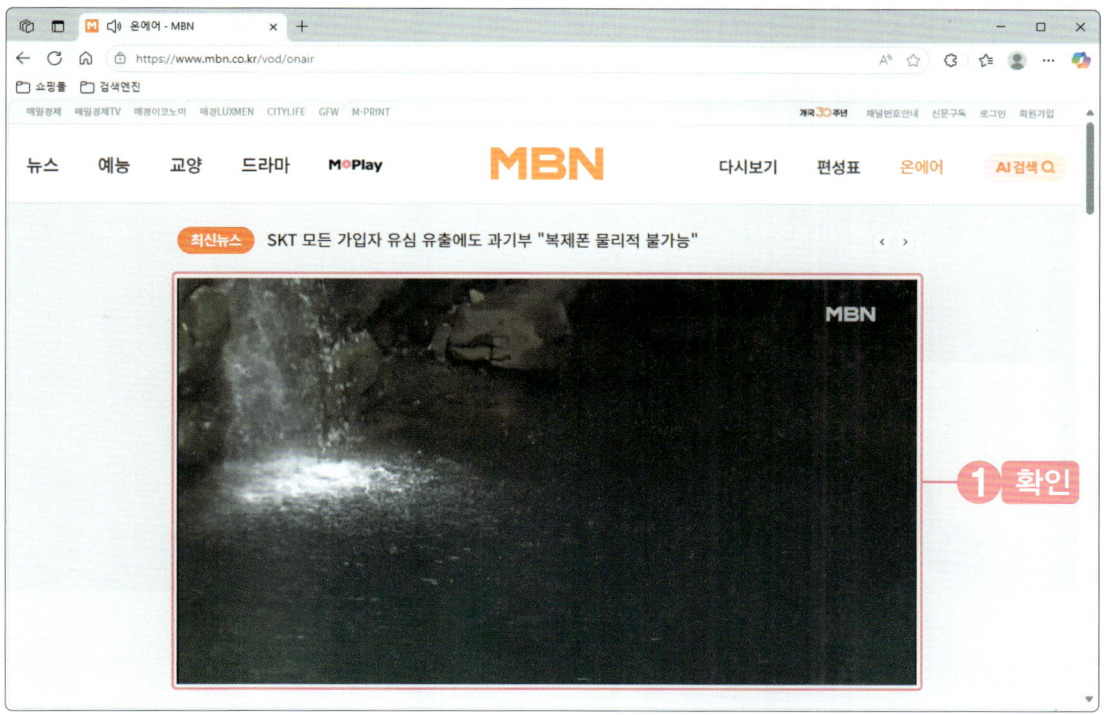

Step 03 실시간으로 라디오 방송 듣기

1. KBS(www.kbs.co.kr) 홈페이지로 이동합니다.

2. KBS 홈페이지가 나타나면 [라디오]를 클릭한 후 [ON AIR]에서 라디오 방송(여기서는 '주현미의 러브레터')을 클릭합니다.

3. 라디오 방송 화면이 나타나면 ▷를 클릭합니다.

4. 실시간으로 라디오 방송을 들을 수 있습니다.

실전 연습 문제

01 다음과 같이 네이버(www.naver.com) 홈페이지에서 최신 뉴스를 보세요.

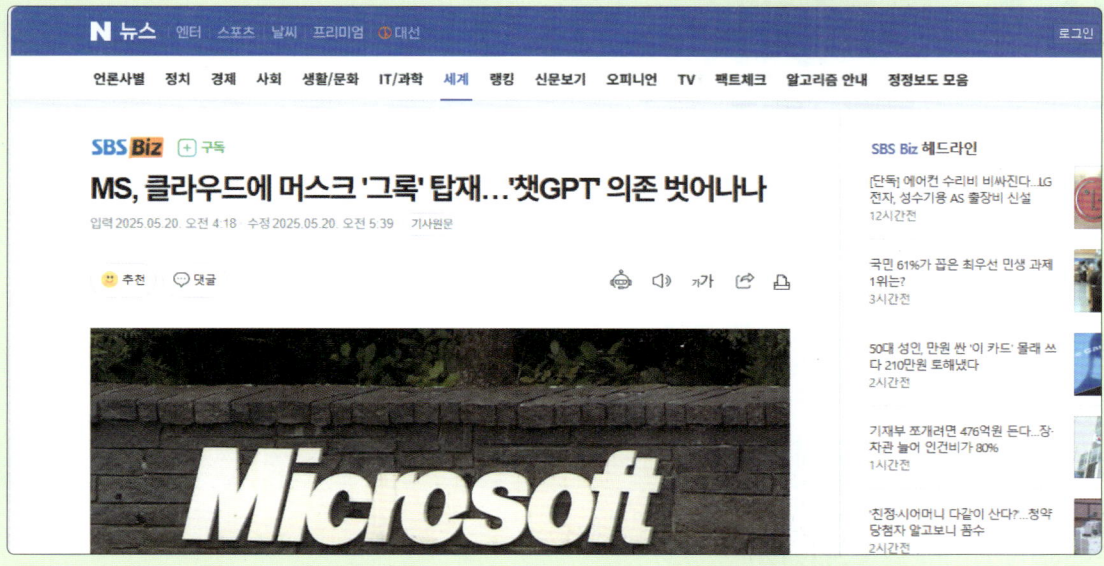

> **Hint**
> 네이버 홈페이지에서 최신 뉴스 보기 : 네이버 홈페이지에 접속한 후 [뉴스]를 클릭

02 다음과 같이 YTN(www.ytn.co.kr) 홈페이지에서 실시간으로 TV 방송을 시청해 보세요.

> **Hint**
> YTN 홈페이지에서 실시간으로 TV 방송 보기 : YTN 홈페이지에 접속한 후 [LIVE]를 클릭

Chapter 08 – 최신 뉴스 보고 실시간으로 방송 보기

부동산 정보 알아보고 길 찾아가기

Microsoft Edge

인터넷을 활용하면 공인중개사를 만나지 않아도 부동산 정보를 알 수 있고, 해당 지역을 쉽게 찾아갈 수 있습니다. 그럼 부동산 정보를 알아보고 길을 찾아가는 방법에 대해 알아보겠습니다.

Step 01 부동산 정보 알아보기

1 마이크로소프트 엣지를 실행한 후 **네이버(www.naver.com) 홈페이지로 이동**합니다.

2 네이버 홈페이지가 나타나면 **[부동산]**을 클릭합니다.

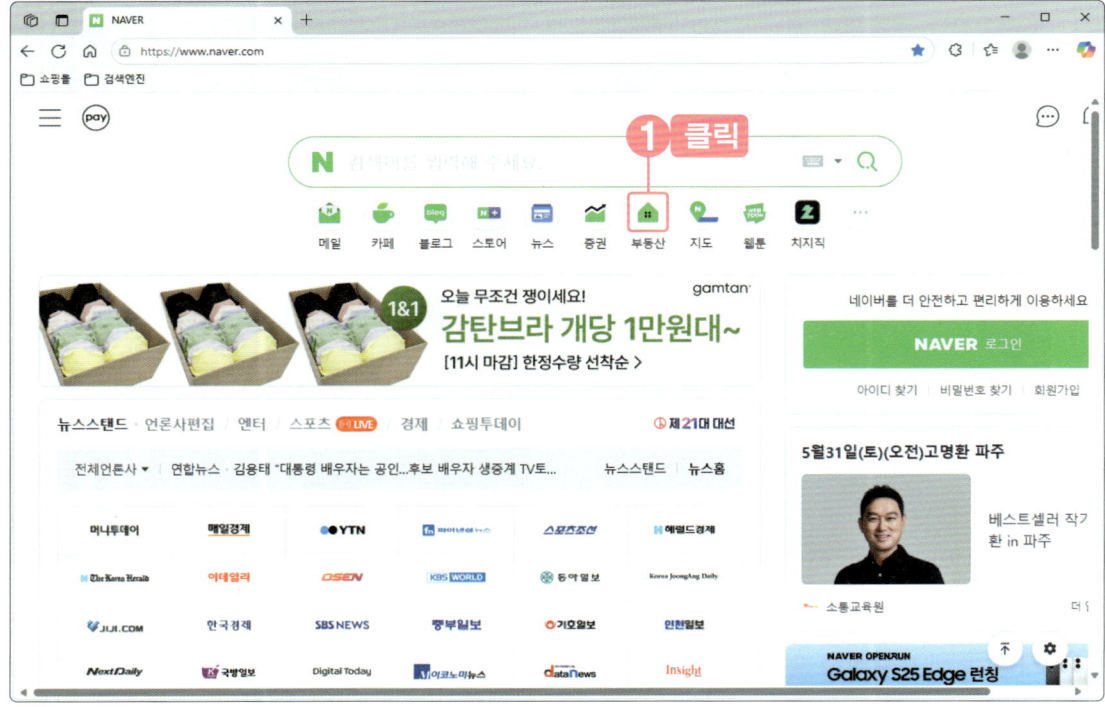

3 네이버 부동산 페이지가 나타나면 [매물]을 클릭합니다.

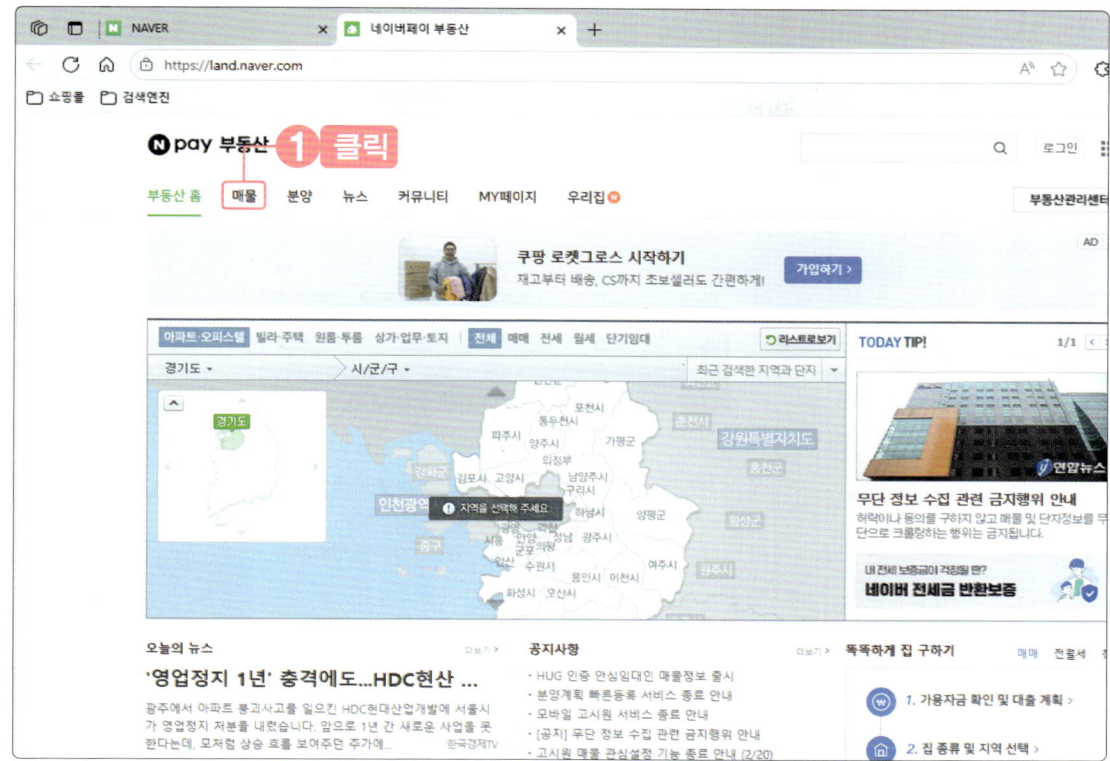

4 매물 페이지가 나타나면 **시/도(서울시), 시/군/구(강북구), 읍/면/동 (우이동)을 선택**한 후 **단지(성원그린)를 선택**합니다.

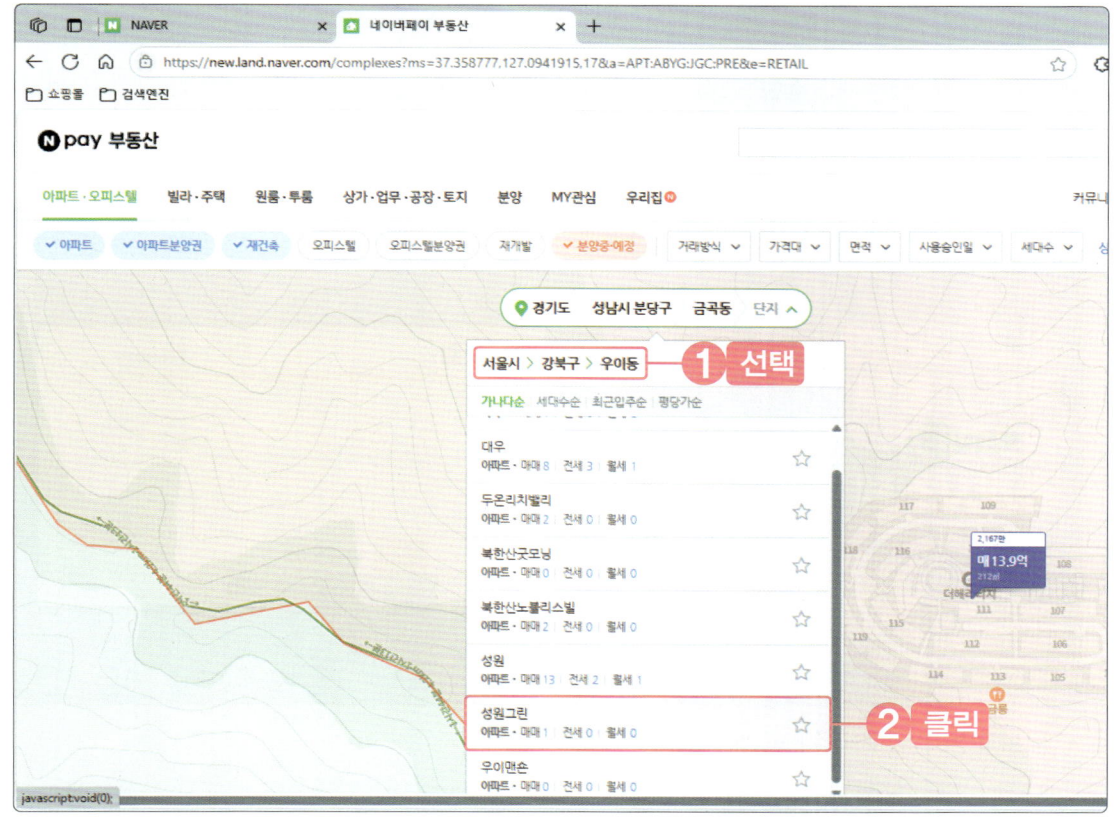

Chapter 09 – 부동산 정보 알아보고 길 찾아가기

5 다음과 같이 단지정보와 시세/실거래가 등의 부동산 정보가 나타납니다.

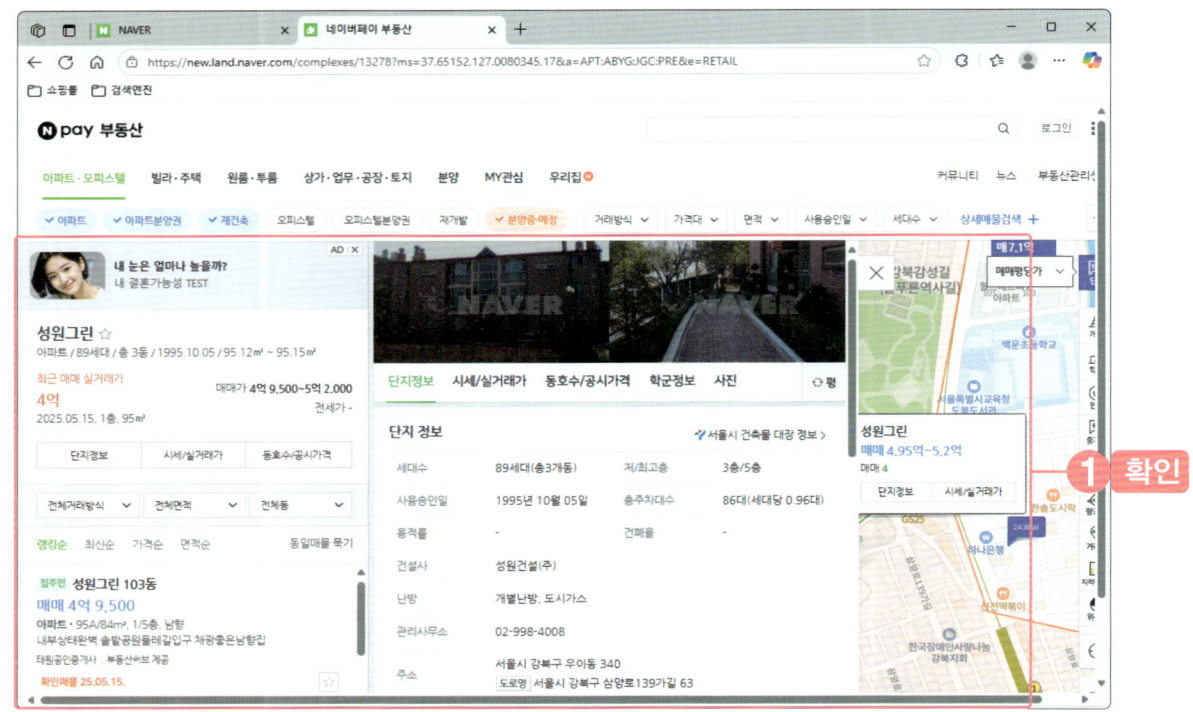

부동산의 실거래가 확인하기

부동산의 실거래가는 국토교통부 실거래가 공개시스템(rt.molit.go.kr) 홈페이지에서도 확인할 수 있습니다.

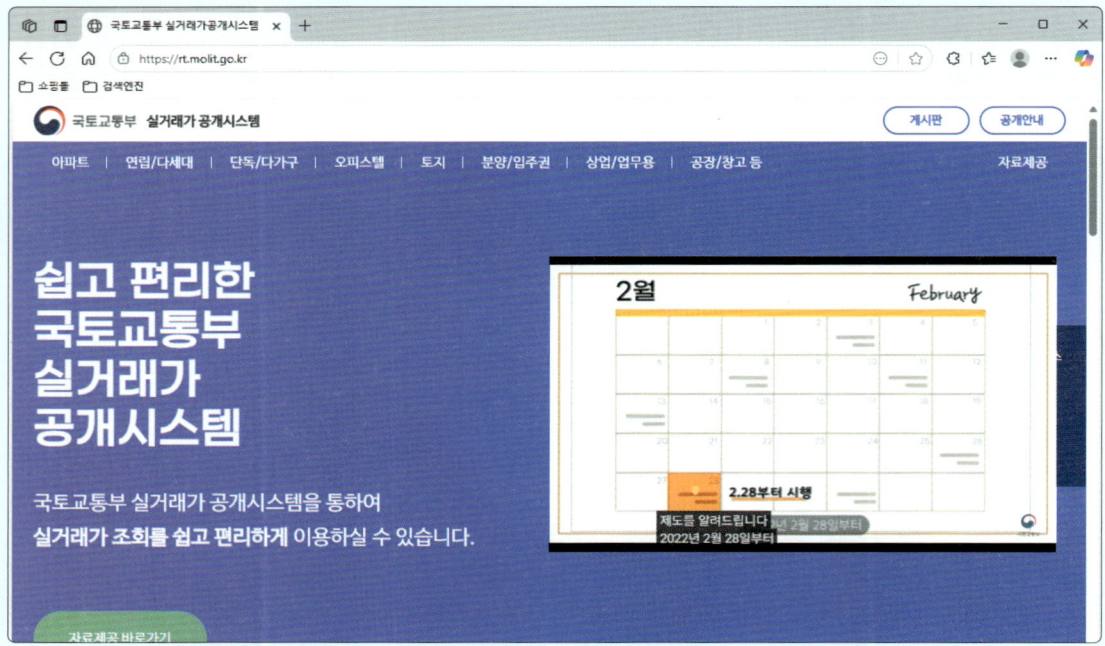

▲ 국토교통부 실거래가 공개시스템 사이트

Step 02 길 찾아가기

1 네이버(www.naver.com) 홈페이지로 이동합니다.

2 네이버 홈페이지가 나타나면 [지도]를 클릭합니다.

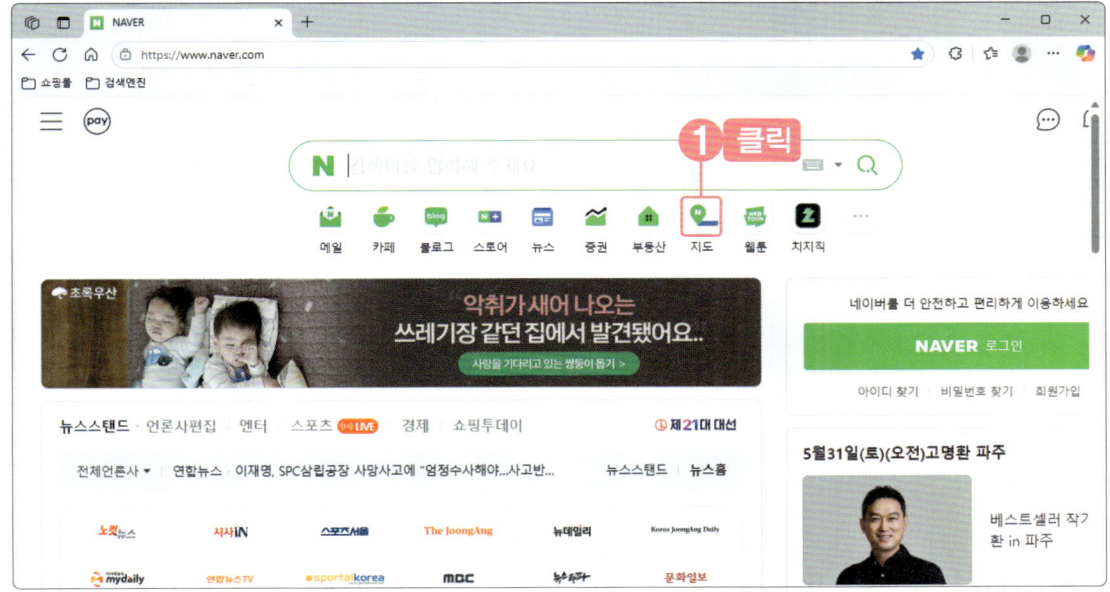

3 네이버 지도 페이지가 나타나면 [길찾기]를 클릭한 후 출발지(미아역)를 입력한 다음 검색 목록이 나타나면 [미아역 4호선]을 클릭합니다.

Chapter 09 – 부동산 정보 알아보고 길 찾아가기

4 도착지(성원그린아파트)를 **입력**한 후 검색 목록이 나타나면 **[성원그린아파트]**를 **선택**합니다.

5 출발지와 도착지를 선택하였으면 **[대중교통]**을 **클릭**한 후 **[길찾기]**를 **클릭**합니다.

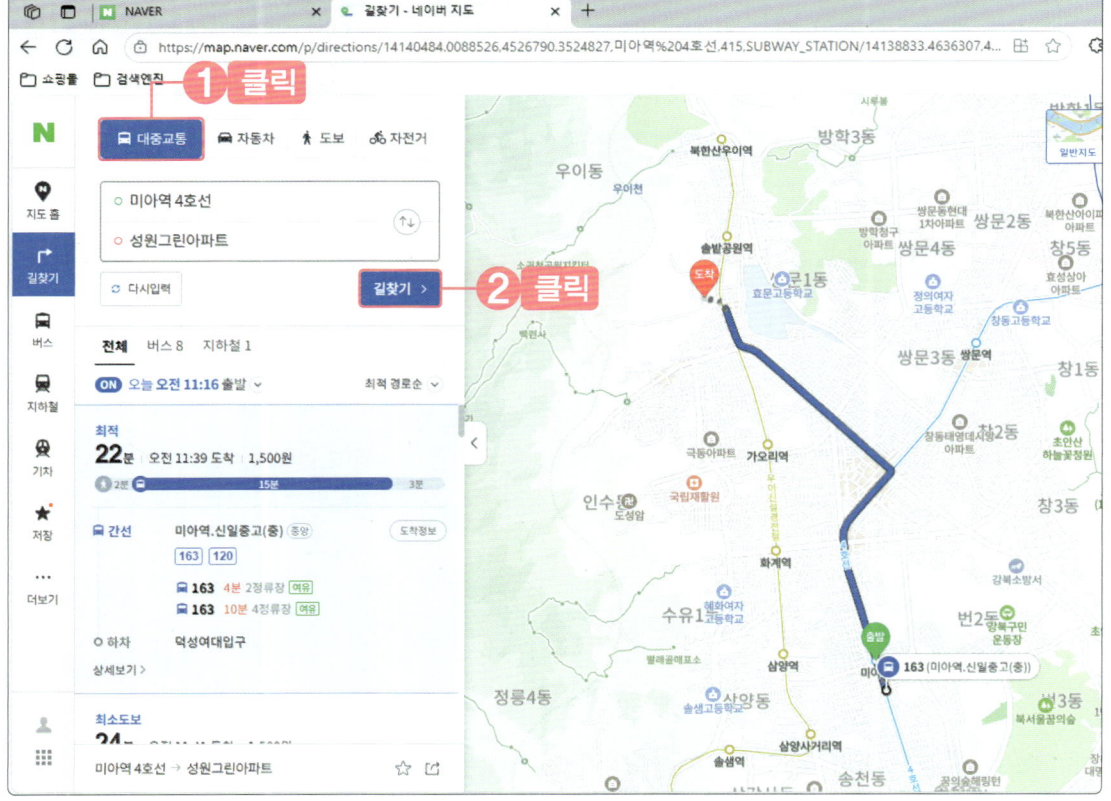

6 길찾기에 대한 검색 결과가 나타나면 첫 번째 경로의 [상세보기]를 클릭합니다.

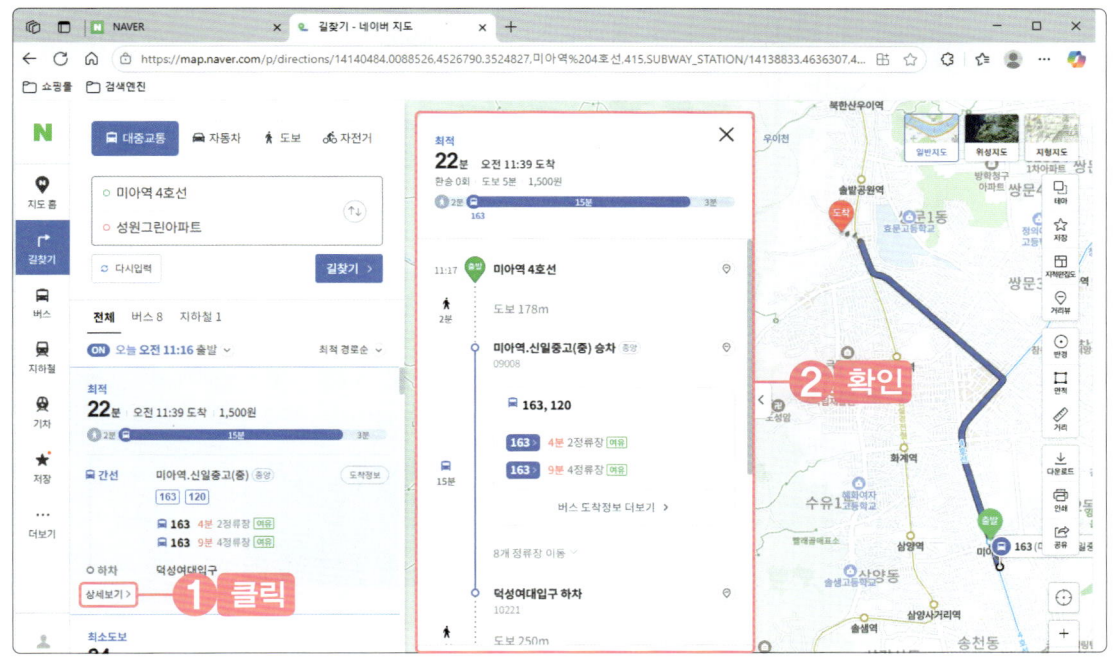

실시간 교통상황 확인하기

다음과 같이 [테마]를 클릭한 후 [교통정보]를 클릭하면 실시간 교통상황을 확인할 수 있습니다.

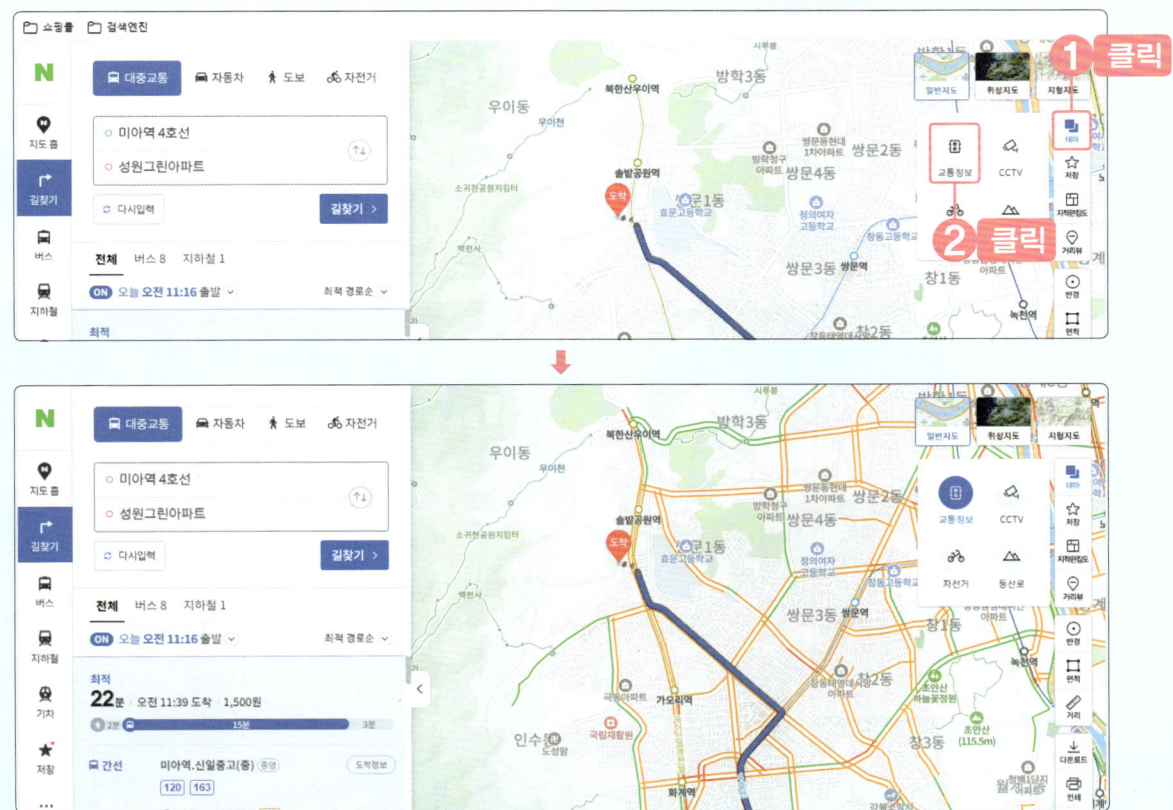

Chapter 09 – 부동산 정보 알아보고 길 찾아가기 **71**

7 도착지의 실제 모습을 확인하기 위해 도착의 [거리뷰]를 클릭합니다.

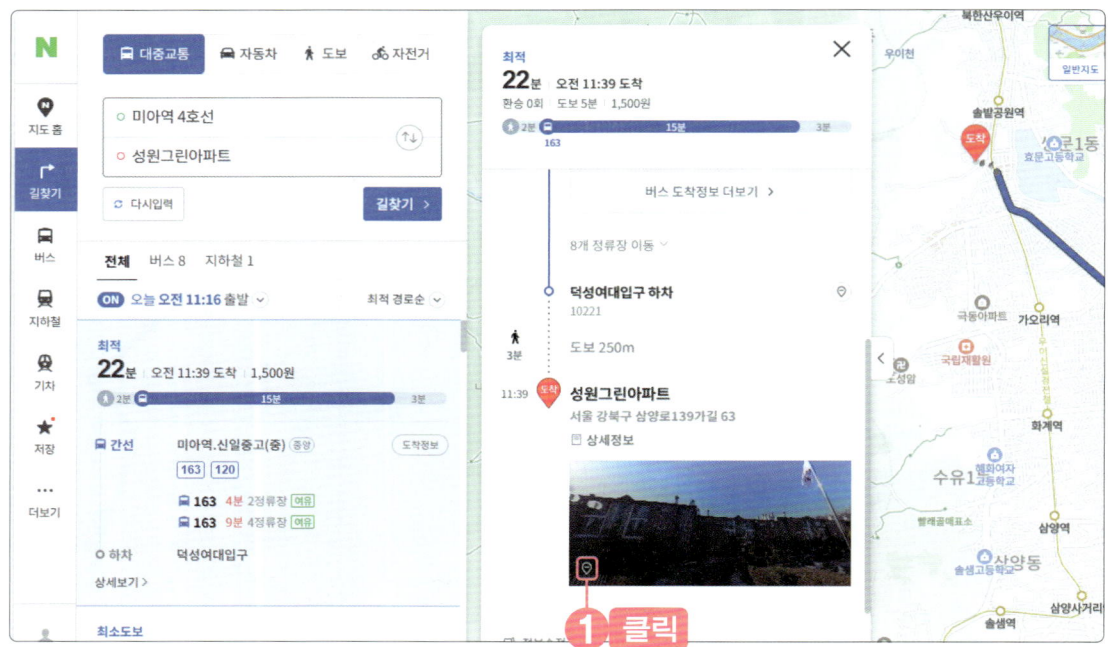

8 [거리뷰 설정] 창이 나타나면 [이전 거리뷰로 시작하기]를 선택한 후 [저장] 단추를 클릭합니다.

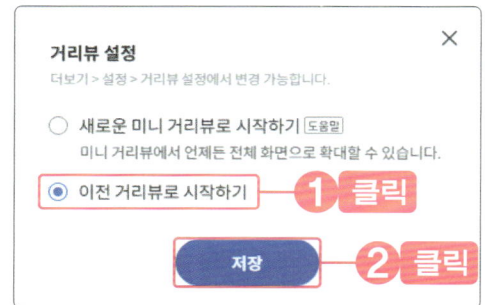

9 다음과 같이 도착지의 실제 모습을 확인할 수 있습니다.

실전 연습 문제

01 다음과 같이 네이버 지도 페이지(map.naver.com)에서 용산역부터 세종특별자치시청까지의 경로를 확인해 보세요.

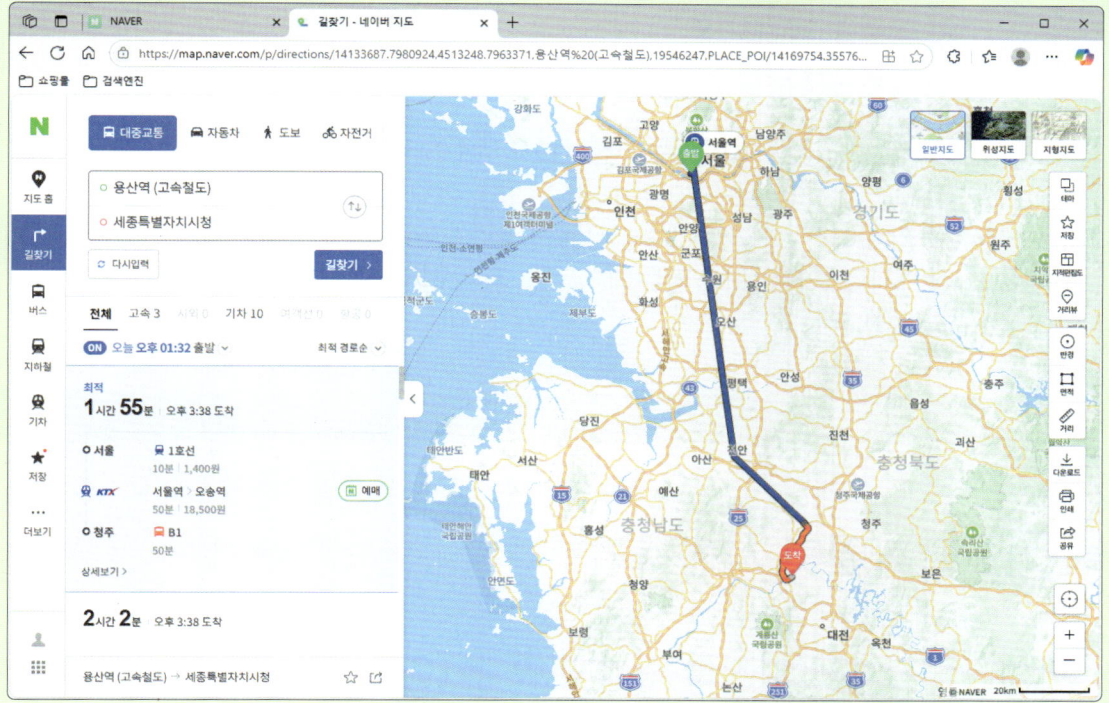

02 다음과 같이 대구 지하철 노선을 확인해 보세요.

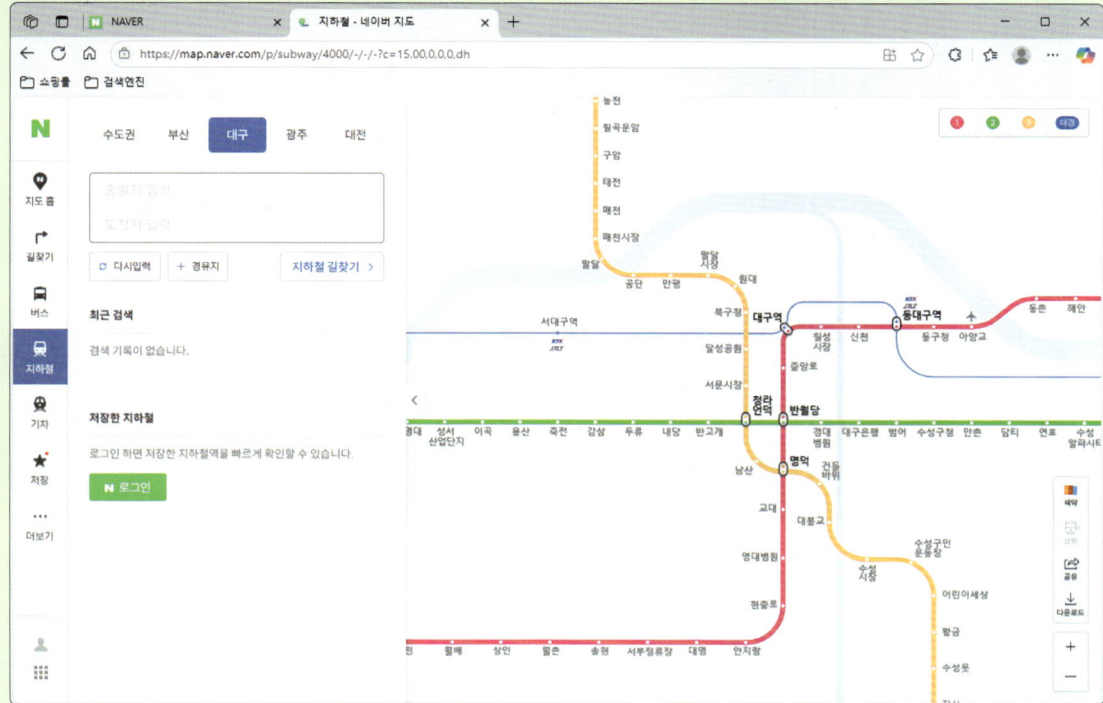

Chapter 09 – 부동산 정보 알아보고 길 찾아가기

Microsoft Edge

코파일럿 사용하기

코파일럿(Copilot)은 마이크로소프트의 대화형 인공지능으로, 기존에는 New Bing, Bing Chat 등으로 불렸습니다. 2024년 기준 웹사이트 및 모바일 애플리케이션 형태로 이용 가능하며, Microsoft 365 Copilot, Windows Copilot에서도 사용 가능합니다. 그럼 코파일럿을 사용하는 방법에 대해 알아보겠습니다.

Step 01 코파일럿 사용하기

1 마이크로소프트 엣지를 실행한 후 [Copilot 열기]를 클릭합니다.

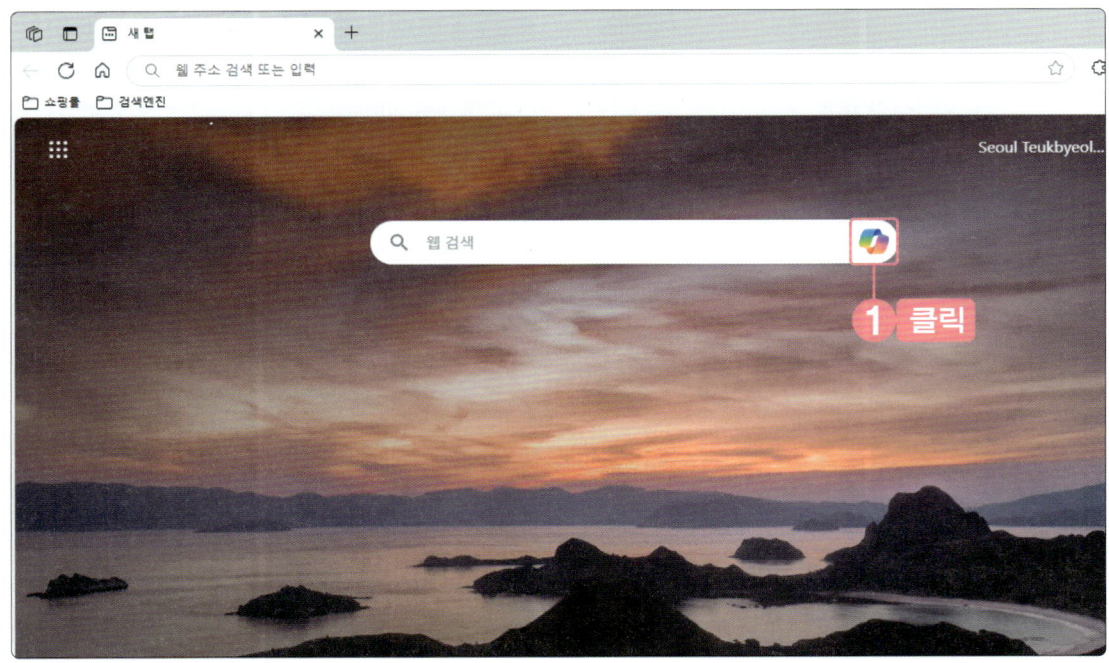

Tip
AI 기술의 발전 속도는 놀라울 정도로 빠릅니다. 과거에는 몇 년, 몇 십 년이 걸리던 기술적 도약이 이제는 불과 몇 년, 심지어 몇 개월 만에 이루어지기도 합니다. 교재의 내용을 공부할 때에는 더 향상된 AI 기술이 도입되어 제공될 수도 있습니다.

2 코파일럿 페이지가 나타나면 **내용을 입력**한 후 [메시지 제출]을 클릭합니다.

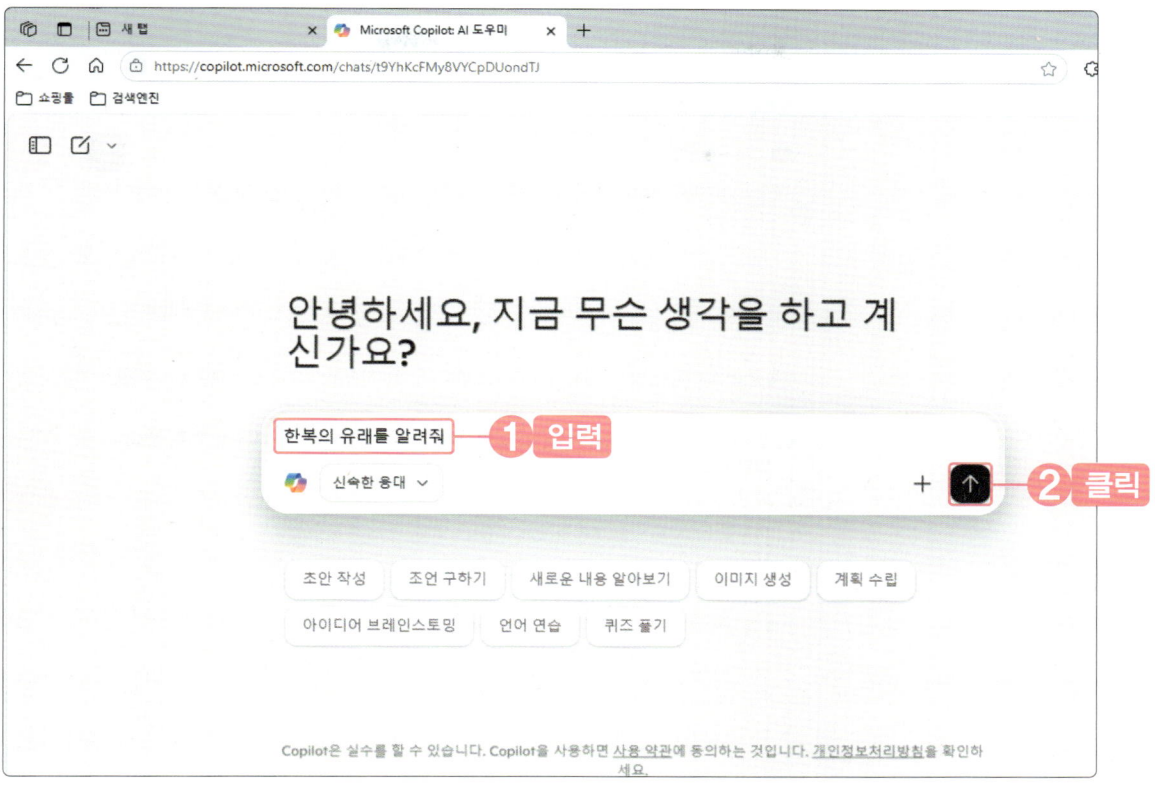

3 다음과 같이 한복의 유래에 대해 알려줍니다.

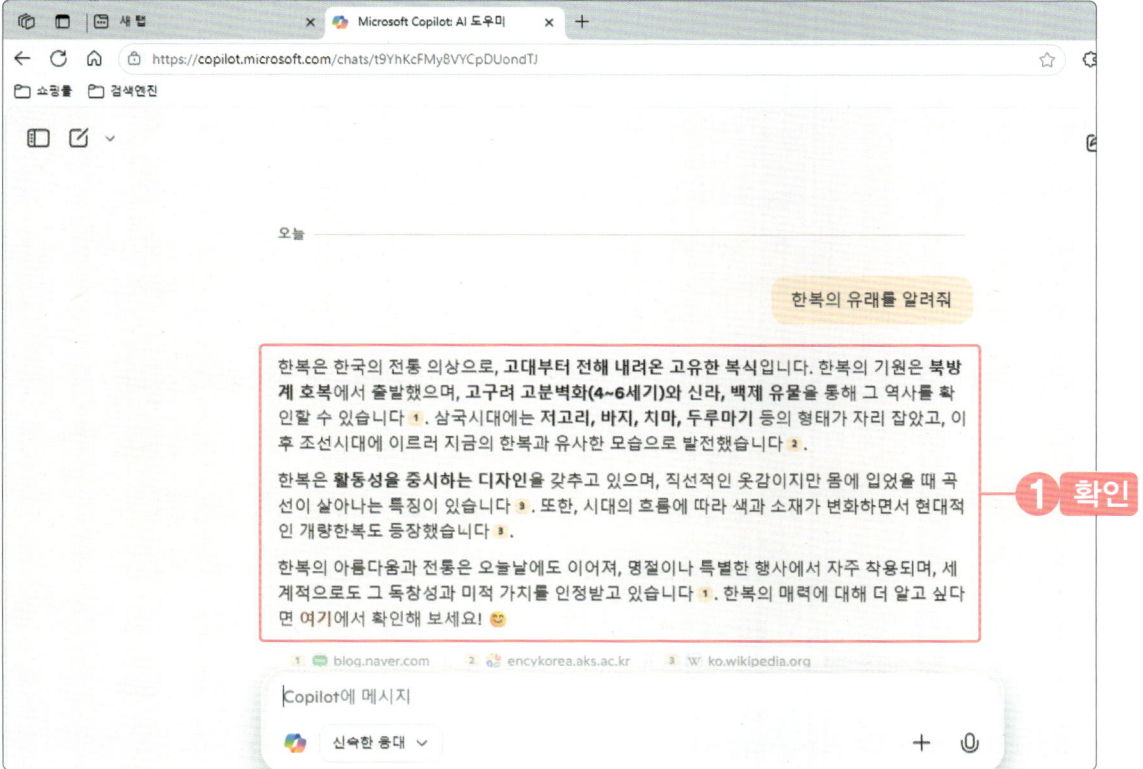

4 한복을 만드는 재료를 알려달라고 하면 다음과 같이 알려줍니다.

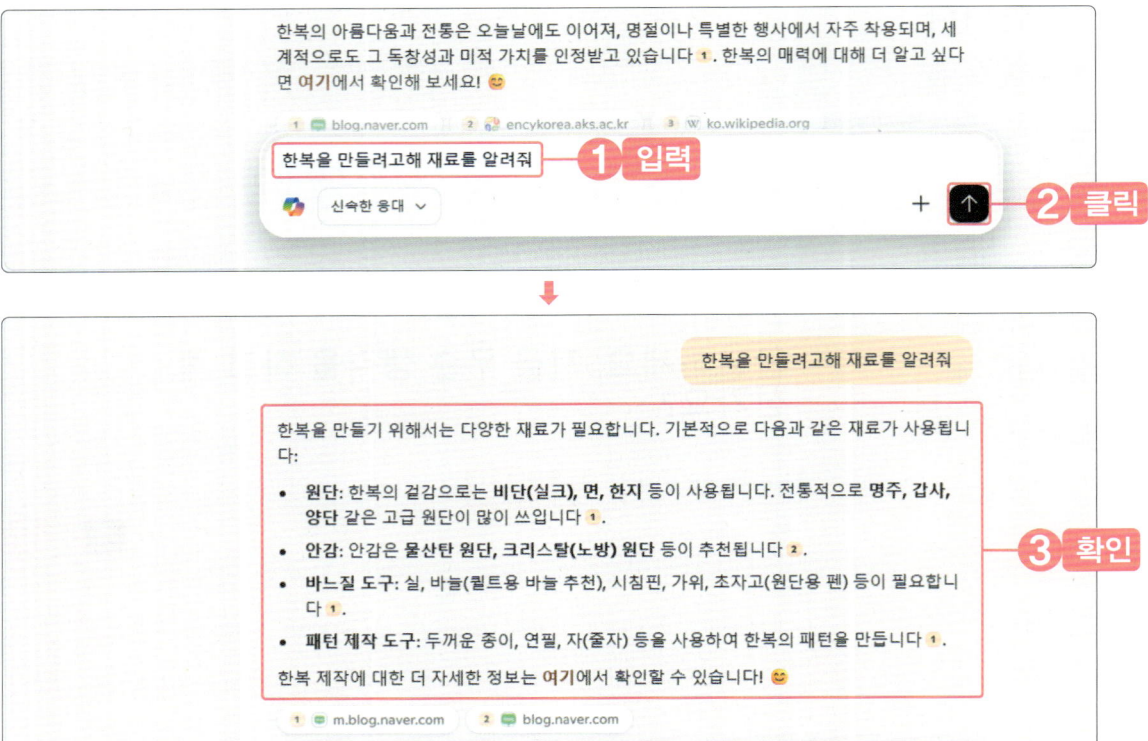

5 내용 아래에 추가로 궁금해할 만한 내용을 알려줍니다.

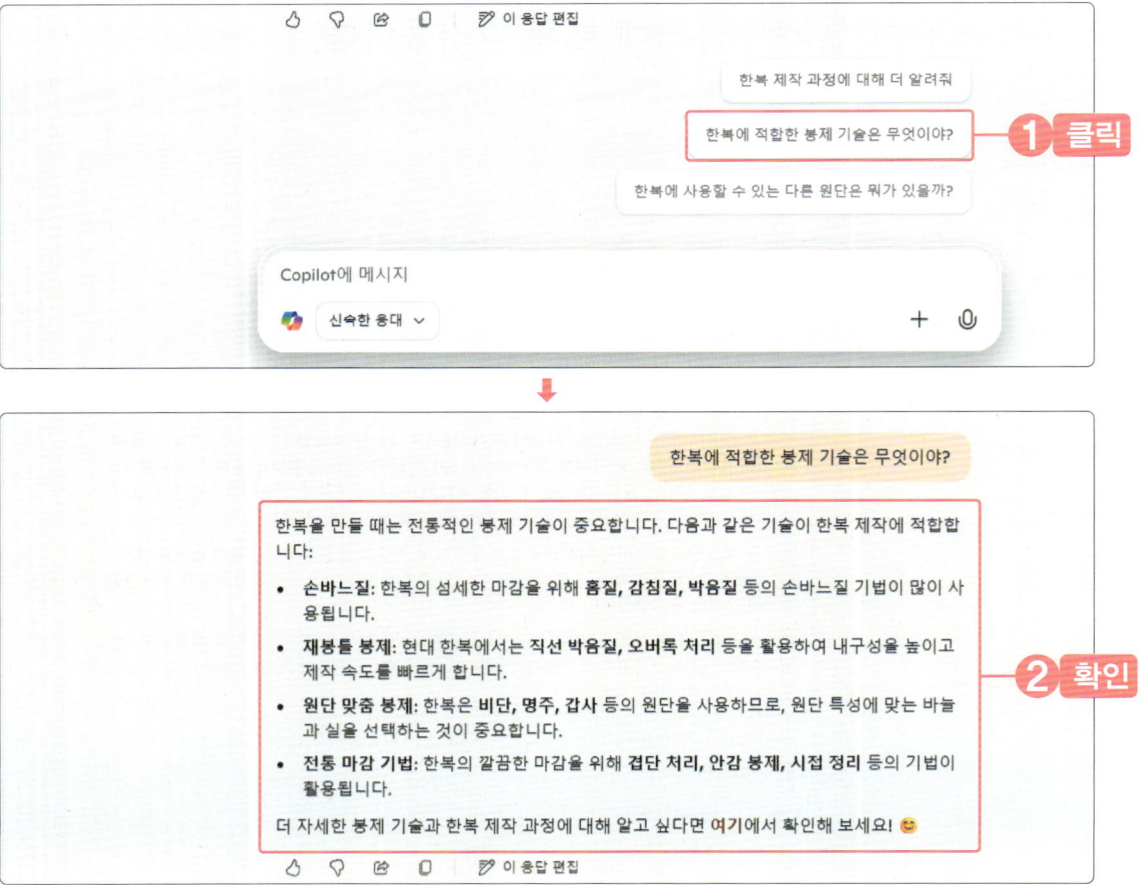

Step 02 코파일럿으로 글쓰기

1 ⊞[새 채팅]을 **클릭**하여 첫 페이지로 이동합니다.

2 요청할 **내용을 입력**한 후 ⬆[메시지 제출]을 **클릭**합니다.

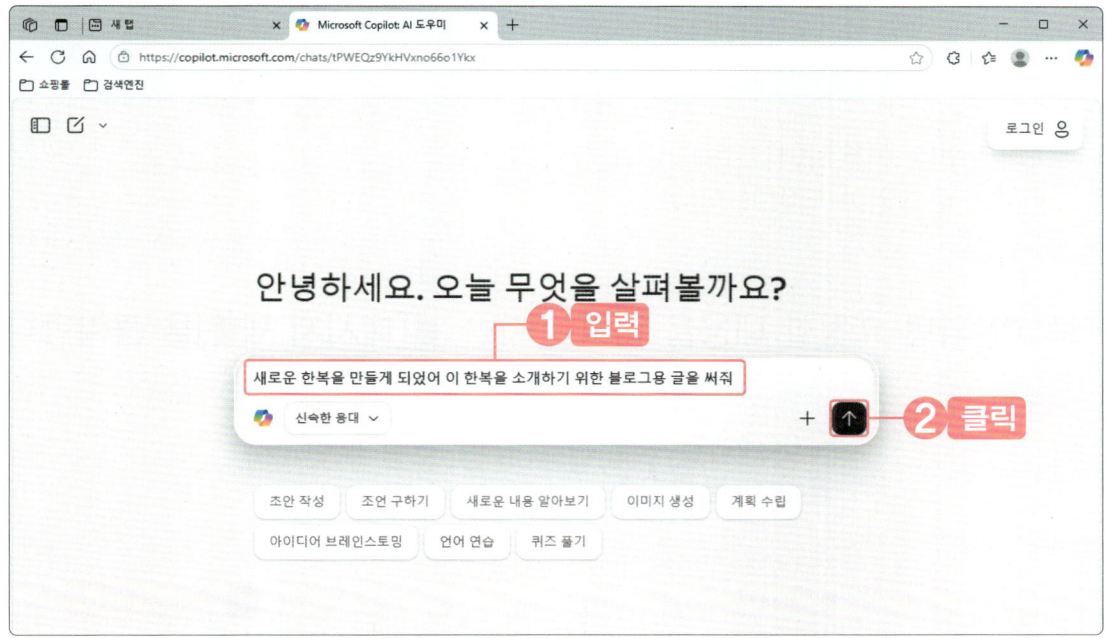

3 다음과 같이 블로그용 글을 작성해 줍니다.

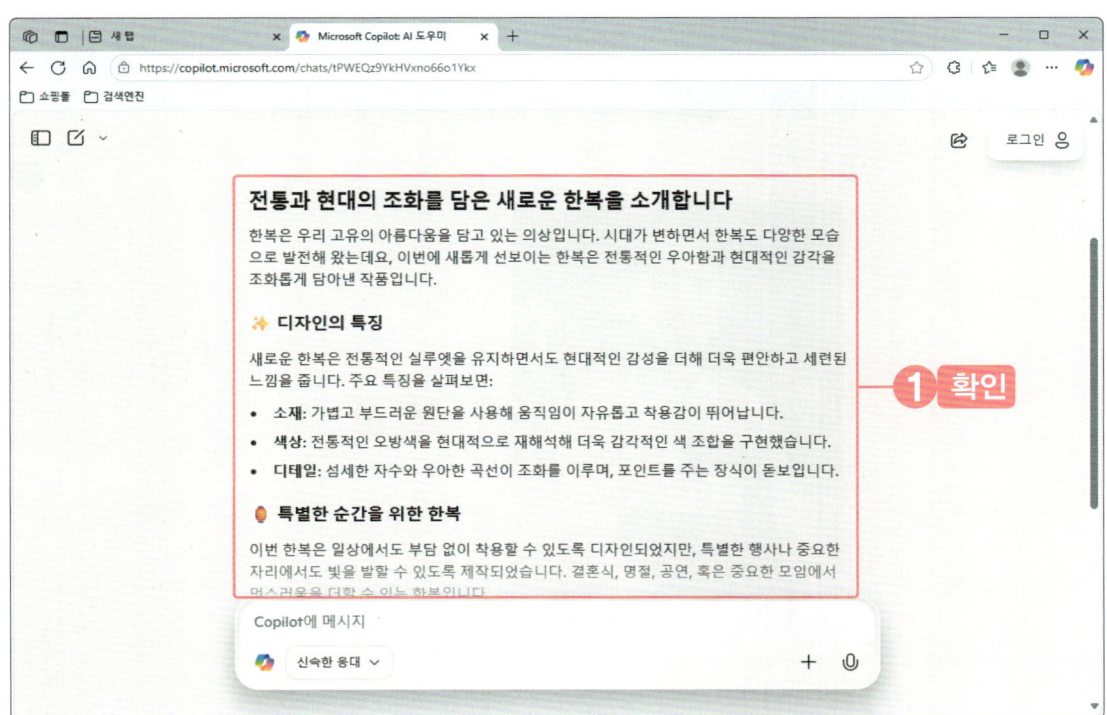

Step 03 코파일럿으로 그림 그리기

1 그림을 그리기 위해 오른쪽 상단의 [로그인]을 **클릭**한 후 **다음 중에서 선택하여 로그인**을 합니다.

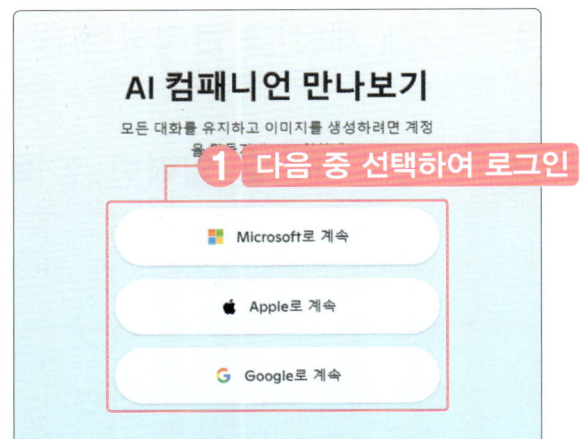

> **Tip**
> 코파일럿을 이용하여 그림을 그리기 위해서는 로그인이 되어야 합니다.

2 로그인되면 요청할 **내용을 입력**한 다음 [메시지 제출]을 **클릭**합니다.

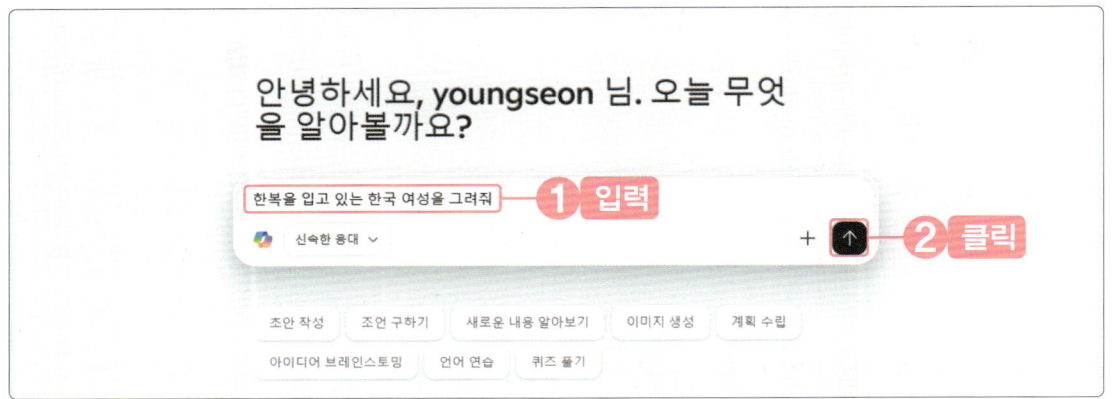

3 다음과 같이 요청한 내용으로 그림을 그려줍니다.

4 그려준 그림에서 **수정할 부분**에 대해 요청하면 다음과 같이 다시 그려줍니다.

Tip
그림을 다시 그려 주는 것이기 때문에 첫 그림에서 차이가 발생할 수 있습니다.

실전 연습 문제

01 코파일럿을 자유롭게 이용해 보세요.

▲ 뉴스 내용

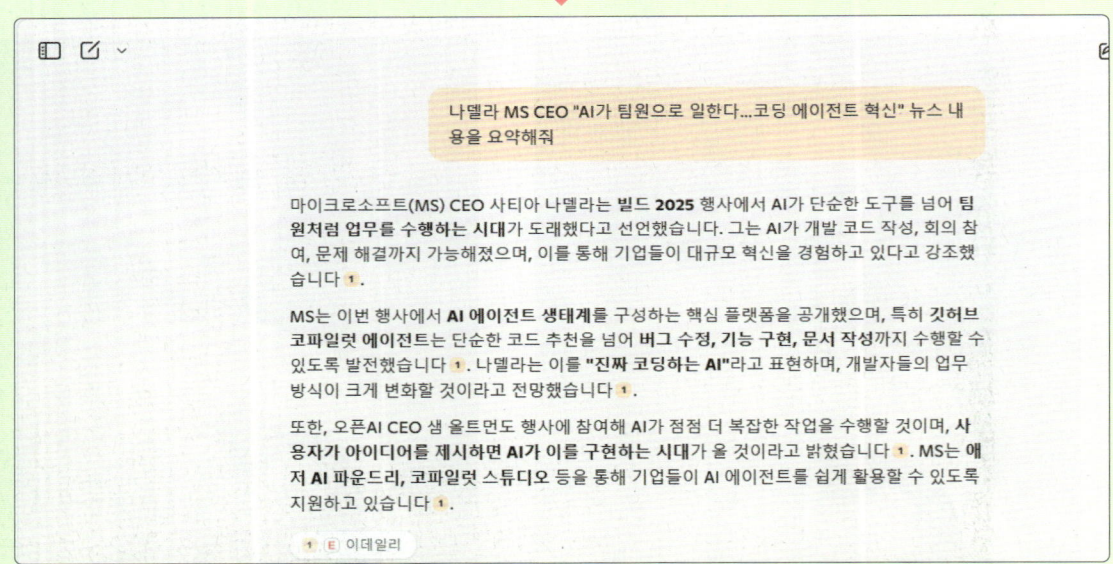

▲ 뉴스 내용 요약

Hint

AI 기술은 많은 혁신을 가져왔지만, 동시에 여러 가지 위험성을 내포하고 있습니다. 프라이버시 침해 및 데이터 보안, 일자리 감소, 윤리적 문제, 사이버 보안 위협, 허위 정보 및 딥페이크 등 이러한 위험을 최소화하기 위해 AI 기술의 투명성을 높이고, 윤리적 가이드라인을 마련하며, 법적 규제를 강화하는 등의 노력이 필요합니다. AI의 발전이 긍정적인 방향으로 나아갈 수 있도록 지속적인 논의와 대응이 이루어져야 합니다.

41페이지 정답 ➡ **02** 지리산 **03** 연리지 **04** 비문증; 날파리증; vitreous floaters

H·a·n·g·u·l

한글 2022
Hangul 2022

01장	한글 2022 시작하기
02장	편집 용지 설정하고 문서 작성하기
03장	문서 열고 내용 수정하기
04장	한자와 특수문자 입력하기
05장	글자 모양과 문단 모양 지정하기
06장	표 작성하기
07장	표 편집하기
08장	문단 첫 글자 장식하고 그림 활용하기
09장	글맵시 활용하고 쪽 테두리/배경 지정하기

한글 2022 화면 구성

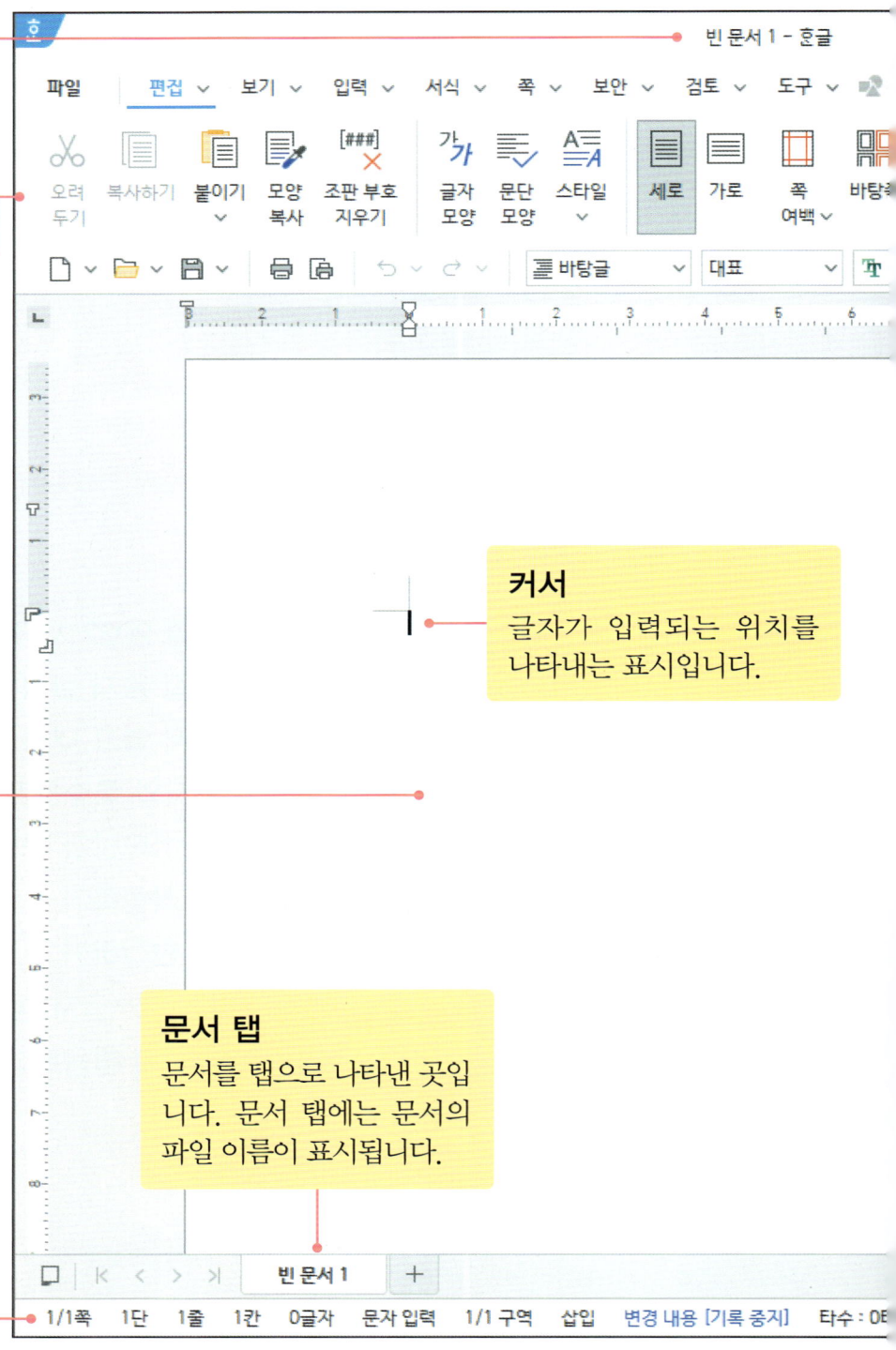

제목 표시줄
문서의 파일 이름과 경로가 표시되는 곳입니다.

기본 도구 상자
메뉴 탭에서 자주 사용하는 기능을 공통성 있는 기능별로 묶어 그룹으로 구분하여 놓은 곳입니다.

편집 창
문서를 작성하거나 편집하는 곳입니다.

상황 선
커서의 위치나 삽입/수정 상태 등을 알려주는 곳입니다.

커서
글자가 입력되는 위치를 나타내는 표시입니다.

문서 탭
문서를 탭으로 나타낸 곳입니다. 문서 탭에는 문서의 파일 이름이 표시됩니다.

한글 2022의 화면은 제목 표시줄, 메뉴 표시줄, 기본 도구 상자, 서식 도구 상자, 작업 창 등으로 구성되어 있습니다.

메뉴 표시줄
한글 2022의 기능을 공통성 있는 기능별로 묶어 메뉴 탭으로 구분하여 놓은 곳입니다.

서식 도구 상자
문서를 편집할 때 자주 사용하는 기능을 단추로 만들어 놓은 곳입니다.

보기 선택 아이콘
쪽 윤곽, 문단 부호 보이기/숨기기, 조판 부호 보이기/숨기기 등과 같은 보기 관련 기능을 선택할 수 있는 아이콘입니다.

Hangul 2022

한글 2022 시작하기

한글 2022는 문서를 작성하거나 편집할 수 있는 프로그램입니다. 한글 2022는 제목 표시줄, 메뉴 표시줄, 기본 도구 상자, 서식 도구 상자, 작업 창 등으로 구성되어 있습니다. 그럼 한글 2022를 실행하고 화면 구성을 변경하는 방법과 화면을 확대/축소하고 한글 2022를 종료하는 방법에 대해 알아보겠습니다.

Step 01 한글 2022 실행하고 화면 구성 변경하기

1 한글 2022를 실행하기 위해 ■[시작] 단추를 클릭한 후 [모두]를 클릭한 다음 [한글 2022]를 클릭합니다.

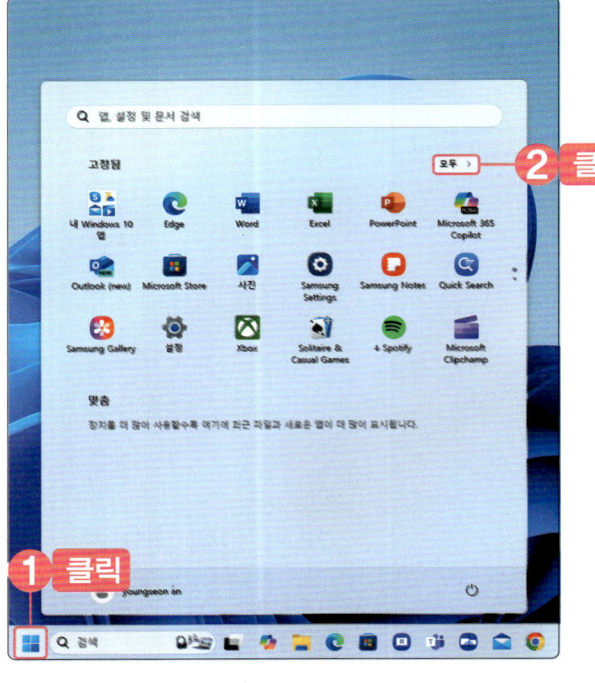
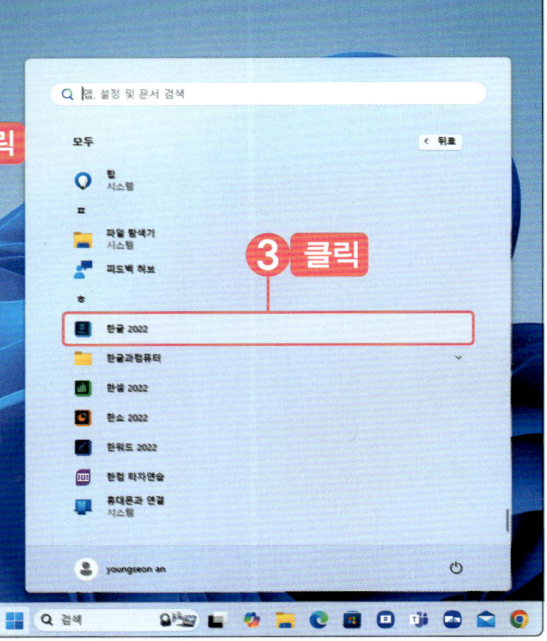

2 한글 2022가 실행되면 [보기] 탭을 클릭한 후 [작업 창]을 클릭하여 작업 목록에서 원하는 작업 창을 선택, 화면 오른쪽에 작업 창을 표시할 수 있고 [작업 창 닫기]를 클릭하면 작업 창을 숨길 수 있습니다.

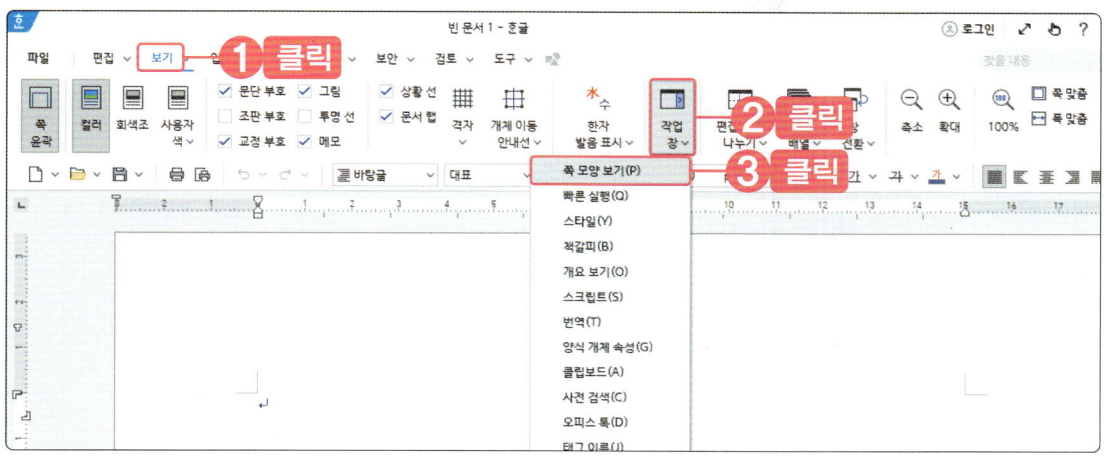

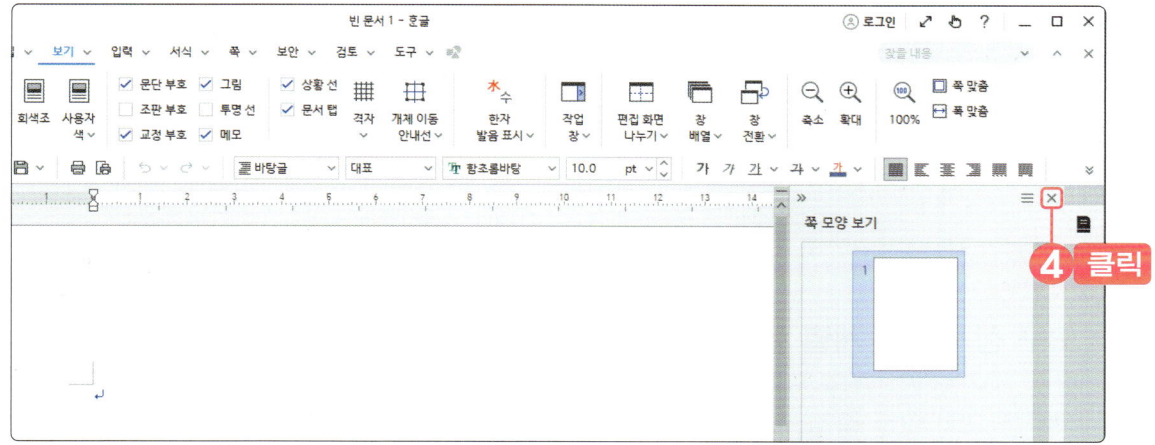

작업 창 접기/펴기

작업 창이 표시된 상태에서 [작업 창 접기] 또는 [작업 창 펴기] 등을 이용하여 작업 창을 접거나 펼 수 있으며, 작업 창에는 쪽 모양 보기 이외에 다양한 작업을 화면에 표시할 수 있습니다.

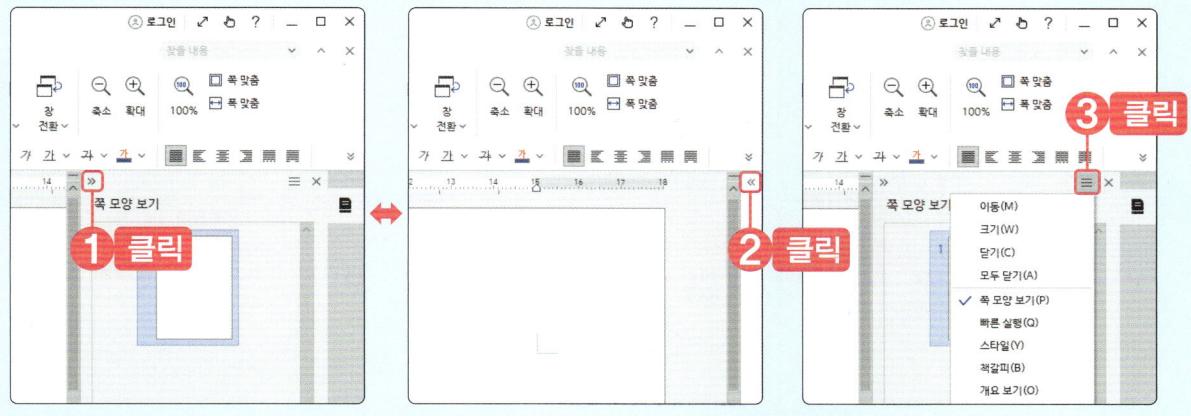

3 [보기] 탭의 [목록] 단추를 클릭한 후 [도구 상자]-[서식]을 클릭하여 체크 또는 체크 해제하면 서식 도구 상자를 표시 또는 숨길 수 있습니다.

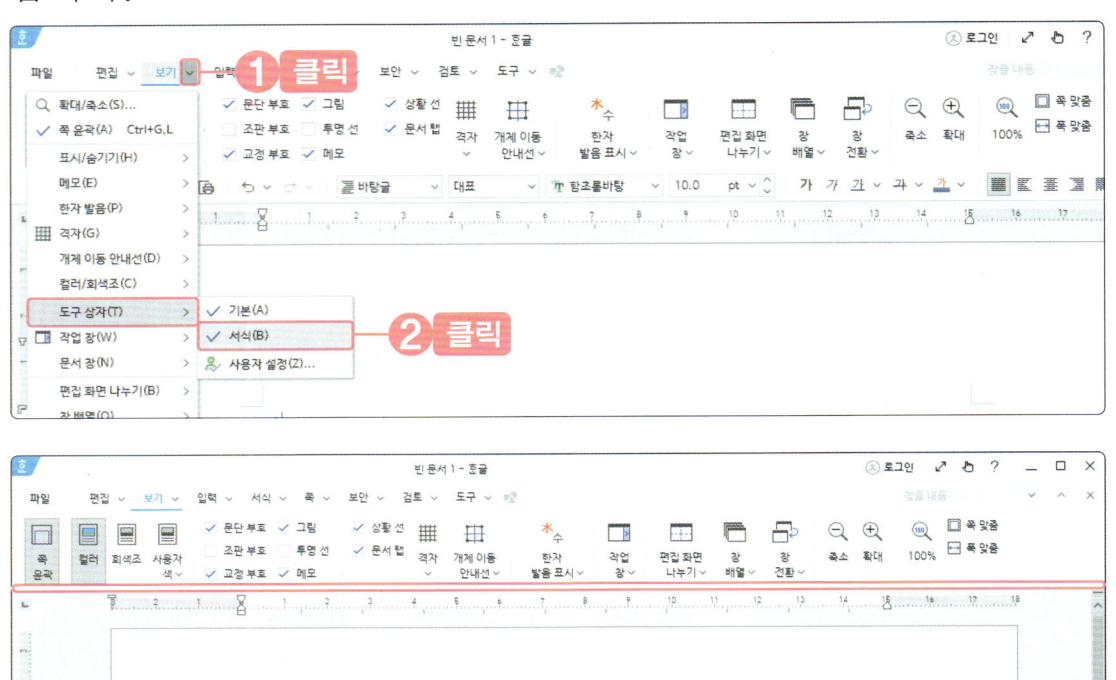

도구 상자의 단계별 접기/펴기

한글 2022 작업 창의 오른쪽 위에 표시된 △/▽[기본 도구 상자 접기/펴기]를 클릭하면 도구 상자를 표시 또는 숨길 수 있습니다.

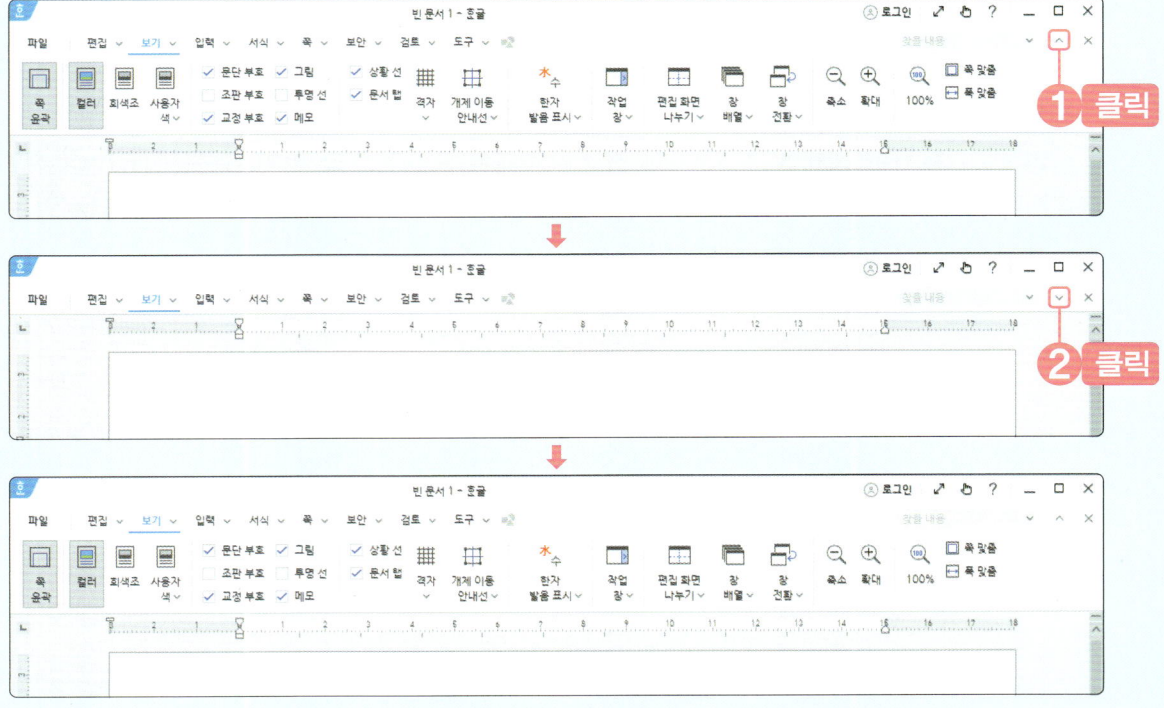

4 [보기] 탭을 클릭한 후 ▭[쪽 윤곽]을 선택 또는 선택 해제에 따라 쪽 윤곽을 표시 또는 숨길 수 있습니다.

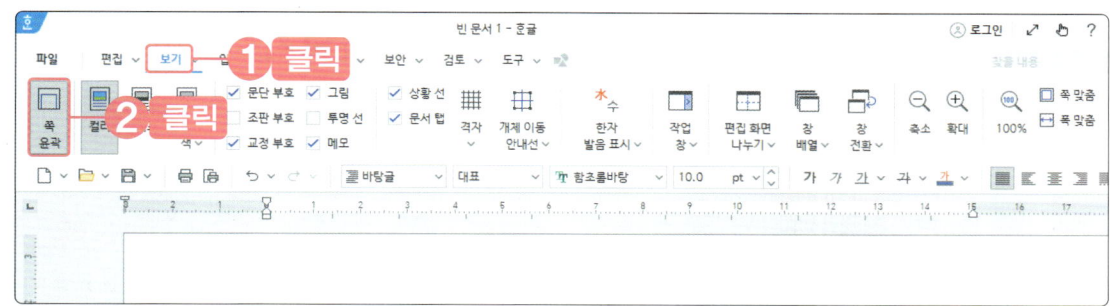

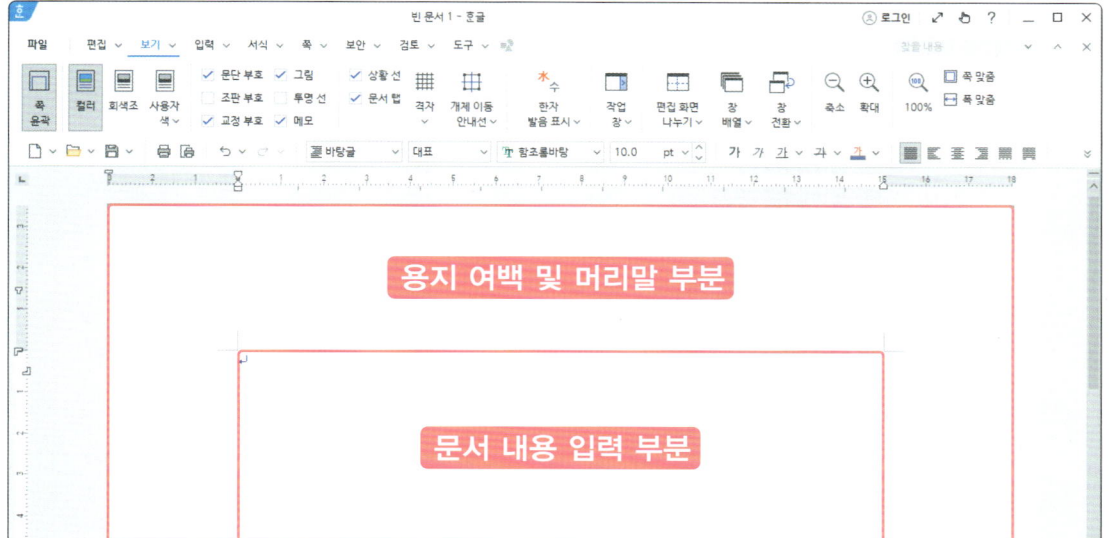

> **Tip**
> • 쪽 윤곽은 인쇄를 해야만 나타나는 용지 여백, 머리말, 꼬리말 등을 화면으로 확인할 수 있는 기능입니다.
> • [보기] 탭의 [목록] 단추를 클릭한 후 [쪽 윤곽]을 선택 또는 선택 해제하여 표시 또는 숨길 수 있습니다.

5 다음과 같이 쪽 윤곽이 숨겨집니다.

Step 02 화면 확대/축소하고 한글 2022 종료하기

1 다음과 같이 **내용(한글 2022)을 입력**한 후 **[보기] 탭을 클릭**한 다음 [100%]를 **클릭**합니다.

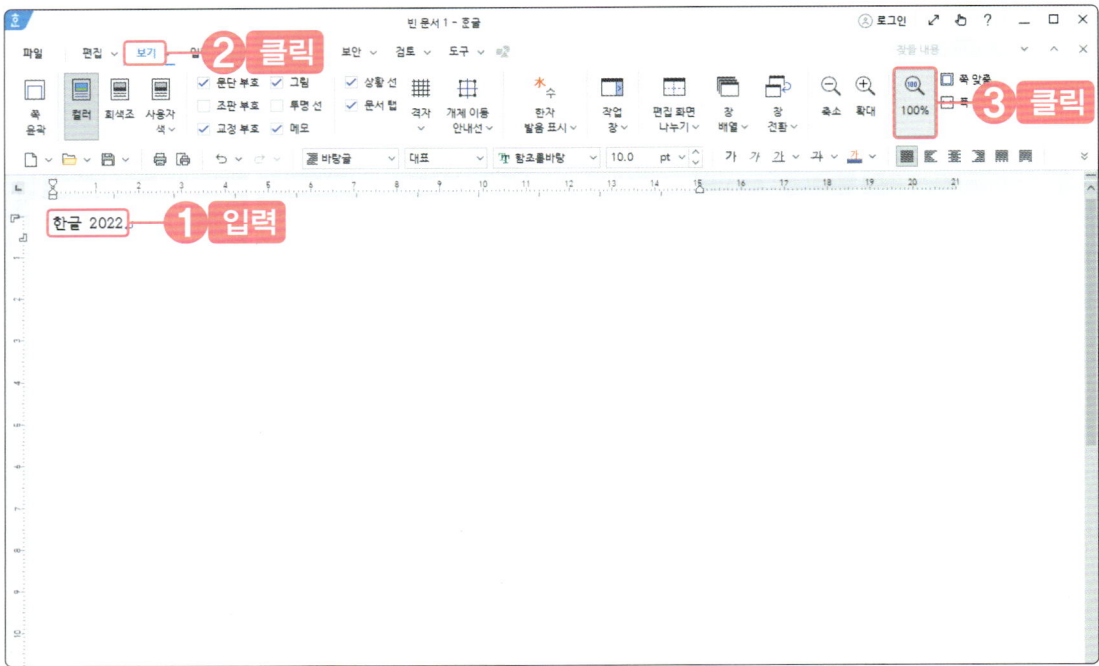

2 다음과 같이 화면이 100%로 축소되어 표시됩니다.

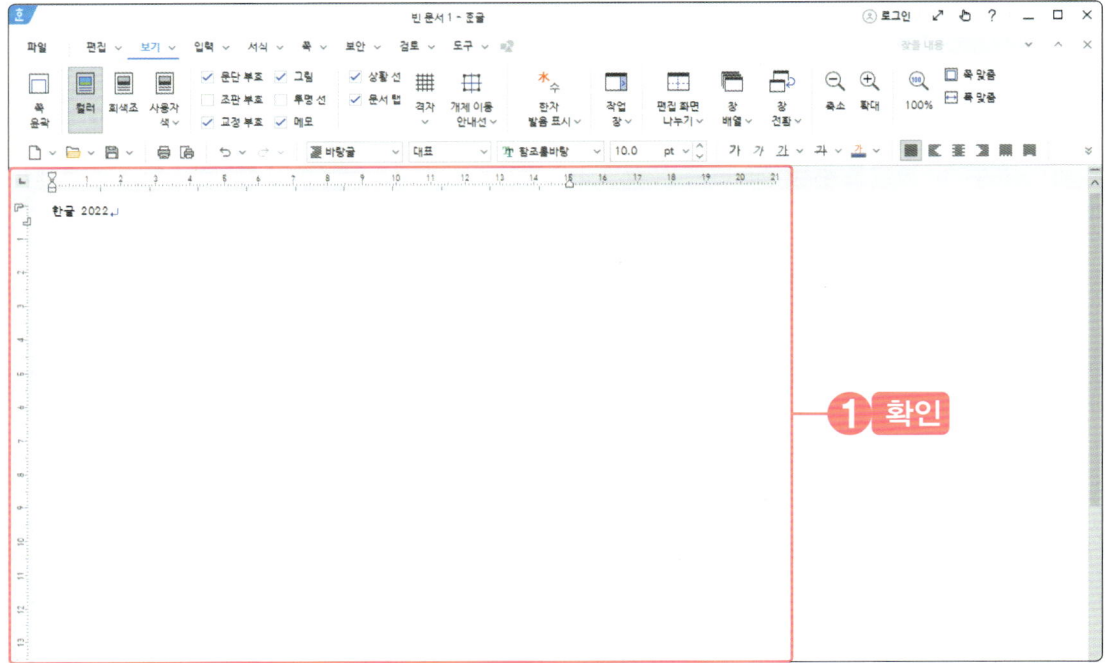

3 화면의 비율을 변경하기 위해 [보기] 탭의 [목록] 단추를 클릭한 후 [화면 확대/축소]를 클릭합니다.

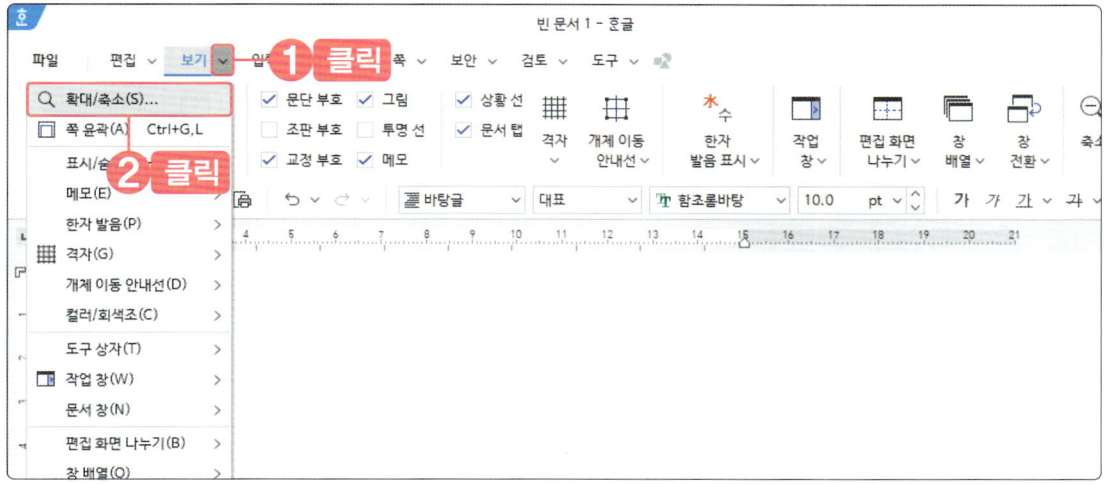

4 [확대/축소] 대화상자가 나타나면 [폭 맞춤]을 클릭한 후 [설정] 단추를 클릭합니다.

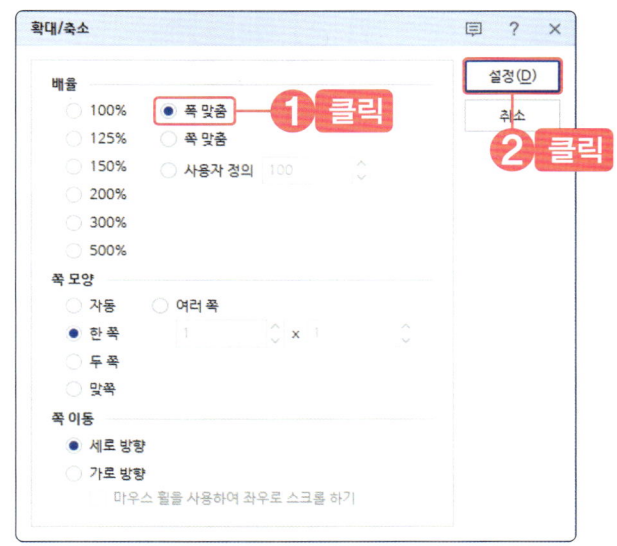

5 다음과 같이 화면이 용지의 폭을 기준으로 변경됩니다.

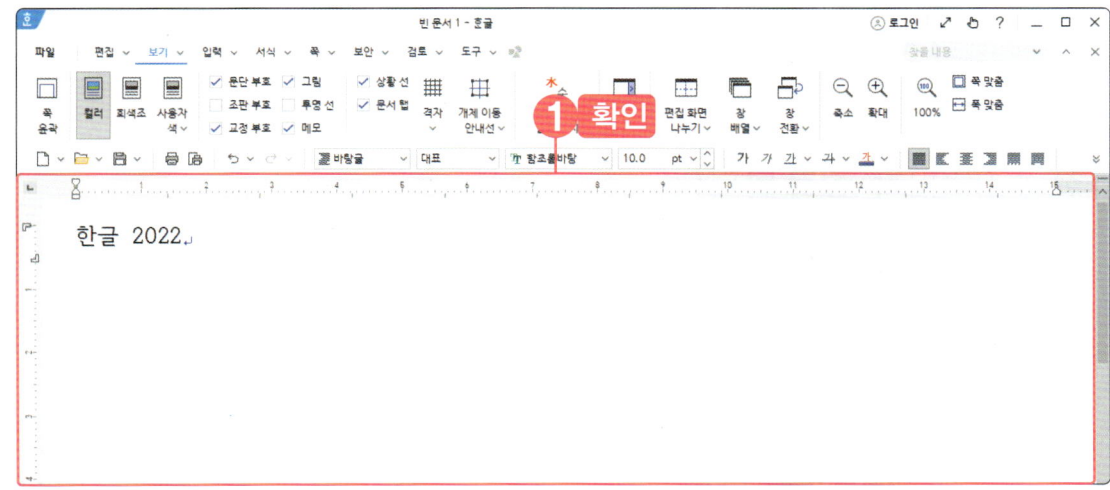

6 한글 2022를 종료하기 위해 **[파일] 탭을 클릭**한 후 **[끝]을 클릭**합니다.

> Tip
> 키보드의 단축키(Alt+X)를 이용하여 한글 2022를 종료할 수도 있습니다.

7 '빈 문서 1을 저장할까요?'라고 묻는 대화상자가 나타나면 **[저장 안 함] 단추를 클릭**합니다.

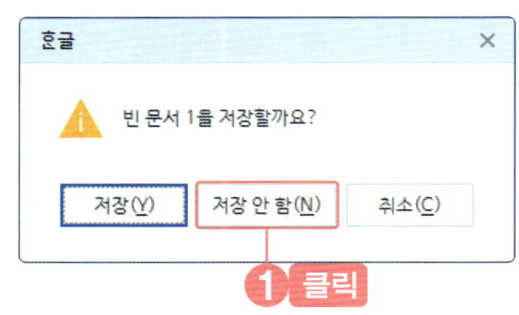

8 한글 2022가 종료됩니다.

실전 연습 문제

01 다음은 한글 2022의 화면 구성입니다. 화면 구성 요소의 이름을 적어 보세요.

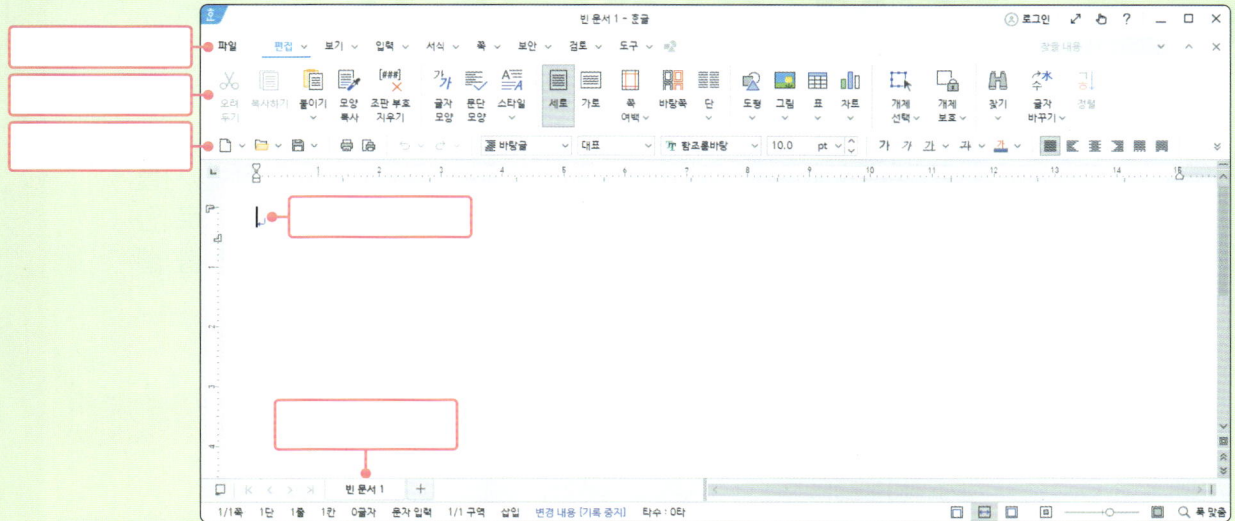

02 한글 2022 화면에서 기본 도구 상자를 숨긴 후 다시 표시한 다음 한글 2022 프로그램을 종료해 보세요.

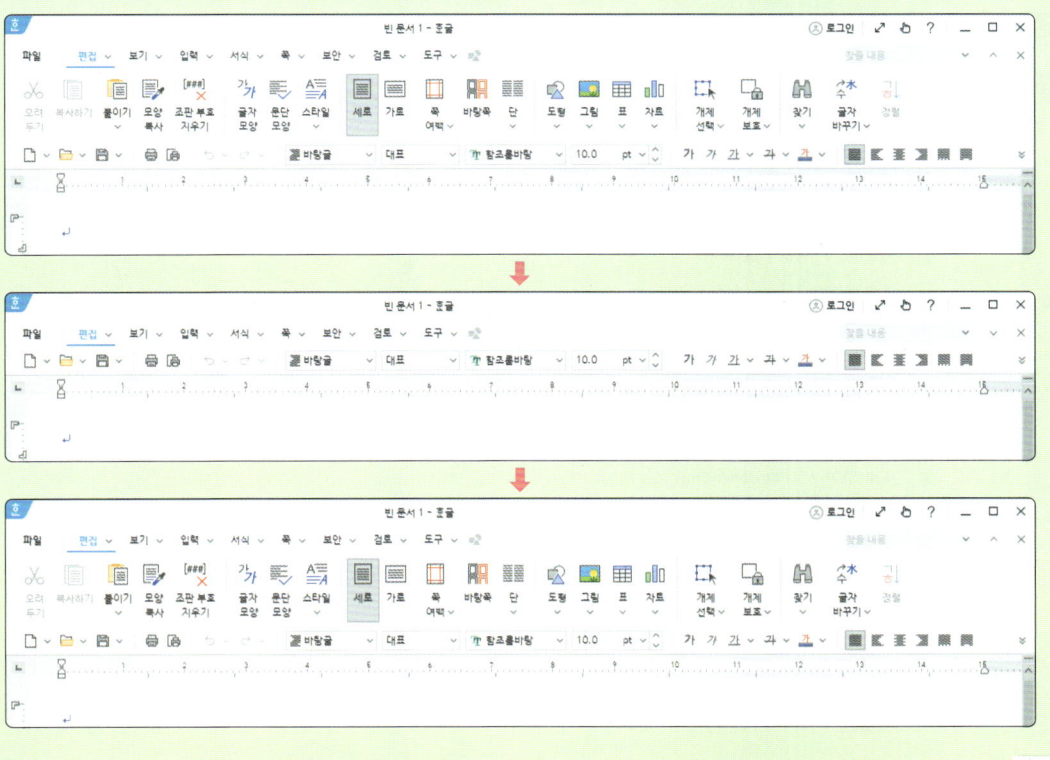

Hint

[보기] 탭의 [목록] 단추를 클릭한 후 [도구 상자]-[도구 상자 접기/펴기]를 클릭해도 도구 상자를 접거나 펼 수 있습니다.

Hangul 2022

편집 용지 설정하고 문서 작성하기

문서를 작성하기 전에 편집 용지를 설정하는 것이 좋습니다. 편집 용지를 설정하지 않으면 문서를 읽는 데 불편하거나 문서를 인쇄할 때 제대로 인쇄되지 않는 등 문제가 발생할 수 있기 때문입니다. 그럼 편집 용지를 설정하고 문서를 작성하는 방법에 대해 알아보겠습니다.

Step 01 편집 용지 설정하기

1 한글 2022를 실행한 후 [쪽] 탭의 [목록] 단추를 클릭한 다음 [편집 용지]를 클릭합니다.

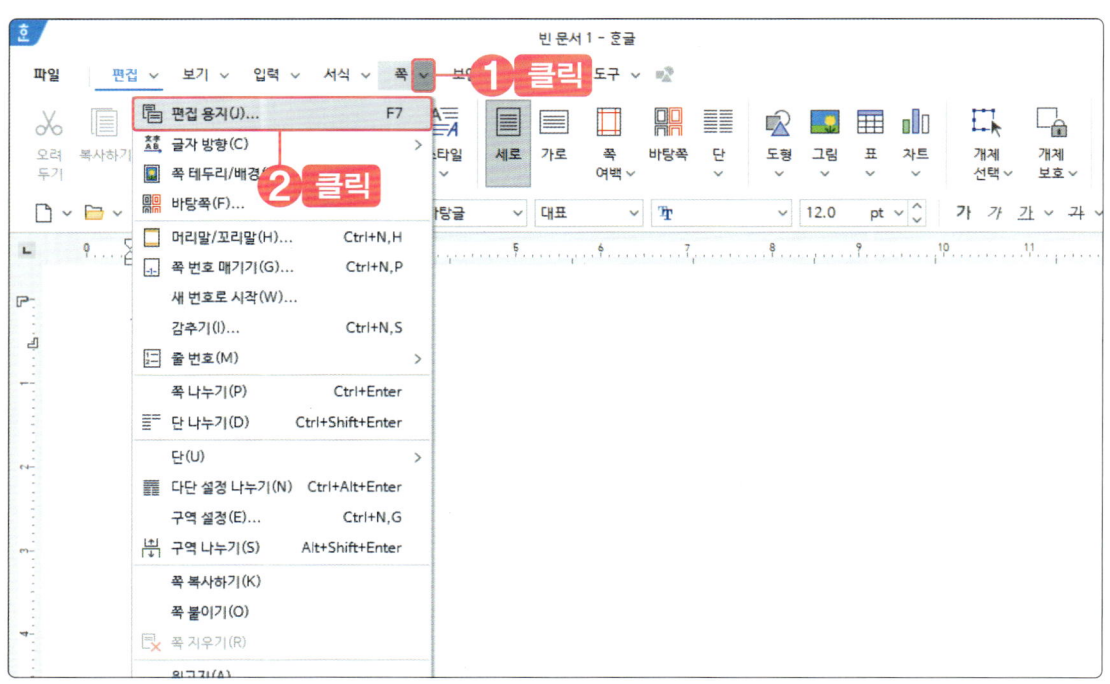

Tip
키보드의 을 눌러 편집 용지를 설정할 수도 있습니다.

2 [편집 용지] 대화상자가 나타나면 [기본] 탭에서 용지 종류(A4(국배판) [210 × 297 mm])와 용지 방향([세로])을 선택한 후 왼쪽/오른쪽/위쪽/아래쪽 용지 여백(20), 머리말/꼬리말 용지 여백(10), 제본 용지 여백(10)을 입력한 다음 [설정] 단추를 클릭합니다.

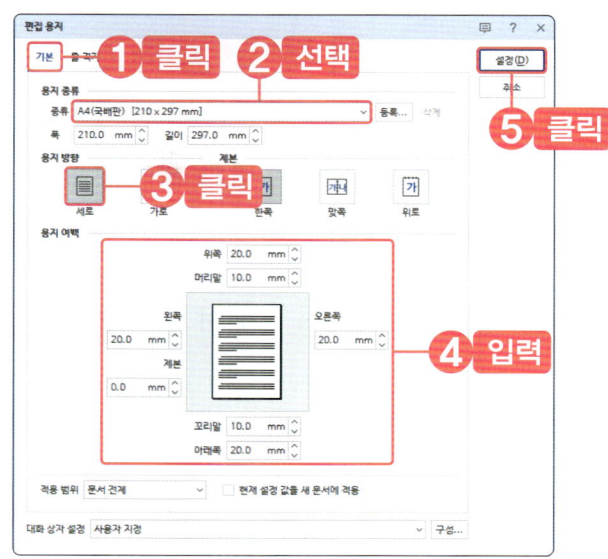

3 편집 용지가 설정됩니다.

잠깐만요!

설정된 편집 용지 알아보기 ➡ 용지 종류(A4 용지), 용지 여백(아래 참고)

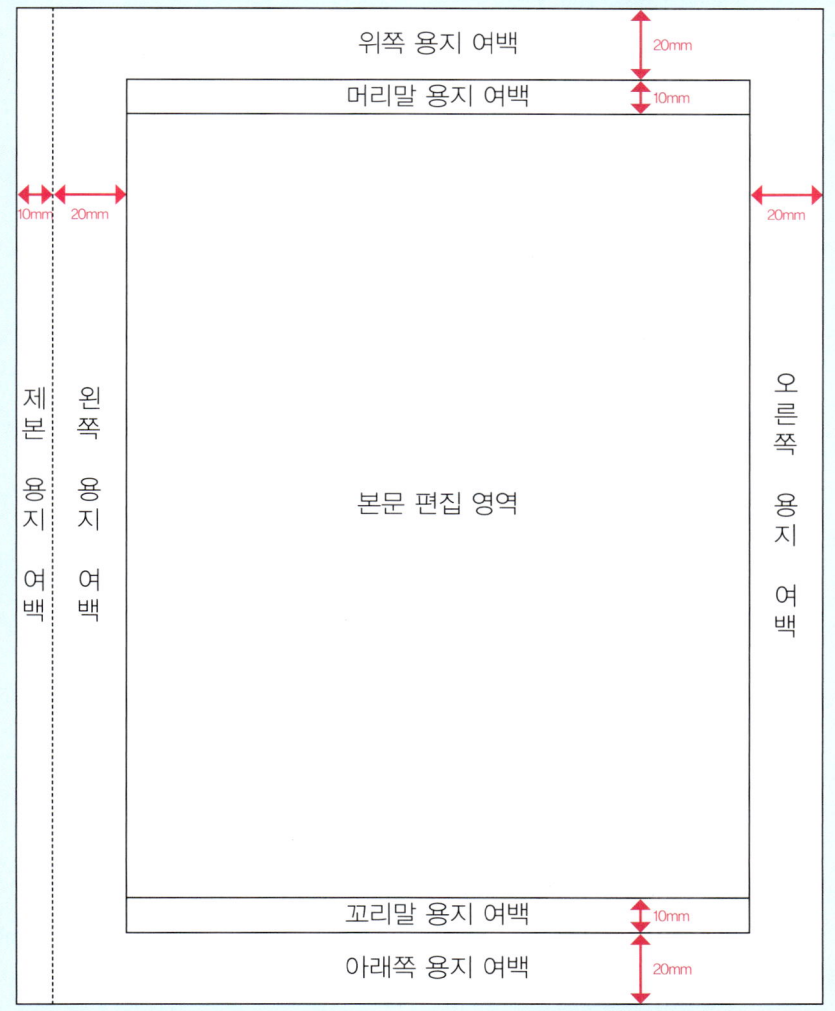

Chapter 02 – 편집 용지 설정하고 문서 작성하기 **13**

Step 02 문서 작성하고 저장하기

1 다음과 같이 **내용을 입력**한 후 Enter를 **두 번** 누릅니다.

독서 관련 속담 ← ① 입력 후 Enter를 두 번
② 커서 위치 확인

Tip
한 칸을 띄울 때는 SpaceBar를 누르고, 문단을 바꿀 때는 Enter를 누릅니다. 문단은 Enter를 누른 곳에서부터 다음 Enter를 누른 곳까지의 내용을 문단이라고 합니다.

2 같은 방법으로 다음과 같이 나머지 **내용을 입력**한 후 '작가'를 지우기 위해 **'작가' 뒤에 커서를 둔 다음** BackSpace**를 두 번** 누릅니다.

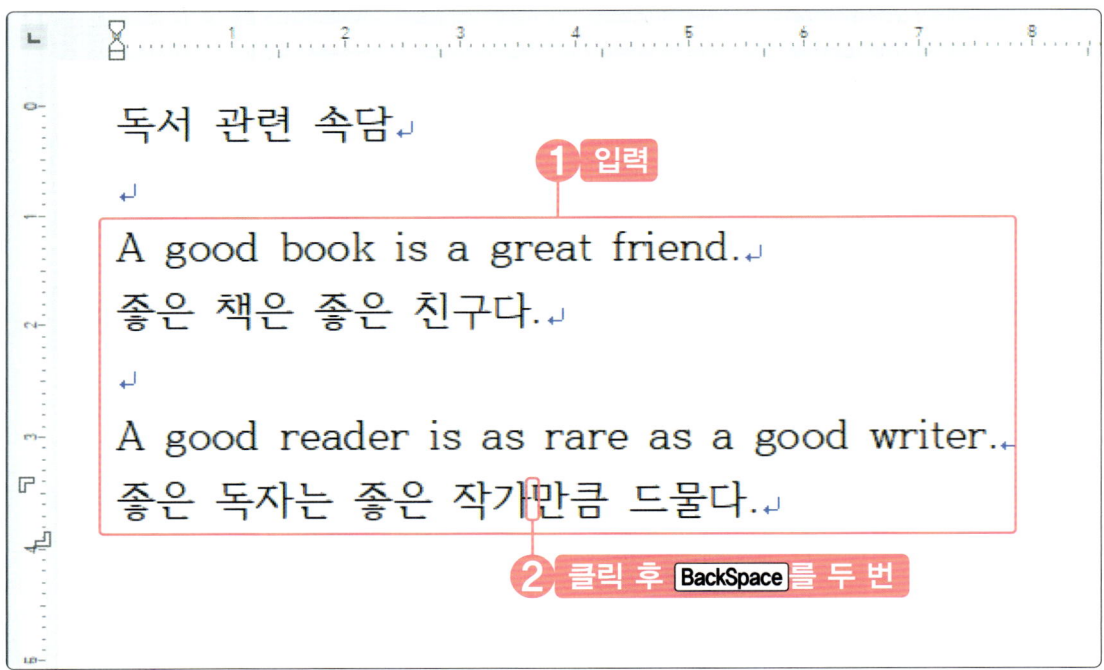

독서 관련 속담
① 입력
A good book is a great friend.
좋은 책은 좋은 친구다.

A good reader is as rare as a good writer.
좋은 독자는 좋은 작가만큼 드물다.
② 클릭 후 BackSpace를 두 번

Tip
BackSpace는 커서를 기준으로 왼쪽에 있는 글자를 지울 때 사용하고, Delete는 오른쪽에 있는 글자를 지울 때 사용합니다. '작가' 앞에 커서를 둔 후 Delete를 두 번 눌러 '작가'를 지울 수도 있습니다.

3 '작가'가 지워지면 삽입 상태인지 확인한 후 **'저자'를 입력**합니다.

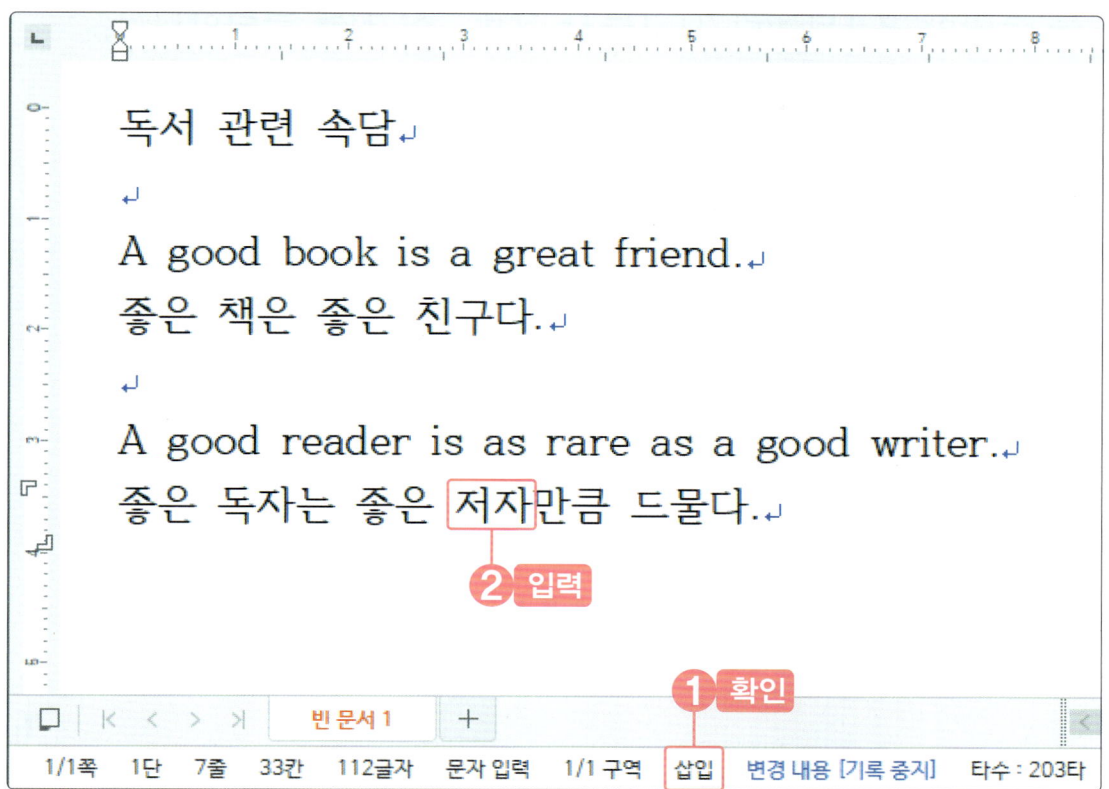

> **Tip**
> 키보드의 [Insert]는 삽입/수정 상태를 전환할 때 사용합니다. 수정 상태에서 [Insert]를 누르면 삽입 상태로 전환됩니다.

잠깐만요!

삽입/수정 상태
삽입 상태이면 커서 위치의 기존 내용이 뒤로 밀리면서 새 내용이 입력되고, 수정 상태이면 다음과 같이 커서 위치의 기존 내용이 지워지면서 새 내용이 입력됩니다.

수정 상태이면 '만큼'이 지워지면서 '저자'가 입력됩니다.

Chapter 02 – 편집 용지 설정하고 문서 작성하기

4 '작가'를 지우기 전 상태로 되돌리기 위해 [편집] 탭의 ▽[목록] 단추를 클릭한 후 [되돌리기]-[문자 삭제 : 작가]를 클릭합니다.

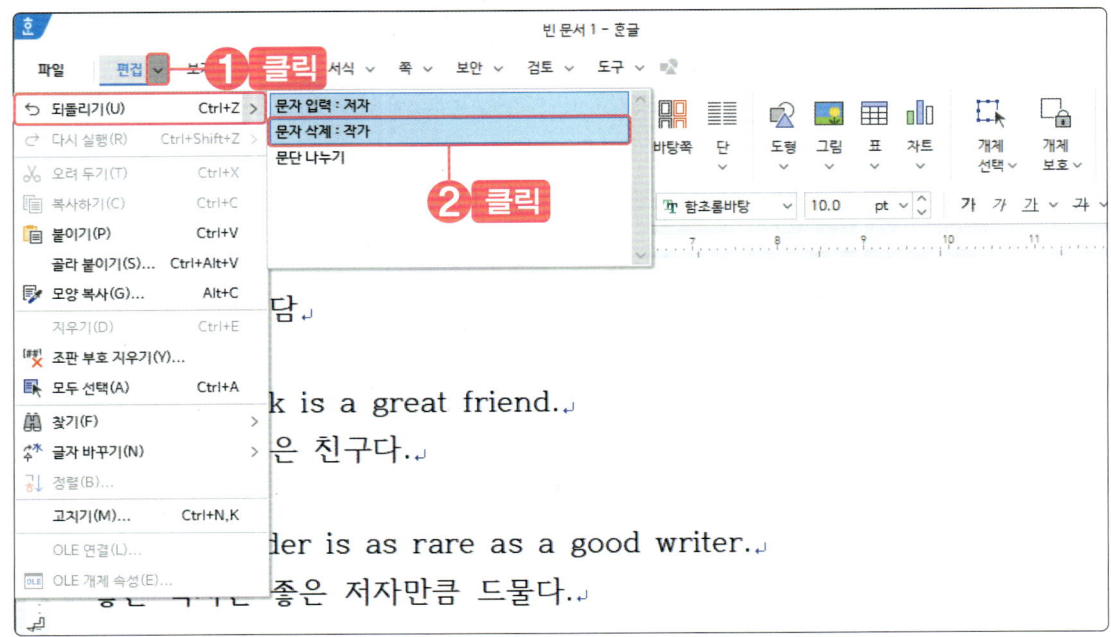

Tip
- 되돌리기는 실행한 명령을 취소하는 기능이고, 다시 실행은 되돌리기를 사용하여 취소한 명령을 다시 실행하는 기능입니다.
- Ctrl+Z를 두 번 눌러 '작가'를 지우기 전 상태로 되돌릴 수도 있는데요. Ctrl+Z를 누르면 '저자'를 입력하기 전 상태로 되돌려지고, 다시 Ctrl+Z를 누르면 '작가'를 지우기 전 상태로 되돌려집니다.

5 다음과 같이 '작가'를 지우기 전 상태로 되돌려집니다.

독서 관련 속담

A good book is a great friend.
좋은 책은 좋은 친구다.

A good reader is as rare as a good writer.
좋은 독자는 좋은 작가만큼 드물다.

① 확인

6 문서를 저장하기 위해 [파일] 탭을 클릭한 후 [저장하기]를 클릭합니다.

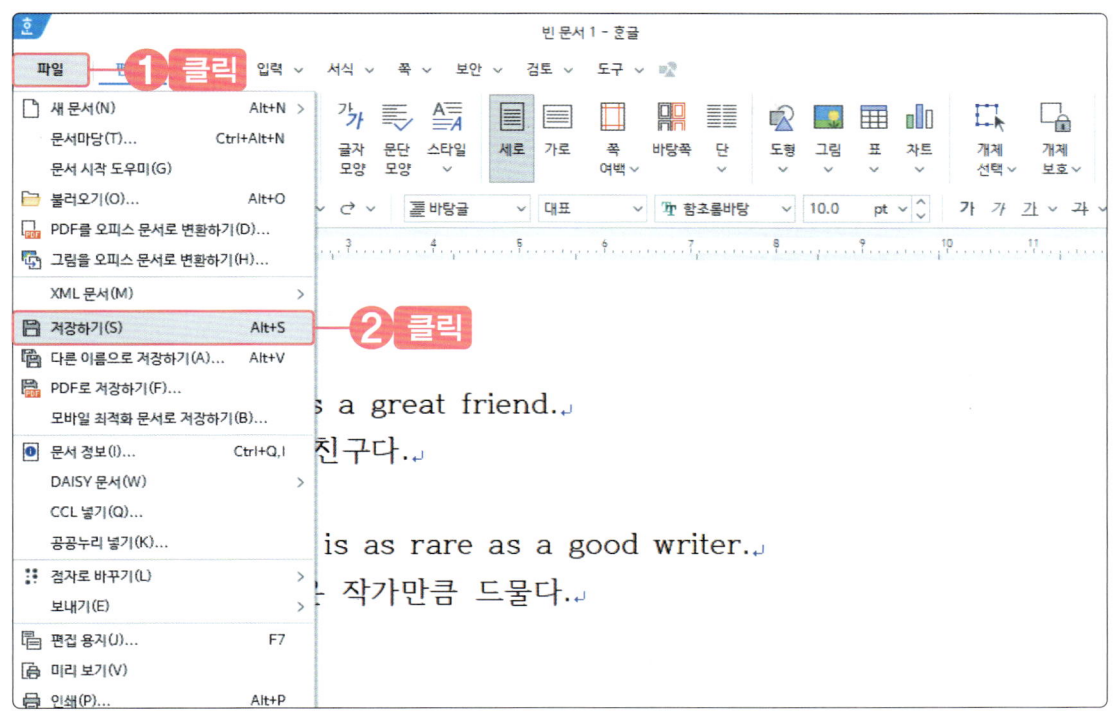

> Tip
> [서식] 도구 상자에서 🖫[저장하기]를 클릭하거나 Alt + S 를 눌러 문서를 저장할 수도 있습니다.

7 [다른 이름으로 저장하기] 대화상자가 나타나면 **저장 위치(문서)를 지정**한 후 **파일 이름(독서 관련 영어 속담)을 입력**한 다음 [저장] 단추를 클릭합니다.

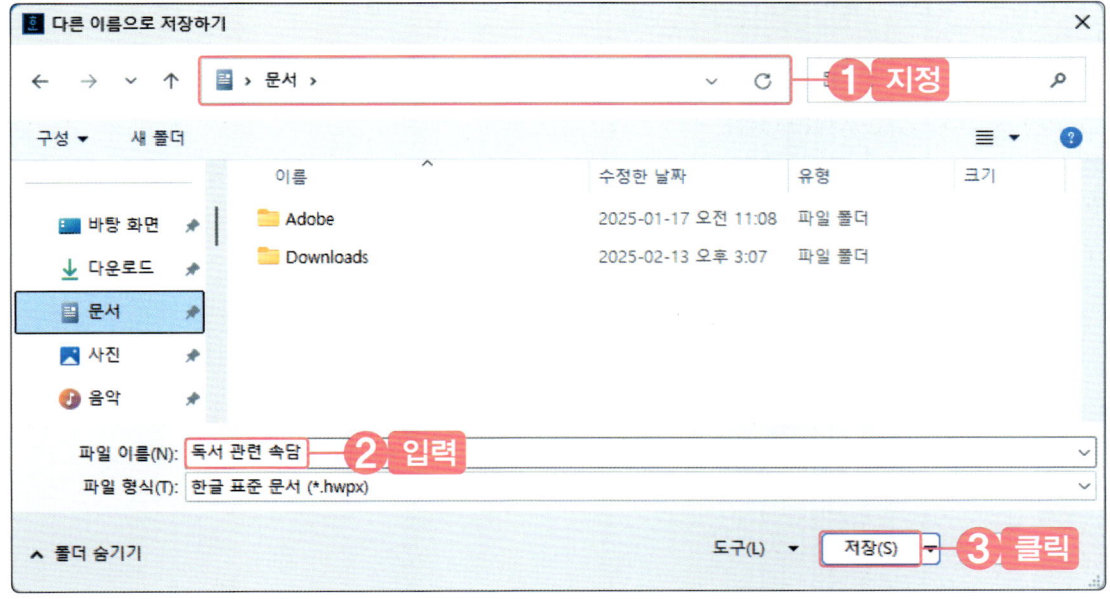

Chapter 02 – 편집 용지 설정하고 문서 작성하기

8 다음과 같이 문서가 저장됩니다.

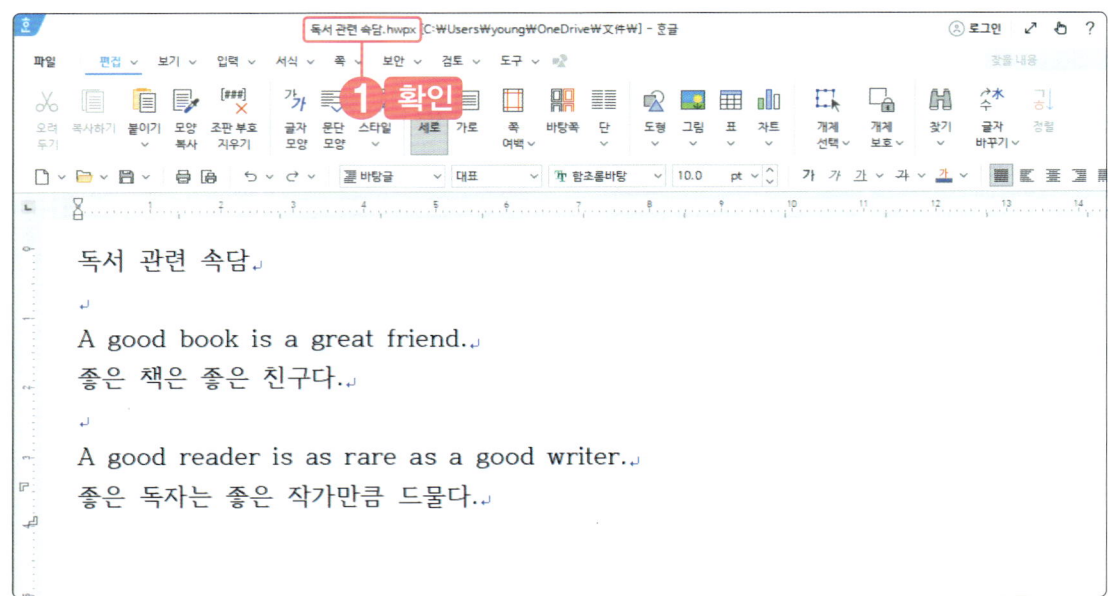

> **Tip**
> 문서가 저장되면 제목 표시줄에는 저장된 문서의 파일 이름과 경로가 표시되고, 문서 탭에는 저장된 문서의 파일 이름이 표시됩니다.

잠깐만요!

문서 저장 상태

문서가 수정된 상태인지, 자동 저장된 상태인지, 저장된 상태인지는 다음과 같이 문서 탭에 있는 파일 이름의 색으로 구분할 수 있습니다.

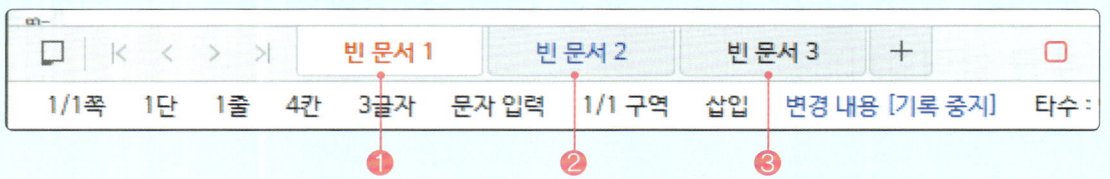

❶ 문서가 수정된 상태인 경우
❷ 문서가 자동 저장된 상태인 경우
❸ 문서가 저장된 상태인 경우

새 문서 만들기

[파일] 탭을 클릭한 후 [새 문서]를 클릭하거나 Alt + N 을 누르면 새 문서를 만들 수 있습니다.

실전 연습 문제

01 다음과 같이 새 문서를 입력한 후 문서를 작성해 보세요.

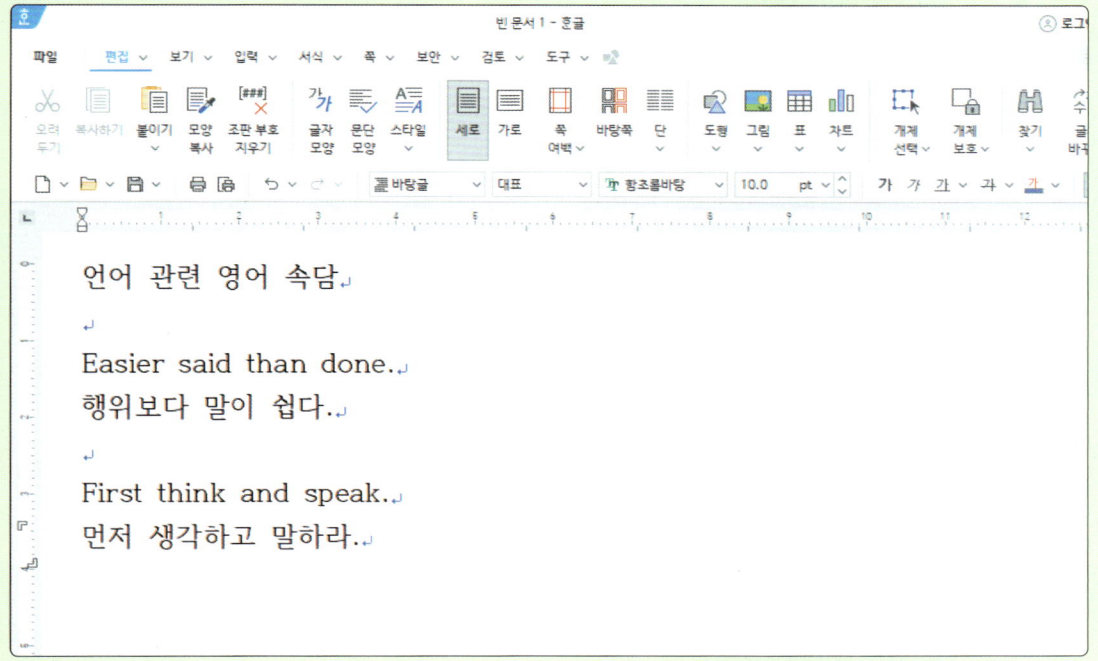

Hint
새 문서 만들기 : [파일] 탭을 클릭한 후 [새 문서]를 클릭

02 다음과 같이 '행위'를 '행동'으로 수정한 후 문서를 저장해 보세요.
- 문서 저장 : 저장 위치(문서), 파일 이름(언어 관련 영어 속담)

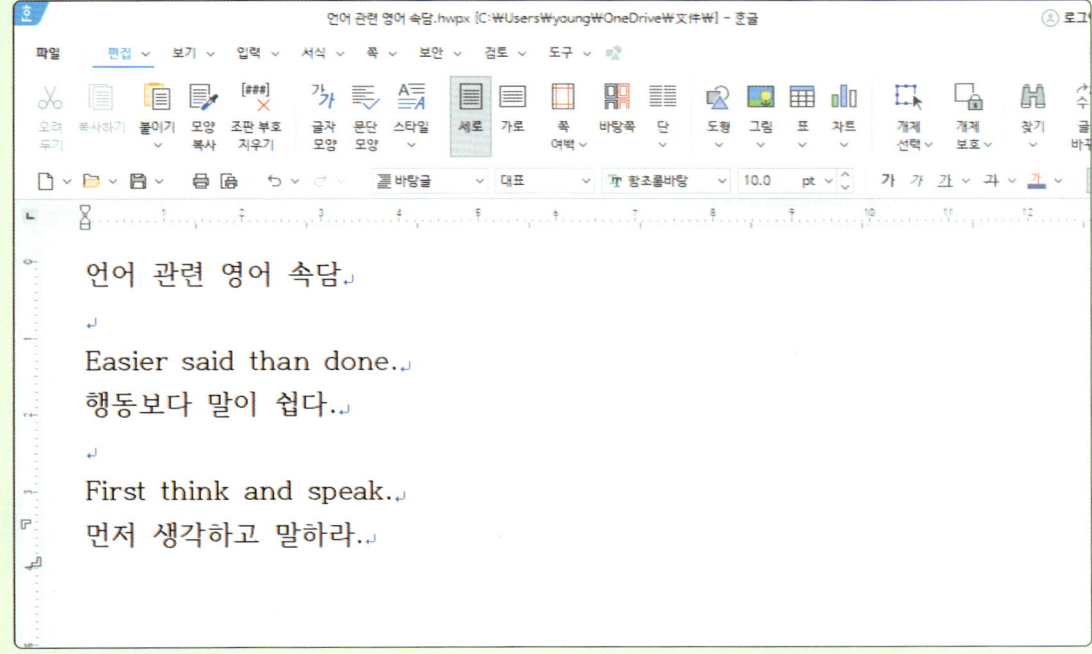

Hangul 2022

문서 열고 내용 수정하기

문서의 내용 수정 기능 중 복사하기는 입력되어 있는 내용을 다른 곳에 입력할 때 사용하는 기능이고, 오려 두기는 입력되어 있는 내용을 다른 곳으로 이동할 때 사용하는 기능입니다. 복사하기와 오려 두기를 사용하면 문서를 쉽고 빠르게 작성할 수 있습니다. 그럼 문서를 열고 내용을 수정하는 방법에 대해 알아보겠습니다.

Step 01 문서 열고 내용 복사하기

1 한글 2022를 실행한 후 문서를 열기 위해 **[파일] 탭을 클릭**한 다음 **[불러오기]를 클릭**합니다.

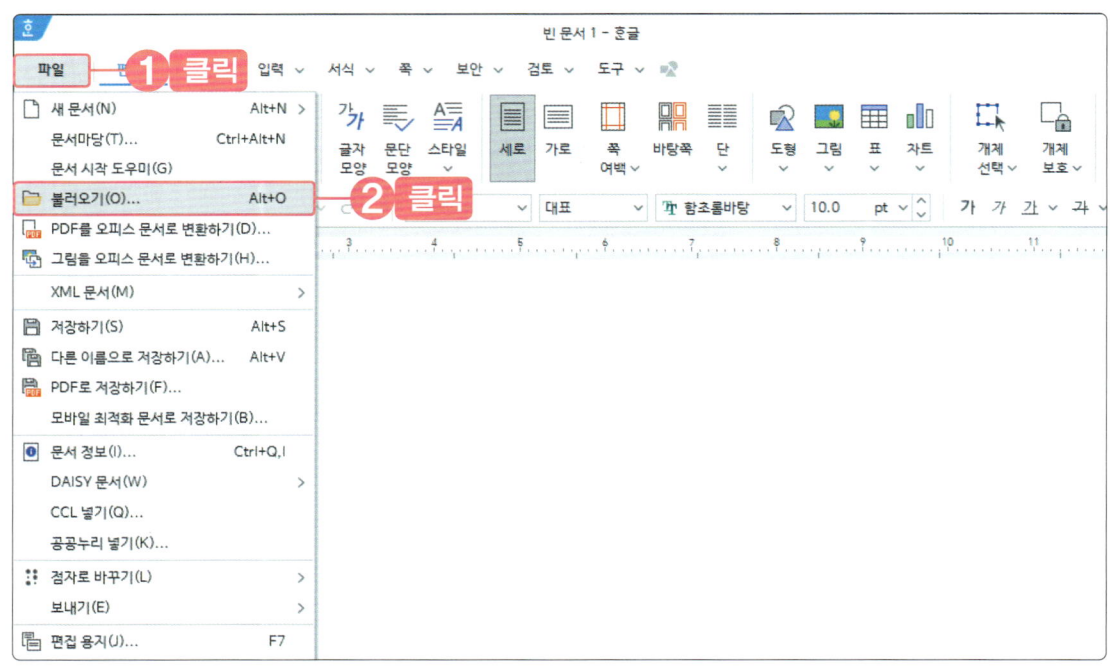

> **Tip**
> [서식] 도구 상자의 [불러오기]를 클릭하거나 키보드에서 Alt + O 를 눌러 문서를 열 수도 있습니다.

2 [불러오기] 대화상자가 나타나면 **찾는 위치(스마트정보화\한글 2022\Chapter 03)를 지정**한 후 **파일(4호선 환승 정보)을 클릭**한 다음 **[열기] 단추를 클릭**합니다.

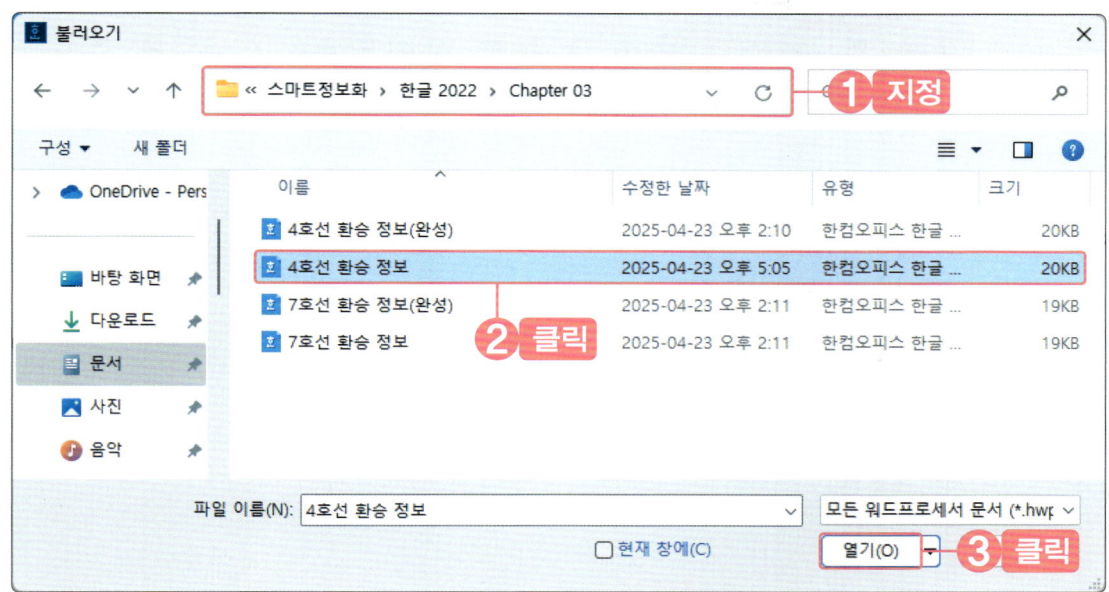

3 문서가 열리면 내용을 복사하기 위해 **'7호선'을 드래그하여 블록으로 설정**한 후 **[편집] 탭을 클릭**한 다음 **[복사하기]를 클릭**합니다.

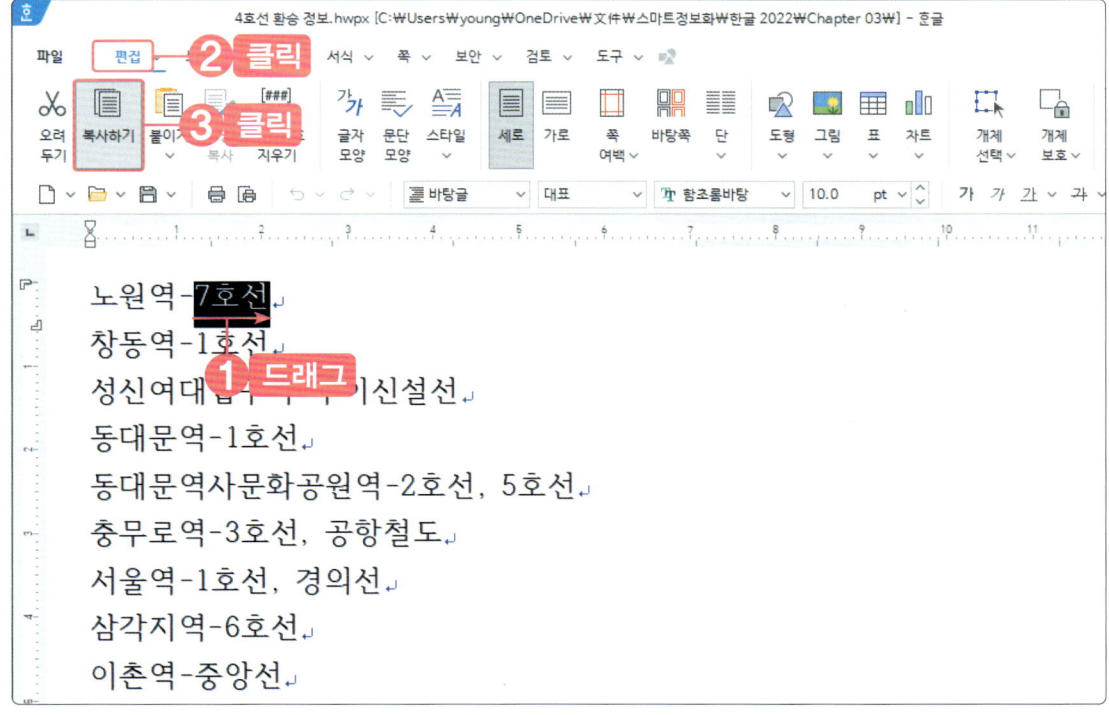

Tip
'7호선'을 블록으로 설정하라는 것은 '7호선'을 드래그하여 선택하라는 것입니다. 블록을 해제하려면 문서에서 빈 곳을 클릭하거나 Esc 를 누르면 됩니다.

4 '총신대입구(이수)역-' 뒤를 **클릭**하여 커서를 위치 시킨 후 **[편집] 탭**을 **클릭**한 다음 **[붙이기]**를 **클릭**합니다.

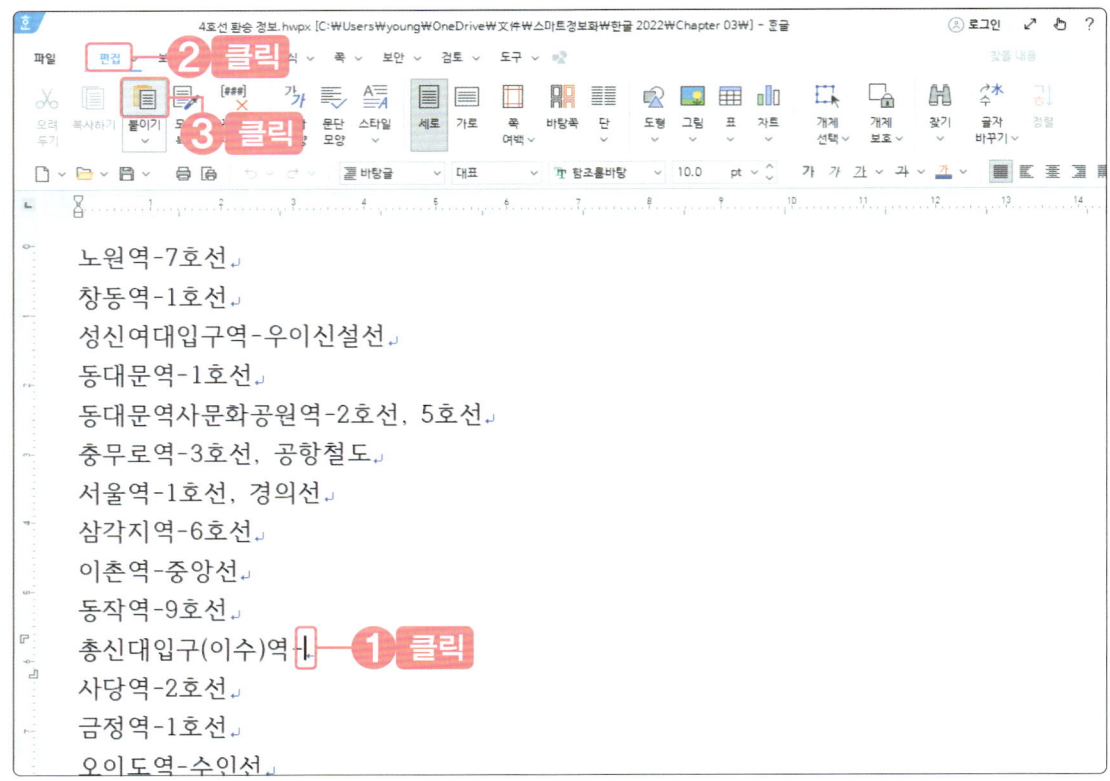

5 다음과 같이 내용이 복사됩니다.

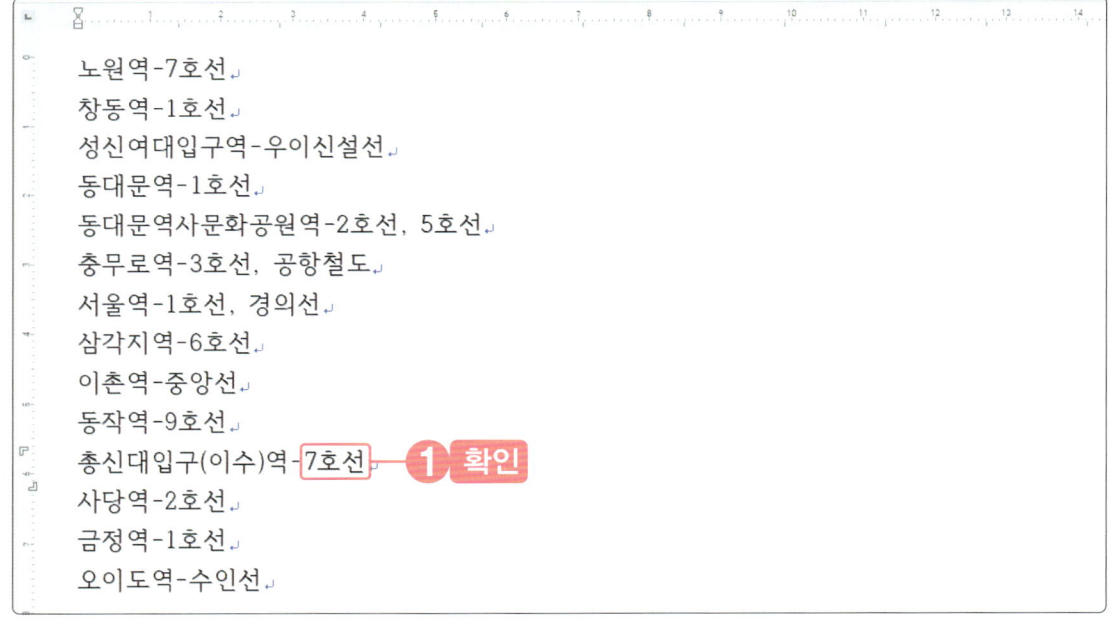

> **Tip**
> 내용을 블록으로 설정한 후 Ctrl+C를 누릅니다. 그런다음 복사할 위치를 클릭한 후 Ctrl+V를 눌러 내용을 복사할 수도 있습니다.

Step 02 내용 이동하고 문서를 다른 이름으로 저장하기

1 내용을 이동하기 위해 ', 공항철도'를 드래그하여 블록으로 설정한 후 [편집] 탭을 클릭한 다음 [오려 두기]를 클릭합니다.

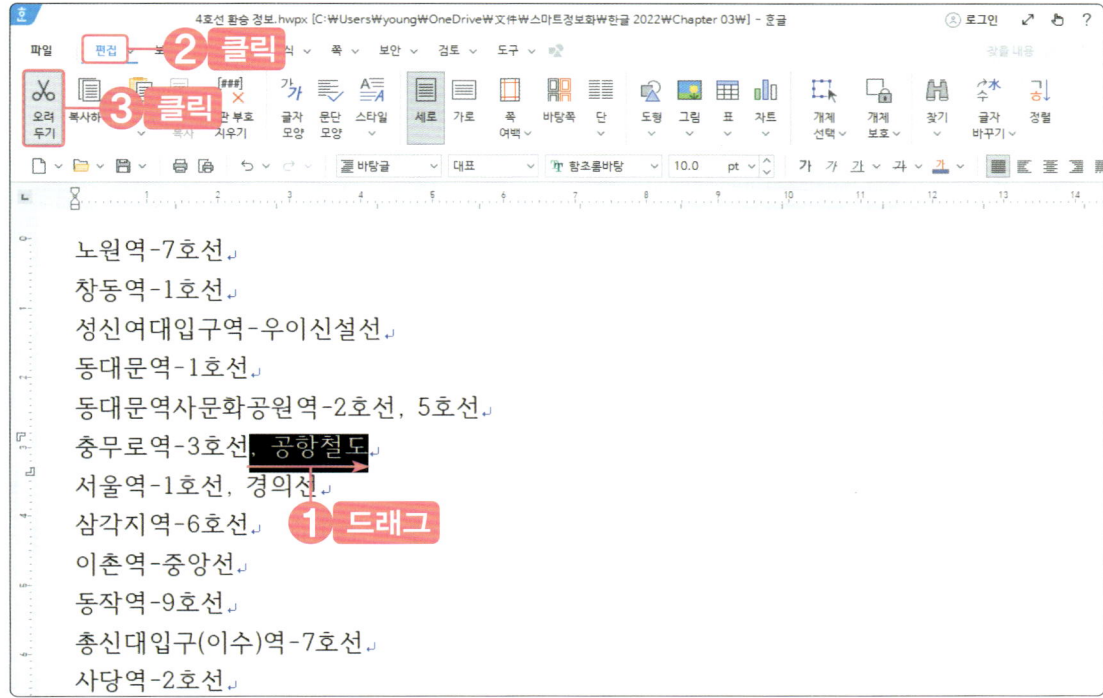

2 '서울역-1호선, 경의선' 뒤를 클릭하여 커서를 위치 시킨 후 [편집] 탭을 클릭한 다음 [붙이기]를 클릭합니다.

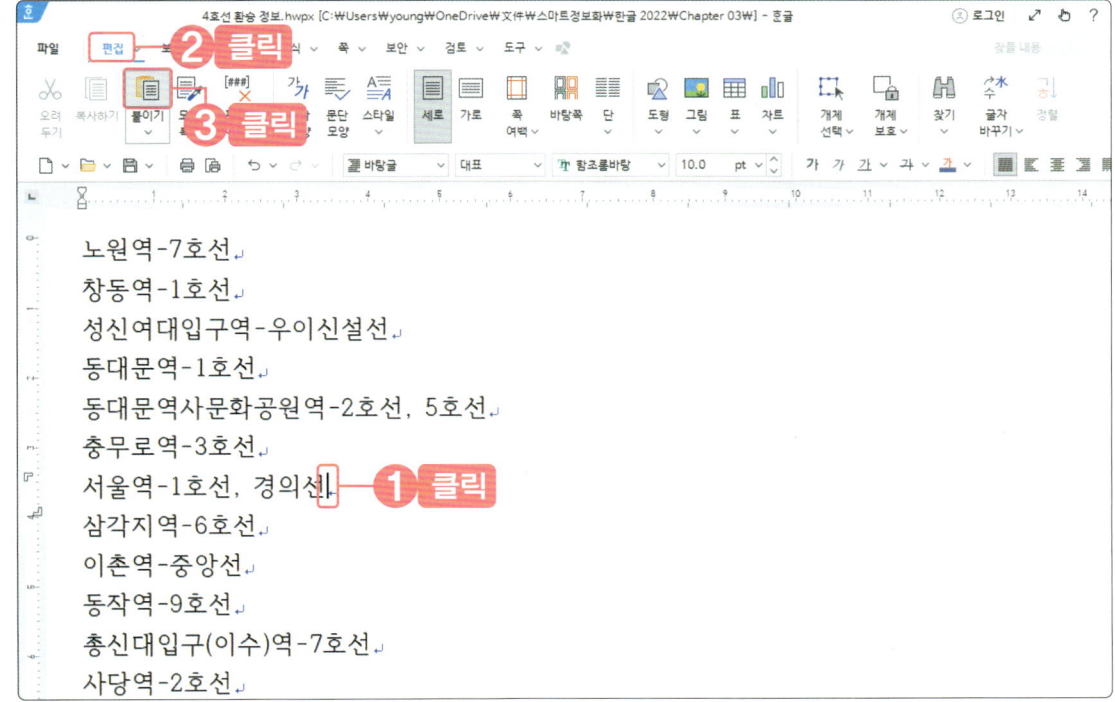

3 다음과 같이 내용이 이동됩니다.

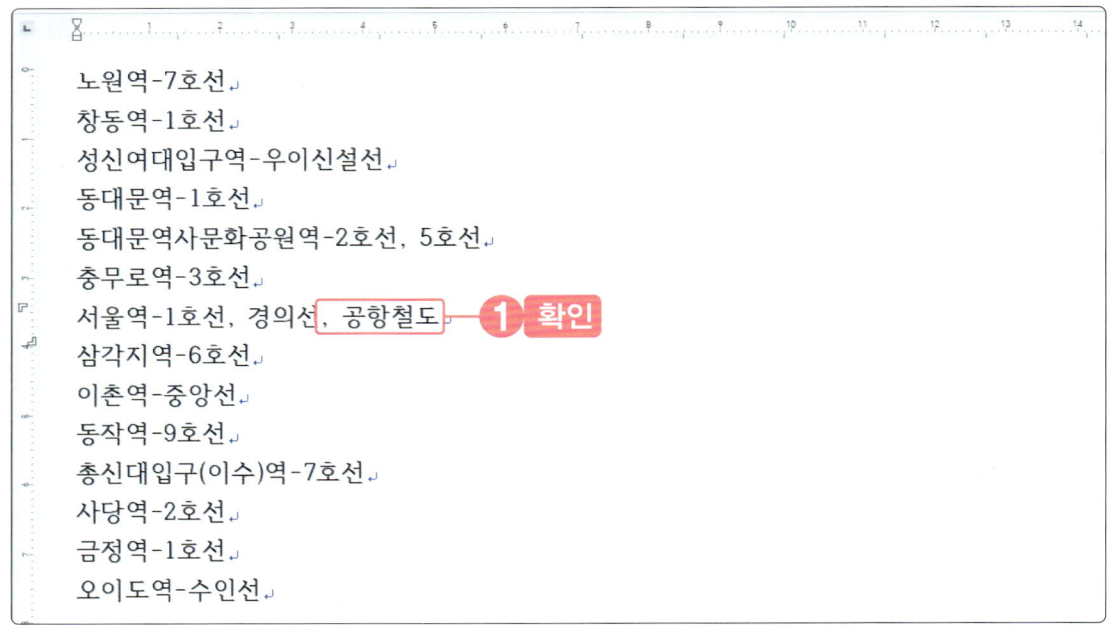

> **Tip**
> 내용을 블록으로 설정한 후 Ctrl+X를 누릅니다. 그런다음 이동할 위치를 클릭한 후 Ctrl+V를 눌러 내용을 이동할 수도 있습니다.

4 문서를 다른 이름으로 저장하기 위해 **[파일] 탭을 클릭**한 후 **[다른 이름으로 저장하기]를 클릭**합니다.

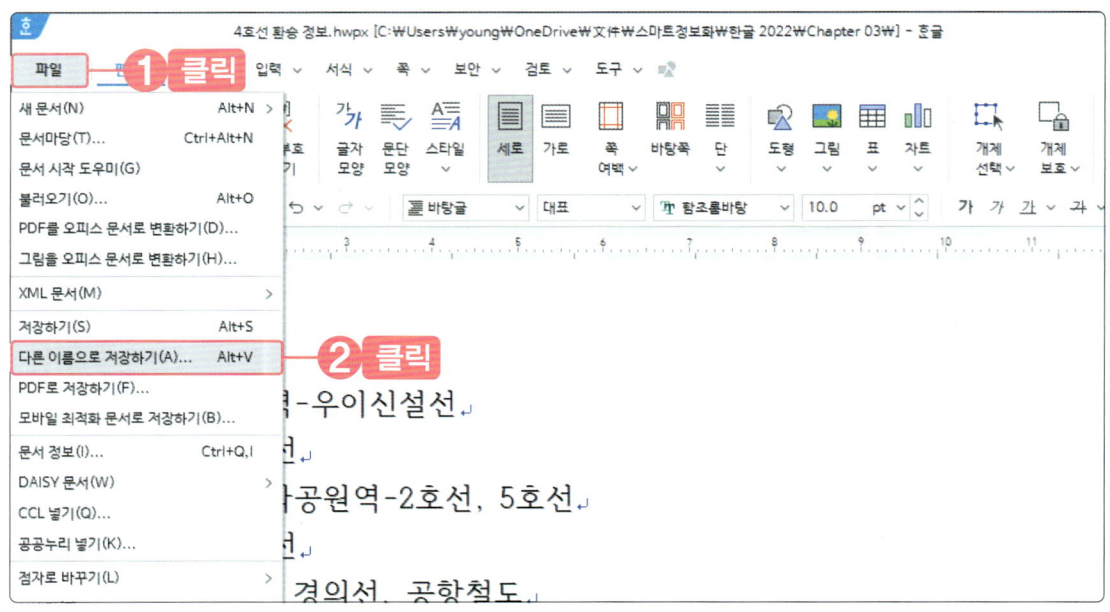

> **Tip**
> [서식] 도구 상자에서 [저장하기]의 [목록] 단추를 클릭한 후 [다른 이름으로 저장하기]를 클릭하거나 Alt+V를 눌러 문서를 다른 이름으로 저장할 수도 있습니다.

5 [다른 이름으로 저장하기] 대화상자가 나타나면 **저장 위치(문서)를 지정**한 후 **파일 이름(4호선 환승 정보(완성))을 입력**한 다음 **[저장] 단추를 클릭**합니다.

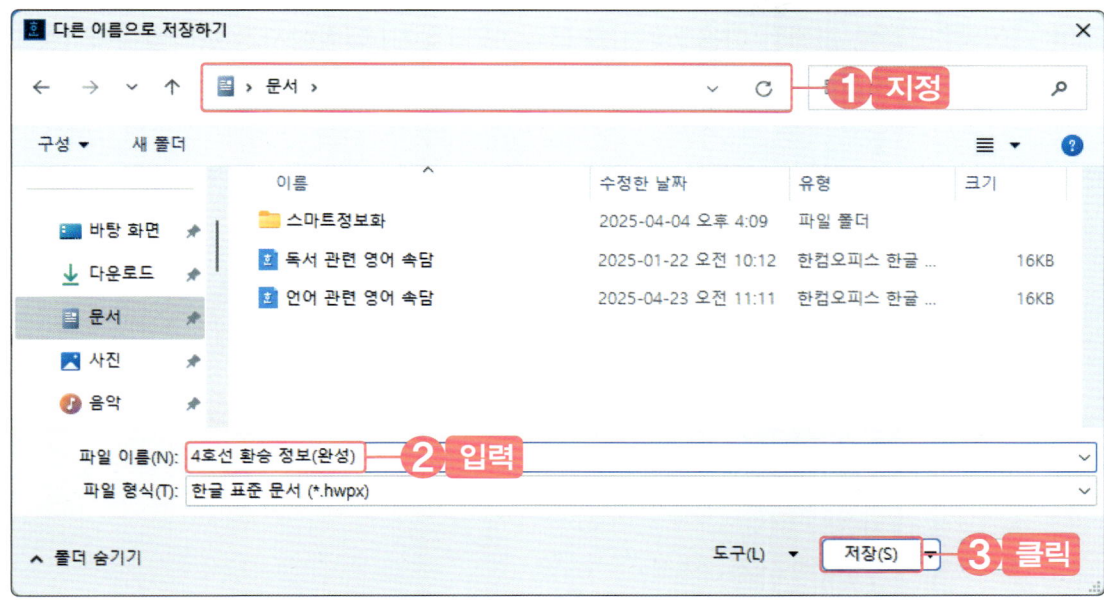

6 다음과 같이 문서가 다른 이름으로 저장됩니다.

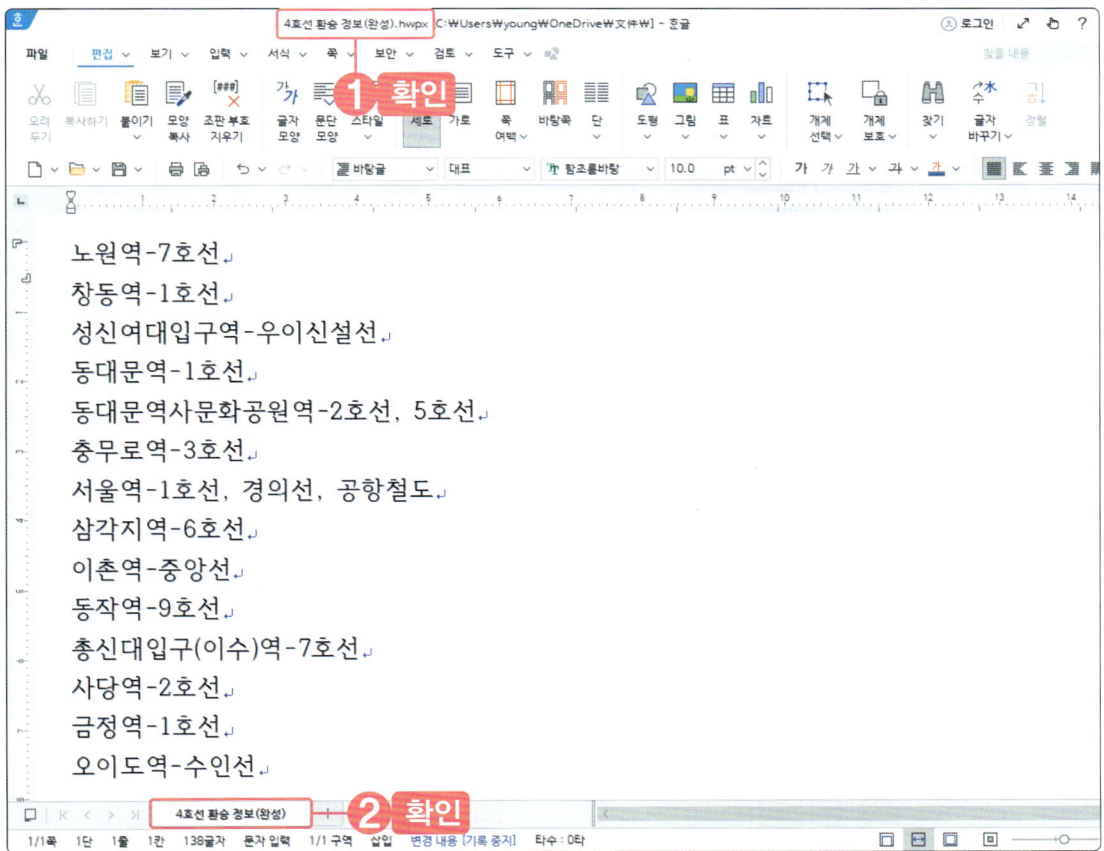

찾기

찾기는 문서에서 지정한 내용을 찾는 기능입니다. 다음과 같이 [편집] 탭을 클릭한 후 [찾기]의 [목록] 단추를 클릭한 다음 [찾기]를 클릭하면 [찾기] 대화상자가 나타납니다. [찾기] 대화상자에서 찾을 내용을 입력한 후 찾을 방향을 선택한 다음 [다음 찾기] 단추를 클릭하면 문서에서 지정한 내용을 찾을 수 있습니다. [닫기] 단추를 클릭하면 [찾기] 대화상자를 종료할 수 있습니다.

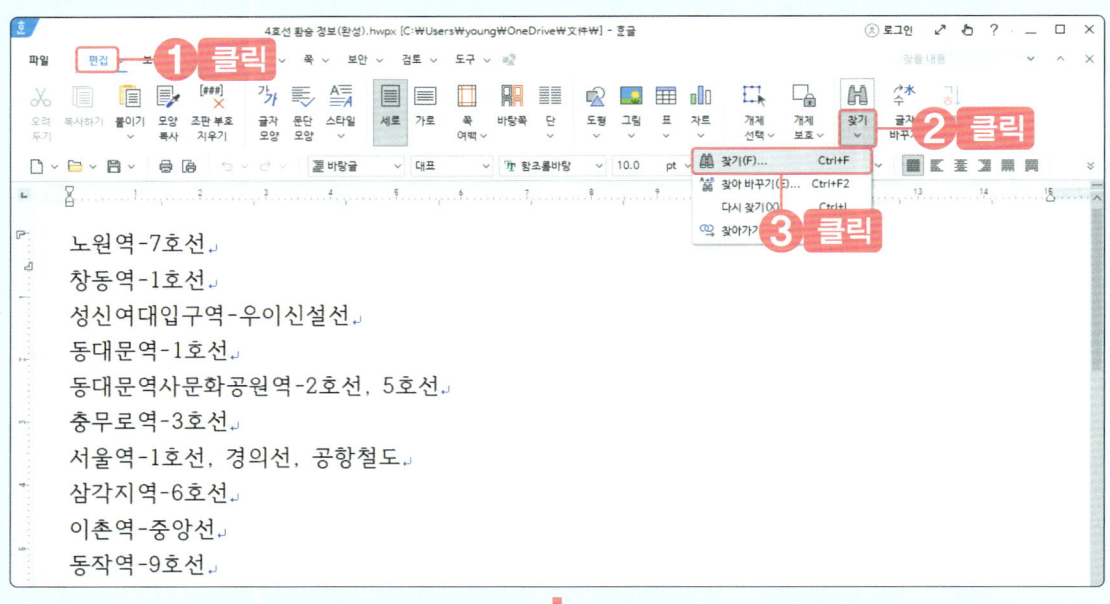

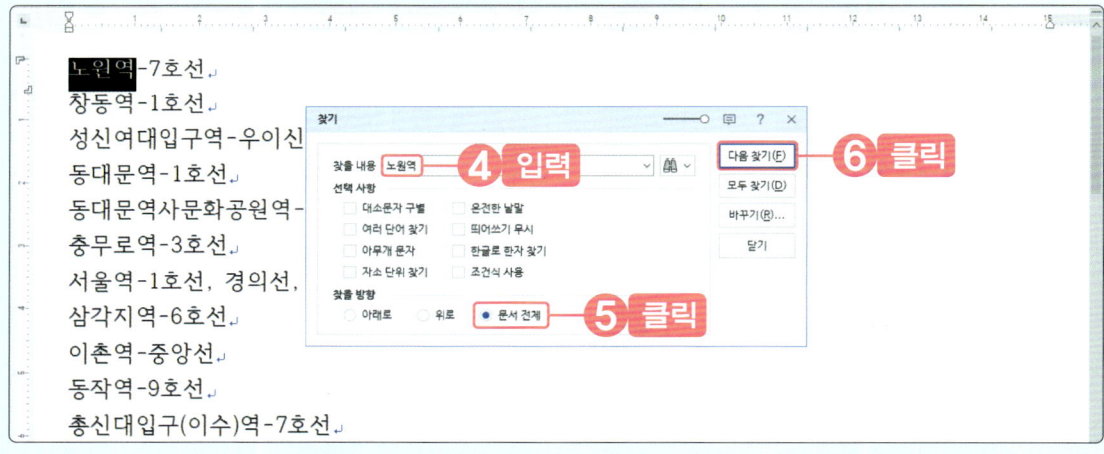

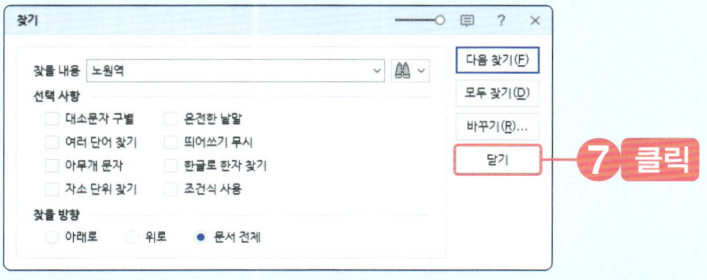

실전 연습 문제

01 다음과 같이 문서를 열어 보세요.
- 문서 열기 : 찾는 위치(스마트정보화\한글 2022\Chapter 03), 파일 이름(7호선 환승 정보)

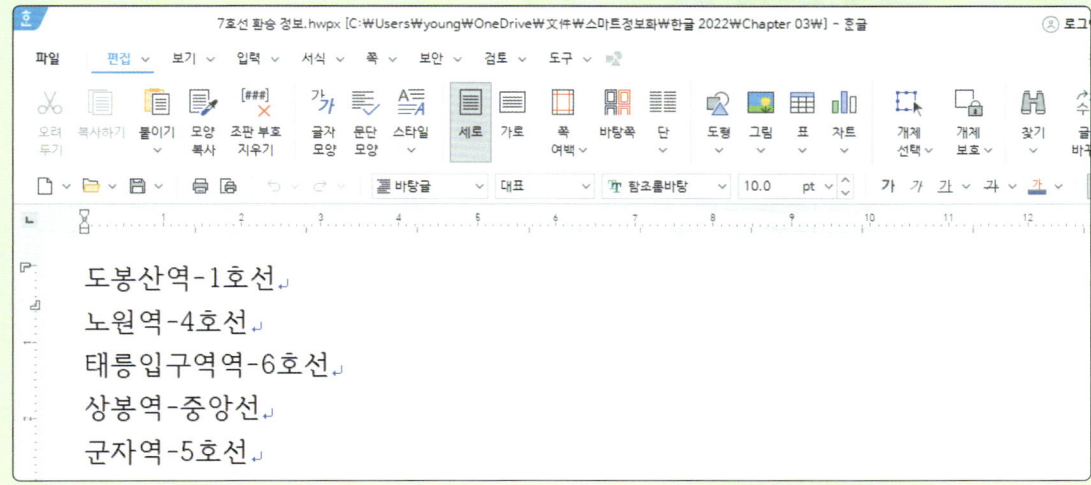

02 다음과 같이 '1호선'을 '가산디지털단지역-', '온수역-', '부평구청역-' 뒤에 복사한 후 고속터미널역의 ', 경춘선'을 '상봉역-중앙선' 뒤로 이동한 다음 문서를 다른 이름으로 저장해 보세요.
- 문서를 다른 이름으로 저장 : 저장 위치(문서), 파일 이름(7호선 환승 정보(완성))

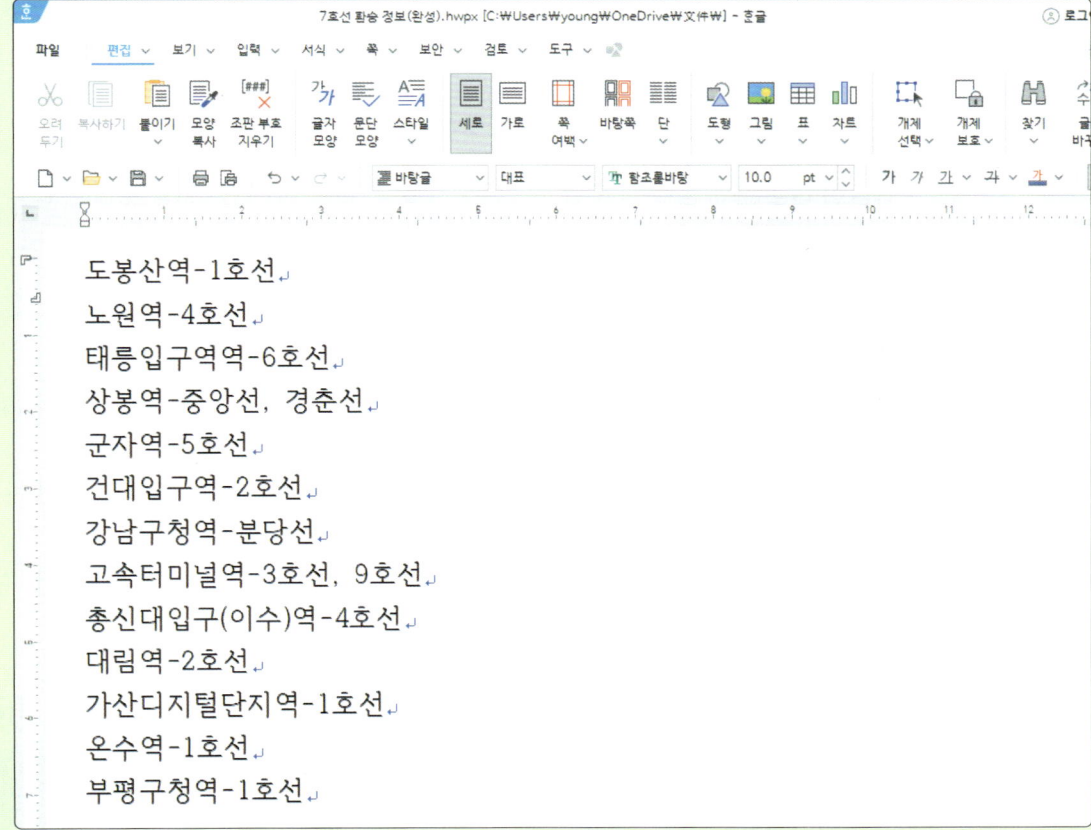

한자와 특수문자 입력하기

한자는 먼저 해당 한글을 입력한 후 한자로 바꾸기를 사용하여 입력하고, 키보드에 없는 특수문자(●, ◇, ■ 등)는 문자표를 사용하여 입력합니다. 그럼 한자와 특수문자를 입력하는 방법에 대해 알아보겠습니다.

Step 01 한자 입력하기

1 한글 2022를 실행한 후 다음과 같이 **문서를 작성**합니다.

➊ 입력

친구 관련 고사성어
간담상조 : 서로 간과 쓸개를 내보인다는 뜻으로, 서로 속마음을 터놓고 친하게 지내는 것을 말한다.
송무백열 : 소나무가 무성한 것을 보고 잣나무가 기뻐한다는 뜻으로, 친구가 잘되는 것을 보고 기뻐하는 것을 말한다.
죽마고우 : 대나무 말을 타고 놀던 어릴 때 친구라는 뜻으로, 어릴 때부터 친하게 지내며 자란 친구를 말한다.

Tip
[스마트정보화\한글 2022\Chapter 04] 폴더의 '친구 관련 고사성어.hwpx' 파일을 불러와 사용해도 됩니다.

28 한글 2022

2 한자를 입력하기 위해 '고사성어' 뒤에 커서를 위치 시킨 후 [입력] 탭을 클릭한 다음 [한자 입력]의 [목록] 단추를 클릭하고 [한자로 바꾸기]를 클릭합니다.

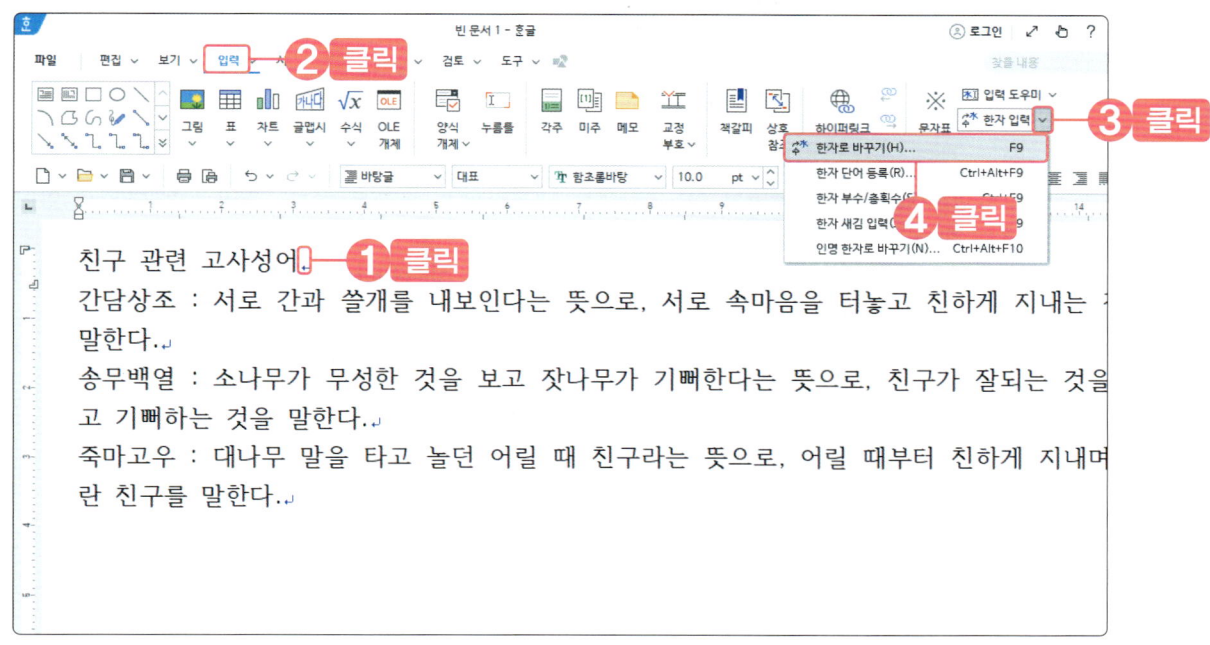

> **Tip**
> 한글 뒤에 커서를 둔 후 [편집] 탭을 클릭한 다음 [글자 바꾸기]-[한자로 바꾸기]를 클릭하거나 F9 또는 한자를 눌러 한자를 입력할 수도 있습니다.

3 [한자로 바꾸기] 대화상자가 나타나면 **한자(故事成語)와 입력 형식(한글(漢字))을 선택**한 후 [바꾸기] 단추를 클릭합니다.

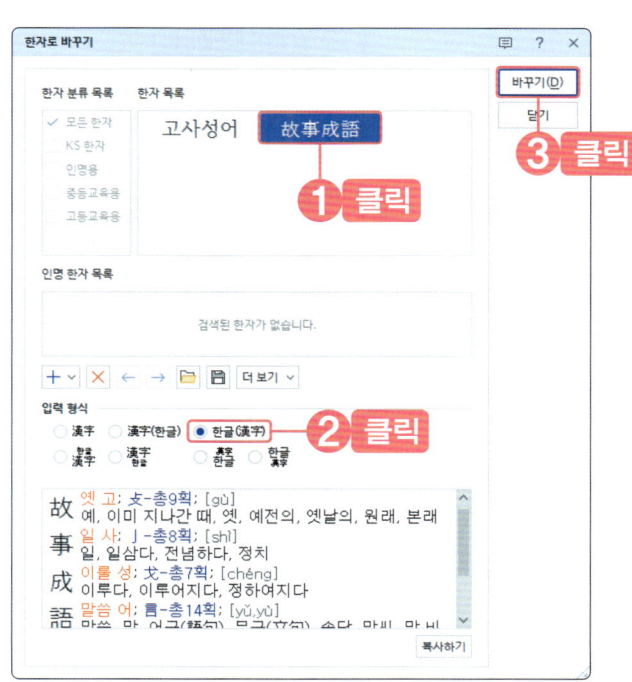

Chapter 04 - 한자와 특수문자 입력하기 **29**

4 같은 방법으로 다음과 같이 **한자를 입력**합니다.

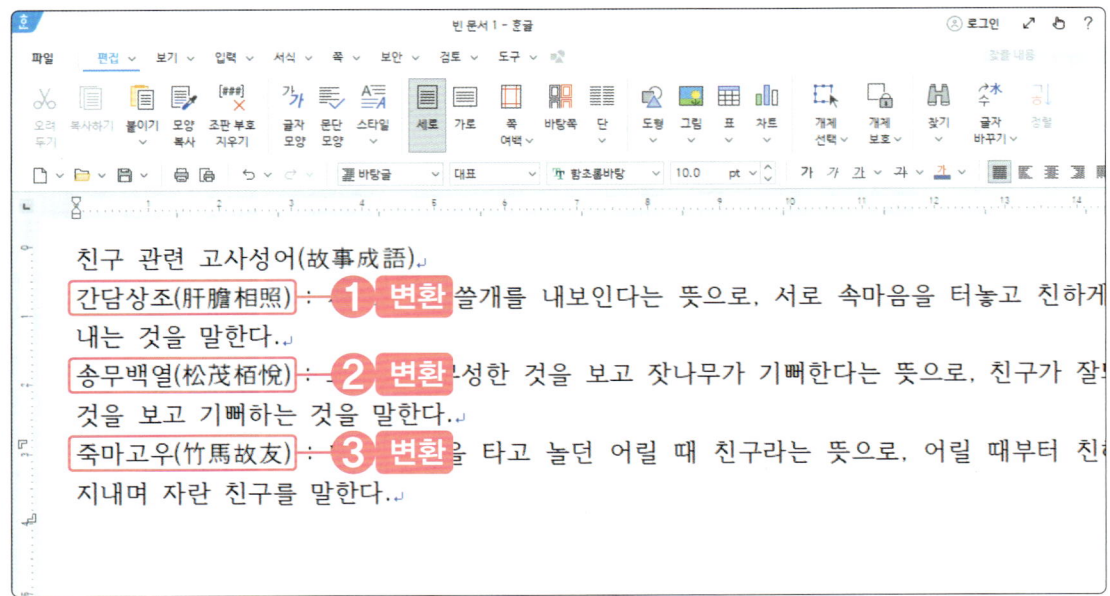

> **잠깐만요!**

한자 발음 표시하기

다음과 같이 [보기] 탭을 클릭한 후 [한자 발음 표시]-[한자 발음 표시]를 선택하면 한자의 발음을 표시할 수 있습니다.

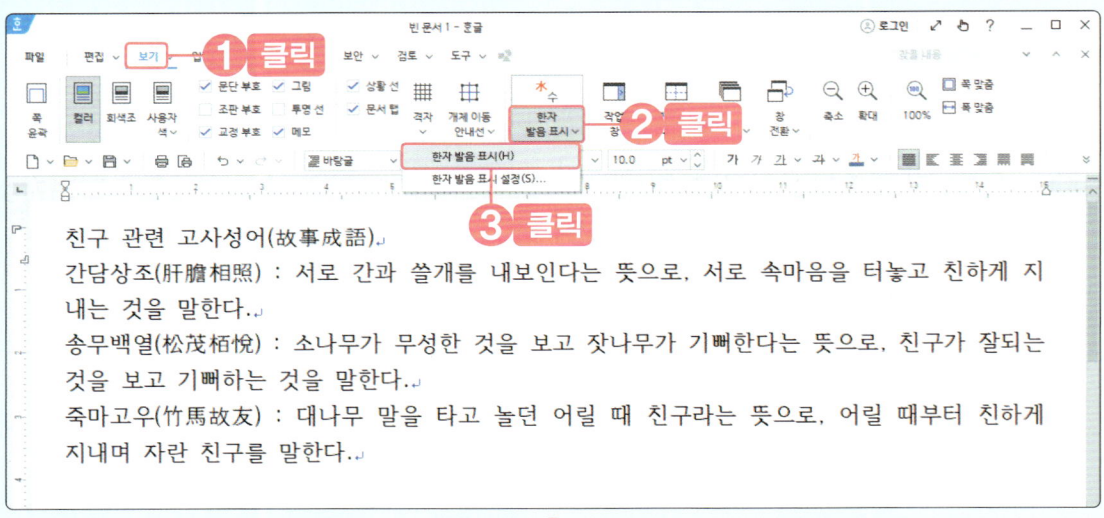

Step 02 특수문자 입력하기

1 특수문자를 입력하기 위해 '친구 관련' 앞에 커서를 위치 시킨 후 [입력] 탭을 클릭한 다음 [문자표]-[문자표]를 클릭합니다.

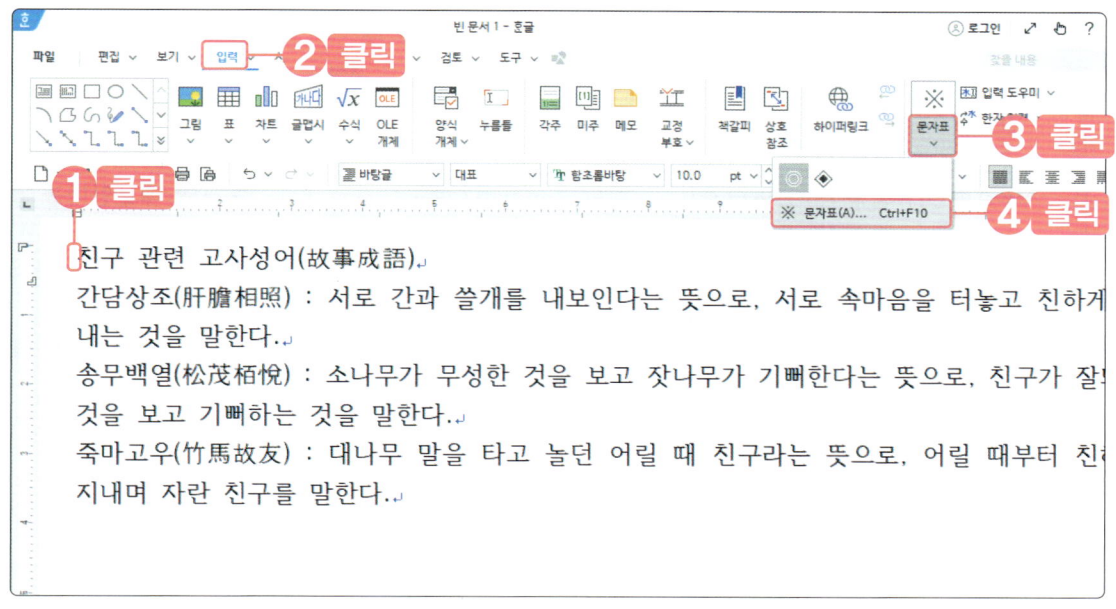

> Tip
> 키보드의 Ctrl+F10을 눌러 특수문자를 입력할 수도 있습니다.

2 [문자표 입력] 대화상자가 나타나면 [호글(HNC) 문자표] 탭에서 문자 영역(전각 기호(일반))을 선택한 후 문자(◆)를 선택한 다음 [넣기] 단추를 클릭합니다.

3 '◈' 특수문자가 입력되면 한 칸을 띄우기 위해 SpaceBar 를 누릅니다.

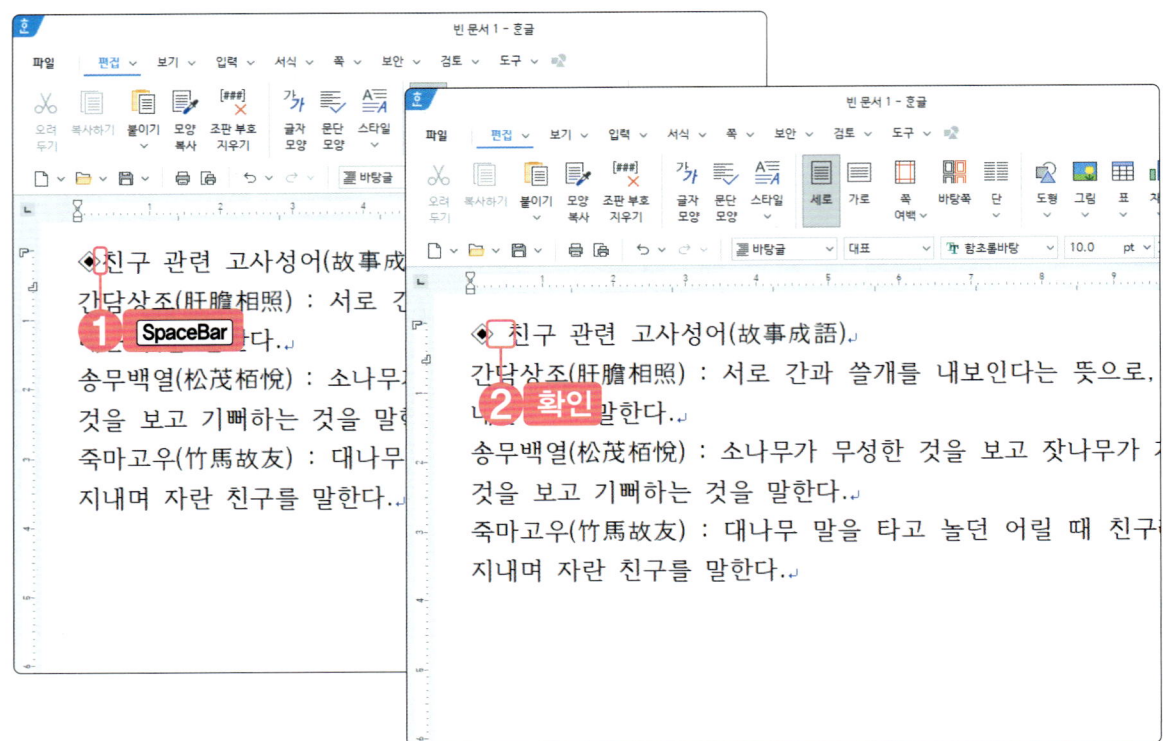

4 같은 방법으로 다음과 같이 **특수문자를 입력**합니다.

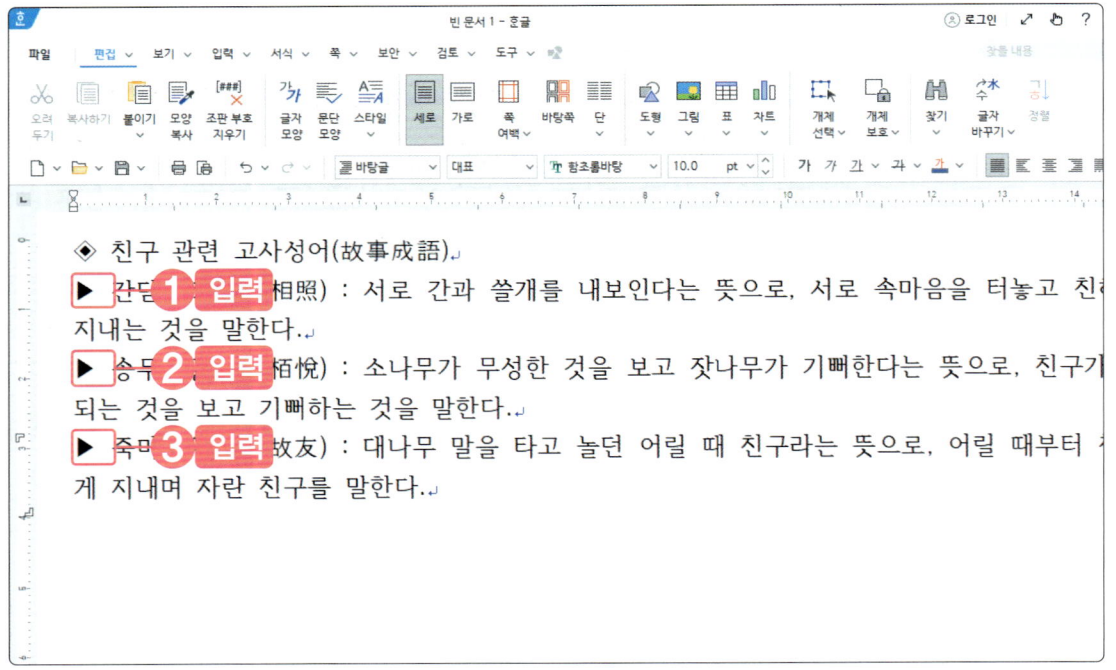

실전 연습 문제

01 다음과 같이 새 문서를 만든 후 문서를 작성한 다음 한자를 입력해 보세요.

> 효도 관련 故事成語(고사성어)
> 望雲之情(망운지정) : 구름을 바라보며 그리워한다는 뜻으로, 자식이 객지에서 부모님을 그리워하는 마음을 말한다.
> 反哺之孝(반포지효) : 까마귀 새끼가 자라서 어미에게 먹이를 물어다 주는 효성이라는 뜻으로, 자식이 자라서 부모님을 봉양하는 효성을 말한다.
> 昏定晨省(혼정신성) : 저녁에는 부모님의 잠자리를 보아 드리고 아침에는 부모님의 안부를 여쭈어 본다는 뜻으로, 자식이 항상 부모님의 안부를 여쭈어 보고 살피는 것을 말한다.

> 효도 관련 고사성어
> 망운지정 : 구름을 바라보며 그리워한다는 뜻으로, 자식이 객지에서 부모님을 그리워하는 마음을 말한다.
> 반포지효 : 까마귀 새끼가 자라서 어미에게 먹이를 물어다 주는 효성이라는 뜻으로, 자식이 자라서 부모님을 봉양하는 효성을 말한다.
> 혼정신성 : 저녁에는 부모님의 잠자리를 보아 드리고 아침에는 부모님의 안부를 여쭈어 본다는 뜻으로, 자식이 항상 부모님의 안부를 여쭈어 보고 살피는 것을 말한다.

Hint
[스마트정보화\한글 2022\Chapter 04] 폴더의 '효도 관련 고사성어.hwpx' 파일을 불러와 사용해도 됩니다.

02 다음과 같이 특수문자를 입력해 보세요.

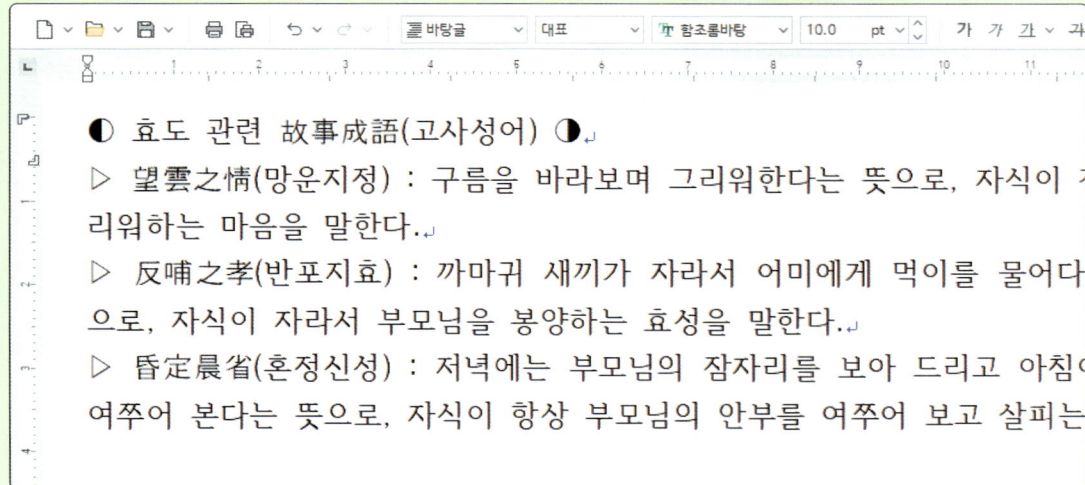

Chapter 05 글자 모양과 문단 모양 지정하기

글꼴, 글자 크기, 글자 색 등의 글자 모양을 지정하거나 왼쪽 정렬, 오른쪽 정렬, 줄 간격 등의 문단 모양을 지정하면 문서를 보기 좋고 예쁘게 꾸밀 수 있습니다. 그럼 글자 모양과 문단 모양을 지정하는 방법에 대해 알아보겠습니다.

Step 01 글자 모양 지정하기

1 한글 2022를 실행한 후 다음과 같이 **문서를 입력**합니다.

> 경기도 소재 국립박물관
> 지도박물관
> ▶ 개요 : 지도에 관한 자료와 유물을 전시
> ▶ 위치 : 경기도 수원시 영통구 월드컵로 92 국토지리정보원
> ▶ 문의 : 031)210-2667
>
> 철도박물관
> ▶ 개요 : 철도에 관한 자료와 유물을 전시
> ▶ 위치 : 경기도 의왕시 철도박물관로 142 철도박물관
> ▶ 문의 : 031)461-3610

Tip
[스마트정보화\한글 2022\Chapter 05] 폴더의 '경기도 소재 국립박물관.hwpx' 파일을 불러와 사용해도 됩니다.

2 글자 모양을 지정하기 위해 '경기도 소재 국립박물관'을 블록으로 설정한 후 [서식] 탭을 클릭한 다음 글꼴(HY수평선B), 글자 크기(20), 글자 색(주황(RGB: 255,132,58))을 선택하고 [기울임]을 클릭합니다.

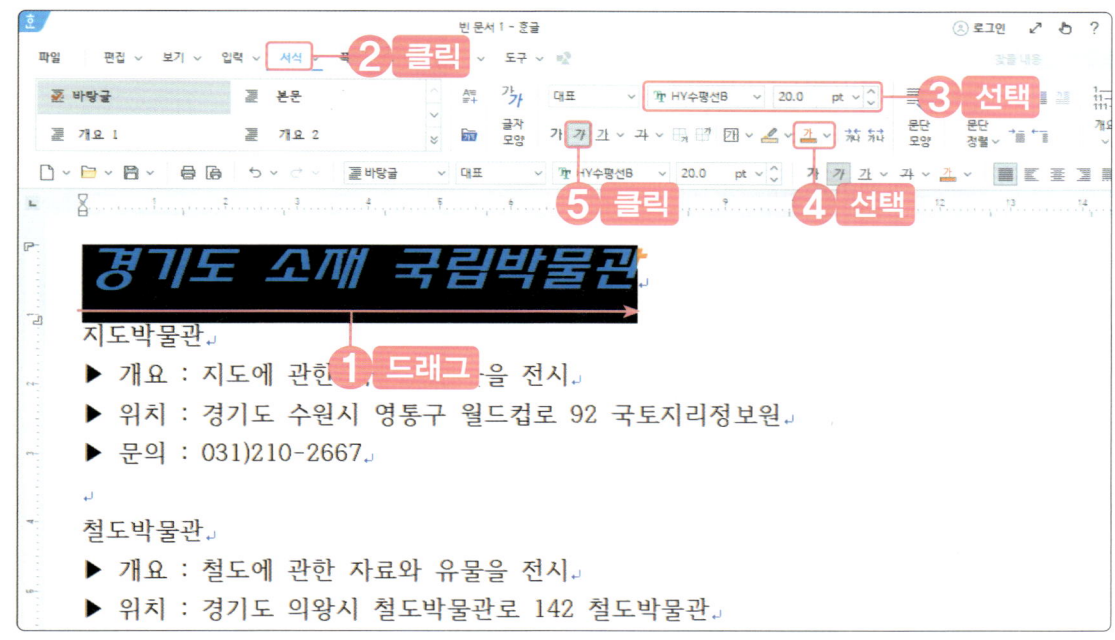

> **Tip**
> [글자 색]의 [목록] 단추를 클릭한 후 [테마 색상표]로 마우스 포인터를 가져가면 기본, 오피스, 잔상 등의 다양한 색상 테마가 있으며, 원하는 테마 이름을 클릭하면 해당 테마의 색 목록이 표시됩니다. 교재의 색은 기본에 해당하는 색상 테마입니다.

3 '지도박물관'을 블록으로 설정한 후 [서식] 탭의 [목록] 단추를 클릭한 다음 [글자 모양]을 클릭합니다.

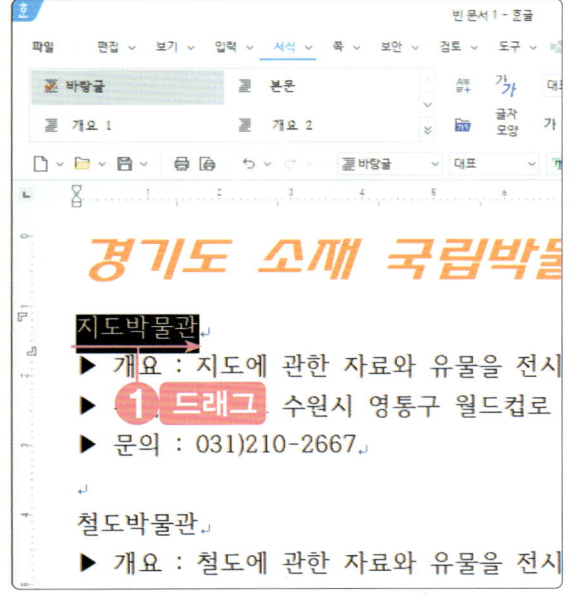
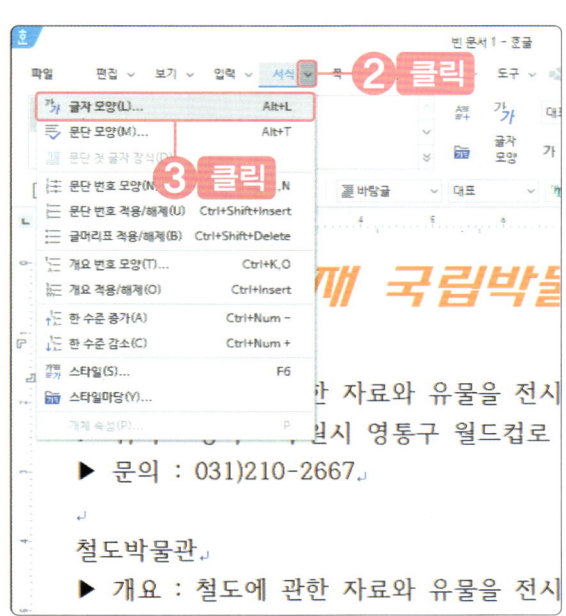

4 [글자 모양] 대화상자가 나타나면 [기본] 탭에서 **글꼴(맑은 고딕), 기준 크기(14), 글자 색(남색(RGB: 58,60,132) 40% 밝게)을 선택**한 후 가[**진하게]를 클릭**한 다음 [설정] 단추를 클릭합니다.

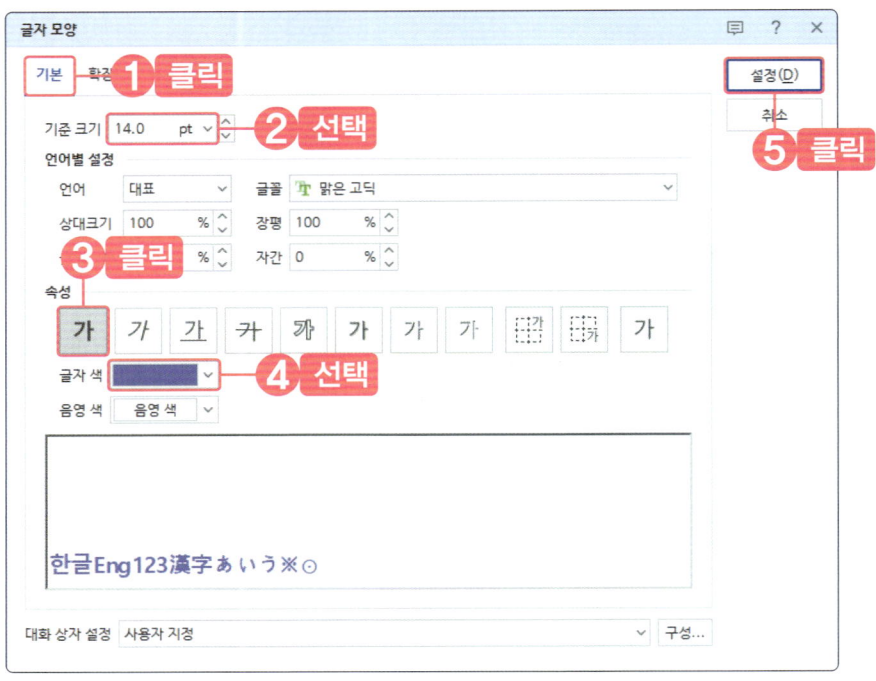

> Tip
> 기준 크기는 글자 크기를 말합니다.

5 다음과 같이 글자 모양이 지정됩니다.

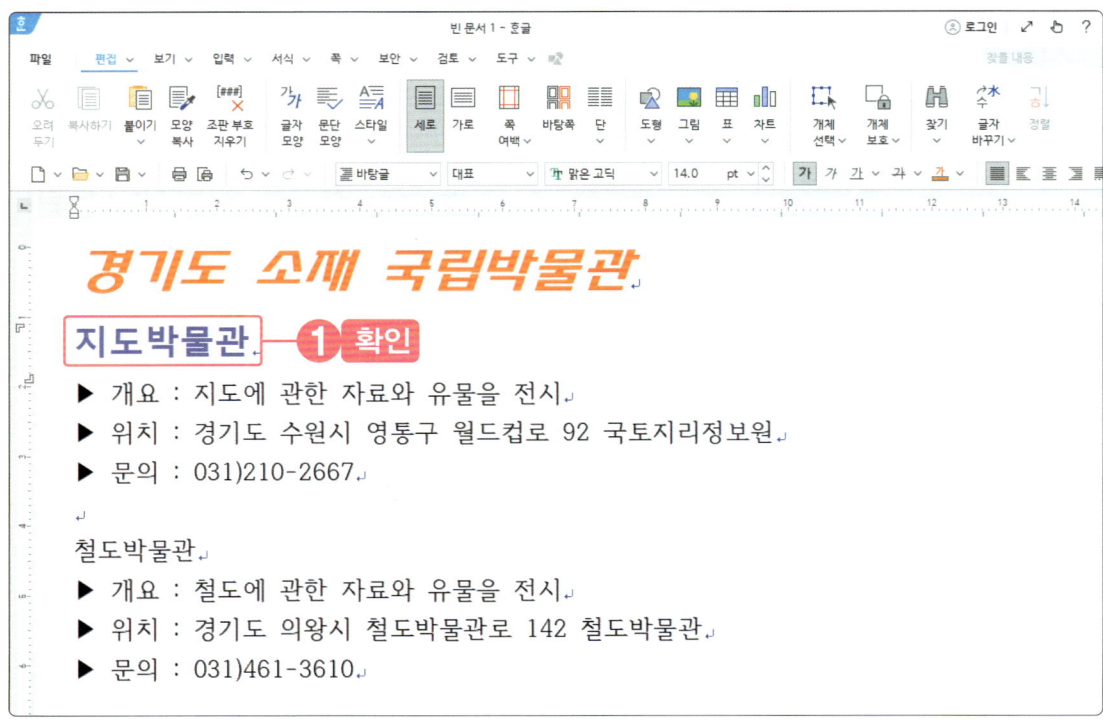

36 한글 2022

Step 02 문단 모양 지정하기

1 문단 모양을 지정하기 위해 '경기도 소재 국립박물관'을 블록으로 설정한 후 [서식] 도구 상자에서 ▤[가운데 정렬]을 클릭합니다.

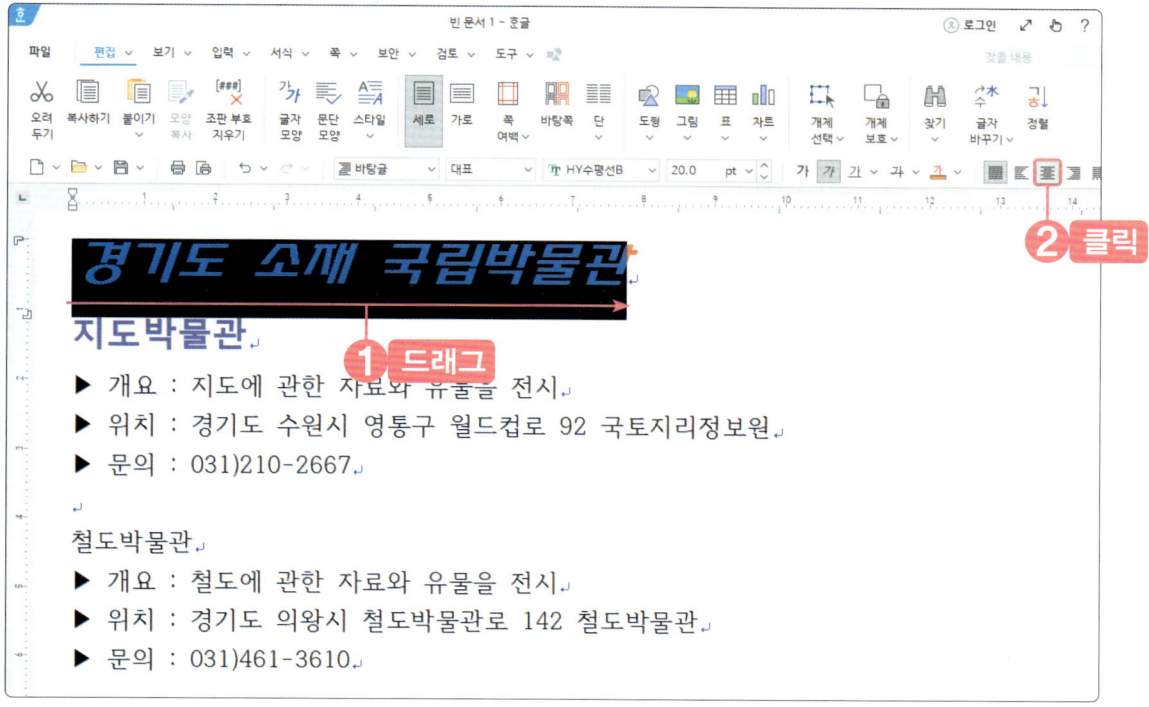

2 '▶ 개요 ~ ▶ 문의'에 해당하는 문단을 블록으로 설정한 후 [서식] 탭에서 ▤[문단 모양]을 클릭합니다.

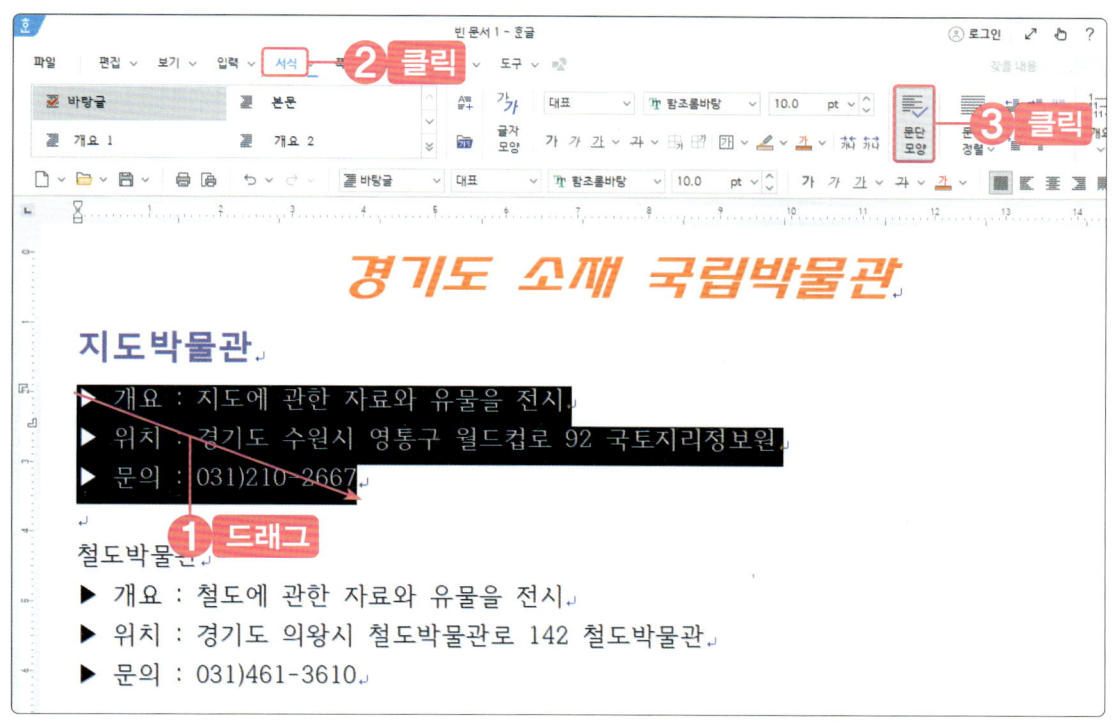

Chapter 05 – 글자 모양과 문단 모양 지정하기 **37**

3 [문단 모양] 대화상자가 나타나면 [기본] 탭에서 **왼쪽 여백(5)을 입력**한 후 **줄 간격(150)을 입력**한 다음 [설정] 단추를 **클릭**합니다.

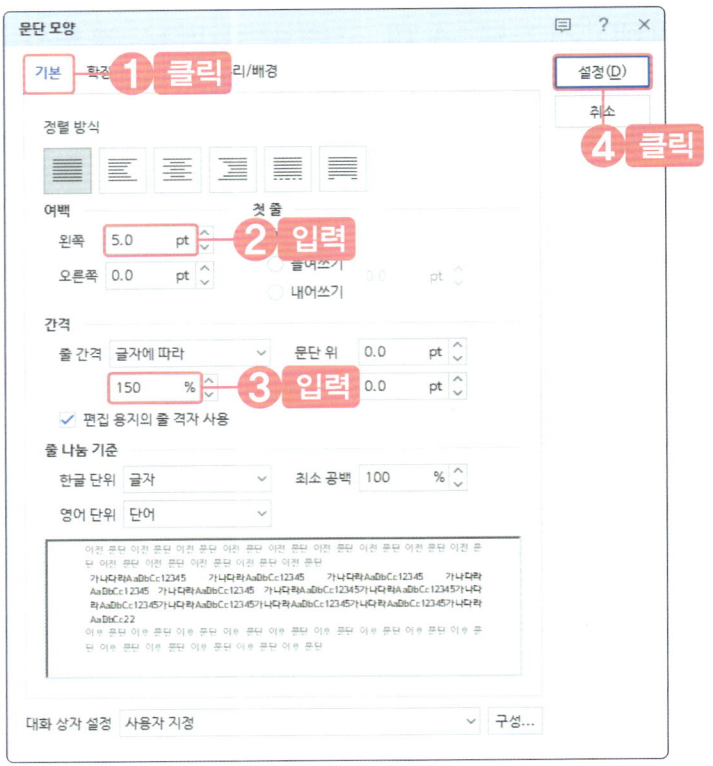

> **Tip**
> 왼쪽 여백은 본문 편집 영역의 왼쪽부터 내용까지의 간격이고, 오른쪽 여백은 본문 편집 영역의 오른쪽부터 내용까지의 간격입니다.

4 같은 방법으로 다음과 같이 '▶ 개요 ~ ▶ 문의'에 지정한 문단 모양을 아래쪽에 위치한 '**▶ 개요 ~ ▶ 문의**'에도 **지정**합니다.
- 왼쪽 여백 : 5pt, 줄 간격 : 150%

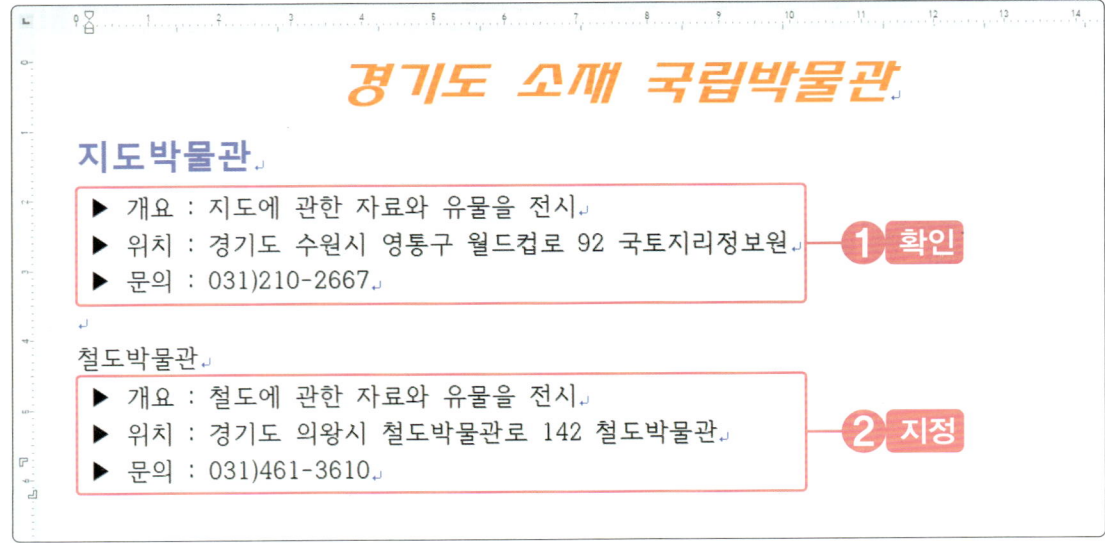

38 한글 2022

Step 03 모양 복사하기

1 모양을 복사하기 위해 '지도박물관' 뒤에 커서를 위치 시킨 후 [편집] 탭을 클릭한 다음 [모양 복사]를 클릭합니다.

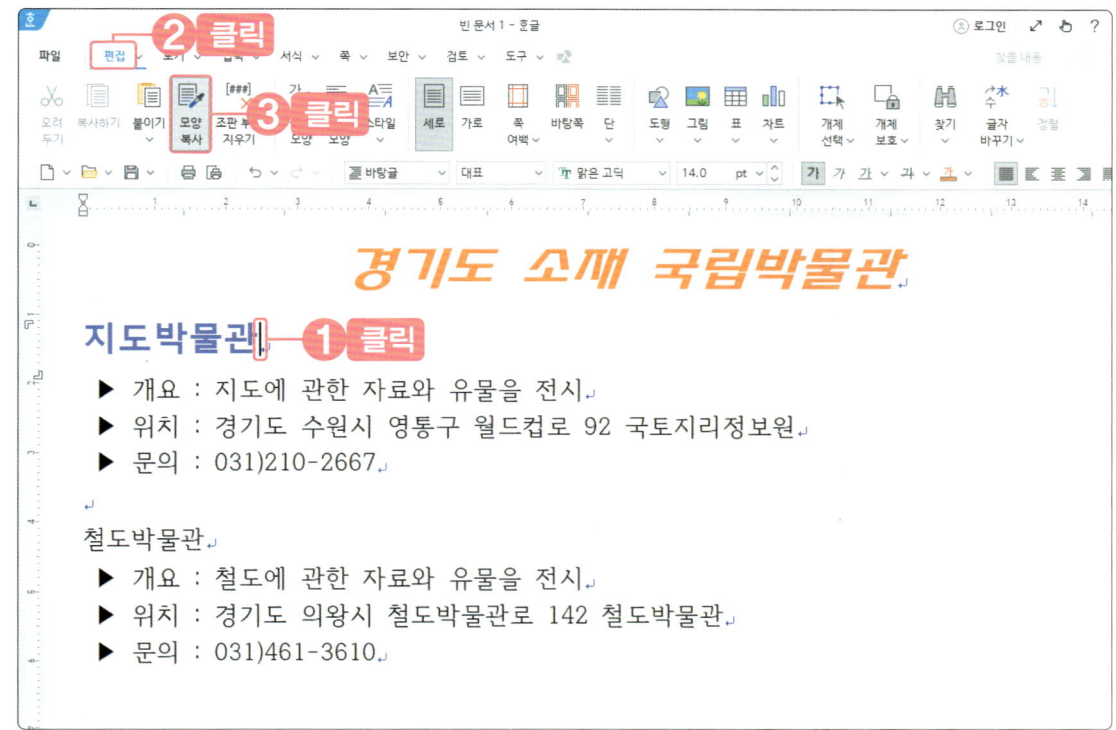

> Tip
> 키보드의 Alt+C를 눌러 모양을 복사할 수도 있습니다.

2 [모양 복사] 대화상자가 나타나면 [글자 모양]을 선택한 후 [복사] 단추를 클릭합니다.

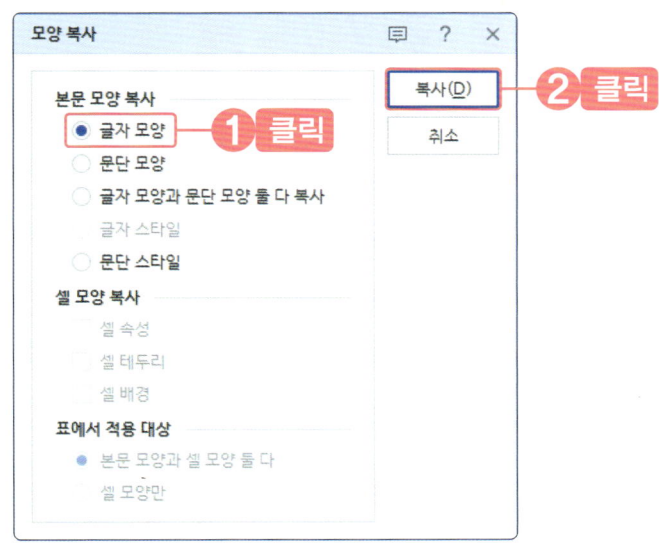

Chapter 05 – 글자 모양과 문단 모양 지정하기 **39**

3 '철도박물관'을 블록으로 설정한 후 [편집] 탭을 클릭한 다음 [모양 복사]를 클릭합니다.

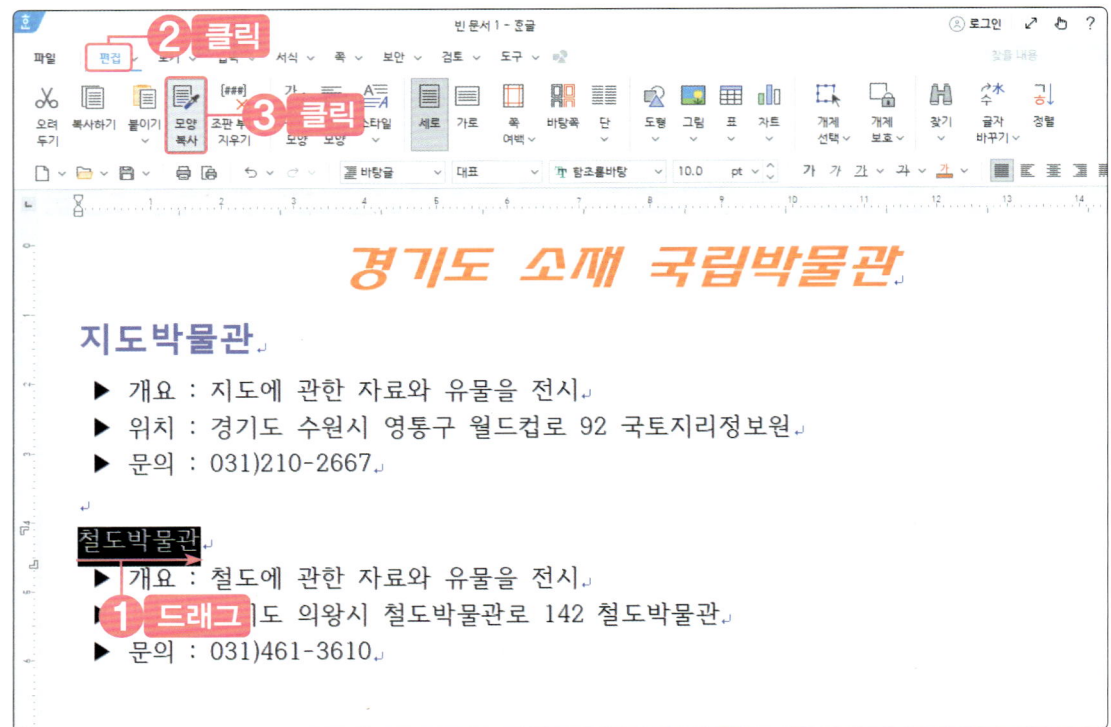

> **Tip**
> 내용 뒤에 커서를 위치 시킨 후 [편집] 탭을 클릭한 다음 [모양 복사]를 클릭하면 커서 앞에 있는 내용의 모양이 복사되고, 내용을 블록으로 설정한 후 [편집] 탭을 클릭한 다음 [모양 복사]를 클릭하면 복사한 모양이 블록으로 설정한 내용에 지정됩니다.

4 다음과 같이 모양이 복사됩니다.

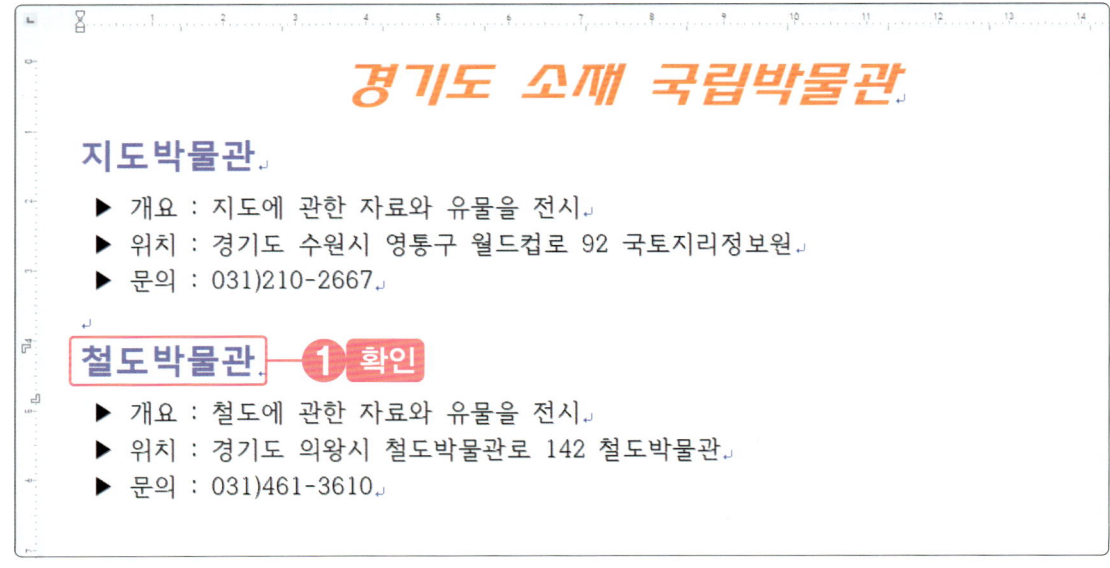

실전 연습 문제

01 다음과 같이 새 문서를 만든 후 문서를 작성한 다음 글자 모양을 지정해 보세요.

- 광역시 소재 국립박물관 : 글꼴(HY나무B), 글자 크기(20), 글자 색(남색(RGB: 58,60,132))
- 국립광주박물관 : 글꼴(양재 둘기체M), 글자 크기(16), 글자 색(초록(RGB: 40,155,110))

광역시 소재 국립박물관
국립광주박물관
■ 개요 : 광주와 전라남도의 문화유산을 전시
■ 위치 : 광주광역시 북구 하서로 110
■ 문의 : 062)570-7000

02 다음과 같이 문단 모양을 지정해 보세요.

- 광역시 소재 국립박물관 : [가운데 정렬]
- 내용 전체 : 줄 간격(140)

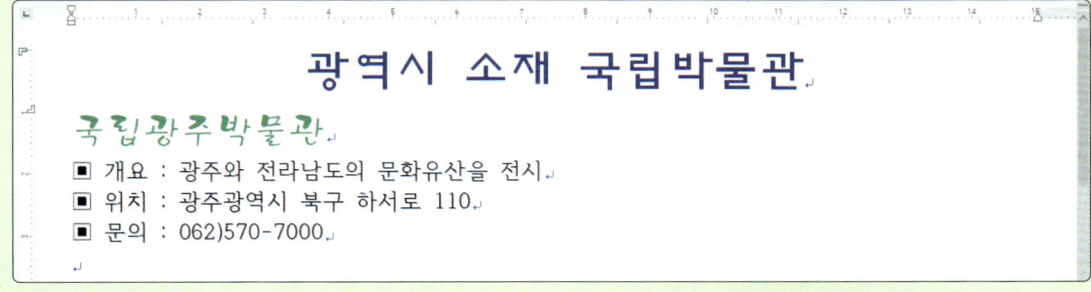

03 다음과 같이 모양 복사를 사용하여 '국립광주박물관'에 지정한 글자 모양을 '국립대구박물관'에 지정해 보세요.

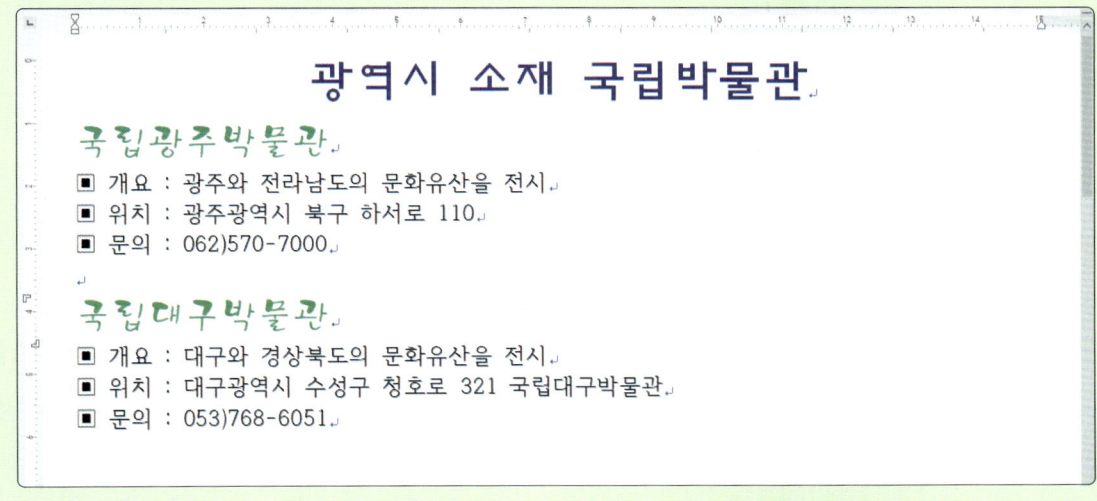

Chapter 06 표 작성하기

표를 작성하면 복잡한 내용이나 수치 자료 등을 일목요연하게 보여줄 수 있습니다. 표는 가로 방향인 줄과 세로 방향인 칸으로 구성되어 있습니다. 그럼 표를 작성하는 방법에 대해 알아보겠습니다.

Step 01 표 만들고 표 내용 입력하기

1 한글 2022를 실행한 후 다음과 같이 **문서를 작성**합니다.
- 제목 전체 : 글꼴(맑은 고딕), 글자 크기(16), 갸[진하게], 갸[기울임]
- 천만 : 글자 색(주황(RGB: 255,132,58))
- 한국 : 글자 색(초록(RGB: 40,155,110))

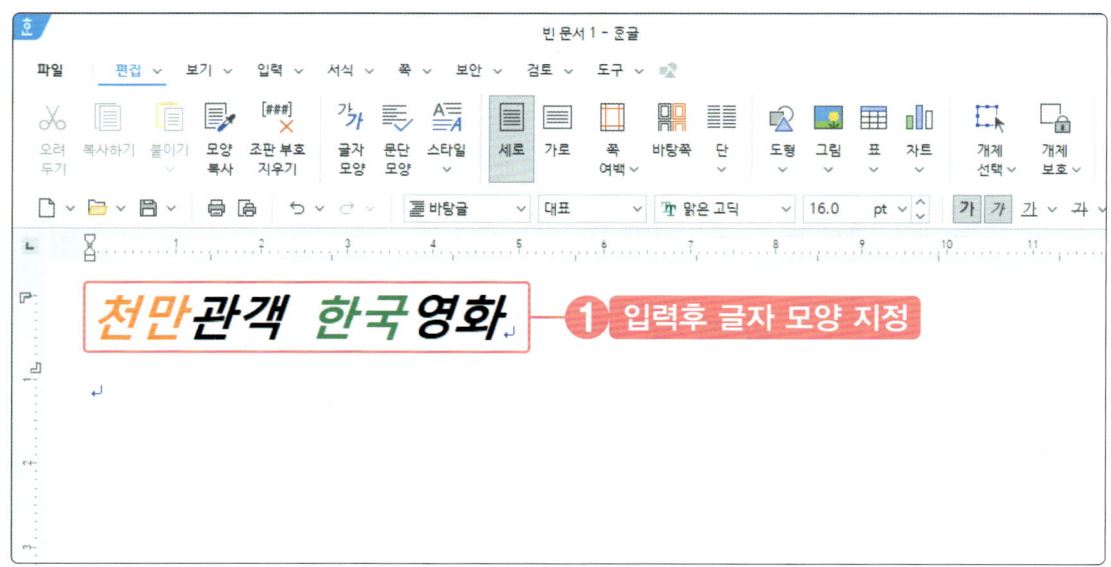

Tip

'천만관객 한국영화'를 입력한 후 Enter를 눌러 줄 바꿈한 다음 '천만관객 한국영화'에 글꼴 속성을 지정합니다.

2 표를 만들기 위해 **두 번째 줄에 커서를 위치** 시킨 후 **[입력] 탭을 클릭**한 다음 ▦**[표]를 클릭**합니다.

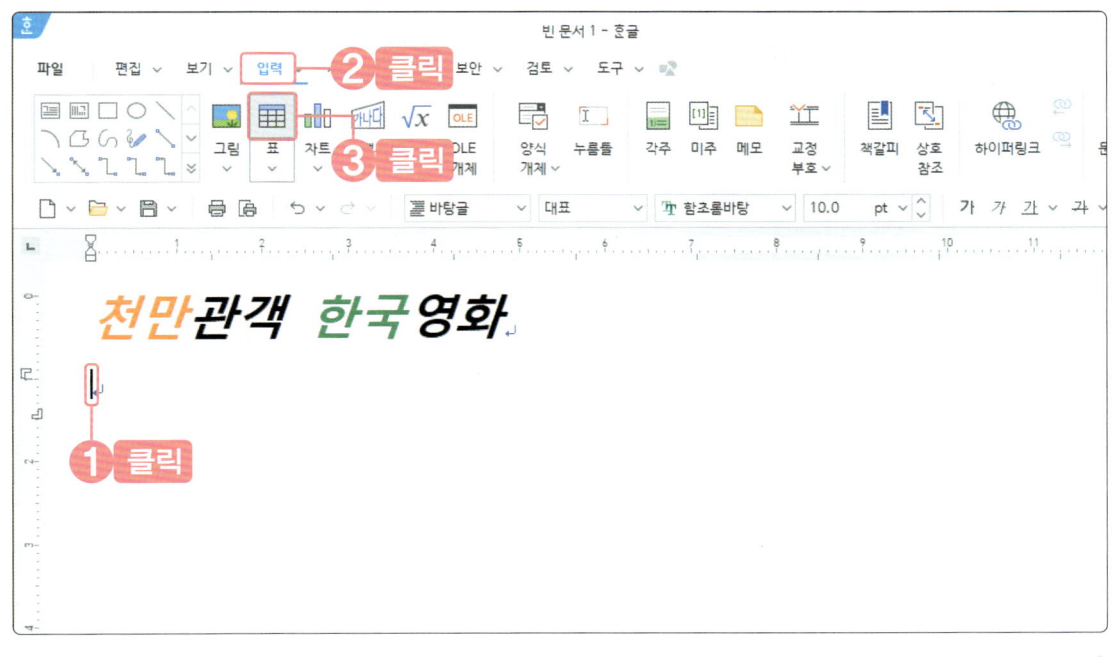

> **Tip**
> 키보드의 Ctrl+N,T를 눌러 표를 만들 수 있습니다.

3 [표 만들기] 대화상자가 나타나면 **줄 수(6)와 칸 수(4)를 입력**한 후 **[글자처럼 취급]을 선택**한 다음 **[만들기] 단추를 클릭**합니다.

> **Tip**
> [글자처럼 취급]을 선택하면 표를 하나의 글자처럼 취급합니다.

Chapter 06 – 표 작성하기 **43**

4 표가 만들어지면 다음과 같이 **각 셀에 표 내용을 입력**합니다.

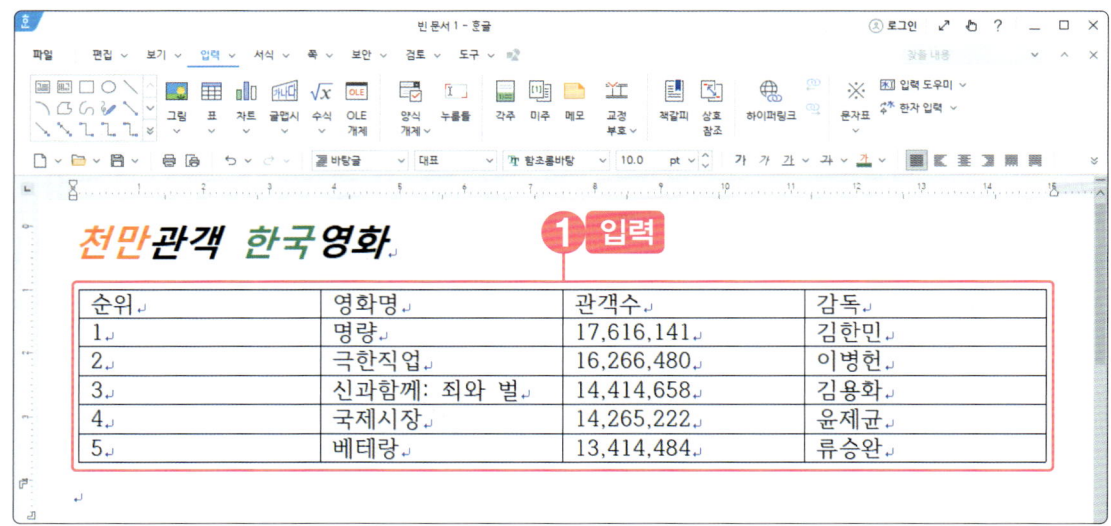

순위	영화명	관객수	감독
1	명량	17,616,141	김한민
2	극한직업	16,266,480	이병헌
3	신과함께: 죄와 벌	14,414,658	김용화
4	국제시장	14,265,222	윤제균
5	베테랑	13,414,484	류승완

Tip

1줄 1칸을 클릭한 후 '순위'를 입력한 다음 1줄 2칸을 클릭하거나 ➡를 누르면 1줄 2칸으로 이동할 수 있는데요. ⬅/➡/⬆/⬇를 누르면 왼쪽/오른쪽/위쪽/아래쪽으로 한 셀씩 이동됩니다.

셀

표에서 줄과 칸이 교차하면서 생긴 영역을 '셀'이라고 하는데요. 각 셀은 다음과 같이 나타냅니다.

	1칸	2칸	3칸	4칸
1줄	1줄 1칸	1줄 2칸	1줄 3칸	1줄 4칸
2줄	2줄 1칸	2줄 2칸	2줄 3칸	2줄 4칸
3줄	3줄 1칸	3줄 2칸	3줄 3칸	3줄 4칸

Step 02 표의 크기 조정하기

1 1칸과 2칸의 너비를 조정하기 위해 다음과 같이 **1칸과 2칸의 경계선**을 드래그합니다.

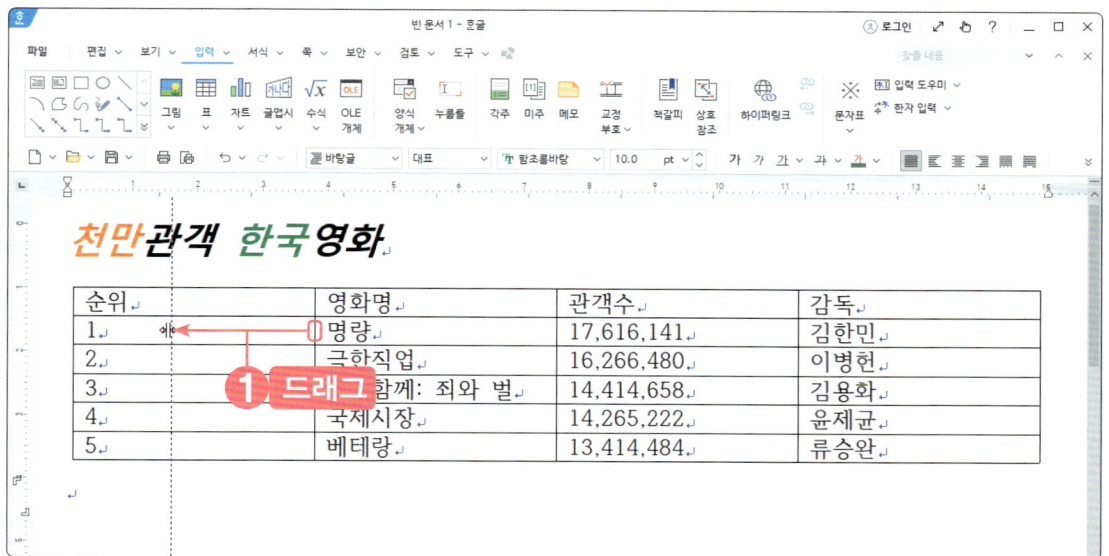

> **Tip**
> 1칸과 2칸의 경계선으로 마우스 포인터를 가져가서 마우스 포인터가 ◀▶ 모양으로 변경되었을 때 왼쪽으로 드래그합니다.

2 표의 높이를 조정하기 위해 **표 전체를 셀 블록으로 설정**한 후 다음과 같이 **표의 아래쪽 테두리를 드래그**합니다.

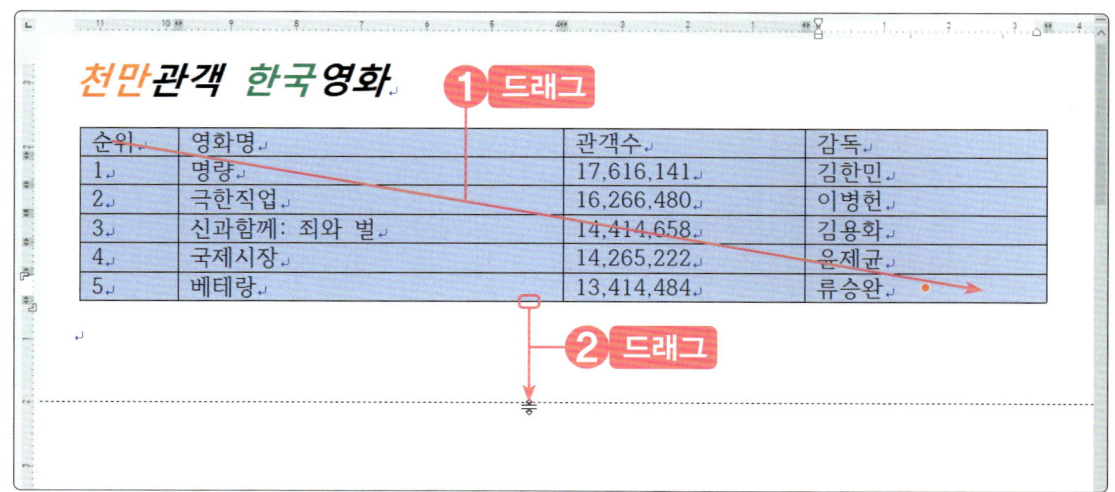

> **Tip**
> 표의 아래쪽 테두리로 마우스 포인터를 가져가서 마우스 포인터가 ↕ 모양으로 변경되었을 때 아래쪽으로 드래그합니다.

3 다음과 같이 표의 높이가 조정됩니다.

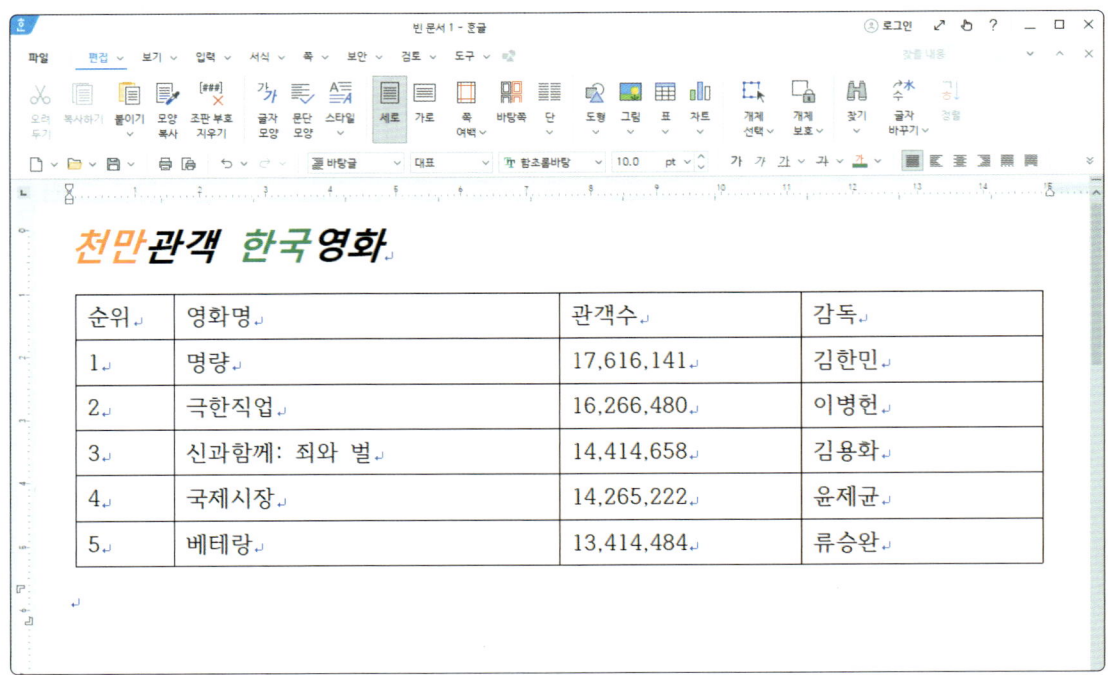

> **Tip**
> - 문서에서 빈 곳을 클릭하거나 Esc 를 누르면 셀 블록을 해제할 수 있습니다.
> - 표의 테두리로 마우스 포인터를 가져가서 마우스 포인터가  모양으로 변경되었을 때 클릭하면 표를 선택할 수 있는데요. 표를 선택한 후 Delete 를 누르면 표를 지울 수 있습니다.

잠깐만요!

셀 블록으로 설정하기
- F5 한 번 : 커서를 둔 셀만 셀 블록으로 설정합니다.
- F5 두 번+←/→/↑/↓ : 커서를 둔 셀부터 왼쪽/오른쪽/위쪽/아래쪽으로 연속적인 셀을 셀 블록으로 설정합니다.
- F5 세 번 : 표 전체를 셀 블록으로 설정합니다.
- 마우스로 드래그 : 마우스로 드래그하여 선택한 연속적인 셀을 셀 블록으로 설정합니다.
- Shift +클릭 : 커서를 둔 셀부터 Shift 를 누른 상태에서 클릭한 셀까지 연속적인 셀을 셀 블록으로 설정합니다.
- Ctrl +클릭 : Ctrl 을 누른 상태에서 클릭한 비연속적인 셀을 셀 블록으로 설정합니다.

Step 03 표 내용에 글자 모양과 문단 모양 지정하기

1 표 전체를 셀 블록으로 설정한 후 [서식] 도구 상자에서 **글꼴(함초롬돋움)**과 **글자 크기(12)**를 선택한 다음 [가운데 정렬]을 클릭합니다.

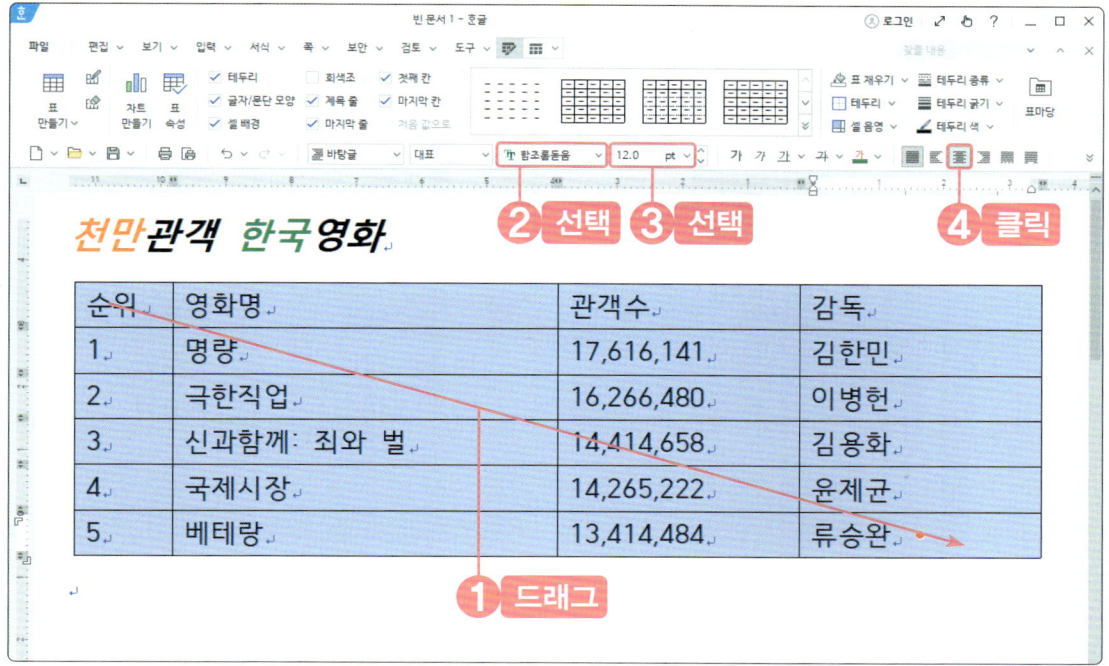

2 1줄을 셀 블록으로 설정한 후 [서식] 도구 상자에서 **글자 색(파랑(RGB: 0,0,255))**을 선택한 다음 [진하게]를 클릭합니다.

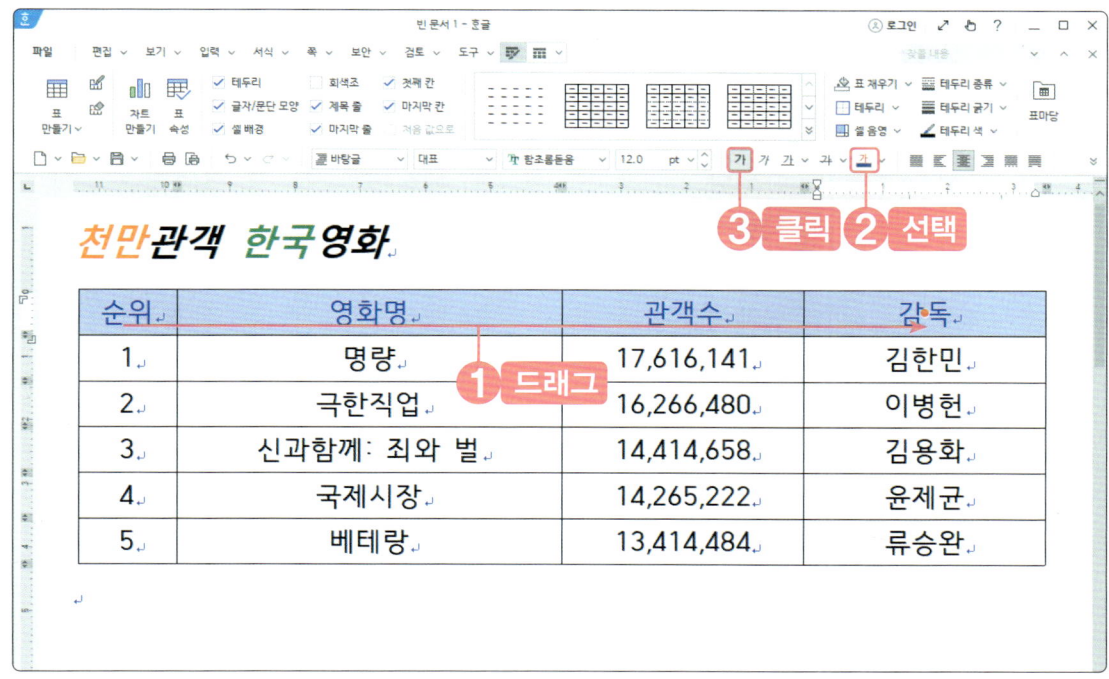

Chapter 06 – 표 작성하기 **47**

3 2줄 2칸~6줄 2칸을 셀 블록으로 설정한 후 [서식] 도구 상자에서 가[진하게]를 클릭합니다.

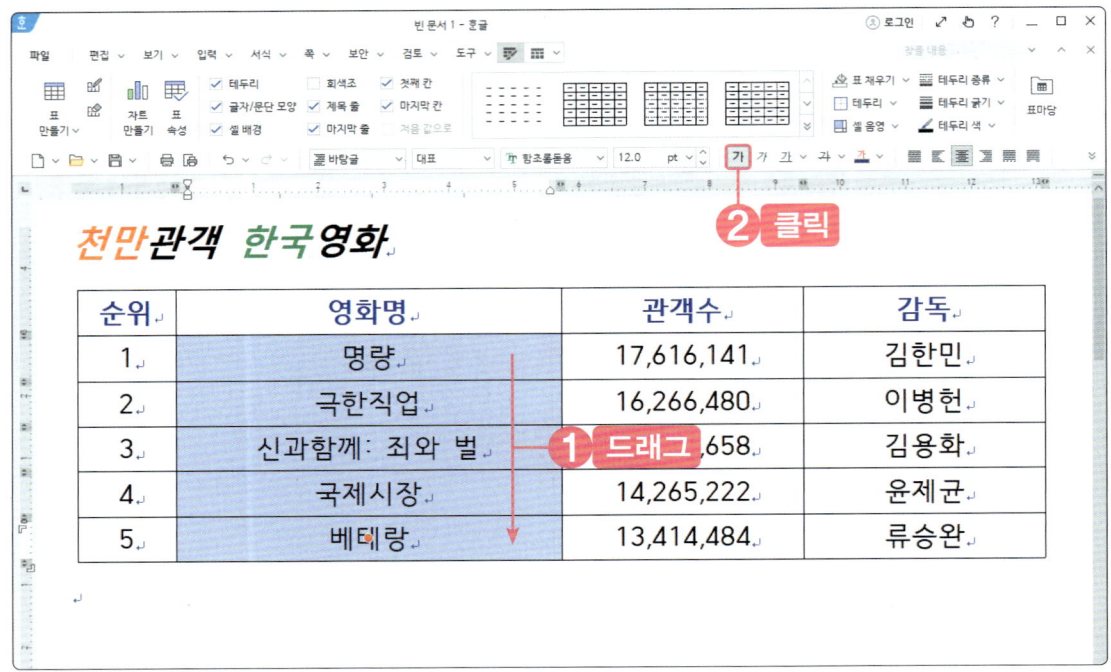

4 다음과 같이 표 내용에 글자 모양과 문단 모양이 지정됩니다.

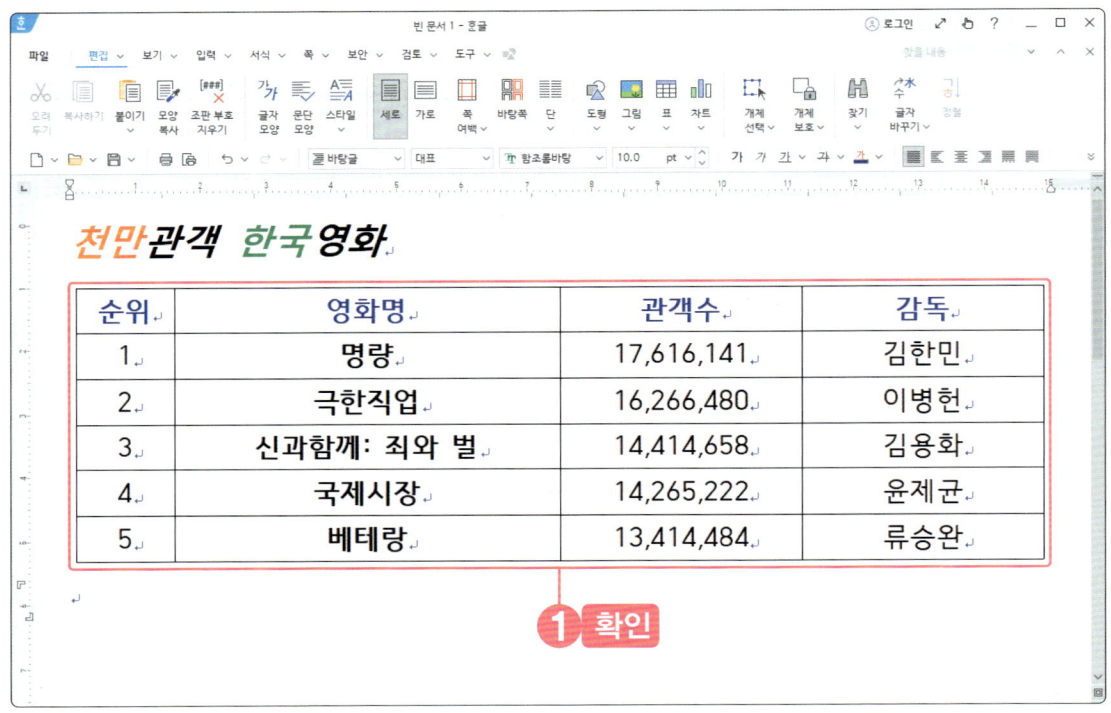

실전 연습 문제

01 다음과 같이 새 문서를 만든 후 문서를 작성한 다음 표를 만들고 표 내용을 입력해 보세요.

- 제목 전체 : 글꼴(한컴 쿨재즈 B), 글자 크기(24), 가[진하게]
- 외국 : 글자 색(빨강(RGB: 255,0,0))
- 박스오피스 : 글자 색(초록(RGB: 0,128,0))
- 표 만들기 : 줄 수(6), 칸 수(4), 글자처럼 취급

역대 외국 박스오피스 순위

순위	영화명	개봉일	관객수
1	어벤져스: 엔드게임	2019-04-24	13,977,602
2	겨울왕국2	2019-11-21	13,768,331
3	아바타	2009-12-17	13,624,328
4	알라딘	2019-05-23	12,797,927
5	어벤져스: 인피니티	2018-04-25	11,233,176

Hint
표 만들기 : [입력] 탭을 클릭한 후 [표]를 클릭 → [표 만들기] 대화상자에서 줄 수(6)와 칸 수(4)를 입력한 후 [글자처럼 취급]을 선택한 다음 [만들기] 단추를 클릭

02 다음과 같이 표의 크기를 조정한 후 표 내용에 글자 모양과 문단 모양을 지정해 보세요.

- 표 전체 : 글꼴(맑은 고딕), 글자 크기(12)
- 1줄 1칸~6줄 3칸/1줄 4칸 : [가운데 정렬]
- 2줄 4칸~6줄 4칸 : [오른쪽 정렬]
- 1줄 1칸~1줄 4칸 : 글자 색(남색(RGB: 58,60,132)), 가[진하게]
- 2줄 2칸~6줄 2칸 : 글자 색(초록(RGB: 40,155,110)), 가[진하게]

역대 외국 박스오피스 순위

순위	영화명	개봉일	관객수
1	어벤져스: 엔드게임	2019-04-24	13,977,602
2	겨울왕국2	2019-11-21	13,768,331
3	아바타	2009-12-17	13,624,328
4	알라딘	2019-05-23	12,797,927
5	어벤져스: 인피니티	2018-04-25	11,233,176

표 편집하기

표는 셀을 나누거나 합치고 셀 테두리와 셀 배경을 지정하는 등 다양하게 편집할 수 있습니다. 표는 계산식을 사용하여 합계나 평균 등을 구할 수도 있고 1,000 단위 구분 쉼표를 넣을 수도 있습니다. 그럼 표를 편집하는 방법에 대해 알아보겠습니다.

Step 01 셀 나누고 합치기

1 한글 2022를 실행한 후 다음과 같이 **문서를 작성**합니다.
- 제목 전체 : 글꼴(휴먼모음T), 글자 크기(24), 가[기울임]
- 의류 : 글자 색(보라(RGB: 128,0,128))
- 표 만들기 : 줄 수(4), 칸 수(3), 글자처럼 취급

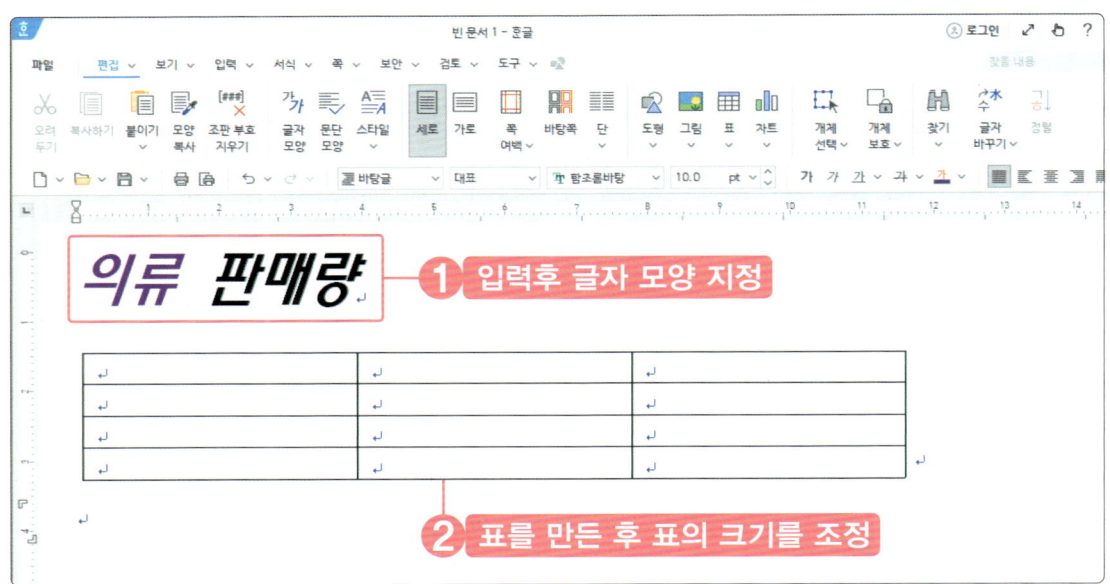

Tip
'의류 판매량'을 입력한 후 Enter를 눌러 줄 바꿈한 다음 '의류 판매량'에 글꼴 속성을 지정합니다. 그런다음 표(4×3)를 작성합니다.

2 셀을 나누기 위해 2줄 2칸~3줄 3칸을 셀 블록으로 설정한 후 [표 레이아웃] 탭을 클릭한 다음 [셀 나누기]를 클릭합니다.

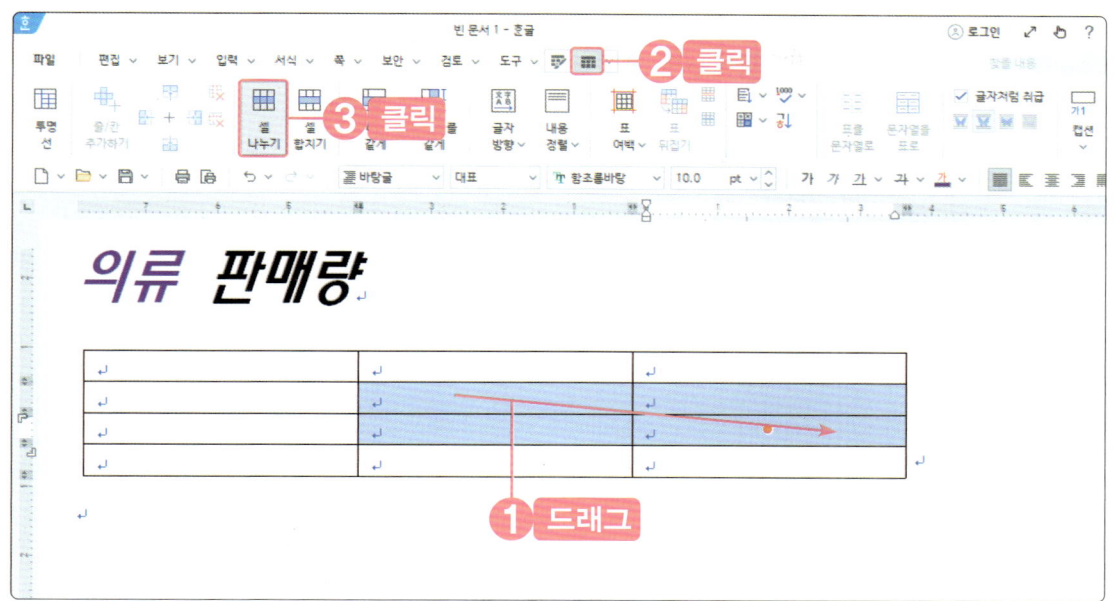

Tip
- 셀 나누기는 커서를 둔 셀이나 셀 블록으로 설정한 셀을 나누어 두 개 이상의 셀로 만드는 것을 말합니다.
- 2줄 2칸~3줄 3칸을 셀 블록으로 설정한 후 S를 눌러 셀을 나눌 수도 있습니다.

3 [셀 나누기] 대화상자가 나타나면 [줄 개수]를 선택한 후 줄 개수(3)를 입력한 다음 [나누기] 단추를 클릭합니다.

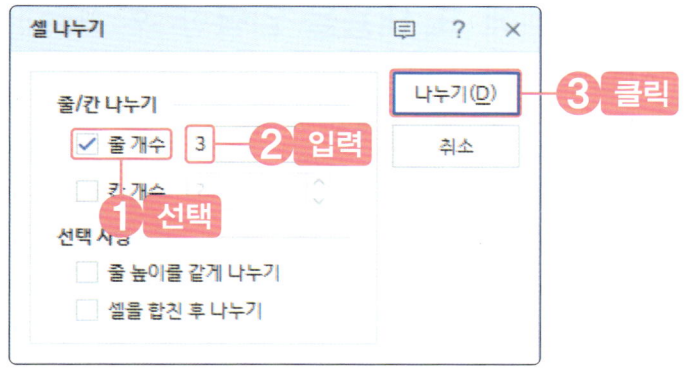

Tip
[칸 개수]는 세로 칸을 나눌 때 사용하며, 선택 해제합니다.

4 셀이 나누어지면 셀을 합치기 위해 **8줄 1칸~8줄 2칸을 셀 블록으로 설정**한 후 [표 레이아웃] 탭을 클릭한 다음 [셀 합치기]를 클릭합니다.

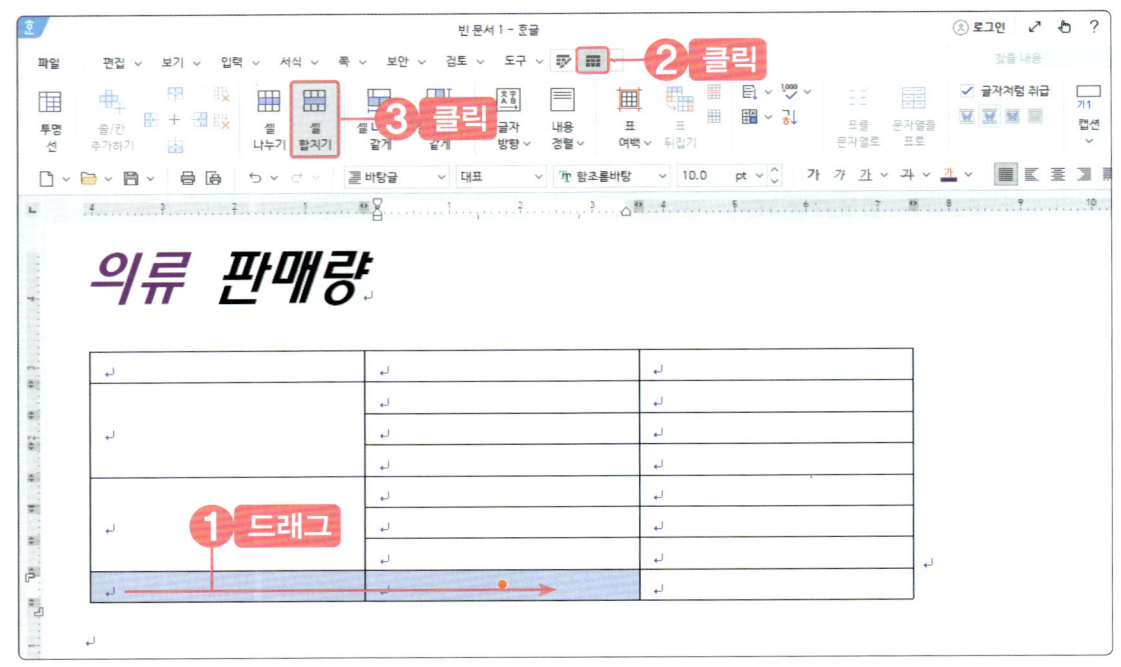

> **Tip**
> - 셀 합치기는 셀 블록으로 설정한 두 개 이상의 셀을 합쳐서 하나의 셀로 만드는 것을 말합니다.
> - 8줄 1칸~8줄 2칸을 셀 블록으로 설정한 후 M을 눌러 셀을 합칠 수도 있습니다.

5 셀이 합쳐지면 다음과 같이 **각 셀에 표 내용을 입력**한 후 표 내용에 **글자 모양과 문단 모양을 지정**합니다.
- 표 전체 : 글자 크기(10)
- 1줄 : [진하게]
- 1줄 1칸~1줄 3칸/2줄 1칸~8줄 2칸 : [가운데 정렬]
- 2줄 3칸~8줄 3칸 : [오른쪽 정렬]

의류 판매량

분류	상품명	판매량
남성	점퍼	1280
	파카	1050
	조끼	980
여성	티셔츠	1450
	원피스	750
	치마	1230
합계		

Step 02 셀 테두리와 셀 배경 지정하기

1 셀 테두리를 지정하기 위해 **표 전체를 셀 블록으로 설정**한 후 ▥[표 레이아웃] 탭의 ⌄[목록] 단추를 클릭한 다음 [셀 테두리/배경]-[**각 셀마다 적용**]을 **클릭**합니다.

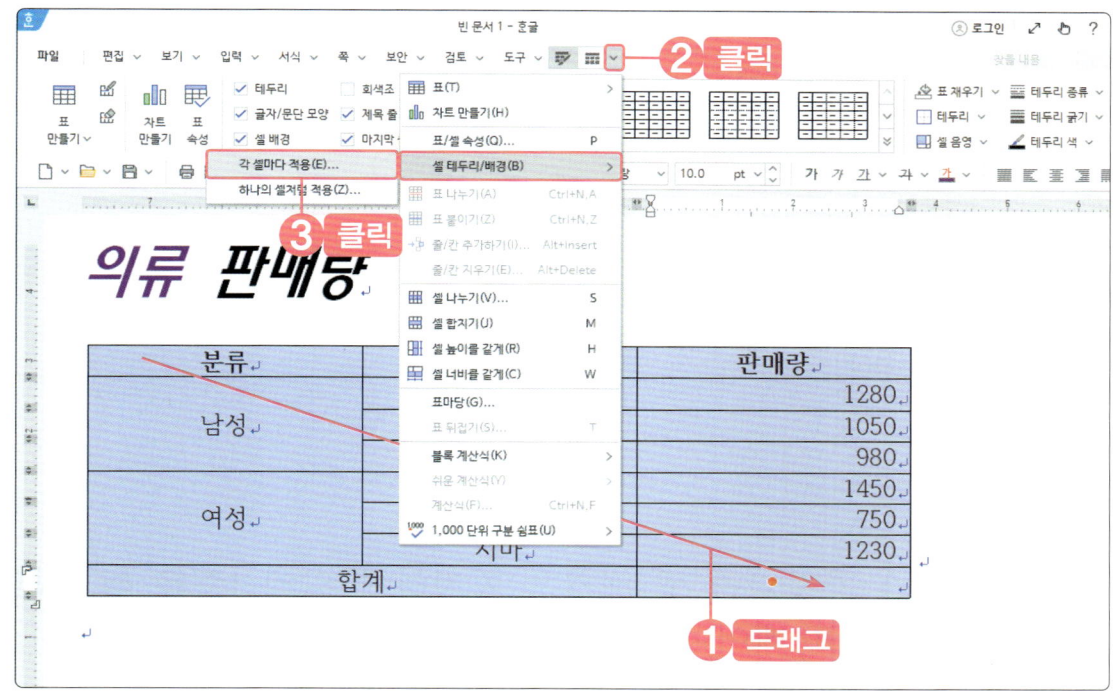

> **Tip**
> 표 전체를 셀 블록으로 설정한 후 ㄴ을 눌러 셀 테두리를 지정할 수도 있습니다.

각 셀마다 적용과 하나의 셀처럼 적용

[각 셀마다 적용]을 클릭하면 다음과 같이 각 셀마다 셀 테두리나 셀 배경 등을 지정하지만 [하나의 셀처럼 적용]을 클릭하면 셀 블록으로 설정한 셀을 하나의 셀처럼 간주하여 셀 테두리나 셀 배경 등을 지정합니다.

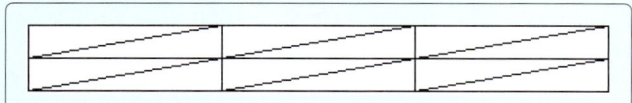

▲ [각 셀마다 적용]을 클릭하여 대각선을 넣은 경우

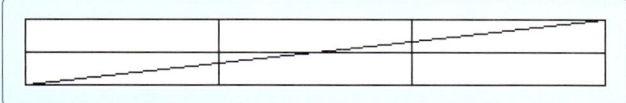

▲ [하나의 셀처럼 적용]을 클릭하여 대각선을 넣은 경우

2 [셀 테두리/배경] 대화상자가 나타나면 [테두리] 탭에서 **테두리 종류 ([없음])를 선택**한 후 [왼쪽]과 [오른쪽]을 클릭한 다음 [설정] 단추를 클릭합니다.

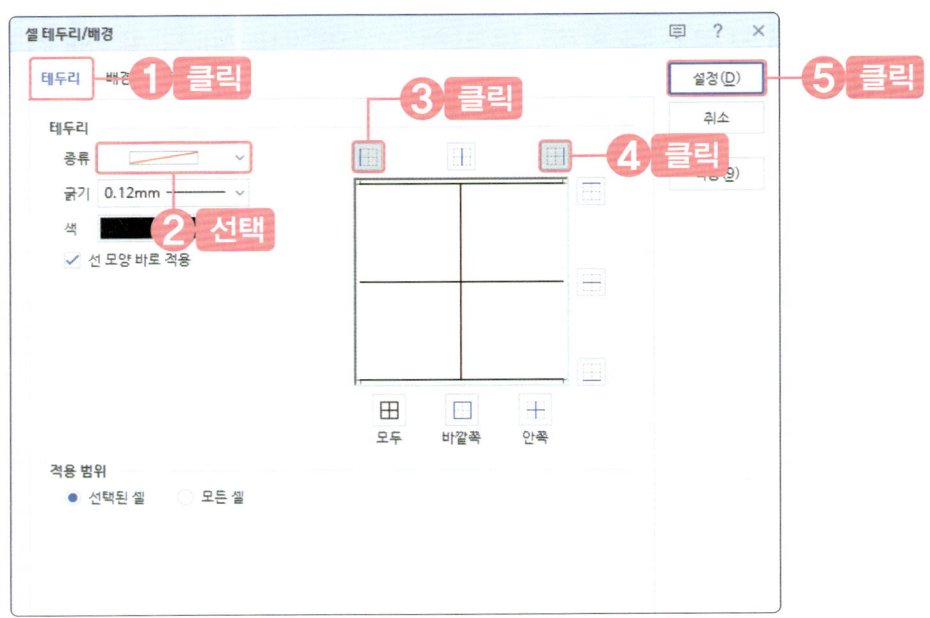

3 셀 테두리가 지정되면 셀 배경을 지정하기 위해 **1줄을 셀 블록으로 설정**한 후 [표 레이아웃] 탭의 [목록] 단추를 클릭한 다음 [셀 테두리/배경]-[각 셀마다 적용]을 클릭합니다.

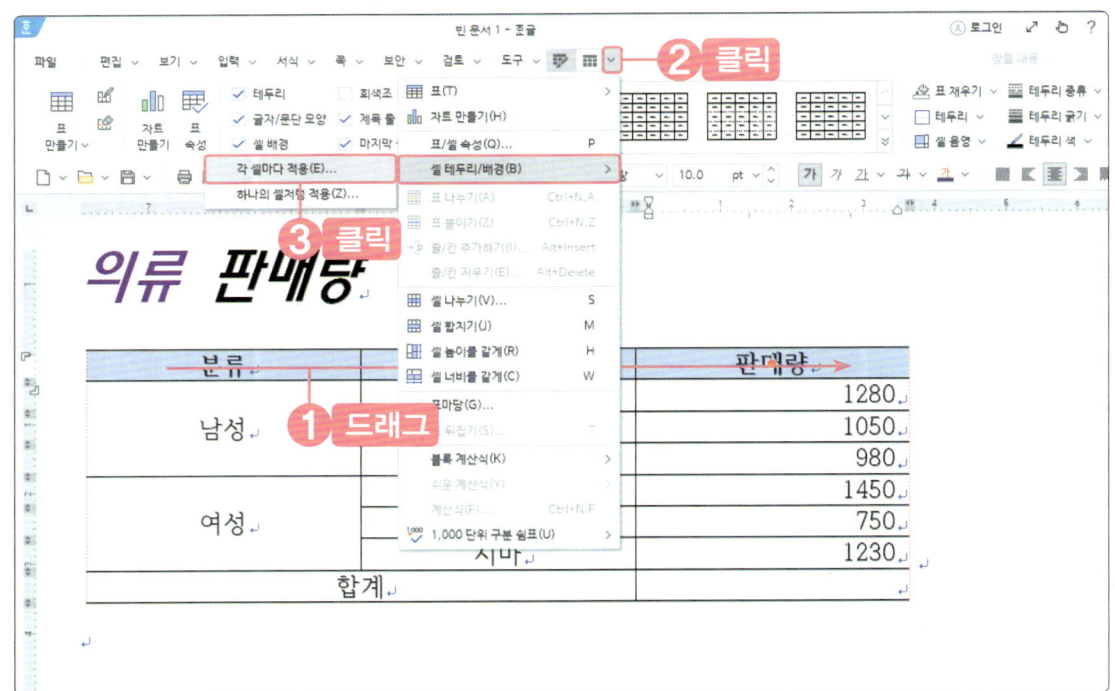

> **Tip**
> 1줄을 셀 블록으로 설정한 후 C를 눌러 셀 배경을 지정할 수 있습니다.

4 [셀 테두리/배경] 대화상자가 나타나면 [배경] 탭에서 **[색]을 클릭**한 후 **면 색(초록(RGB: 40,155,110) 60% 밝게)을 선택**한 다음 **[설정] 단추를 클릭**합니다.

5 다음과 같이 셀 배경이 지정됩니다.

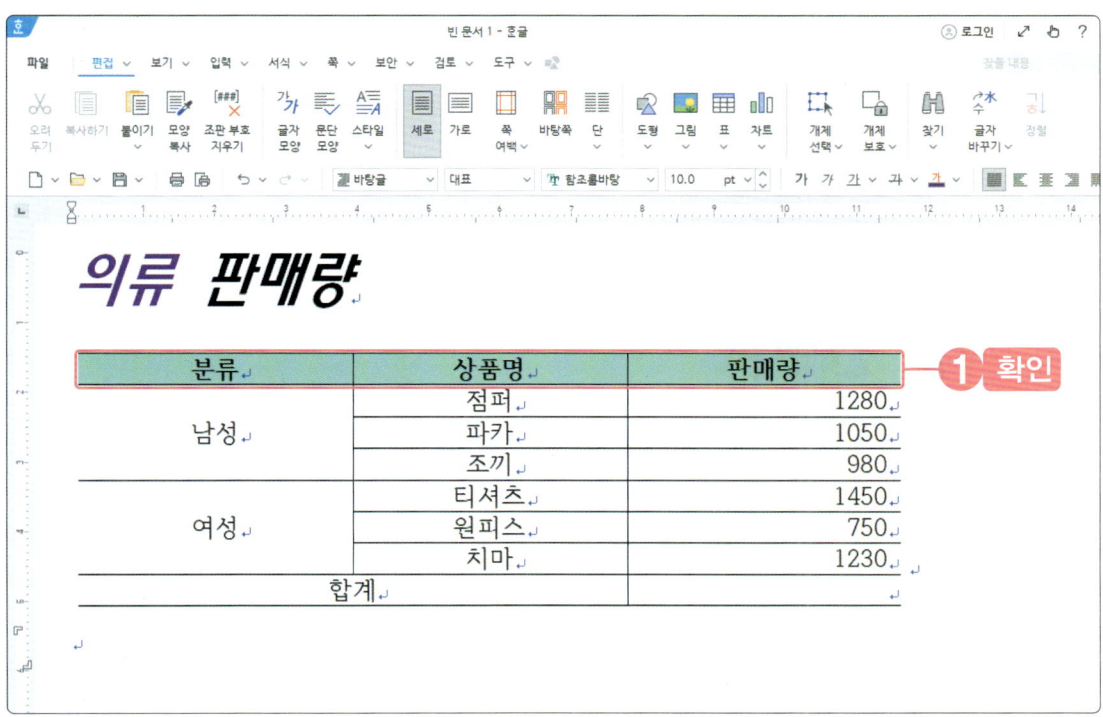

셀에 대각선 넣기

다음과 같이 [셀 테두리/배경] 대화상자의 [대각선] 탭에서 대각선 종류를 선택한 후 대각선을 선택하면 셀에 해당 대각선을 넣을 수 있습니다.

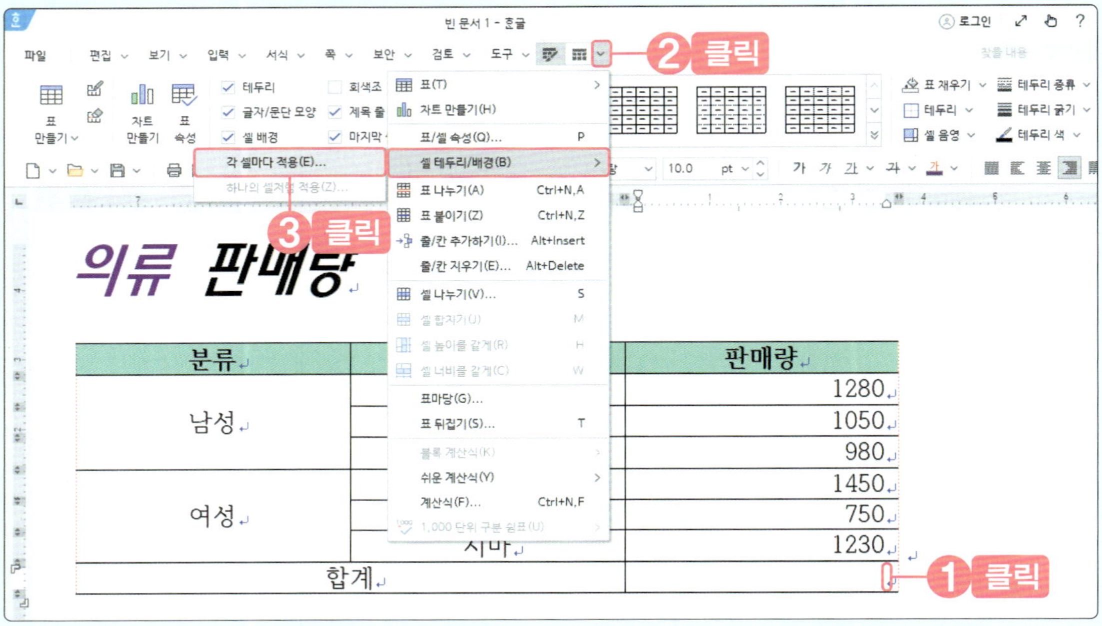

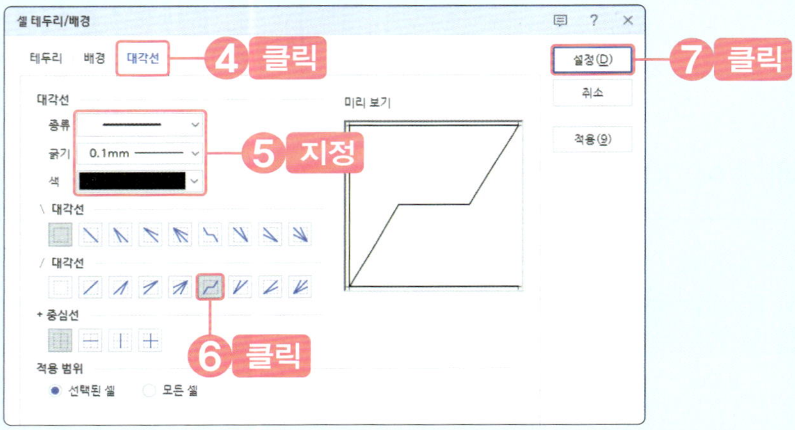

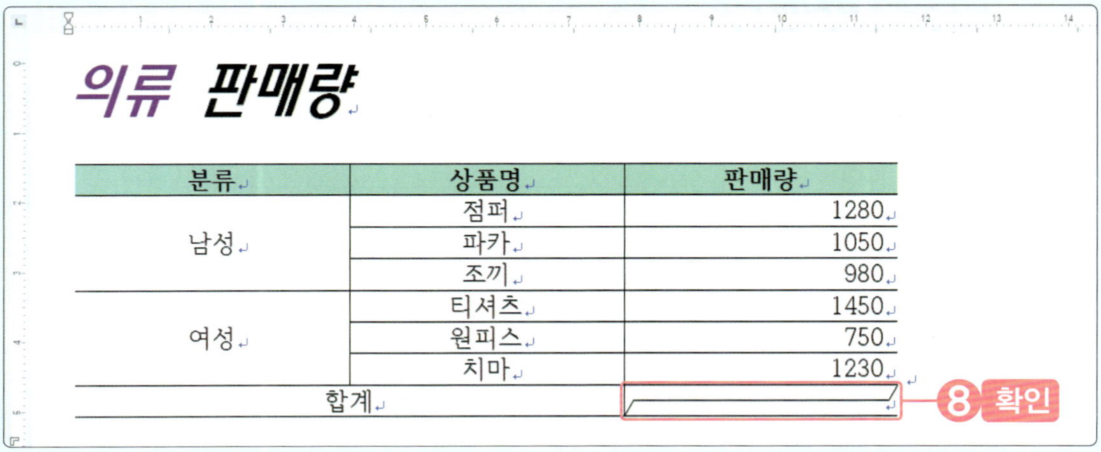

Step 03 계산식 사용하고 1,000 단위 구분 쉼표 넣기

1 합계를 구하기 위해 2줄 3칸~8줄 3칸을 셀 블록으로 설정한 후 [표 레이아웃] 탭에서 [계산식]을 클릭한 다음 [블록 합계]를 클릭합니다.

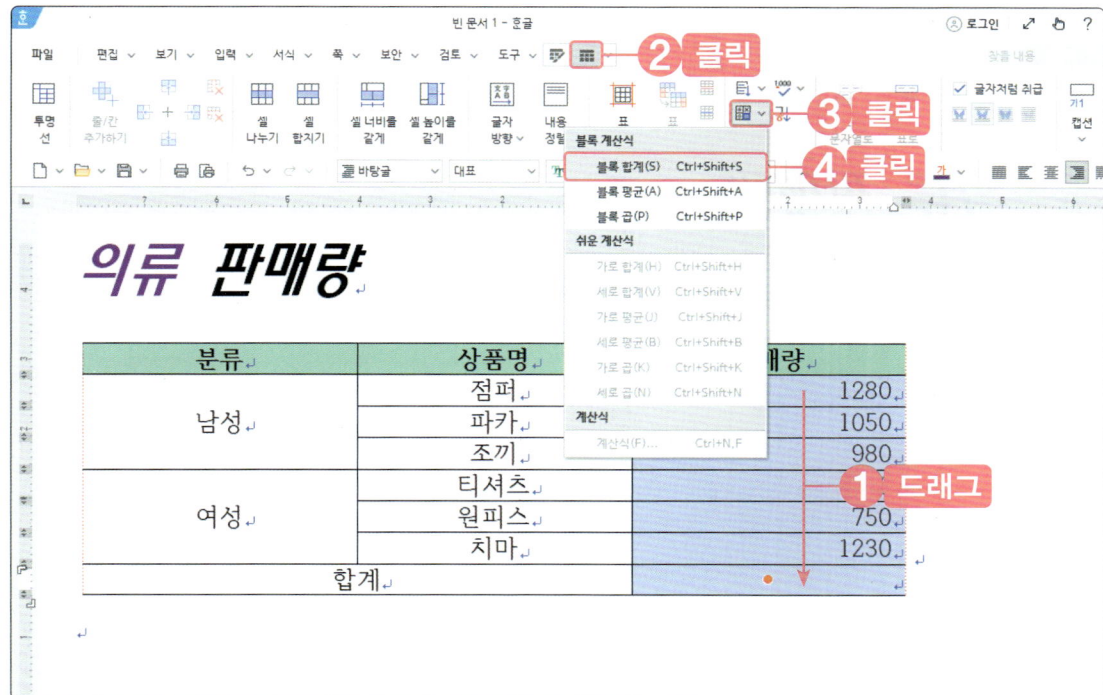

2 다음과 같이 합계가 구해집니다.

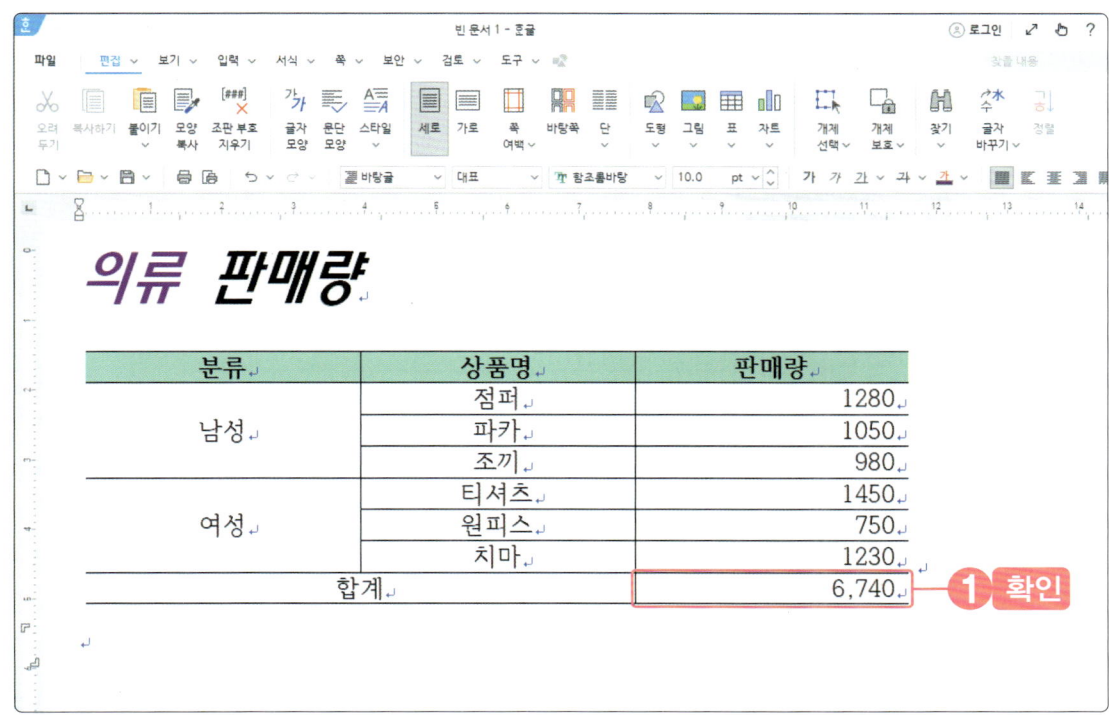

Chapter 07 – 표 편집하기 **57**

3 1,000 단위 구분 쉼표를 넣기 위해 **2줄 3칸~7줄 3칸을 셀 블록으로 설정**한 후 [표 레이아웃] 탭에서 **[1,000 단위 구분 쉼표]를 클릭**한 다음 **[자릿점 넣기]를 클릭**합니다.

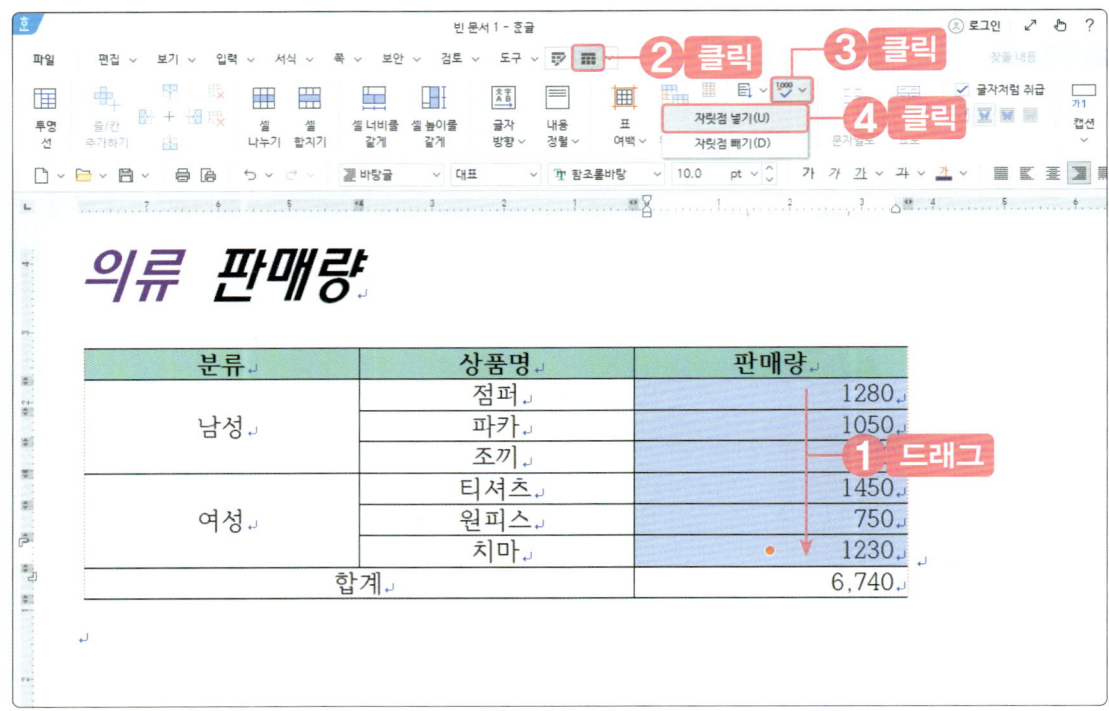

4 다음과 같이 1,000 단위 구분 쉼표가 넣어집니다.

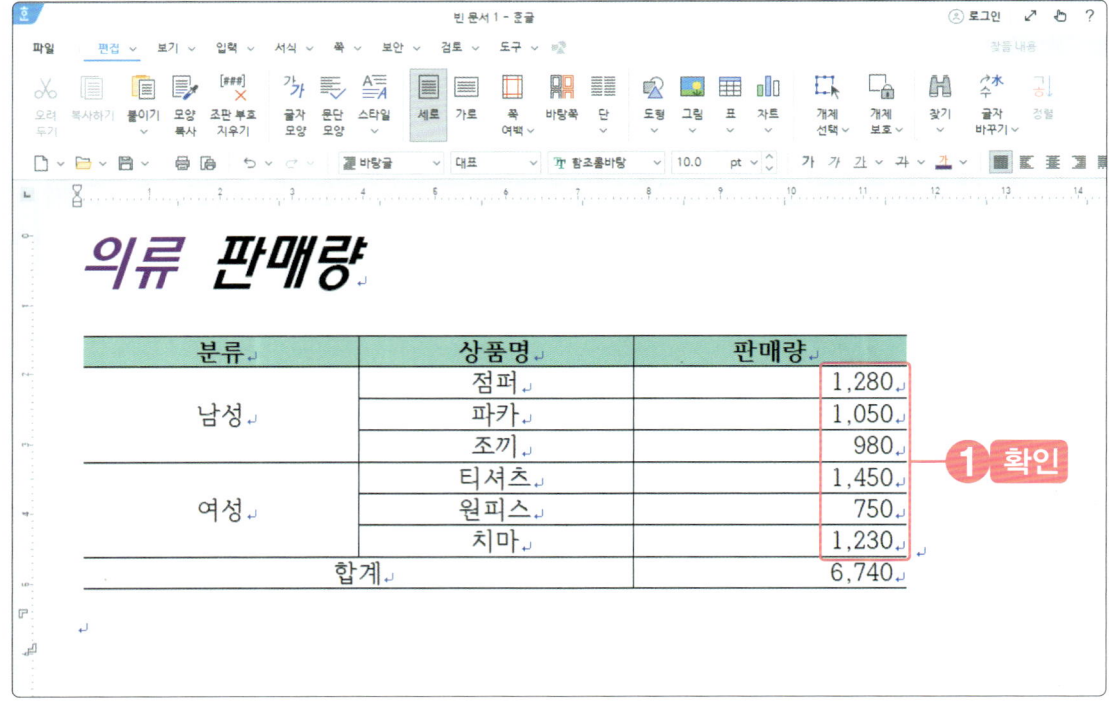

실전 연습 문제

01 다음과 같이 새 문서를 만든 후 문서를 작성한 다음 셀 테두리와 셀 배경을 지정해 보세요.

- 제목 전체 : 글꼴(HY수평선B), 글자 크기(20), [기울임]
- 매출/영업이익 : 글자 색(남색(RGB: 58,60,132))
- 표 만들기 : 줄 수(6), 칸 수(4), 글자처럼 취급
- 표 전체 : 글자 크기(11), 셀 테두리(왼쪽/오른쪽(테두리 종류([없음])))
- 1줄 : [진하게], 셀 테두리(아래(테두리 종류([이중 실선]))), 셀 배경(면 색(보라(RGB: 157,92,187) 60% 밝게))
- 1줄 1칸~1줄 4칸/2줄 1칸~6줄 2칸 : [가운데 정렬]
- 2줄 3칸~6줄 4칸 : [오른쪽 정렬]

매출/영업이익 현황

구분		매출(단위: 억 원)	영업이익(단위:억 원)
2026년	상반기	1290	220
	하반기	1150	190
2027년	상반기	1540	400
	하반기	1860	450
평균			

02 다음과 같이 계산식을 사용하여 평균을 구한 후 2줄 3칸~5줄 3칸에 1,000 단위 구분 쉼표를 넣어 보세요.

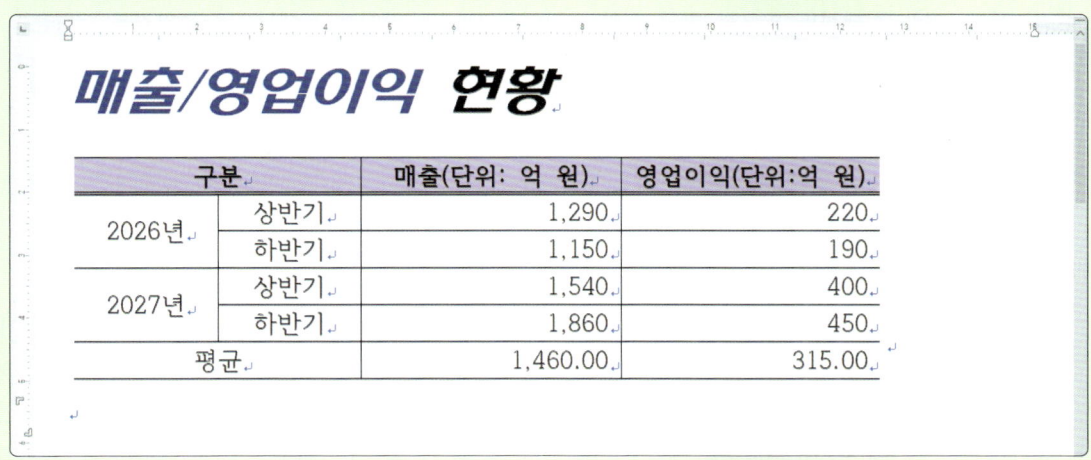

Hint

평균 구하기 : 2줄 3칸~6줄 4칸을 셀 블록으로 설정한 후 [표 레이아웃] 탭의 [계산식]을 클릭하고 [블록 평균]을 클릭

문단 첫 글자 장식하고 그림 활용하기

한글에서는 저장된 그림을 삽입할 수 있을 뿐만 아니라 그림에 그림자, 반사, 네온 효과 등을 지정하거나 그림을 회색조로 조정할 수도 있습니다. 그럼 문단 첫 글자를 장식하고 그림을 활용하는 방법에 대해 알아보겠습니다.

Step 01 문단 첫 글자 장식하기

1 한글 2022를 실행한 후 다음과 같이 **문서를 작성**합니다.

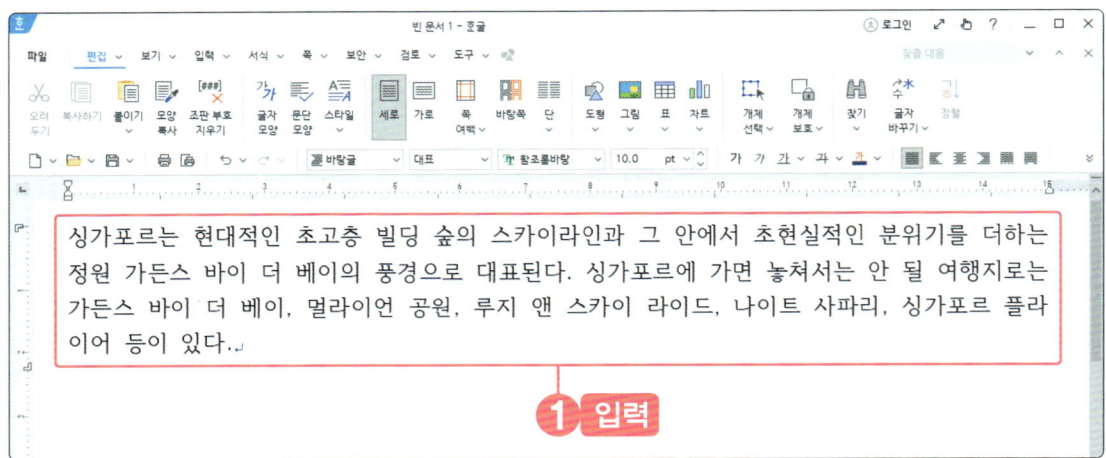

싱가포르는 현대적인 초고층 빌딩 숲의 스카이라인과 그 안에서 초현실적인 분위기를 더하는 정원 가든스 바이 더 베이의 풍경으로 대표된다. 싱가포르에 가면 놓쳐서는 안 될 여행지로는 가든스 바이 더 베이, 멀라이언 공원, 루지 앤 스카이 라이드, 나이트 사파리, 싱가포르 플라이어 등이 있다.

> **Tip**
> [스마트정보화\한글 2022\Chapter 08] 폴더의 '싱가포르.hwpx' 파일을 불러와 사용해도 됩니다.

2 문단 첫 글자를 장식하기 위해 **첫 번째 문단에 커서를 위치** 시킨 후 [서식] 탭에서 [문단 첫 글자 장식]을 **클릭**합니다.

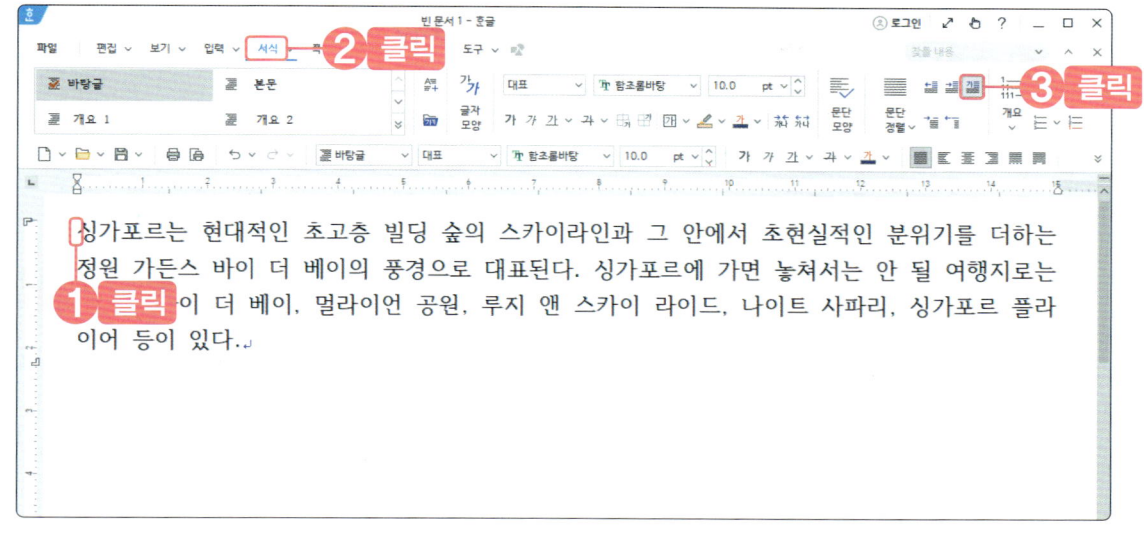

> **Tip**
> 문단 첫 글자 장식은 문단 첫 글자를 크게 만들어 장식할 수 있는 기능입니다.

3 [문단 첫 글자 장식] 대화상자가 나타나면 **모양([2줄])을 선택**한 후 **글꼴(맑은 고딕), 면 색(주황(RGB: 255,132,58)), 본문과의 간격(2)을 지정**한 다음 [설정] 단추를 **클릭**합니다.

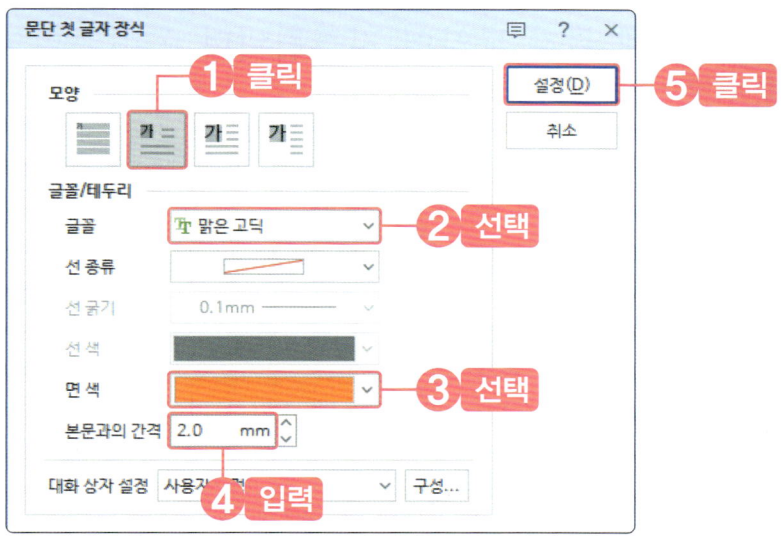

Chapter 08 - 문단 첫 글자 장식하고 그림 활용하기

4 문단 첫 글자가 장식되면 문단 첫 글자에 글자 모양을 지정하기 위해 **문단 첫 글자를 블록으로 설정**합니다. 그런다음 [서식] 도구 상자에서 **글자 색(하양(RGB: 255,255,255))을 선택**한 후 [진하게], [기울임]을 클릭합니다.

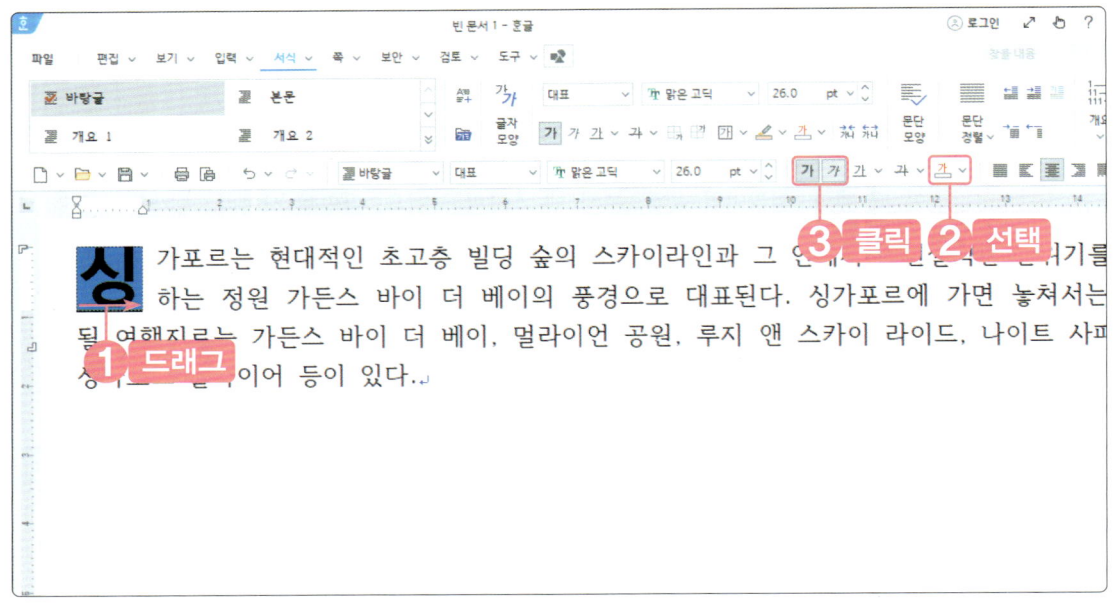

> Tip
> 문단 첫 글자 장식 안의 텍스트를 드래그합니다.

5 다음과 같이 문단 첫 글자에 글자 모양이 지정됩니다.

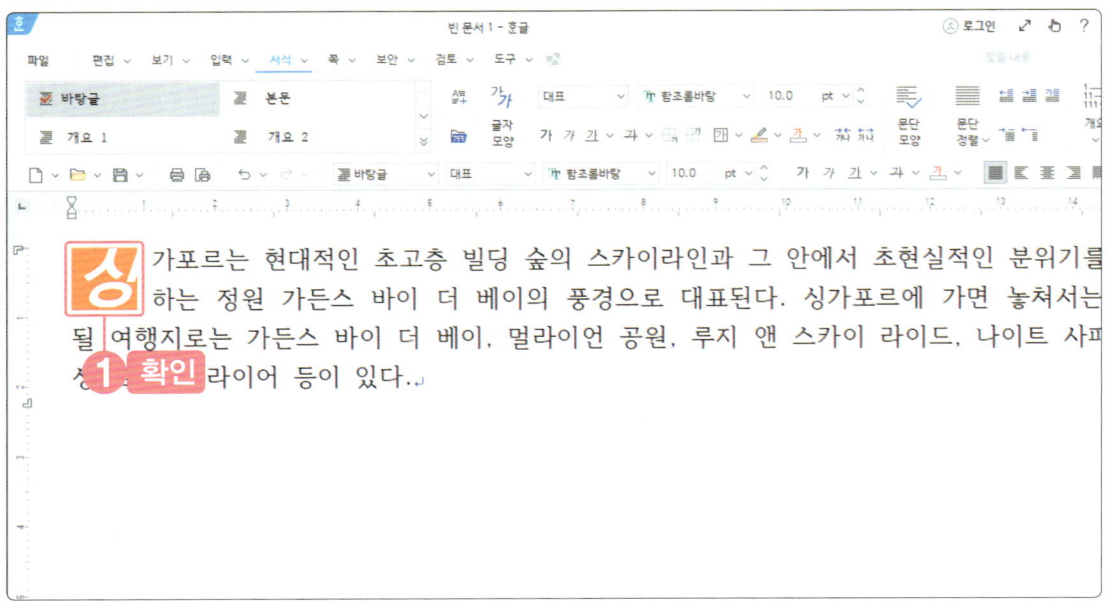

Step 02 그림 활용하기

1 그림을 삽입하기 위해 **내용 맨 뒤에 커서를 위치**시킨 후 Enter를 눌러 줄을 바꾼 다음 [입력] 탭에서 **[그림]을 클릭**합니다.

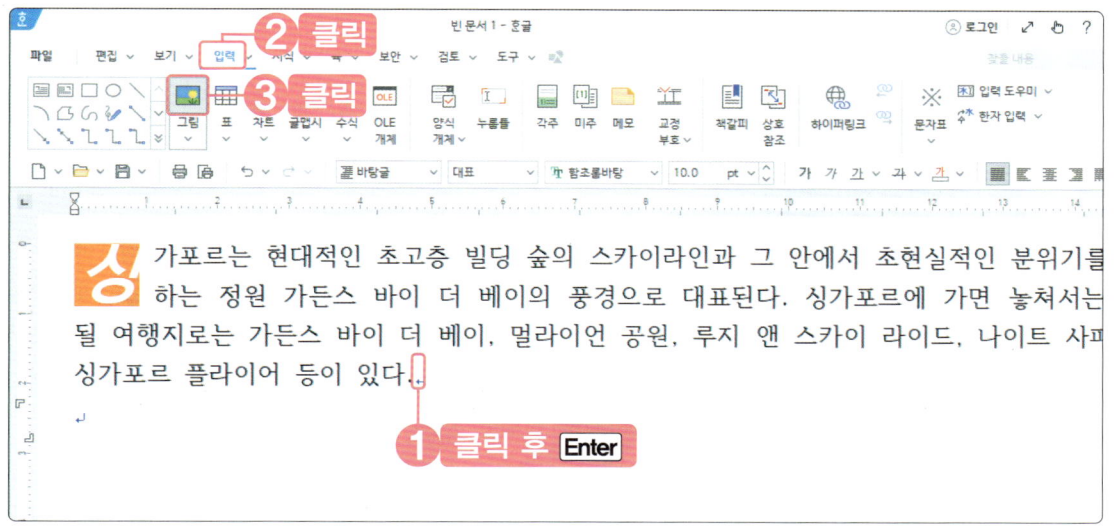

> **Tip**
> 키보드의 Ctrl+N, I를 눌러 그림을 삽입할 수도 있습니다.

2 [그림 넣기] 대화상자가 나타나면 **찾는 위치(스마트정보화\한글 2022\Chapter 08)를 지정**한 후 **파일(멀라이언 공원)을 선택**한 다음 **[문서에 포함]과 [글자처럼 취급]을 선택**하고 **[열기] 단추를 클릭**합니다.

> **Tip**
> [글자처럼 취급]을 선택하면 그림을 하나의 글자처럼 취급합니다.

3 그림이 삽입되면 그림을 자르기 위해 **그림을 선택**한 후 [그림] 탭에서 [자르기]를 클릭합니다.

그림이 삽입된 자리만 표시되는 경우
다음과 같이 그림이 삽입된 자리만 표시되는 경우에는 [보기] 탭을 클릭한 후 [그림]을 체크(☑)하면 그림이 표시됩니다.

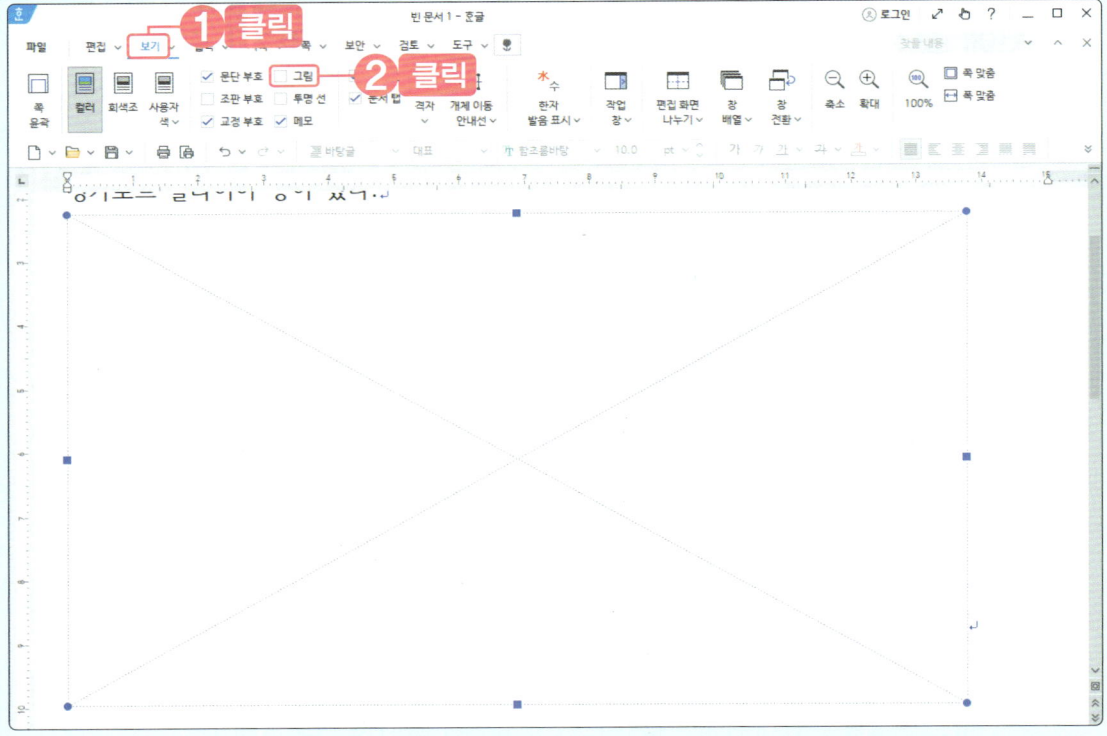

4 그림에 자르기 핸들이 표시되면 다음과 같이 그림의 **자르기 핸들(l)**
을 드래그합니다.

> **Tip**
> 그림의 오른쪽 가운데 자르기 핸들(l)로 마우스 포인터를 가져가서 마우스 포인터가 ⊢ 모양으로 변경되었을 때 왼쪽으로 드래그합니다.

잠깐만요!

그림 자르기
다음과 같이 그림을 선택한 후 Shift 를 누른 상태에서 그림의 크기 조정 핸들(■)로 마우스 포인터를 가져가서 마우스 포인터가 ⊢ 모양으로 변경되었을 때 드래그하면 그림을 자를 수 있습니다.

Chapter 08 – 문단 첫 글자 장식하고 그림 활용하기

5 그림이 잘라지면 그림이 선택된 상태에서 [그림] 탭의 [자르기]를 선택 해제합니다.

6 그림에 그림자 효과를 지정하기 위해 [그림] 탭에서 [그림 효과]를 클릭한 후 [그림자]-[대각선 오른쪽 아래]를 클릭합니다.

7 그림을 회색조로 조정하기 위해 [그림] 탭에서 [색조 조정]을 클릭한 후 [회색조]를 클릭합니다.

Tip
회색조는 그림을 흑백으로 변경하는 기능입니다.

8 다음과 같이 그림이 회색조로 조정됩니다.

그림 스타일 지정하기

그림 스타일은 그림에 그림자 효과나 반사 효과 등을 미리 지정하여 하나의 형식으로 만들어 놓은 것입니다. 다음과 같이 그림을 선택한 후 [그림] 탭에서 [자세히] 단추를 클릭한 다음 그림 스타일을 클릭하면 그림에 해당 그림 스타일을 지정할 수 있습니다.

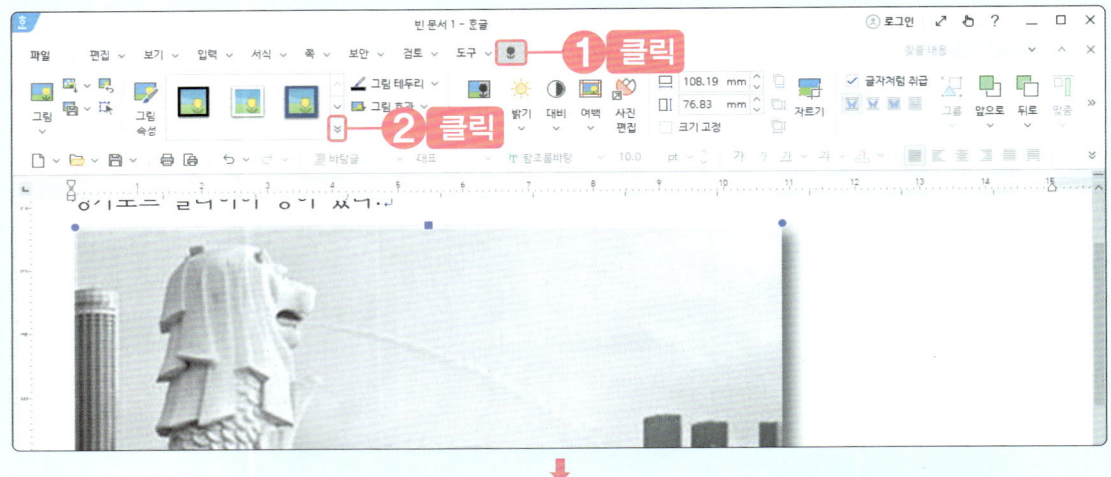

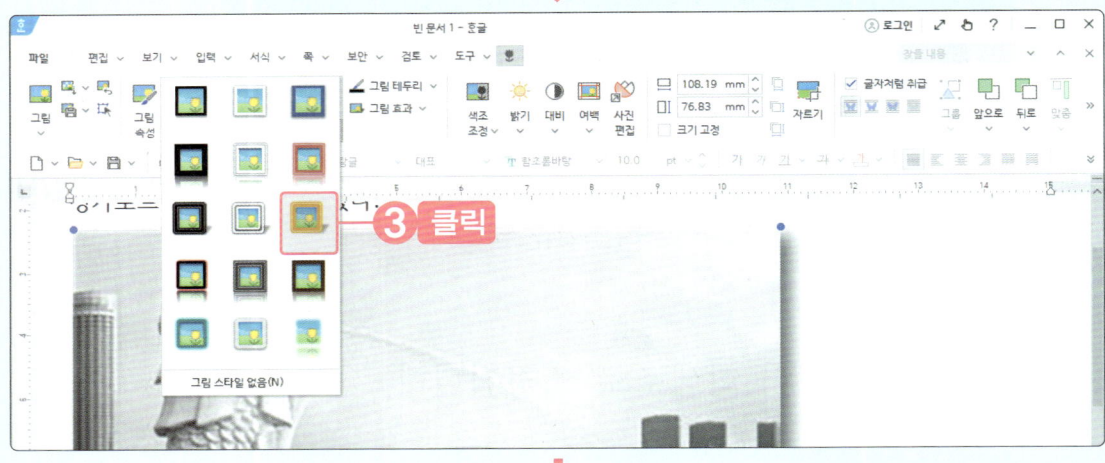

실전 연습 문제

01 다음과 같이 새 문서를 작성한 후 문단 첫 글자를 장식해 보세요.

- 문단 첫 글자 장식 : 모양(깨[3줄]), 글꼴(양재 둘기체M), 면 색(주황(RGB: 255,132,58)), 본문과의 간격(2)

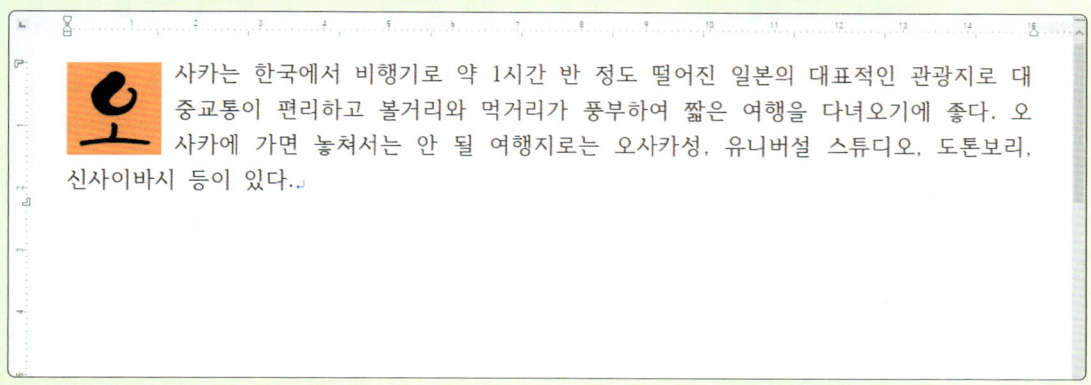

02 다음과 같이 그림을 활용하여 문서를 작성해 보세요.

- 그림 삽입 : 찾는 위치(스마트정보화\한글 2022\Chapter 08), 파일 이름(도톤보리), 문서에 포함, 글자처럼 취급
- 그림에 그림 스타일 지정 : 깨[회색 아래쪽 그림자]

글맵시 활용하고 쪽 테두리/배경 지정하기

글맵시는 글자를 꾸미는 기능입니다. 문서와 어울리는 글맵시를 활용하면 문서를 부각시킬 수 있고, 쪽 테두리/배경을 지정하면 문서의 각 쪽에 테두리를 넣거나 쪽 배경을 면 색과 무늬 등으로 채워 문서를 보기 좋고 예쁘게 꾸밀 수 있습니다. 그럼 글맵시를 활용하고 쪽 테두리/배경을 지정하는 방법에 대해 알아보겠습니다.

Step 01 글맵시 활용하기

1 한글 2022를 실행한 후 다음과 같이 **문서를 작성**합니다.
- 제목 전체 : 줄 간격(130)
- 참외씨를~아프다? : 글꼴(HY수평선B), 글자 크기(48)
- 참외씨 : 글자 색(노랑(RGB: 255,215,0))
- 배가 아프다? : 글자 색(주황(RGB: 255,132,58))
- 참외씨는~풍부하다. : 글꼴(맑은 고딕), 글자 크기(20)

참외씨를
먹으면
배가 아프다?
참외씨는 장 건강과 변비 개선에 도움을 주며 칼륨, 칼슘, 인, 비타민 등이 풍부하다..

2 글맵시를 만들기 위해 **첫 번째 줄에 커서를 위치** 시킨 후 **[입력] 탭을 클릭**한 다음 [글맵시]를 클릭합니다.

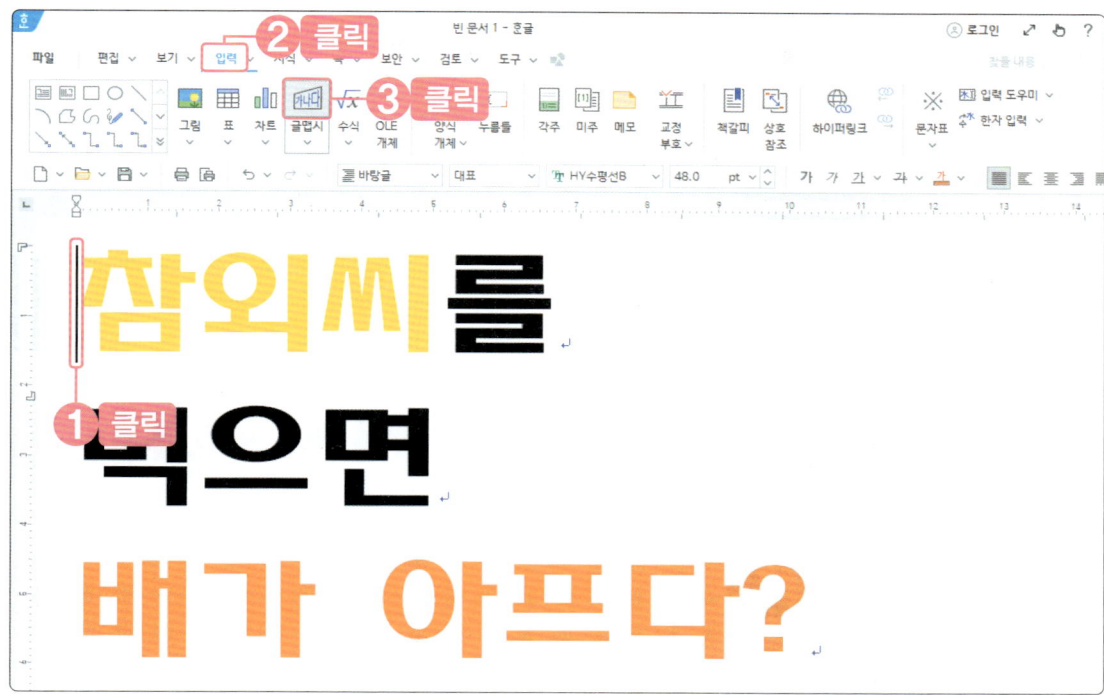

3 [글맵시 만들기] 대화상자가 나타나면 **내용(NO)을 입력**한 후 **글맵시 모양**([역위로 계단식])과 **글꼴(한컴 쿨재즈 B)을 선택**한 다음 [설정] 단추를 **클릭**합니다.

Chapter 09 – 글맵시 활용하고 쪽 테두리/배경 지정하기

4 글맵시가 삽입되면 배치 및 채우기 색을 조정하기 위해 글맵시가 선택된 상태에서 [글맵시] 탭에서 [글맵시 속성]을 클릭합니다.

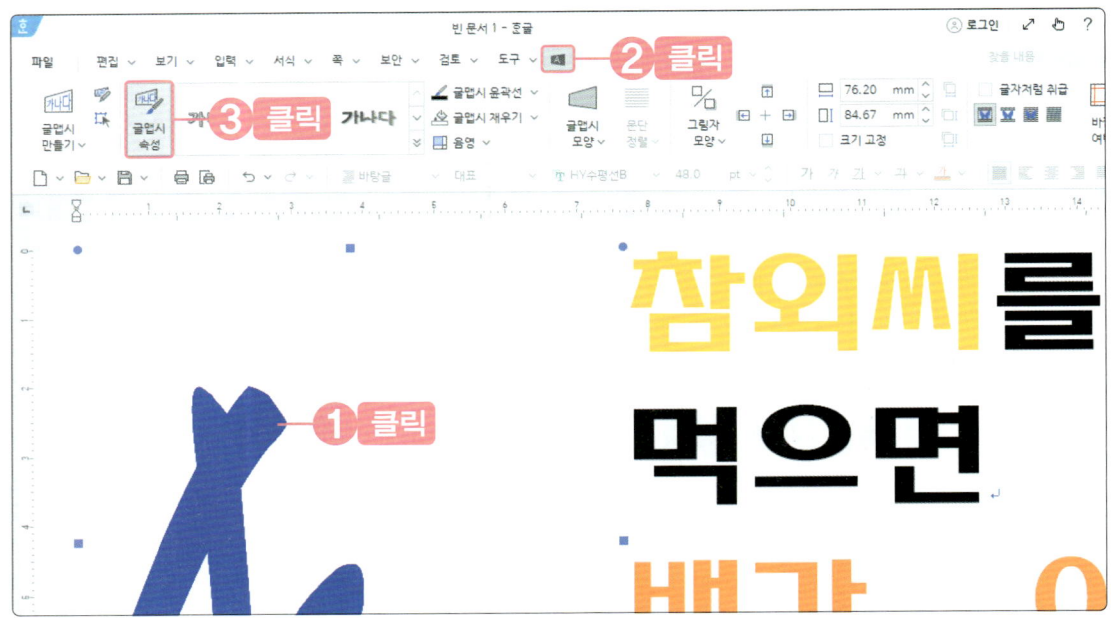

5 [개체 속성] 대화상자가 나타나면 [기본] 탭에서 본문과의 배치 항목의 [글 앞으로]를 선택합니다.

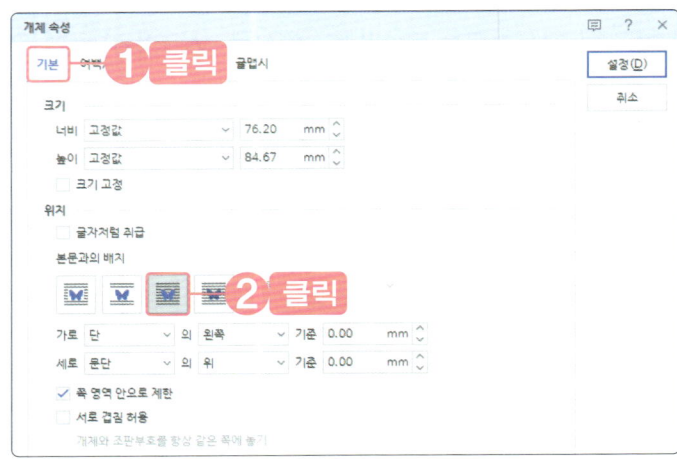

본문과의 배치

- [어울림] : 글맵시와 내용이 같은 줄에 배치됩니다. 글맵시와 내용은 서로 차지한 자리를 침범하지 않습니다.
- [자리 차지] : 글맵시가 글맵시의 높이만큼 줄을 전부 차지하여 글맵시와 내용이 다른 줄에 배치됩니다.
- [글 앞으로] : 글맵시가 내용 위에 배치됩니다.
- [글 뒤로] : 글맵시가 내용 뒤에 배치됩니다.

6 [채우기] 탭을 클릭한 후 [그러데이션] 항목을 클릭한 다음 유형(일출)을 선택하고 [설정] 단추를 클릭합니다.

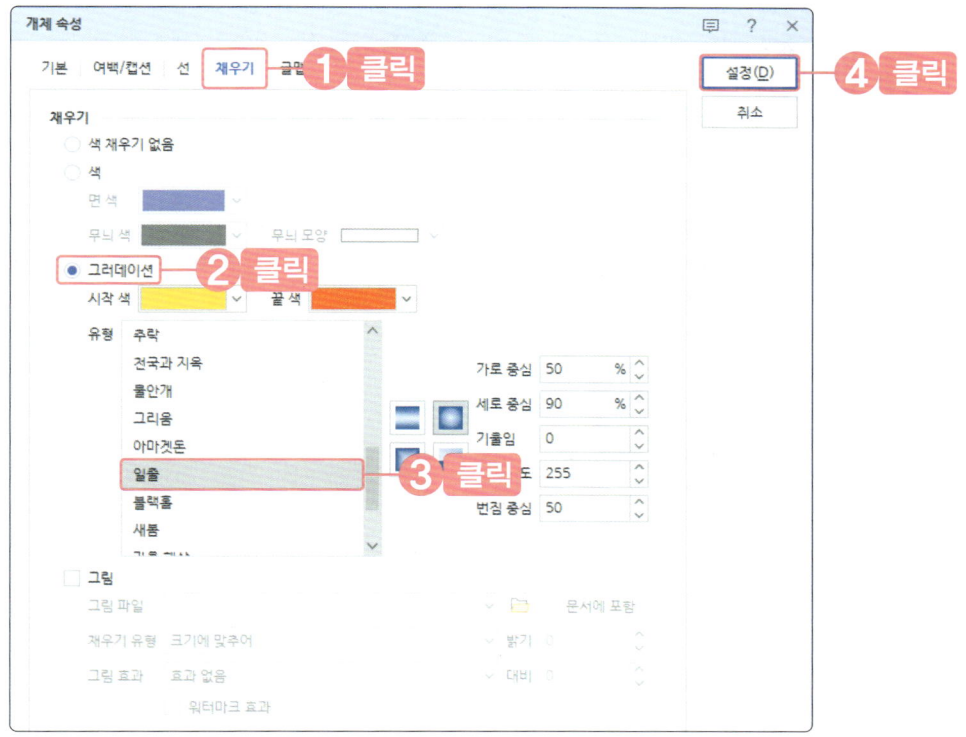

7 글맵시 개체의 배치 및 채우기 색이 바뀌면 **개체를 드래그하여 이동 및 크기조절점(■)을 드래그하여 크기를 조절**합니다.

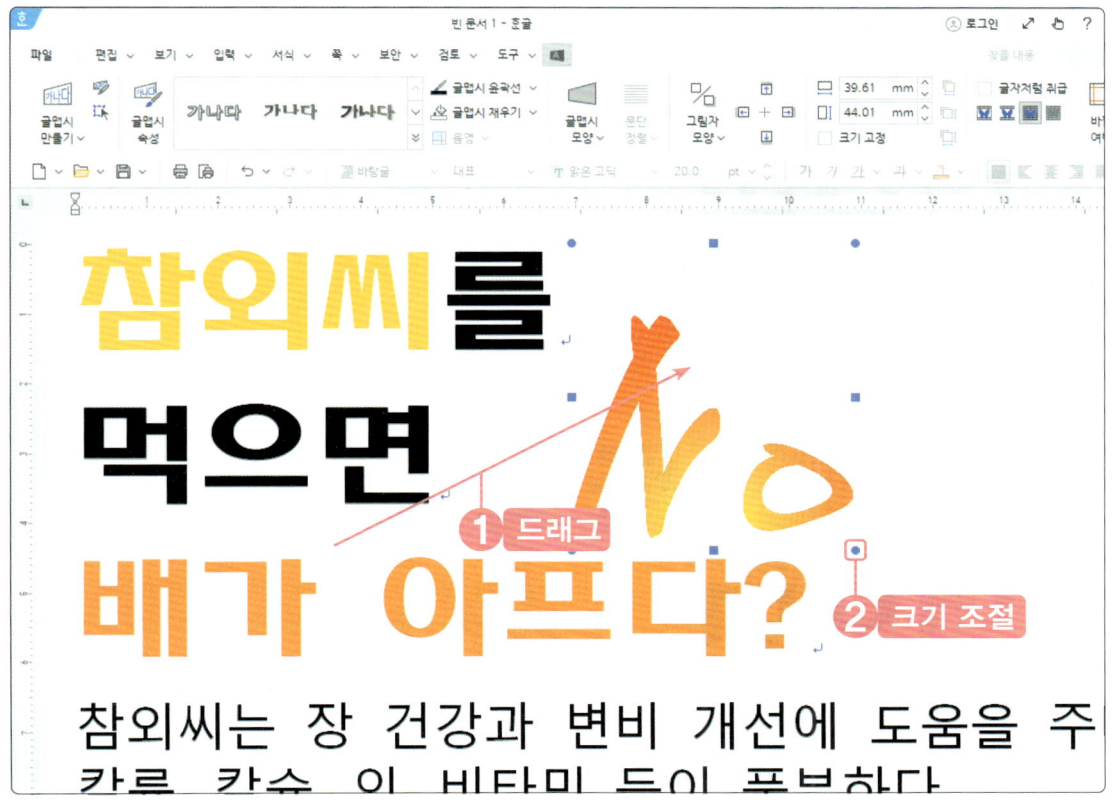

글맵시 스타일 지정하기

글맵시 스타일은 글맵시에 채우기나 그림자 등을 미리 지정하여 하나의 형식으로 만들어 놓은 것입니다. 다음과 같이 글맵시를 선택한 후 [글맵시] 탭에서 [자세히] 단추를 클릭하고 글맵시 스타일을 클릭하면 글맵시에 해당 글맵시 스타일을 지정할 수 있습니다.

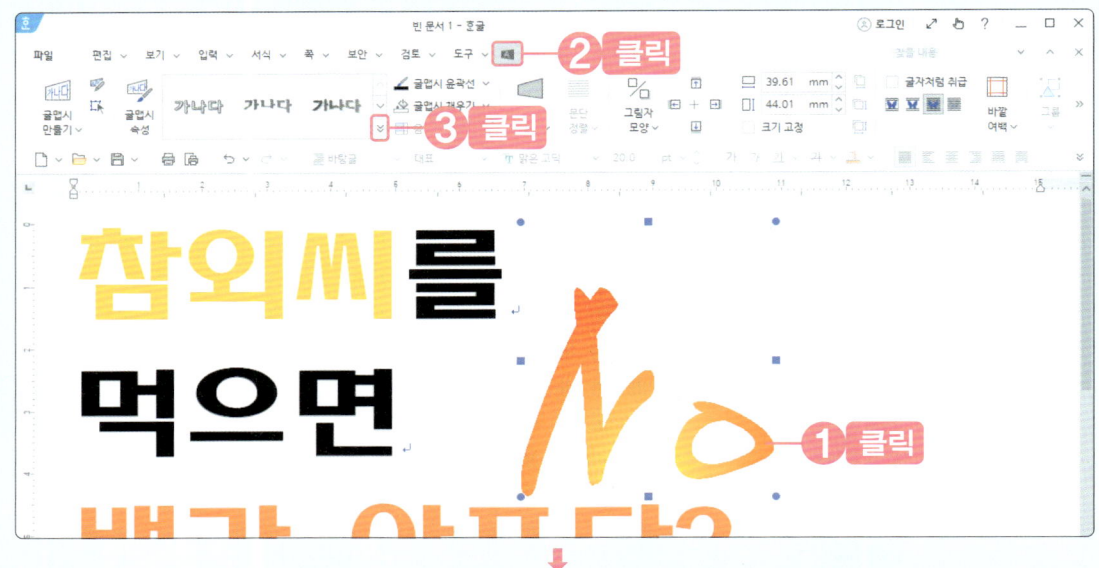

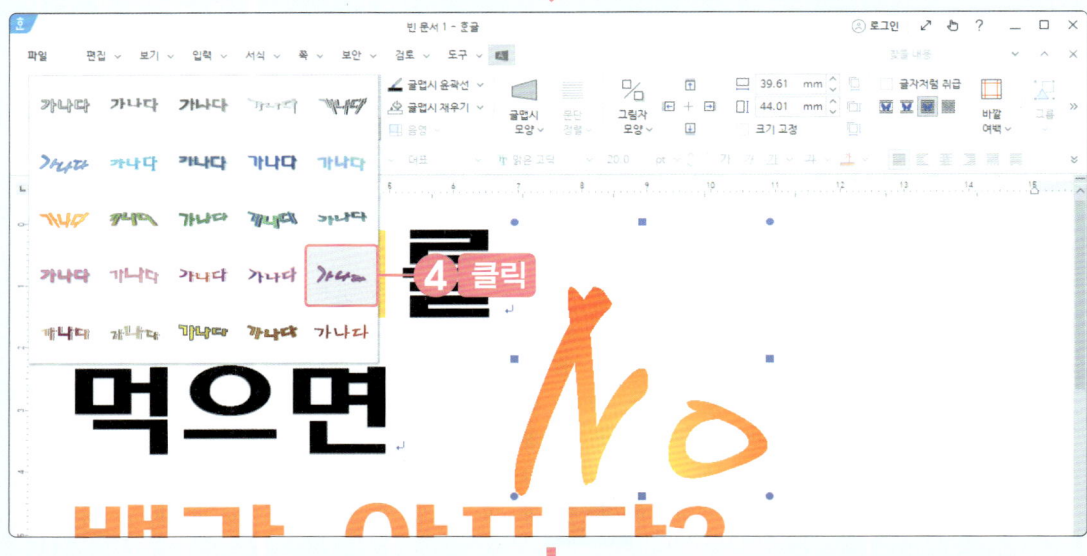

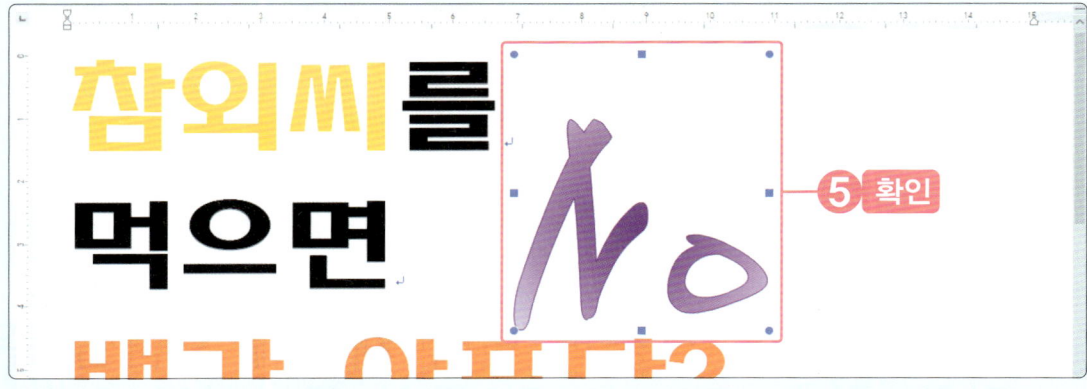

Step 02 쪽 테두리/배경 지정하고 문서 인쇄하기

1 쪽 윤곽을 보기 위해 [보기] 탭에서 [쪽 윤곽]을 클릭합니다.

2 쪽 테두리/배경을 지정하기 위해 [쪽] 탭에서 [쪽 테두리/배경]을 클릭합니다.

3 [쪽 테두리/배경] 대화상자가 나타나면 [테두리] 탭에서 **테두리 종류**([이중 실선]), **굵기**(0.5mm), **색**(주황(RGB: 255,132,58))을 **선택**한 후 [모두]를 **클릭**합니다.

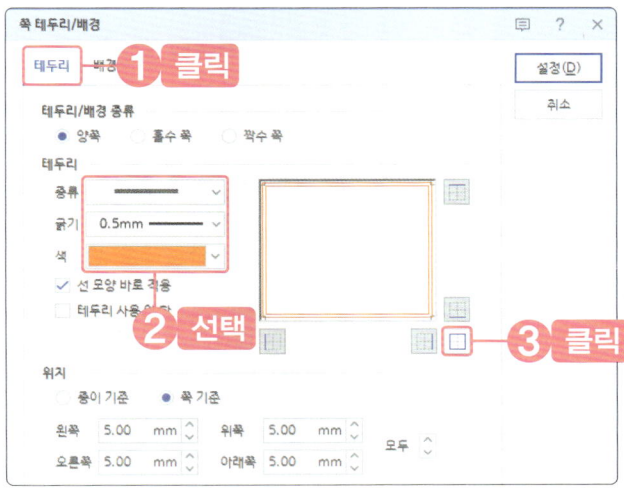

Chapter 09 - 글맵시 활용하고 쪽 테두리/배경 지정하기

4 [배경] 탭을 클릭한 후 [색]을 클릭한 다음 면 색(주황(RGB: 255,132, 58) 80% 밝게)을 선택하고 채울 영역(테두리)을 선택한 후 [설정] 단추를 클릭합니다.

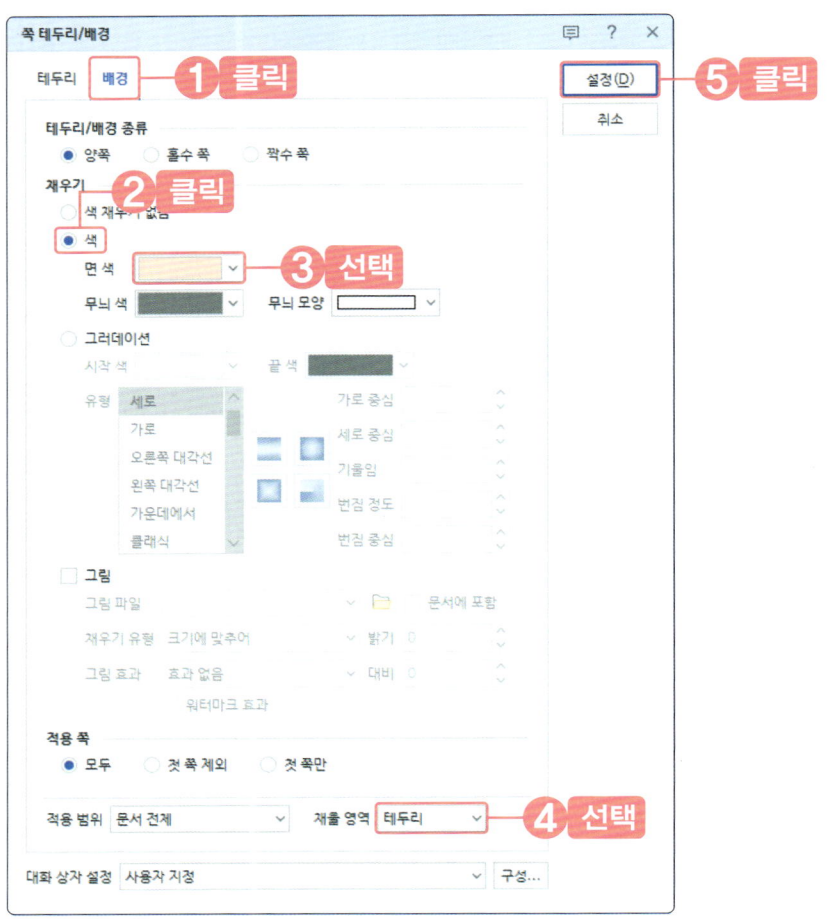

5 다음과 같이 쪽 테두리/배경이 지정됩니다.

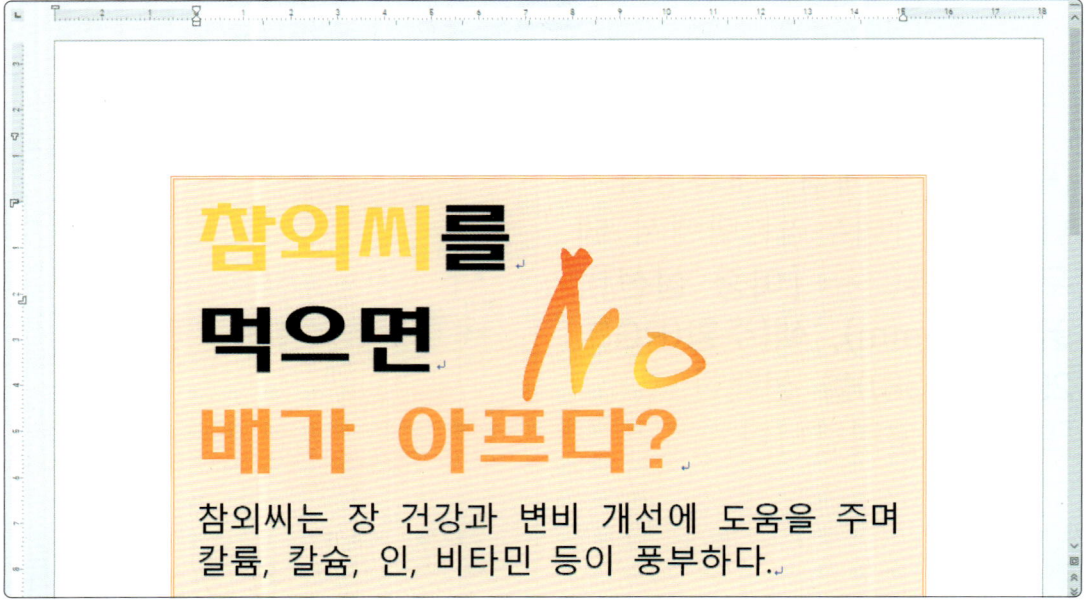

채울 영역

[쪽 테두리/배경] 대화상자의 [배경] 탭에서 채울 영역을 '종이'로 선택한 경우에는 다음과 같이 편집 용지 전체를 면 색으로 채우고, '쪽'으로 선택한 경우에는 본문 편집 영역 안쪽(왼쪽/오른쪽/위쪽/아래쪽 여백과 머리말/꼬리말 여백 제외)을 면 색으로 채웁니다.

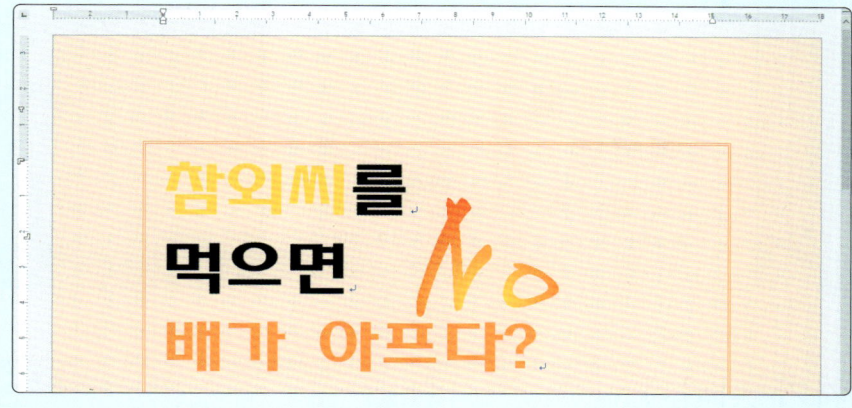

◀ 채울 영역을 '종이'로 선택한 경우

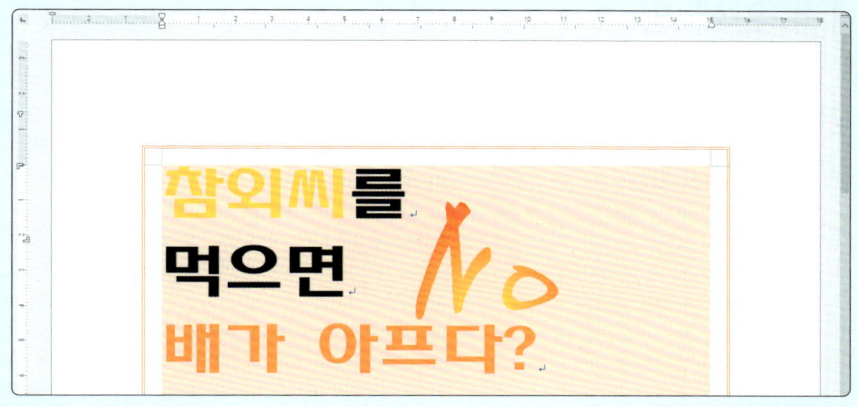

◀ 채울 영역을 '쪽'으로 선택한 경우

6 문서가 인쇄되는 모양을 확인하기 위해 [파일] 탭을 클릭한 후 [미리 보기]를 클릭합니다.

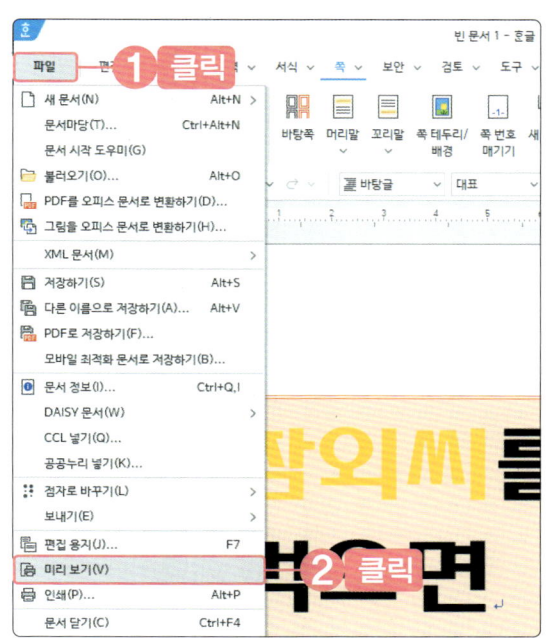

7 미리 보기 화면이 나타나면 문서가 인쇄되는 모양을 확인한 후 문서를 인쇄하기 위해 [미리 보기] 탭에서 [인쇄]를 클릭합니다.

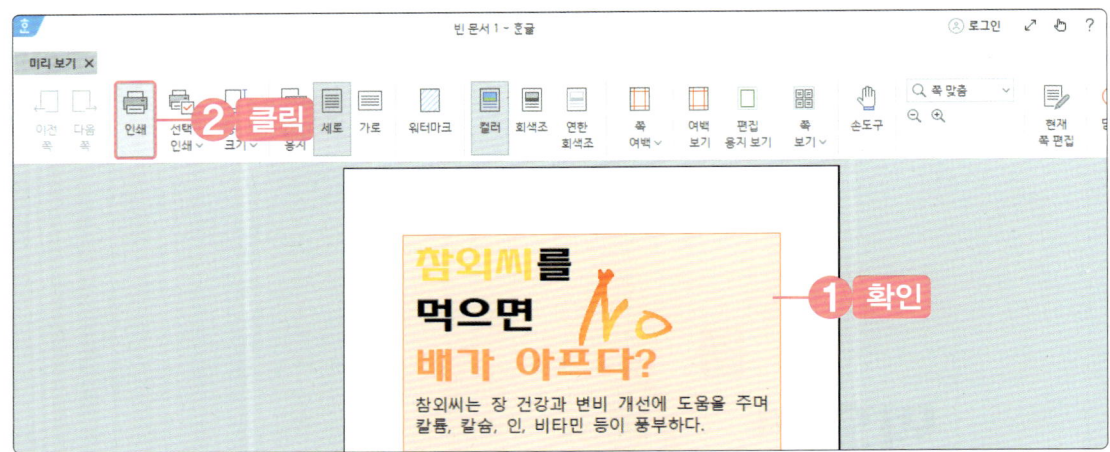

8 [인쇄] 대화상자가 나타나면 [기본] 탭에서 **인쇄 범위(모두), 인쇄 매수(1), 인쇄 방식(기본 인쇄(자동 인쇄))을 지정**한 후 [인쇄] 단추를 클릭합니다.

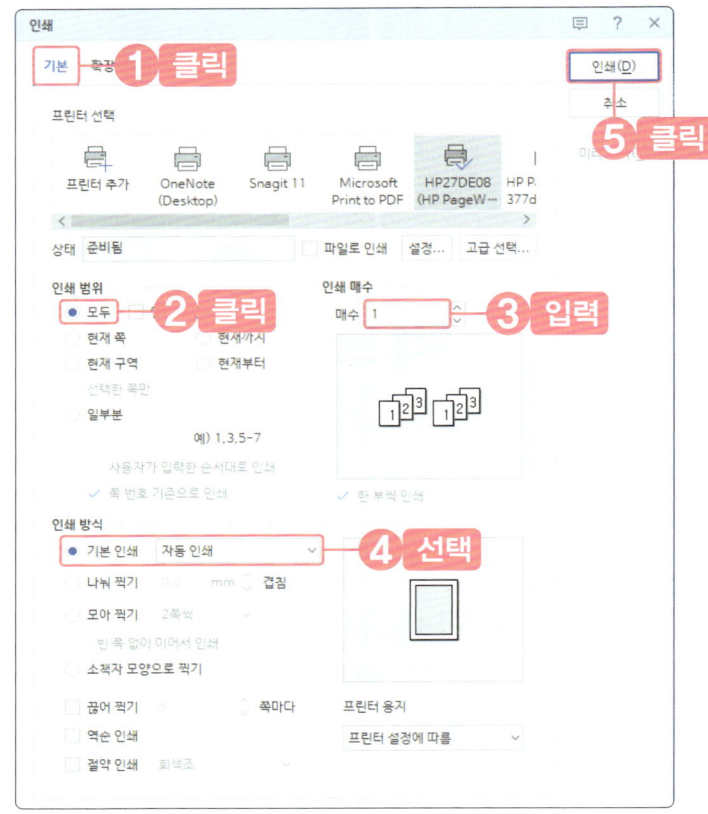

9 문서가 인쇄되면 [미리 보기] 탭에서 [닫기]를 클릭하여 미리 보기 창을 닫습니다.

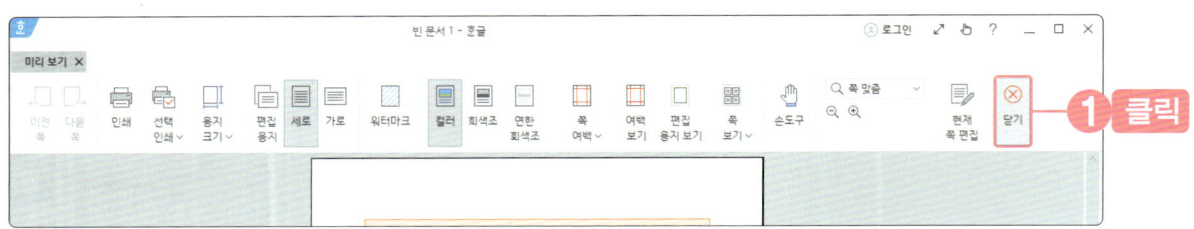

실전 연습 문제

01 다음과 같이 새 문서를 만든 후 글맵시를 활용하여 문서를 작성해 보세요.
- 문서 전체 : 줄 간격(130)
- 수박씨는~되나요? : 글꼴(한컴윤체M), 글자 크기(48)
- 수박씨 : 글자 색(주황(RGB: 255,132,58))
- 되나요? : 글자 색(초록(RGB: 40,155,110))
- 수박씨는~있다. : 글자 크기(12), 가[진하게]
- 글맵시 : 글꼴(양재 둘기체M), 글맵시 모양(▶[오른쪽으로 줄이기]), 배치(≡[글 앞으로]), 채우기(그러데이션(유형(클래식)))

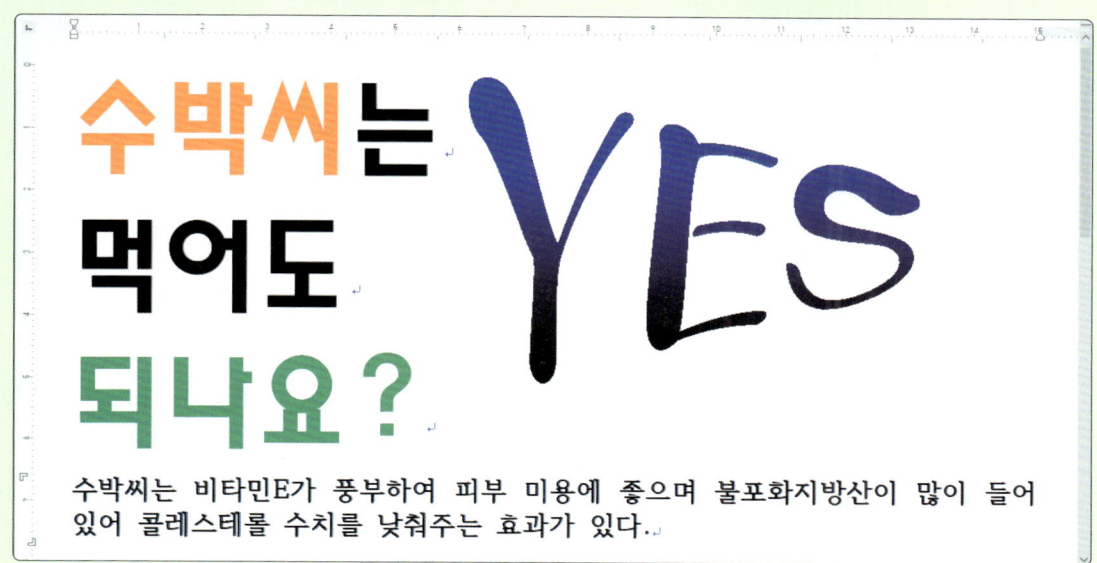

02 다음과 같이 쪽 테두리/배경을 지정해 보세요.
- 쪽 테두리 : 테두리 종류(═[이중 실선]), 굵기(1mm), 색(남색(RGB: 58,60,132)), ▣[모두]
- 쪽 배경 : 면 색(노랑(RGB: 255,215,0) 80% 밝게), 채울 영역(종이)

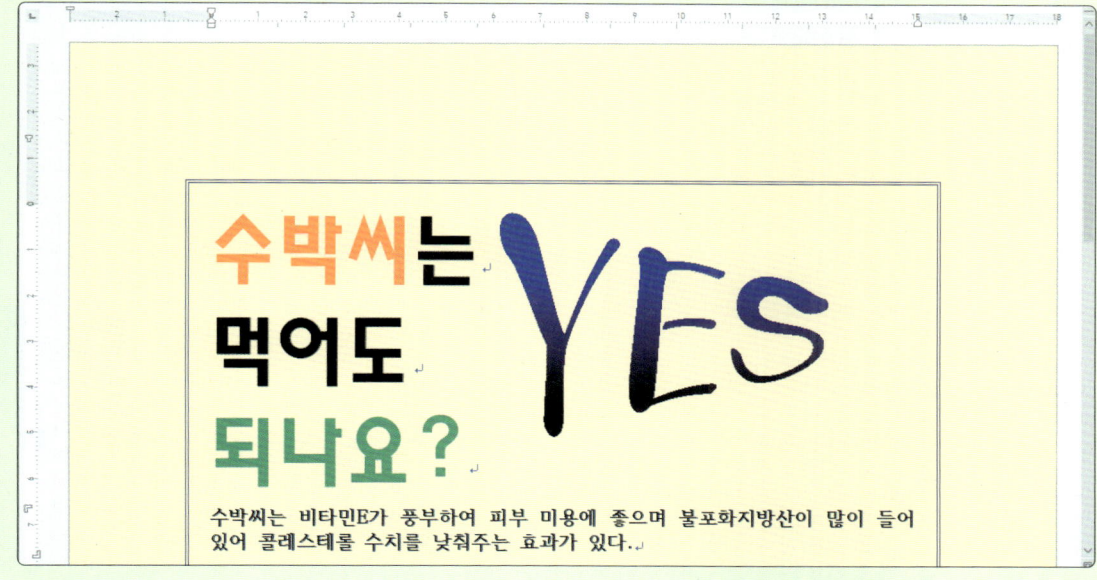

"MEMO"